UTB

W0293434

Eine Arbeitsgemeinschaft der Verlage

Böhlau Verlag · Wien · Köln · Weimar
Verlag Barbara Budrich · Opladen · Farmington Hills
facultas.wuv · Wien
Wilhelm Fink · München
A. Francke Verlag · Tübingen und Basel
Haupt Verlag · Bern · Stuttgart · Wien
Julius Klinkhardt Verlagsbuchhandlung · Bad Heilbrunn
Mohr Siebeck · Tübingen
Nomos Verlagsgesellschaft · Baden-Baden
Orell Füssli Verlag · Zürich
Ernst Reinhardt Verlag · München · Basel
Ferdinand Schöningh · Paderborn · München · Wien · Zürich
Eugen Ulmer Verlag · Stuttgart
UVK Verlagsgesellschaft · Konstanz, mit UVK/Lucius · München
Vandenhoeck & Ruprecht · Göttingen
vdf Hochschulverlag AG an der ETH Zürich

Werner Fuchs-Heinritz,
Alexandra König

Pierre Bourdieu

Eine Einführung

2., überarbeitete Auflage

UVK Verlagsgesellschaft mbH

Bibliografische Information der Deutschen Nationalbibliothek
Die Deutsche Nationalbibliothek verzeichnet diese Publikation in der Deutschen Nationalbibliografie; detaillierte bibliografische Daten sind im Internet über http://dnb.d-nb.de abrufbar.

ISBN 978-3-8252-3551-2

1. Auflage 2005
2. Auflage 2011

Einbandgestaltung: Atelier Reichert, Stuttgart
Satz und Layout: Claudia Wild, Konstanz
Druck: fgb · freiburger graphische betriebe, Freiburg

UVK Verlagsgesellschaft mbH
Schützenstr. 24 · D-78462 Konstanz
Tel.: 07531-9053-0 · Fax: 07531-9053-98
www.uvk.de

Inhalt

Vorbemerkung

Dieses Buch ist die überarbeitete und ergänzte Fassung eines Studienkurses der Fernuniversität Hagen. Für hilfreiche Ratschläge für die Überarbeitung danken wir Nicole Burzan, Ivonne Küsters (beide Hagen), Karl-Heinz Mamber (Stuttgart) und Manfred Müller (Alarò, Mallorca). Jörg Blasius (Bonn) und Christoph Weischer (Bochum) haben uns geholfen, die Korrespondenzanalyse besser zu verstehen. Bei Hannah Müller von der UVK Verlagsgesellschaft, Konstanz bedanken wir uns für das gründliche Lektorieren des Textes. Bei den Korrekturarbeiten haben Astrid Canzler und Ilka Weber (beide Hagen) geholfen.

W. Fuchs-Heinritz, A. König

Vorbemerkung zur 2. Auflage

Nach einigen Informationen hat sich dieses Buch als Überblickstext bewährt. Für die hier vorliegende 2. Auflage haben wir, abgesehen von einer Durchsicht des Gesamttextes, vor allem Bücher und Aufsätze berücksichtigt, die seit 2005 erschienen sind, und ein neues Kapitel über die Wirkungen von Bourdieu in der sozialwissenschaftlichen Forschung eingefügt. Bei den Recherchen hat Franziska Sommer (Hagen) geholfen.

Münster und Wuppertal, Januar 2011
W. Fuchs-Heinritz, A. König

1. Einleitung

Manche Autoren, die eine Einführung in das Werk Bourdieus schreiben, tun dies, indem sie seine theoretischen Konzepte nacheinander vorstellen und erörtern – so, als handele es sich um das Gerüst einer allgemein-soziologischen Kategorienlehre. Dabei wird jedoch eine grundlegende Intention von Bourdieu zu wenig berücksichtigt: Dass nämlich die Konzepte und Theoreme Werkzeuge sein sollen für die Erforschung der sozialen Wirklichkeit.

Immer wieder hat sich Bourdieu scharf gegen eine nur am Text orientierte Lektüre seiner Arbeiten gewandt: Das größte Missverständnis bestehe darin, dass die Lektüre

> »ihr Ziel in sich selbst hat, daß sie sich für die Texte und für die von ihnen transportierten Theorien, Methoden oder Begriffe nicht etwa interessiert, um sie als brauchbare und zu vervollkommnende Instrumente praktisch zu nutzen, sondern um sie (gelegentlich unter epistemologischen und methodologischen Vorwänden) mit anderen Texten in Zusammenhang zu bringen und zu glossieren. Diese Lektüre läßt somit das Wesentliche unter den Tisch fallen: die Probleme, die die vorgeschlagenen Begriffe zu benennen und zu lösen beabsichtigten – ein Ritual verstehen, Verhaltensänderungen in Sachen Kreditaufnahme, Sparen oder Fruchtbarkeit erklären, die Differentialquote des Schulerfolgs oder des Museumsbesuchs feststellen usw. …« (Meditationen 1997/2001, 80)

Wissenschaftliche Schriften verstehen

> »heißt, daß man von der Denkweise, die in ihnen zum Ausdruck kommt, an einem anderen Gegenstand praktischen Gebrauch macht, sie in einem neuen Produktionsakt reaktiviert, der ebenso intensiv und originär ist wie der ursprüngliche …« (Habitus und Feld 1985/1997, 65)

Zugespitzt:

> »›Theorien‹ sind Forschungsprogramme, die nicht zur ›theoretischen Diskussion‹ anregen sollen, sondern zur praktischen Umsetzung, über die sie dann widerlegt oder verallgemeinert werden

können.« (Gespräch Inzwischen 1988/1991, 278; ähnlich: Reflexive Anthropologie 1992/1996, 262)

Dieser Grundanspruch beeindruckt wegen seiner handwerklichen Orientierung, wegen seiner auf Produktivität statt auf Rezeptivität gerichteten Absicht. Aber ganz Recht hat Bourdieu damit nicht. Nicht alle sozialwissenschaftliche Arbeit kann aus eigener Forschung bestehen. Essays, Überblicke, Kompendien, kritische Würdigungen, Rezensionen, theoretische Zwischenbilanzen und Theorievergleiche müssen als eigene Genres wichtig bleiben. Und ihnen obliegt es nun einmal, die Denklogik eines großen soziologischen Vorschlags zu beurteilen und in die Überlieferung von ähnlich wichtigen Vorschlägen kritisch einzuordnen.[1] Ein Verbot, sich mit den Konzepten für sich zu befassen, wäre ein Denkverbot.

Dennoch könnte man aus Bourdieus Grundhaltung den Schluss ziehen, dass es nicht angemessen ist, die Arbeiten eines Soziologen als Überblick über sein Werk vorzustellen. Wäre es dem Fortschritt der Soziologie nicht dienlicher, über Forschungsprobleme und Fragen der Theoriebildung sowie über deren Lösungen zu schreiben – ganz unabhängig von großen Namen und unbeeindruckt vom Wunsch manches Autors, der Wissenschaft ein kohärentes Werk zu schenken? Wir werden diese Frage anhand von Bourdieus Haltung zu seinem eigenen Werk später diskutieren.

Die Gliederung dieser Einführung in Bourdieus Werk folgt seinen eigenen grundsätzlichen Überlegungen: Am Anfang steht nicht die Rekonstruktion seiner anthropologischen Grundannahmen, der erkenntnistheoretischen bzw. methodologischen Orientierung, des Subjekt- oder des Praxisbegriffs, sondern die Darstellung wichtiger Forschungsarbeiten Bourdieus. Und erst gegen Ende werden die theoretischen und konzeptuellen Beziehungen zu anderen Autoren skizziert, wodurch sonst oft gleich zu Beginn die Einordnung in eine sozialwissenschaftliche Schule oder Strömung erreicht werden soll.

Wir haben hier keine Werkgeschichte im Sinn, wollen also nicht die Entwicklung der Konzepte und Theoreme in der Le-

---

1 Eine andere Lösung bei Brubaker 1993, 212 ff.

bensgeschichte des Autors nachvollziehen. Das sei den Biografen (und den Hagiografen) überlassen. Aus der Vernachlässigung der Werkgeschichte ergibt sich jedoch die Gefahr, dass die Darstellung zu flächig werden könnte, schlimmer: dass das Gedankengebäude Bourdieus in sich stimmiger erscheinen könnte, dass sich ein Eindruck von Systematisiertheit ergeben könnte, die im Werk selbst zu keinem Zeitpunkt vorhanden war. Dieser Gefahr soll dadurch begegnet werden, dass Bourdieus Forschungsarbeiten in werkgeschichtlicher Linie vorgestellt werden, wodurch sich ganz natürlich Einblicke in die Entwicklung seiner Konzepte und Instrumente ergeben.

Der Verzicht auf werkgeschichtliche Untersuchung hat – gerade bei Bourdieu – noch einen zweiten Nachteil: Sein Werk ist zu einem erheblichen Grad durch Wiederholungen gekennzeichnet. Teile von früheren Schriften werden – wenn auch meist bearbeitet – in spätere aufgenommen. Auch im Einzelnen finden sich immer wieder Argumente, Belege, Absätze, Abschnitte und Sequenzen von mehreren Seiten, die der Leser wortgleich oder in ähnlicher Formulierung schon aus früheren Schriften kennt. Nachzusehen, worin die Bearbeitung der älteren Texte im Hinblick auf spätere Zusammenfügungen bestanden hat, was Bourdieu neu hinzugedacht hat, würde eine langwierige (und langweilige) Arbeit bedeuten, die wir nicht einmal erwogen haben. So bleiben unter Umständen wichtige Entwicklungsprozesse von Bourdieus Denken unbemerkt. Sollte man deshalb nicht doch der Entwicklung von Bourdieus Denken folgen, um es ganz verstehen zu können (so Mahar/Harker/Wilkes 1990, 3)? Für interessanter halten wir die Frage, wie er seine Konzepte verwendet.

Wir berücksichtigen im Folgenden Texte, die Bourdieu allein verfasst hat, gleichwertig mit solchen, die er mit anderen zusammen geschrieben hat. Bei Letzteren vernachlässigen wir die Frage, ob Bourdieu der Hauptautor oder der Initiator war, nehmen aber an, dass er die Texte seiner Koautoren autorisiert hat.

In unserer Darstellung lehnen wir uns nicht an Bourdieus Schreibweise an. Diese ist oft – abgesehen von den frühen Schriften, aber auch vom Buch »Das Elend der Welt« – durch einen überkomplexen, geradezu unübersichtlichen Satzbau (ellenlange

Sätze mit mehreren ineinander geschachtelten Nebensätzen und Einschüben) gekennzeichnet. Hier folgen wir Jenkins (1992, 10 und 163), der sich in seiner Einführung in Boudieus Soziologie um eine möglichst klare Schreibweise bemüht und sicher ist, dass dies der Qualität und der Tiefe des dargestellten Werkes keinen Abbruch tut.

Nicht alle Schriften von Bourdieu liegen in deutscher Übersetzung vor.[2] Angesichts der Tatsache, dass viele deutsche Sozialwissenschaftler Texte in französischer Sprache nicht lesen können, haben wir uns im Folgenden an die deutschen Übersetzungen gehalten und Zitate aus Texten, die nur in französischer Sprache vorliegen, ins Deutsche übertragen (nicht jedoch Zitate aus der englischsprachigen Literatur).

2 Siehe dazu die in 14 Bänden konzipierte Schriftenreihe »Pierre Bourdieu – Schriften« (Konstanz 2009 ff.).

2. Wichtige Forschungsarbeiten

2.1 Algerien: Die zwei Gesichter der Arbeit

Die Grundfragen (wenn auch vielleicht noch nicht die Grundbegriffe) seiner Soziologie hat Bourdieu bereits in seinen frühen Forschungen über Algerien entwickelt (vgl. Krais/Gebauer 2002, 18 ff.; Neckel 2002, 30).

> »Wenn Pierre Bourdieu die an ihn gerichtete Frage: ›Steckt in diesen frühen Arbeiten vielleicht schon der ganze Bourdieu?‹, ohne Zögern bejaht, so verweist dies auf die Schlüsselstellung dieser Texte für ein adäquates Verständnis der Grundmotive und Entwicklungsdynamik seines Werkes und dessen so eigentümlicher theoretischer Geschlossenheit.« (Schultheis 2000, 166)

Nach Abschluss der Pariser Elitehochschule kam der junge Philosoph Mitte der 1950er Jahre als Wehrpflichtiger nach Algerien, in ein Land, das sich im Kriegszustand befand, im Kampf gegen das französische Kolonialsystem bzw. gegen die koloniale Situation. Ähnlich einer Initiation (so: Selbstversuch 2002, 67) ergab sich für Bourdieu in diesem Umfeld eine Herausforderung, durch die er, weitab von der akademischen Philosophie, seinen soziologischen Denkansatz entwickelte. In seinen Arbeiten über Algerien, das bis Anfang der 1960er sein zentrales Forschungsthema und auch danach immer wichtig blieb, gewann sein Anspruch an die Soziologie Kontur:

> »Ich wollte angesichts der dramatischen Situation in Algerien etwas tun, wollte mich nützlich machen und entschloß mich deshalb, eine Untersuchung über die algerische Gesellschaft in Angriff zu nehmen, um den Menschen zuhause ein wenig besser verständlich zu machen, was in diesem Land geschah. Ich wollte bezeugen, was sich da vor meinen Augen abspielte.« (zit. nach Schultheis 2000, 170 f.)

Algerien fehlte in diesem Krieg Bourdieu zufolge (Révolution 1961, 29) ein konkreter Gegner: Der Krieg richtete sich gegen das (koloniale) System schlechterdings, gegen dessen Diskriminierungen und Klassendifferenzierungen; er konnte daher nur unzureichend als Bürgerkrieg bezeichnet werden. Einerseits opponierten die Algerier gegen das System, andererseits imitierten sie die Kolonialherren, indem sie versuchten, den Anforderungen des kapitalistischen Systems zu entsprechen (vgl. Schmeiser 1985, 169).

Bourdieu beschreibt die Situation in Algerien als Zusammenprall einer kapitalistischen mit einer vorkapitalistischen Gesellschaftsordnung:

> »... die Erscheinungen des sozialen, ökonomischen und psychologischen Zerfalls müssen offenbar verstanden werden als Resultat des Zusammenwirkens von ›externen Kräften‹ (Eindringen der westlichen Zivilisation) und von ›internen Kräften‹ (ursprüngliche Strukturen der einheimischen Zivilisation).« (Le choc 1959, 54, ins Deutsche übersetzt von den Autoren)

Die Konstellation im Land glich einem »Experiment«, einer »Laborsituation«. Die durch die militärischen Maßnahmen (z. B. Zwangsumsiedlung großer Bevölkerungsgruppen, Errichtung von Sammellagern) hervorgerufene

> »historische Beschleunigung ... brachte ... zwei Typen von Wirtschaftssystemen mit völlig konträren Anforderungen zur Koexistenz, die gewöhnlich durch einen Zeitraum von mehreren hundert Jahren voneinander getrennt sind.« (Zwei Gesichter der Arbeit 1977/2000, 7)

Die traditionellen Pfeiler der algerischen Gesellschaft – Kohäsion der Familie, Kohäsion des Stammes – gerieten mit dem Aufkommen des modernen, aufs Individuum zentrierten Denkens ins Wanken. Nicht nur die vorkapitalistische Wirtschaftsordnung wurde durch den Zusammenprall mit einer kapitalistischen umgestoßen, sondern auch die soziale, die moralische, die psychologische, kurz: die Ordnung insgesamt (so: Le choc 1959, 57). Das vorkapitalistische System, das die einzig mögliche und denkbare Lebensform gewesen war, stand jetzt ganz in Frage; andere »vertus psychologiques« (Le choc 1959, 64), also andere »psychologische Tugenden«, Fähigkeiten und Verhaltensweisen wurden von den Menschen gefordert, wurden jetzt Voraussetzungen für erfolgreiches Handeln. Um diesen Hintergrund des algerischen Befreiungskrieges in Frankreich verständlich zu machen, sah Bourdieu es als unabdingbar an, die Situation, aus der er sich entwickelt hatte und gegen die er sich richtete, zu verstehen, also die Erschütterung der ursprünglichen Sozialordnung und die neuen Anforderungen von Seiten des kapitalistischen Systems. Mit dieser Auffassung wurde auch die Sicht der Kolonialmacht Frankreich kritisierbar, denn dort wurde nicht die koloniale Situation als Auslöser und Adressat des Krieges betrachtet (Révolution 1961, 29 f.), sondern das Bestreben Algeriens, sich von Frankreich zu lösen.

In diesem frühen Aufsatz (Le choc 1959) wird somit bereits ein Grundzug aller Arbeiten Bourdieus deutlich: Statt nur Teilbereiche der Gesellschaft (z. B. den Wandel im Wirtschaftssektor) zu betrachten, wollte er die vollständige Komplexität der vor sich gehenden Prozesse erfassen und die unterschiedlichen Strategien und Einstellungen (vor allem zur Zeit und zur Zukunft) in den Blick nehmen, die die vorkapitalistisch sozialisierten Algerier hatten bzw. die in dem durch die Kolonialherrschaft übergestülpten kapitalistischen System erforderlich wurden.

Bourdieus erste Monografie »Sociologie de l'Algérie« (1958/1985) ist eine Art Landesstudie (Schultheis 2003, 32). Sie bietet Einblicke in die Lebensbedingungen und sozialen Strukturen (u. a. physikalische Umwelt, Bevölkerungsstruktur, Heiratsmuster, Wohnbedingungen) der verschiedenen Bevölkerungsgruppen in Algerien: der Berber in der Kabylei, der strikt islamischen Mozabites, der Chaouïas (Shawia) und der Arabophonen. Die erste Fassung des Buches, die hauptsächlich auf Sekundärmaterial beruht, wird für die zweite Auflage (1961) auf der Grundlage von eigenem empirischem Material vollständig überarbeitet (vgl. Robbins 1991, 21). Auch wenn die Studie soziologisch nicht sehr tief reicht, bietet sie doch eine Beschreibung der sozialen und ökonomischen Strukturen, die unverzichtbar ist, um die Transformation der traditionellen Sozialordnung in Algerien zu verstehen.

Aufschlussreich ist die Beschreibung der Kabylen, die in Bourdieus späteren Studien oft im Zentrum stehen: Dieses bevölkerungsstarke Bergvolk, das traditionell vom Oliven- und Feigenanbau sowie von den durch die Frauen angelegten Gemüsegärten lebt (Sociologie de l' Algérie 1958/1985, 9 ff.), wohnt – trotz Nähe zur Hauptstadt Algier – recht isoliert im Norden des Landes. Der Islam hat hier noch wenig Verbreitung gefunden, die

Kabylen haben sich in ihrem Rechtssystem und in ihrem bäuerlichen Verhältnis zu Grund und Boden einen »style de vie originale« erhalten (Sociologie de l' Algérie 1958/1985, 7). Sie kennen kein kodifiziertes Recht, stattdessen leitet ein intuitives Gespür für Gerechtigkeit und Angemessenheit das Handeln. Damit ist ein Handlungsregulativ angesprochen, das Bourdieu später *doxa* nennen wird, also die ohne Nachdenken und ohne Abstimmung wirksame »Koinzidenz zwischen objektiver Ordnung und subjektiven Organisationsprinzipien«, durch die »die natürliche und soziale Welt schließlich als selbstverständlich vorgegebene« erscheint (Entwurf einer Theorie 1972/1976, 325; vgl. Sociologie de l'Algérie 1958/1985, 25). Diese traditionelle Lebensform wird durch die Kolonialisierung gefährdet, weil ihre fundamentale Idee der Verwandtschaftlichkeit im kapitalistisch geprägten Kolonialsystem nicht mehr trägt: Gefühle von Angemessenheit und Gerechtigkeit, die allen gemeinsam sind, werden zunehmend in formelle Prinzipien und Rechtsverhältnisse umgewandelt.

Die koloniale Situation war für Bourdieu nicht nur Untersuchungsgegenstand, sie prägte auch die Forschungsarbeit selbst. Die beiden Sozialordnungen prallten aufeinander, die Kommunikation zwischen ihnen war auf ein Minimum reduziert (Travail et travailleurs 1963, 264). Das wurde während der Datenerhebung in der Skepsis oder auch Feindseligkeit spürbar, die dem Wissenschaftler aus Frankreich, aus dem Land der Kolonialherren, manchmal entgegengebracht wurde.[3]

In einer solch undurchsichtigen, sogar gefährlichen Situation zu forschen, verlangte eine reflektierte Offenheit gegenüber den spezifischen Möglichkeiten und Bedingungen. So arbeitete Bour-

3 Wie notwendig eine Reflexion über die Standortgebundenheit des Forschers ist, wurde durch solche Reaktionen der Befragten offensichtlich. Doch erkannte Bourdieu, dass dies nicht nur ein Spezifikum dieser Situation oder allgemein der Ethnologie ist, sondern dass Selbstreflexion auch bei Untersuchungen in der »Heimat« unabdingbar ist. Im Hinblick auf die (algerischen) Interviewer entdeckte er, wie sehr sich die Qualität der Gesprächssituation mit dem Abstand zwischen der sozialen Herkunft des algerischen Forschers und der der Befragten veränderte (Travail et travailleurs 1963, 262, Fußn. 4) – eine Erkenntnis, die ihn später in »Das Elend der Welt« dazu bewog, Interviewer auszuwählen, die den Interviewten ähnlich waren, etwa in Bezug auf den Beruf.

dieu einerseits bei der Sozialstrukturanalyse der algerischen Kolonialgesellschaft mittels Fragebogenerhebungen eng zusammen mit Mitarbeitern der algerischen Vertretung des *INSÉE*, des Nationalen Statistischen Instituts Frankreichs, und einer Gruppe algerischer Studenten. Andererseits nutzte er zusätzlich weitere Datenformen und Erhebungsverfahren (von der Sammlung von Sprichwörtern, der Erhebung von offenen Interviews und direkten Beobachtungen bis hin zur Sammlung und Interpretation von Fotografien[4]). In Begleitung des algerischen Studenten Abdelmalek Sayad (der noch Jahre später in Frankreich mit ihm zusammenarbeitete), bereiste er das Land, um sich durch Begegnungen und Erfahrungen in seinem Denken verunsichern und auf neue Untersuchungsbereiche lenken zu lassen; so auf die Beziehung zwischen Wirtschafts- und Zeitstrukturen, auf die Bedeutung der Gabe und des Tausches (insbesondere auf dem Heiratsmarkt) und auf die Bedeutung der Ehre. Für seinen Zugang zum Forschungsfeld war immer wieder die Hilfe von Algeriern unerlässlich, die ihn als jemanden einführten, dem man vertrauen konnte.

Das zentrale Werk dieser Algerien-Studien ist »Travail et travailleurs en Algérie« (1963). Darin werden in einem ersten, von den *INSÉE*-Mitarbeitern Jean-Paul Rivet und Claude Seibel sowie Alain Darbel (dem Leiter des Instituts) erarbeiteten Teil die »Données statistiques« (statistischen Daten) präsentiert, der zweite Teil besteht aus einer »Étude sociologique« von Bourdieu.[5] Gegenstand der Studie ist die Erwerbssituation in Algerien. Die Arbeitswelt ist für Bourdieu und seine Mitarbeiter ein Schlüsselthema, weil sie im Schnittpunkt der Konfrontation beider Wirt-

4 Vgl. den Katalog zu einer Ausstellung von Bourdieus Fotografien aus Algerien: Schultheis/Frisinghelli 2003.

5 Aus der Zusammenarbeit mit Abdelmalek Sayad entstand die zweite wichtige Studie aus der Algerien-Zeit über die »Entwurzelten«: »Le déracinement. La crise de l' agriculture traditionelle en Algérie« (1964). Neben diesen beiden Monografien publizierte Bourdieu (ethnografische) Aufsätze, die teilweise überarbeitet in deutscher Sprache vorliegen, so über die Ehre (Ehre 1965/1976), den Kalender (Der Dämon der Analogie 1980/1999), das kabylische Haus (Das Haus 1970/1976) und über die Verwandtschaft (Verwandtschaft 1972/1976).

schaftssysteme liegt und weil die Autoren an ihr die spezifische Situation des Landes deutlich machen können, nämlich den Konflikt zwischen den Anforderungen einer traditionalen Arbeitskultur mit denen der modernen Rationalität (Travail et travailleurs 1963, 266).

Der erste Teil des Buches liefert die Auswertung eines Fragebogens, in dem Algerier, aber auch im Lande ansässige Franzosen zu ihrer Familienstruktur, zur Hauptbeschäftigung, zur Arbeitszeit und zum Arbeitsbereich, zum individuellen und Familieneinkommen sowie zur Arbeitslosigkeit befragt worden waren.

In dem theoriegeleiteten zweiten Teil von Bourdieu geht es um die Frage, was geschieht, wenn der Kapitalismus nicht, wie in der Geschichte West- und Mitteleuropas, Ergebnis einer autonomen Evolution ist, sondern einem Land von einer äußeren Kraft aufgezwungen wird, und wie sich die Akteure in einer solchen Situation, in der die »Diskordanzen zwischen den vorliegenden Einstellungen und den ökonomischen Strukturen größtmöglich sind« (Travail et travailleurs 1963, 314, ins Deutsche übersetzt von den Autoren), zurechtfinden. Es geht darum, welche Fähigkeiten (z. B. rationales Kalkulieren) und Wertvorstellungen die Adaption an die neuen Strukturen fordert, die von den in einer anderen Tradition aufgewachsenen Menschen eine Konversion ihrer (ökonomischen) Einstellungen, »une réinvention créatrice« verlangen (Travail et travailleurs 1963, 313 ff.). Aus der Untersuchung der algerischen Gesellschaft wird so auch eine Überprüfung der Thesen Max Webers über die förderlichen Bedingungen für die Entstehung des Kapitalismus in der sozialen Mentalität.[6] Bourdieu erinnert sich später:

> »... meine Frage war: ›Was sind die ökonomischen und gesellschaftlichen Bedingungen des Zugangs zur Rationalität ...?‹ Es war eine Webersche Frage, die ich allerdings in marxschen Begriffen stellte ...« (zit. nach Schultheis 2000, 166)

6 Weber (1920/1988) hatte versucht nachzuweisen, dass die Arbeitshaltungen und Lebensorientierungen, die für den entstehenden Kapitalismus nützlich waren, im Protestantismus vorgeprägt worden sind (Arbeit um der Arbeit Willen, Sparsamkeit mit Zeit und Geld).

Zu diesem Zweck lernte Bourdieu Deutsch und übersetzte Ausschnitte aus Webers Protestantismus-Studie (Zwei Gesichter der Arbeit 1977/2000, 112).

Um Antworten auf diese weit gespannten Fragen zu erhalten, entwickelte Bourdieu auf der Basis erster ethnografischer Erfahrungen einen Fragebogen, der auch Fragen nach den Erwartungen an den Beruf und nach dessen Wahrnehmung bzw. Einschätzung enthielt (Travail et travailleurs 1963, 558 ff.).

Kombiniert wurde dieser Fragebogen jeweils mit einem offenen Interview. Zu den nach Zufall ausgewählten Personen wurden zwei Interviewer geschickt: ein Algerier und ein Franzose.[7] Weil meist auf Aufnahmegeräte verzichtet wurde, war diese Konstellation nicht nur für eine vertrauenserweckende Atmosphäre und somit für die Qualität der Informationen förderlich, sie war auch praktisch: Der eine schrieb mit und der andere führte das Interview. Der Interviewer ließ sich zunächst auf die Aussagen des Befragten ein, ohne sich strikt am Fragebogen zu orientieren. Die dadurch mögliche »reelle« Verständigung trug dazu bei, eine vertrauensvolle Gesprächssituation zu schaffen (Travail et travailleurs 1963, 261, Fußn. 4), in der es dann auch möglich wurde, politische Fragen zu stellen, die sonst oft Misstrauen erregten. Erst am Ende wurde rekapitulierend der Fragebogen hinzugezogen. So wurden die Vorteile der geschlossenen Befragung mit denen des offenen Interviews kombiniert. Bereichert wurde die Studie durch zusätzliches Datenmaterial (Sprichwörter etc.). Rückblickend meint Bourdieu, dass ihm das quantitative Vorgehen gewissermaßen Halt gegeben habe: Die Benutzung quantitativer Verfahren habe ihm ein Stück weit über seine Verunsicherung in einer emotional aufwühlenden und auch gefährlichen Situation hinweggeholfen, habe ihn daran gehindert, »den Philosophen zu spielen« (zit. nach Schultheis 2000, 175 ff.; auch: Schultheis 2003, 35).

7 Diese Entscheidung beruhte auf der Überlegung, dass zwei Franzosen als Interviewer wenig Vertrauen hätten erwecken können, zwei Algerier dagegen einige Fragen nicht hätten stellen können, da sie, in den Augen der Befragten als »Eingeweihte«, die Antwort bereits kennen müssten (Travail et travailleurs 1963, 262 f.).

In deutscher Sprache liegt seit dem Jahr 2000 »Die zwei Gesichter der Arbeit« vor, eine ursprünglich für einen Aufsatz gekürzte Version des zweiten Teils von »Travail et Travailleurs« von 1963. Anhand dieser Fassung werden im Folgenden Bourdieus statistische und ethnografische Arbeiten der Jahre 1958 bis 1961 skizziert.

Die quantitative Erhebung erbringt erste wichtige Erkenntnisse, zeigt aber auch die Schwierigkeiten, die in den Vorannahmen einer standardisierten Befragung stecken können. So impliziert der Begriff der Arbeit eine kapitalistische Logik, wenn er in der Dimension produktiv/unproduktiv verstanden wird. In der vorkapitalistischen Gesellschaft wird die Aktivität an sich geschätzt; nicht Unproduktivität, sondern Müßiggang wird verachtet. Weniger eine spezielle Leistung als vielmehr der Einsatz für die Gruppe – und sei es in der Form eines Gesprächs mit den Dorfältesten – erfährt Anerkennung. Jedem Gruppenmitglied wird eine, wenn auch oft nur symbolische Arbeit zugewiesen, so dass es die Möglichkeit hat, seine Pflichten gegenüber der Gruppe zu erfüllen. In einer solchen Ordnung kommt Arbeitslosigkeit nicht vor. Die Frage danach ist also eine, die aus (europäischer) Forschersicht an den Interviewten herangetragen wird, aber keine, die im bäuerlichen Traditionalismus eine Rolle spielt. Insofern ist das Bewusstsein, arbeitslos zu sein, ein Indiz für »eine Konversion in der Haltung gegenüber der Welt« (Zwei Gesichter der Arbeit 1977/2000, 95), aufgrund derer Arbeit nicht mehr eine soziale Funktion beschreibt. Diese veränderte Einstellung taucht vor allem in den vom Kapitalismus stärker durchdrungenen Regionen auf.

> »So kommt es, daß sich die Landbewohner der kabylischen Regionen gerne als arbeitslos bezeichnen, sobald sie ihre Beschäftigung als unzureichend erachten, während sich die Landwirte und Hirten im Süden Algeriens bei ähnlich liegenden Beschäftigungsquoten als beschäftigt ansehen.« (Zwei Gesichter der Arbeit 1977/2000, 95)

Um solche für den Forscher scheinbar selbstverständlichen Vorstellungen wie die moderne Idee der Arbeit relativieren zu können, helfen die qualitativen Interviews, die Analyse von Sprichwörtern, allgemein der offene Umgang mit Informationen jeder

Art. Sie helfen so auch bei der Interpretation der Daten der quantitativen Erhebung.

Indem der Kapitalismus auf Rationalisierung und Berechenbarkeit setzt, steht er konträr zur traditionellen Lebens- und Arbeitsweise der algerischen Bauern. Als Voraussetzung für eine rationalisierte Arbeitshaltung identifiziert Bourdieu die spezifische Auffassung der Zeitstrukturen, die Vorstellung von der (Machbarkeit der) Zukunft. Er zeigt, wie das Zeitbewusstsein mit den materiellen Existenzbedingungen verbunden ist (Zwei Gesichter der Arbeit 1977/2000, 43). Entsprechend den geringen objektiven Möglichkeiten, die eigenen Existenzbedingungen zu kontrollieren, wird die traditionelle Lebens- und Arbeitsweise nicht durch einen vorausschauenden Blick in die Zukunft geleitet. Vielmehr werden, indem man aus der Not eine Tugend macht, jene zukunftsorientierten Dispositionen, die der Kapitalismus voraussetzt, geradezu vermieden, wie Berechnung und Rechenhaftigkeit (es gibt Regeln, die das Zählen und Beziffern verbieten; Travail et travailleurs 2000, 42), die Sorge um Effizienz und Produktivitätssteigerung, Kalkulation – alles Dispositionen, die in eine »unwirkliche Welt des Zukünftigen und Möglichen« (Zwei Gesichter der Arbeit 1977/2000, 41) weisen.

Die Bauern setzen ihre Ausgaben auf der Grundlage der Erträge aus der letzten Saison, und nicht im Hinblick auf den zukünftig erwarteten Ertrag fest. Sie konsumieren einen Überschuss an Weizen oder Gerste, statt ihn zu reinvestieren. Sie sorgen, statt vorausschauend zu kalkulieren, für den Erhalt des Status quo und opfern insofern »die Zukunft der Produktion zugunsten jener des Konsums« (Zwei Gesichter der Arbeit 1977/2000, 33). Max Weber hatte festgestellt, dass den Arbeitenden vor dem Aufkommen des »Geistes des Kapitalismus« nicht die Frage antrieb:

> »wieviel kann ich am Tag verdienen, wenn ich das mögliche Maximum an Arbeit leiste, sondern: wieviel muß ich arbeiten, um denjenigen Betrag … zu verdienen, den ich bisher einnahm und der meine traditionellen Bedürfnisse deckt? … der Mensch will ›von Natur‹ nicht Geld und mehr Geld verdienen, sondern einfach leben, so leben wie er zu leben gewohnt ist und soviel erwerben, wie dazu erforderlich ist.« (Weber 1920/1988, 44).

Rationales Kalkulieren ist bei einem überschaubaren, sich wiederholenden Produktionszyklus wie dem landwirtschaftlichen, der dazu an natürliche (mythisch interpretierte) Prozesse gebunden ist, auch weniger erforderlich als beim kapitalistischen, der, zergliedert in Teilprozesse, eine abstrakte Zukunft anvisiert (Zwei Gesichter der Arbeit 1977/2000, 34 f.). Für den Bauern ist das Kommende nicht ein planbares Jenseits der Gegenwart, sondern es ist in der Gegenwart enthalten – wie der Samen in der Erde oder das Kind im Mutterleib.

Das Leben der kabylischen Bauern wird zeitlich geordnet durch einen mythisch-rituellen Kalender, der das Handeln der Individuen in Gleichklang bringt. Dieser einheitliche Lebensrhythmus ermöglicht die Vorhersagbarkeit des Verhaltens der anderen und damit den Zusammenhalt der Gruppe: »Respekt vor den zeitlichen Rhythmen ist tatsächlich eines der grundlegenden Gebote dieser Ethik der Konformität.« (Zwei Gesichter der Arbeit 1977/2000, 58)

Der Zusammenhalt der Gemeinschaft wird auch gewährleistet durch die Besitzgemeinschaft der Verwandten, die jede Berechnung einzelner Konsumausgaben und jede individualistische Aneignung des Bodens ausschließt. Gestützt wird dieses System durch die Moral der Ehre[8], die Eigenschaften wie Berechnung, Gier oder die Orientierung an der Uhr verdammt (Zwei Gesichter der Arbeit 1977/2000, 45). Im Rahmen von Treu und Glauben erbittet man beispielsweise einen Kredit von einem Verwandten oder Bekannten. Im Gegensatz zur Kreditaufnahme bei

8 »Das Ehrgefühl ist das Fundament einer Moral, in der der Einzelne sich immer unter dem Blick der anderen begreift, wo der Einzelne die anderen braucht, um zu existieren, weil das Bild, das er sich von sich selbst macht, ununterscheidbar ist von dem Bild von sich, das ihm von den anderen zurückgeworfen wird« (Ehre 1965/1976, 27 f.). Dabei wird das »Wertsystem der Ehre … eher ›praktiziert‹ als gedacht« (Ehre 1965/1976, 43), ist also als Strategie und nicht als Regel zu verstehen. In »Ehre und Ehrgefühl« illustriert Bourdieu, wie das Ehrverhalten die ökonomischen Interessen verdeckt, am Beispiel des Verkaufs eines Ochsens: Nach langem Feilschen bekommt der Käufer einen Teil des gezahlten Betrages vom Verkäufer (für seine Kinder o. Ä.) zurück. Je höher der Betrag, desto mehr Ehre erwirbt der Verkäufer und desto eher erscheint der Handel als ein Ehrenaustausch (Ehre 1965/1976, 46).

einem Fremden ist hier die Abmachung nicht durch einen kodifizierten Vertrag, der den zukünftigen Verlauf abstrakt regelt, sondern durch die objektive und dauerhafte Bindung der Akteure in der Gegenwart gesichert, die keiner genau kalkulierten Fristsetzungen bedarf (Zwei Gesichter der Arbeit 1977/2000, 40).

Das kalkulierende Denken fehlt bei den Bauern nicht völlig, es wird jedoch zur Wahrung der allgemeinen Vorstellung vom Zusammenleben in den Interaktionen verneint (Zwei Gesichter der Arbeit 1977/2000, 47). Ein Beispiel: Das Ende der gemeinsamen Erntearbeiten und die dabei wirksame Solidarität werden stets mit einem Festmahl gefeiert. Dessen Kosten übersteigen manchmal die gewonnenen Erträge in einem Maße, dass nur ein Mann aus jeder beteiligten Familie eingeladen werden kann – dass also nur unter Rückgriff auf ein Kalkül der kollektive Ritus gewahrt werden kann (Zwei Gesichter der Arbeit 1977/2000, 47). So wird auch die Anekdote über den Frevel eines (zugereisten) Arbeiters verständlich, der, statt dem Mahl beizuwohnen, die Auszahlung der eingesparten Unkosten verlangte. Diese Geschichte über den Auswärtigen, der bei den Kabylen wohl nie wieder eine Arbeit bekam, versinnbildlicht die symbolische Bedeutung des gemeinsamen Mahls, der Besiegelung eines Bündnisses (Zwei Gesichter der Arbeit 1977/2000, 48) unter Verleugnung jeglicher ökonomischen Dimension.

Aus objektivistischer Forschungsperspektive wurde laut Bourdieu diese Grundlage der Gesellschaft (das Prinzip von Treu und Glauben und die mit ihm verbundene Abweisung jeglichen ökonomischen Kalküls) übersehen. Strukturalistische Modelle in der Ethnologie können, so Bourdieu, nur zeigen, wie auf eine Gabe (Geschenk) eine Gegengabe folgt, das heißt, sie unterstellen dem Handeln eine ökonomische Intention, eine Logik des Tauschs – was die Akteure selbst von sich weisen. Um die Handelnden zu verstehen, sei es unerlässlich, das Zeitintervall zu berücksichtigen, das die Gegengabe von der Gabe trennt. Ist dieses, wie in der Praxis üblich, hinreichend (aber auch nicht zu) groß, so muss niemand in dem Tauschvorgang ein ökonomisches Kalkül, eine Interessengeleitetheit sehen, das heißt, die Funktion des Tausches kann also kollektiv und bewusst verkannt werden (Zwei Gesichter der Arbeit 1977/2000, 50; vgl. Hillebrandt 2007, 289). Hier wird übrigens auch die Forderung Bourdieus (die sich vor allem gegen Lévi-Strauss als den Protagonisten des Strukturalismus richtet) verständlich, nicht zu versuchen, entzeitlichte Regeln des sozialen Austauschs aufzustellen, sondern historisch und regional spezifische Strategien und deren Bindung an die objektiven Strukturen zu erfassen (Entwurf einer Theorie 1972/1976, 217 ff.).

Offene Kalkulation und systematische Buchführung nahmen in Algerien erst mit der Ausbreitung des Geldverkehrs zu und machten schließlich auch nicht vor den Besitzgemeinschaften Halt. Deren Mitglieder begannen, ihre Anteile an Konsum und Produktion nachzurechnen – womit der Untergang der Besitzgemeinschaften eingeläutet war (Zwei Gesichter der Arbeit 1977/2000, 44). Da Geld im Unterschied zu Gütern auf eine mögliche Befriedigung in der Zukunft verweist, wurde es in der vorkapitalistischen Gesellschaft nur misstrauisch und zögernd aufgenommen; schließlich besitzt man mit »dem Geldäquivalent … die Dinge nicht mehr, sondern nur die Zeichen ihrer Zeichen« (Zwei Gesichter der Arbeit 1977/2000, 36). Der rationale Umgang mit Geld, der eine abstrakte Bestimmung und Berechnung von Bedürfnissen und Ausgaben voraussetzt, war den traditionellen Bauern fremd. Ihre Vorratshaltung folgte einer ganz anderen Logik; so zeigte der Stand des Weizens in den Tongefäßen eindeutig an, wann der Konsum gedrosselt werden musste, nämlich sobald das Niveau unter das mittlere Loch im Fass gefallen war (Zwei Gesichter der Arbeit 1977/2000, 37). Der Geldverkehr verlangte eine regelrechte Konversion dieser Einstellung:

> »… an die Stelle der klaren Evidenz auf der Grundlage der Intuition tritt die ›blinde Evidenz‹ auf der Basis des Umgangs mit Symbolen.« (Zwei Gesichter der Arbeit 1977/2000, 38)

Ohne eine ganz neue Auffassung von Zeit, das heißt die Hinwendung zur Zukunft, waren die bisherigen Dispositionen der Menschen nicht kompatibel mit den aufgezwungenen Strukturen.

> »Die nach einer anderen ökonomischen Logik sozialisierten wirtschaftlichen Akteure müssen nun – sozusagen auf eigene Kosten – die rationale Verwendung des Geldes als universellen Vermittler aller ökonomischen Beziehungen erlernen. So ist etwa die Ver-

suchung groß, das gerade erst empfangene Geld umgehend in wirkliche Güter umzusetzen ...« (Zwei Gesichter der Arbeit 1977/2000, 38)

Das hatte beispielsweise zur Folge, dass viele Landarbeiter in den 1950er Jahren ihren gesamten Monatslohn in nur wenigen Tagen ausgaben, oder dass Bauern ihren Boden übereilt und wenig gewinnträchtig veräußerten, den Erlös schnell verbrauchten und dann in die Stadt flüchteten (Zwei Gesichter der Arbeit 1977/2000, 38 f.).

Auch der Zusammenstoß mit der kapitalistischen Wirtschaftsweise in den Städten führte bei den Subproletariern und den Arbeitslosen nicht automatisch zu einer Umstellung hin zum kalkulierenden Denken und Handeln, weil auch sie, obschon fern der sicherheitsstiftenden Tradition und der Willkür der Arbeitgeber ausgesetzt, nicht über die fundamentale Voraussetzung für kalkulierendes Denken verfügten, nämlich den Glauben an die Macht über die Gestaltung der eigenen Gegenwart und Zukunft. Ohne diese grundlegende Bedingung wurden solche Menschen auf unrealistische Träume zurückgeworfen: »Die magische Hoffnung ist die Zukunftsperspektive jener, die keine Zukunft haben.« (Zwei Gesichter der Arbeit 1977/2000, 111) Bourdieu zeigt, dass das rationale Denken keine universelle Fähigkeit ist, wie häufig in den Wirtschaftswissenschaften unterstellt wird, sondern dass es an bestimmte Existenzbedingungen gebunden ist, die überhaupt Zukunftsplanung und Berechnung gestatten. Entsprechend stellt er die Behauptung auf, dass sich revolutionäres Denken und Handeln erst ab einer bestimmten Einkommensschwelle (und der damit verbundenen Sicherheit im Leben) entwickeln können. Das impliziert eine Kritik an der Marx'schen Theorie, die verkenne, dass sich unter unsicheren Existenzbedingungen ein revolutionärer Wille nicht entwickeln kann.

Die Möglichkeiten, aber auch die Grenzen des strukturalistischen Denkmodells wurden Bourdieu hier im Laufe seiner ersten soziologischen bzw. ethnologischen Arbeiten deutlich. Rückblickend stellt er fest, dass seine »letzte Arbeit als unbefangener Strukturalist« (Sozialer Sinn 1980/1999, 23) der 1963 verfasste Aufsatz »La maison kabyle ou le monde renversé« war. In »Die zwei Gesichter der Arbeit« dagegen, wo er die Interdependenz von Zeit- und Wirtschaftsstrukturen aufzeigt, nimmt er bereits nicht nur Strukturen, sondern auch die Praxis der Akteure in den Blick und verbindet Handlungs- und Strukturtheorie. Es spricht vieles dafür, dass Bourdieu sein später zentrales Konzept des Habitus bereits mit seinen algerischen Forschungen vorbereitet hat, in denen er die Inkompatibilität von ökonomischen Strukturen und Einstellungen der Menschen thematisiert.[9] Den Begriff ›Habitus‹ selbst verwendet er jedoch noch nicht; in »Travail et travailleurs« ist von *Ethos*, von Einstellungen (*attitudes*) und von ökonomischer Grundhaltung (*conduite économique*) die Rede.

Auch Bourdieus Untersuchungen der Verwandtschaftsbeziehungen und des Heiratsmarktes in Algerien erfassen das strategische Handeln der Akteure. Die einschlägige Studie »Die Verwandtschaft als Vorstellung und Wille«[10] (1972/1976) beruht auf Forschungen aus den Jahren zwischen 1960 und 1970; rund dreißig Genealogien aus der Kabylei und anderen Regionen Algeriens waren dafür erhoben worden. Diese Genealogien basieren auf Befragungen über die Heiraten und die Verwandtschaftsbeziehungen einer Familiengruppe über mehrere Generationsstufen hinweg, was zusätzlich kompliziert wird durch die Möglichkeit, mehr als eine Ehefrau zu haben, sowie durch Wiederverheiratungen nach Verwitwung (vgl. Entwurf einer Theorie 1972/1976, 409, Anm. 16).

Bourdieu versucht in dieser Studie, die von der Ethnologie angenommenen (und durch Befragungen nach den Heiratsmustern bestätigten) Regeln, die zur Ehegattenwahl führen, in ihrem Status als Regeln zu hinterfragen, indem er nicht vom Ergebnis der Gattenwahl ausgeht, sondern die dorthin führenden Strategien

9 Das Habitus-Konzept, das von manchen Kritikern als Prinzip der Wiederholung und Konservierung der Strukturen aufgefasst wird, wäre dann gerade im Gegenteil aus der Beobachtung einer Nichtübereinstimmung von Wirtschaftsstrukturen und Einstellungen entstanden (vgl. Meditationen 1997/2001, 204).

10 Der Titel ist eine Anspielung auf das Hauptwerk »Die Welt als Wille und Vorstellung« des deutschen Philosophen Arthur Schopenhauers, der darin den Menschen als Triebwesen und den Intellekt als bloßen Diener des Triebs darstellt.

betrachtet. Er entdeckt dabei, dass ganz unterschiedliche Interessen und Pflichten dazu führen können, dass Männer ihre patrilinealen Kreuzkusinen heiraten (Entwurf einer Theorie 1972/1976, 96 ff.). Anders als die bisherige Ethnologie will er nicht so vorgehen, »als wäre das mit Regeln versehene Produkt nach Regeln produziert worden« (Entwurf einer Theorie 1972/1976, 78). Das Regelsystem (der Gattenwahl oder einer anderen sozialen Handlungsproblematik) sei nämlich, gerade wenn es von einheimischen Informanten dargestellt werde, vor allem ein Versuch, die wirklichen Vorgänge in ein Modell der angemessenen, mit den kulturell ausformulierten Vorstellungen von Gruppenehre und Ansehen kompatiblen Praxis einzupassen. Modell und wirkliche Vorgänge stimmten dabei eher selten überein.

Andererseits entstehe durch den Versuch, die tatsächlichen Vorgänge auf ein kulturell akzeptables Modell hin auszurichten, durchaus eine soziale Leistung, nämlich die – teilweise kontrafaktische – Stabilisierung der kulturellen Selbstdeutungen der Gruppe. Typischerweise ließen sich die Ethnologen

> »durch die sorgfältig unterhaltene Zweideutigkeit täuschen …, durch die jede Gruppe ihr spiritualistisches Ehrgefühl behauptet und auf die sie ihre Einheit ideologisch begründet, indem sie sich selber und den anderen die tatsächlich ihre Praxis beherrschenden Faktoren zu verschleiern sucht, oder besser gesagt, indem sie zu verschleiern sucht, daß ihre Praxis von Determinismen und besonders von materiellen und symbolischen *Interessen* bestimmt wird.« (Entwurf einer Theorie 1972/1976, 89 f.)

Diese Einsicht ist für den Kulturbegriff relevant: Die Regelsysteme einer Sozialgruppe für angemessenes Handeln, die kulturell verankert sind und tradiert werden, bilden keine letzte Instanz. Eher im Gegenteil: Diese überlieferten und allseits bekannten Vorschriften werden von den Mitgliedern der Sozialgruppe benutzt, um Handeln »passend« und öffentlich darstellbar zu machen, um die wirkliche soziale Praxis mit dem Selbstverständnis der Gruppe in Einklang zu bringen. Teilweise wenigstens, so Bourdieu, handele es sich bei der Verwendung von Termini des kulturellen Regelsystems um einen Selbsttäuschungs- und gegenüber anderen um einen Verschleierungsversuch. Die in der Praxis häufig an materiellen und symbolischen Interessen orientierten Handlungen werden im Nachhinein auf das kulturelle Regelwerk hin geordnet, um die Mitwirkung von Interessen zu verdecken. Allgemein nennt Bourdieu solche Vorgehensweisen

> »*Offizialisierungsstrategien*, deren Ziel es ist, ›egoistische‹, private, individuelle Beweggründe und Interessen … in uneigennützige, kollektive, öffentlich vertretbare, kurzum legitime Beweggründe und Interessen zu verwandeln.« (Entwurf einer Theorie 1972/1976, 90)

Diese Perspektivenverschiebung weg vom kulturellen Regelsystem verlangt, dass bei der Analyse der Heiratsstrategien die Geschichte und der aktuelle Stand der Transaktionen und Relationen zwischen den beiden Heiratsgruppen berücksichtigt werden; sie geht davon aus, dass

> »die Untersuchung der matrimonialen Tauschbeziehungen mit der ökonomischen und sozialen Geschichte der Familien zusammenfällt, von der das genealogische Schema nur das ›Skelett‹ wiedergeben kann«. (Entwurf einer Theorie 1972/1976, 406 f., Fußn. 1)

Beachtet werden müssen also die unterschiedlichen praktischen Gebrauchsformen, die »usuellen« bzw. »Gebrauchsbeziehungen« (Entwurf einer Theorie 1972/1976, 82), die zu ein und demselben Muster des Heiratsverhaltens führen können. Die vom Ethnologen

> »konstruierten logischen Beziehungen verhalten sich zu den ›praktischen‹, d. h. zu den ständig praktizierten, unterhaltenen und gepflegten Verwandtschaftsbeziehungen wie der geometrische Raum einer Landkarte als Darstellung aller für alle denkbaren Individuen möglichen Wege zum unterhaltenen, begangenen, ausgetretenen und damit für einen bestimmten Handelnden wirklich begehbaren Wegenetz.« (Sozialer Sinn 1980/1999, 66)

Dadurch formuliert Bourdieu zugleich eine allgemeine Kritik am Strukturalismus, der den

> »logischen Verwandtschaftsbeziehungen … eine fast vollständige Unabhängigkeit von wirtschaftlichen Faktoren und, korrelativ dazu, eine fast vollkommene innere Kohärenz zuschreibt.« (Entwurf einer Theorie 1972/1976, 82)

Als nützlich erwies sich für Bourdieus Analyse der Heiratsbeziehungen in Algerien der gedankenexperimentelle Vergleich mit den Bauern in Béarn, seiner Herkunftsgegend in Südfrankreich. Zurück in Frankreich drehte er die Vergleichsfolie um und analysierte nun den Heiratsmarkt in den Pyrenäen (wieder in Begleitung seines algerischen Freundes und Kollegen Abdelmalek Sayad, der diesmal die Rolle des »Fremden« übernahm). In den Jahren 1959 und 1960 führte Bourdieu in Lesquire, einem Dorf in Béarn, eine Untersuchung über das bäuerliche Leben, den Heiratsmarkt und die Ehelosigkeit durch (Célibat 1962; Les relations 1962).[11]

Die Ergebnisse dieser Forschungen in den Pyrenäen zeigen, dass die bäuerlichen Familien unter modernen Verhältnissen von zwei widersprüchlichen Zielen bestimmt werden: Einerseits geht es um die (traditionelle) Wahrung des Familienbesitzes durch Vererbung an nur ein Kind, vorzugsweise den ältesten Sohn, und andererseits um den (modernen) Respekt gegenüber dem gleichen Rechtsanspruch aller Kinder (Les rélations 1962, 307). Männer vom Land haben aufgrund der Vererbungstraditionen geringere Heiratschancen als Männer aus der Stadt (Les rélations 1962, 309); insbesondere der jüngste Sohn bleibt, nach traditionellem Brauch, im Interesse des Schutzes des Familienbesitzes unverheiratet und steht als »freier Knecht« seinem älteren Bruder, dem Erben des Besitzes, zur Verfügung (Sozialer Sinn 1980/1999, 336). Damit wird ein Interessenkonflikt durch das Verwandtschaftsverhältnis verdeckt. Es geht nicht vorrangig um die Wahrung der Erbfolge oder des Rechts des Erstgeborenen, sondern um die Sicherung des Erbes, weshalb grundsätzlich auch ein anderer Erbe oder sogar eine Erbin das Land übernehmen dürfte. Anhand der Studien in Béarn ebenso wie der in Algerien gelingt es Bourdieu, die Verkennung des ökonomischen Kalküls durch die Akteure der kulturellen Praktiken selbst darzulegen.

Ob in Algerien oder in Béarn – ein rein ökonomischer Kapitalbegriff schien unzureichend, um die Praxis der Akteure, die ja das ökonomische Kalkül ihrer Praktiken verleugnen, zu verste-

11 Arbeiten zum »Niedergang der bäuerlichen Gesellschaft« wurden unter dem Titel »Junggesellenball« veröffentlicht (Konstanz 2008).

hen. Deshalb entwickelte Bourdieu, um der Logik der ›Ökonomie der Ehre‹ gerecht zu werden, den Begriff des symbolischen Kapitals. Diese Kapitalart fungiert als eine Art Kredit.

> »In einer Wirtschaftsform, die dadurch definiert ist, daß sie sich weigert, die ›objektive‹ Wahrheit der ›ökonomischen‹ Praktiken anzuerkennen ... kann das ›ökonomische‹ Kapital selbst nur wirken, wenn es auch um den Preis einer Rückverwandlung, die sein wahres Wirkungsprinzip unkenntlich zu machen geeignet ist, Anerkennung findet: das symbolische Kapital ist jenes *verneinte*, als legitim anerkannte, also als solches verkannte *Kapital* ...« (Sozialer Sinn 1980/1999, 215)

Ein Beispiel aus Algerien: Wenn nach der Ernte ein zweites Ochsengespann gekauft wird, obwohl nicht ausreichend Futter vorhanden ist, um es bis zum nächsten Herbst, wenn man es bräuchte, durchzufüttern, so ist dies keine »ökonomische Verirrung«. Vielmehr steigert dieses »Symbol einer reichen Ernte« das symbolische Kapital genau in der Zeit, in der die Heiratsverhandlungen beginnen.

> »Dieser strategische Bluff ist insofern vollkommen rational, als die Heirat eine Gelegenheit zur (im weiteren Sinne) ökonomischen Zirkulation bietet, von der sich eine unvollständige Vorstellung macht, wer nur die materiellen Güter in Rechnung stellt ...« (Entwurf einer Theorie 1972/1976, 352)

Ob bei den Algerien-Studien oder den Forschungen in seiner Heimatregion – immer geht es um alte Werte und Dispositionen, die in einer neuen Welt keinen Sinn mehr haben.[12] Die Aufgabe des Ethnologen sah Bourdieu schon in »Travail et travailleurs« (1963, 259) darin, den Sinn der Handlungen, den das koloniale System den Algeriern genommen hat, zu rekonstruieren und ihr Handeln verständlich zu machen – nicht zuletzt für die Betroffenen selbst. Erst wenn das, was die herrschende ökonomische Theorie im Modell des *homo oeconomicus* als universelle Disposition ansieht und

12 Die einst »gute Partie«, der erstgeborene Sohn einer wohlhabenden Bauernfamilie, wurde zunehmend als Hinterwäldler gebranntmarkt und vom Heiratsmarkt ausgeschlossen. Beobachtungen des dörflichen Tanzabends entschleiern diesen als einen Markt symbolischer Güter, auf dem die Bauernsöhne die Verlierer darstellen (vgl. Selbstversuch 2002, 73).

stillschweigend allen Akteuren abverlangt, als historisch-gesellschaftliches Produkt bzw. Konstrukt erkannt wird, kann der Sinn in den Handlungen der algerischen Akteure, die einer anderen, vorkapitalistischen Logik folgen, gesehen werden.

2.2 Bildung: Die Illusion der Chancengleichheit

Bourdieu begann seine empirischen Arbeiten zur Bildungssoziologie 1961. Damals führte er zusammen mit J.-C. Passeron eine schriftliche Befragung von Soziologie-Studenten an mehreren französischen Universitäten durch (Les étudiants 1964). Die zentrale Studie von Bourdieu und Passeron zum Bildungswesen, »Die Illusion der Chancengleichheit« (deren erster Teil »Bildungsprivileg und Bildungschancen« in Frankreich 1964 veröffentlicht wurde), erschien 1971 (ergänzt um einen zweiten Teil »Die Aufrechterhaltung der Ordnung«) erstmals auf Deutsch.[13] Damit fiel die Publikation der Übersetzung in eine Zeit, die in Westdeutschland von den bildungspolitischen Forderungen der 68er und von den mit der Bildungsexpansion verbundenen Hoffnungen und Versprechungen geprägt war. Der Glaube an die emanzipatorische Kraft eines Bildungswesens, das allen Lernenden gleiche Chancen einräumt und nur nach Begabung ausliest, war (und ist) eine verlockende Vorstellung. Bourdieu und Passeron hinterfragten diese mit dem Bildungswesen verbundenen Versprechungen und wiesen die Vorstellung zurück, das Bildungssystem stünde in einem neutralen Verhältnis zum Klassensystem (Illusion der Chancengleichheit 1964/1971, 16).

In ihrer Studie von 1961/1962 erforschen Bourdieu und Passeron die Auslesemechanismen im Bildungswesen anhand von Merkmalen wie der Sprache, der Fächerverteilung, der Einstellung zur Bildung; sie berücksichtigen auch scheinbar banale Phänomene wie z. B., ob sich der Student im Hörsaal in die vorderen oder die hinteren Reihen setzt. Statt sich, wie es die Logik des Bil-

13 Der erste Teil ist 2007 unter dem Titel »Die Erben« erschienen (Konstanz 2007).

dungswesens nahe legt, auf das Examen als zentrale Ausleseinstanz zu beschränken, richten sie ihr Forschungsinteresse auf den gesamten Ausleseprozess.

Entsprechend steht am Beginn der Untersuchung nicht die Gruppe der Hochschüler, sondern das Verhältnis von Studenten und Nicht-Studenten im Mittelpunkt der Betrachtung. Es geht um die Ermittlung der Wahrscheinlichkeiten für den Besuch einer Hochschule in Abhängigkeit vom Beruf der Eltern (des Vaters; Illusion der Chancengleichheit 1964/1971, 249) anhand der Zahlen des *Bureau Universitaire de Statistiques* von 1961/62. Um die Wahrscheinlichkeit des Hochschulbesuchs z. B. von Landarbeiterkindern zu erfassen, wird nicht allein ihr relativer Anteil an der Studentenschaft berechnet, sondern es wird auch die Größe der Berufsgruppe Landarbeiter in der Gesamtbevölkerung berücksichtigt (Illusion der Chancengleichheit 1964/1971, 249). Als zweite Größe zur Berechnung der Wahrscheinlichkeit des Hochschulbesuches wird die Zahl der neu immatrikulierten und nicht die Gesamtzahl der studierenden Landarbeiterkinder herangezogen. Dies begründen die Autoren mit der längeren Verweildauer von Studenten aus unterprivilegierten Klassen an der Hochschule, was diesen Studierenden in einer Gesamtstatistik ein größeres Gewicht verleihen und somit ihre geringeren objektiven Chancen verschleiern würde (Illusion der Chancengleichheit 1964/1971, 258).

Die in Abbildung 1 dargestellten Ergebnisse zeigen das Produkt einer klassenspezifischen Auslese, nach der die

> »Aussichten auf Hochschulbesuch … für den Sohn eines Führungskaders achtzigmal größer [sind] als für den eines Landarbeiters und vierzigmal größer als für den eines Arbeiters …« (Illusion der Chancengleichheit 1964/1971, 20)

Zusammenfassend halten Bourdieu und Passeron fest:

> »Für die Kinder der unterprivilegierten Klassen besteht heute nur eine symbolische Chance zum Hochschulbesuch (weniger als 5 Prozent); die Chancen für bestimmte mittlere Schichten (Angestellte, Handwerker, Kaufleute), deren Anteil in den letzten Jahren gestiegen ist, betragen 10 bis 15 Prozent; für die mittleren Kader haben sich die Chancen demgegenüber verdoppelt (etwa 30 Pro-

Berufsgruppe der Eltern	Geschlecht	Objektive Chancen Wahrscheinlichkeit des Hochschulbesuchs	Bedingte Wahrscheinlichkeit				
			Jura**	Naturwissenschaften	Geisteswissenschaften	Medizin	Pharmakologie
Landarbeiter	m	0,8	15,5	44,0	36,9	3,6	0
	w	0,6	7,8	26,6	65,6	0	0
	insg.	0,7	12,5	34,7	50,0	2,8	0
Bauern *	m	4,0	18,8	44,6	27,2	7,4	2,0
	w	3,1	12,9	27,5	51,8	2,9	4,9
	insg.	3,6	16,2	37,0	38,1	5,6	3,1
Dienstleistungspersonal	m	2,7	18,6	48,0	25,3	7,4	0,7
	w	1,9	10,5	31,1	52,6	4,7	1,1
	insg.	2,4	15,3	41,3	37,0	5,5	0,9
Arbeiter	m	1,6	14,4	52,5	27,5	5,0	0,6
	w	1,2	10,4	29,3	56,0	2,6	1,7
	insg.	1,4	12,3	42,8	39,9	3,6	1,4
Angestellte	m	10,9	24,6	46,0	17,6	10,1	1,7
	w	8,1	16,0	30,4	44,0	6,1	3,5
	insg.	9,5	21,1	39,4	28,6	8,6	2,3
Selbständige	m	17,3	20,5	40,3	24,9	11,0	3,3
(Industrie und Handel)*	w	15,4	11,7	21,8	55,7	4,8	6,0
	insg.	16,4	16,4	31,8	39,1	8,1	4,6
Mittlere Kader	m	29,1	21,0	38,3	30,2	8,5	2,0
	w	29,9	9,1	22,2	61,9	3,4	3,4
	insg.	29,6	15,2	30,5	45,6	6,0	2,7
Freiberufliche	m	58,8	21,8	40,0	19,3	14,7	4,2
und Führungskader	w	57,9	11,6	25,7	48,6	6,5	7,6
	insg.	58,5	16,9	33,3	33,3	10,8	5,8

* In beiden Fällen handelt es sich um rein statistische Kategorien, die ganz unterschiedliche soziale Gruppen umfassen. Die Kategorie der Bauern umfaßt alle Landwirte, ohne Rücksicht auf den Umfang des Betriebes; die Kategorie der Selbständigen aus Industrie und Handel erfaßt neben den Handwerkern und Kaufleuten die Industriellen, die in den Berechnungen nicht gesondert behandelt werden konnten. Es besteht jedoch kein Zweifel, daß sie zu den stärksten Benutzern der Hochschule gehören (siehe III, 1. Teil, Tabelle 1.8). Eine vorsichtige Interpretation der Tabelle sollte sich also vor allem an den homogeneren Kategorien orientieren.

** A. d. Ü.: Die Juristische Fakultät umfaßt in Frankreich ebenfalls die Wirtschaftswissenschaften.

Abb. 1: Bildungschancen nach sozialer Herkunft.
Quelle: Illusion der Chancengleichheit 1964/1971, Tab. 1, 21

zent), für die Führungskader und freien Berufe liegen sie wiederum doppelt so hoch (bis zu 60 Prozent).« (Illusion der Chancengleichheit 1964/1971, 20)

Nicht nur der klassenspezifische Zugang zur Hochschule ist ein Indikator für die Ungleichheit der Bildungschancen. Im Hinblick darauf, dass die verschiedenen Fachrichtungen und Bildungsinstitutionen unterschiedliches Prestige genießen, wird der Frage nachgegangen, wie die

»Chancen für einen neuimmatrikulierten Studenten (eine Studentin) einer gegebenen sozialen Gruppe [sind], das eine oder andere Studienfach zu wählen; es geht dabei um bedingte Wahrscheinlichkeit, die den Eintritt in die Hochschule bereits voraussetzt. Sie ist ausgedrückt in der Beziehung:

$$\frac{\text{neu für ein gegebenes Studienfach immatrikulierte Studenten aus einer gegebenen Berufsgruppe}}{\text{neuimmatrikulierte Studenten aus derselben Berufsgruppe}}$$«.

(Illusion der Chancengleichheit 1964/1971, 249)

Es zeigt sich (s. Abb. 1), dass Kinder aus unterprivilegierten Klassen, wenn sie studieren, Restriktionen in Bezug auf die Wahl des Studienfaches unterliegen und auf jene Bildungsinstitutionen abgedrängt werden, die ein geringeres Prestige haben. So studieren nur 3,6 Prozent der neu immatrikulierten Landarbeitersöhne Medizin gegenüber 14,7 Prozent der neu immatrikulierten Söhne von Freiberuflern und Führungskadern.

Der gleiche Verdrängungsprozess ist bei Studentinnen, vor allem aus der unteren Klasse, erkennbar. Berücksichtigt werden muss dabei, dass dieser Prozess wiederum umgekehrt Einfluss auf das Prestige der Bildungsinstitution und den ökonomischen und sozialen Wert der dort zu erzielenden Abschlüsse hat. Man müsse, so die Argumentation von Bourdieu und Passeron,

»in Rechnung stellen, daß ein Beruf (wie der der Lehrer an Volksschulen und höheren Schulen in Frankreich) an ›Wert‹ verliert, je mehr sein Frauenanteil steigt.« (Illusion der Chancengleichheit 1964/1971, 197)

Aus den Untersuchungen des *Centre de Sociologie Européenne* zur Entwicklung der Bildungschancen geht schließlich hervor, dass zwischen 1961/62 und 1965/66 zwar ein leichter Anstieg der objektiven Chancen von Kindern aus den unteren Klassen feststellbar ist, dass dieser jedoch von der Abdrängung in bestimmte Fakultäten und Studiengänge begleitet wird. So erhöhten sich in diesem Zeitraum – trotz Bildungsreformen – die Zugangschancen für Kinder aus den unteren Klassen zu einem Medizinstudium nicht, während sie für Kinder der oberen Klassen um 5,6 Prozent stiegen (Illusion der Chancengleichheit 1964/1971, 287).

Die objektiven Chancen für den Hochschulbesuch allgemein und für den Besuch einer prestigeträchtigen Bildungseinrichtung sind eng verbunden mit den subjektiven Chancen in dem Sinne, dass z. B. für das Kind einer Landarbeiterfamilie das Studium (insbesondere eines prestigereichen Faches) keine selbstverständliche Möglichkeit darstellt. Wächst das Kind hingegen in einer Akademiker-Familie auf, sind ihm dieser Bildungs- und Lebensweg und die damit verbundene Einstellung zur Bildung vertraut, wird die Wahrscheinlichkeit des Hochschulbesuchs durch die Weitergabe vielfältiger Informationen vergrößert.

Die Entscheidung für oder gegen das Studium ist somit nicht einfach eine persönliche, sondern resultiert aus

> »der Gesamtheit der objektiven Relationen zwischen sozialer Klasse und Bildungssystem ..., da für das Individuum eine Bildungszukunft nur in dem Maße wahrscheinlich oder unwahrscheinlich ist, wie sie der objektiven und kollektiven Zukunft seiner Klasse entspricht.« (Illusion der Chancengleichheit 1964/1971, 178)

Die damit einhergehende Selbsteliminierung der unteren Klassen aus dem Bildungswesen reproduziert wiederum die geringen objektiven Erfolgschancen der eigenen Klasse, die (unbewusst) als Orientierungspunkte für die subjektive Erwartung und schließlich die Entscheidung dienen: es handelt sich um eine *self-fulfilling prophecy* (Illusion der Chancengleichheit 1964/1971, 179).

So wie die soziale Herkunft die objektiven und subjektiven Chancen, eine (und welche) Hochschule zu besuchen, bestimmt, so hat sie entscheidenden Einfluss auf das studentische Leben. Damit sind nicht nur die beim Thema Bildungschancen häufig angesprochenen ökonomischen Merkmale (finanzielle Sicherheit, Zwang zur Arbeit, Investitionsmöglichkeiten etc.) gemeint, vielmehr erfasst die Studie klassenspezifische Unterschiede, z. B. die Fähigkeiten und Voraussetzungen, sich mit den Regeln und Vorstellungen im Bildungssystem zurechtzufinden und sich im studentischen Umfeld wohl zu fühlen.

Da empirisch solche Merkmale nicht leicht zu erfassen sind, griffen Bourdieu und Passeron auf unterschiedliche Indikatoren zurück, die einzelne Teilbereiche fokussieren. Als Indikator für das Gefühl von Sicherheit/Unsicherheit – Unsicherheit erwächst aus bzw. zeigt sich auch in einer längeren Studienzeit – nehmen sie die Dauer der Studienzeit (längere Studienzeiten kommen vor allem bei Unterprivilegierten vor). Für den Grad der Integration ins studentische Milieu dienen die Platzwahl im Hörsaal und die Größe des Bekanntenkreises der Studenten. Letzterer nimmt, wie eine an der Universität Lille durchgeführte Befragung zeigt, mit steigender sozialer Herkunft zu (s. Tab. 2.12, Illusion der Chancengleichheit 1964/1971, 260). Das stützt die Annahme, dass die in privilegierten Familien erworbenen Fähigkeiten zur Kontaktaufnahme auch in der studentischen Umgebung integrierend wirken – eine wichtige Voraussetzung für den Zugang zu Informationen und Anregungen im studentischen Umfeld (Illusion der Chancengleichheit 1964/1971, 51). Die Entscheidung, sich im Hörsaal auf einen Platz in vorderster Reihe zu setzen, kann als Indikator für sicheres Benehmen und Ungezwungenheit gelten; in der Tat sitzen dort diejenigen, die auch die meisten sozialen Kontakte haben (s. Tab. 2.13, Illusion der Chancengleichheit 1964/1971, 261).

Solche klassenspezifischen Unterschiede, die im Zusammenhang mit Chancenungleichheit selten reflektiert werden, zeigen, dass sich die Studierenden aus den oberen Klassen auf ein familiäres Erbe stützen, das sie im Studium privilegiert. So entdeckt die Analyse stillschweigende Voraussetzungen des Bildungssystems, die von den Studierenden aus den unteren Klassen immer eine Akkulturationsleistung fordern, und weist somit Chancengleichheit als nur formal gegeben auf (Illusion der Chancengleichheit 1964/1971, 38 ff.).

Solche verdeckten Voraussetzungen und (Eliminierungs-)Mechanismen sind auch für den Forscher nicht direkt ersichtlich. Aus heuristischen Gründen bedienen sich Bourdieu und Passeron bei ihrer Analyse der pädagogischen Kommunikation an den Hochschulen daher einer idealtypischen Konstruktion: Sie überlegen, wie eine rationale Pädagogik bzw. ein rationales Studierverhalten aussehen würde. Diese nach rein rationalen Kriterien gesteigerte Abstraktion schafft Distanz zu den selbstverständlichen Mechanismen im Bildungswesen und der damit verbundenen Ideologie, und ermöglicht im Vergleich mit dem tatsächlichen Verhalten, dessen Sinn zu verstehen (Illusion der Chancengleichheit 1964/1971, 70 ff.).

> »Konstruiert man als abstrakte Fiktion und ohne Rücksicht auf Verwirklichungsmöglichkeiten zu methodischen Zwecken ein System, in dem die technischen Bedingungen der intellektuellen Ausbildung explizit und vollkommen realisiert sind, ergibt sich ein *Idealtypus* der ›rationalen‹ Ausbildung. Er zeigt im Vergleich, daß die möglichen Ziele eines Bildungssystems den expliziten und impliziten Bildungswünschen und Interessen der verschiedenen gesellschaftlichen Gruppen in sehr ungleichem Maße entsprechen.« (Illusion der Chancengleichheit 1964/1971, 81)

Mit Blick auf die pädagogische Kommunikation wird überlegt, wie die Relation zwischen Emissions- und Rezeptionsniveau nach rein rationalen Kriterien aussehen würde. Dann wird diese Konstruktion mit der tatsächlichen pädagogischen Kommunikation verglichen. So verlangt eine rationale Informationsvermittlung, dass die Empfänger (die Studierenden) verstehen, was der Sender (der Professor) mitteilt, dass sie also die Nachrichten entschlüsseln können. Um entsprechend dem Ziel einer rationalen Pädagogik ein minimales Gefälle zwischen Emissions- und Rezeptionsniveau bei möglichst hohem bzw. zu steigerndem Emissionsniveau zu erreichen, dürfte der Code der Wissensvermittlung nicht stillschweigend vorausgesetzt, sondern müsste selbst gelehrt werden (Illusion der Chancengleichheit 1964/1971, 93 ff.).

Wie sieht nun die tatsächliche pädagogische Kommunikation von Seiten des Professors aus? Vor dem Hintergrund des Idealtypus wird eine professorale Sprache erkennbar, die von Anspielungen und Doppelsinnigkeiten durchdrungen ist und die Klarheit der Darstellung zugunsten einer Virtuosität des »Meisters« (dank der durch die Institution zugesprochenen Autorität) vernachlässigt (Illusion der Chancengleichheit 1964/1971, 98 ff.). So wird beispielsweise der Begriff ›Epistemologie‹ von Professoren mit selbstverständlicher Leichtigkeit verwendet, obwohl »mit großer Wahrscheinlichkeit 45 Prozent der Studenten für diesen Begriff entweder gar nichts oder nur abwegige Bedeutungen einzusetzen wagen …« (Illusion der Chancengleichheit 1964/1971, 104, Fußn. 11).

Die Vermittlung von Techniken intellektueller Arbeit durch Übungen, Wiederholungen und Tipps (zur Anfertigung von Karteikästen usw.) wird von den Professoren als »schulmäßig« abgewertet. Legitimation verschafft sich diese Haltung durch eine Ideologie, die die intellektuelle Arbeit zu einem freien schöpferischen Akt verklärt und sich auf die Idee der natürlichen Begabung stützt (Illusion der Chancengleichheit 1964/1971, 85 f.). Insbesondere Professoren, die der mittleren Klasse entstammen, neigen zu dieser charismatischen Ideologie, weil sie nur zum Teil an den Privilegien der Bourgeoisie partizipieren. Weiter stellen Bourdieu und Passeron fest, dass wegen der steigenden Studentenzahlen nach 1965 mehr Lehrkräfte als zuvor – aus einer schwachen Altersklasse – rekrutiert werden mussten. Insbesondere diesen unterausgelesenen Neulingen attestieren Bourdieu und Passeron eine Betonung der eigenen Virtuosität bei Vernachlässigung der Fähigkeiten und Kenntnisse der Studierenden (Illusion der Chancengleichheit 1964/1971, 156).

Auch die Studenten sind in dieser charismatischen Ideologie befangen, wenn sie ihre Leistungen auf ihre Begabungen zurückführen und eine Vermittlung von Techniken der intellektuellen Arbeit ablehnen (Illusion der Chancengleichheit 1964/1971, 79). Es tun dies auch jene, die nicht über die geforderte Leichtigkeit im Umgang mit der akademischen Sprache verfügen, denn in der Anonymität des Hörsaals »muß sich jeder an diesem Sein-Sollen messen, ohne zu verraten, daß er es nicht verwirklicht« (Illusion der Chancengleichheit 1964/1971, 107). Sie flüchten sich in eine verzweifelte Nachahmung der professoralen Sprache, in Zitate und vage Aussagen, die bloß eine »Karikatur der Virtuosität« darstellen (Illusion der Chancengleichheit 1964/1971, 99). Sie schützen sich beispielsweise hinter einem vorgespiegelten Verständnis des Begriffs Epistemologie, indem sie ihn in ihre Aufsätze einstreuen (Illusion der Chancengleichheit 1964/1971, 104). Damit verdecken – und nutzen – sie das strukturelle Missverständnis der pädagogischen Kommunikation.

Studenten und Professoren werden so zu Komplizen im Missverständnis. Beide übersehen, dass die Vermittlung intellektueller Techniken so der Herkunftsfamilie überlassen bleibt, was die Studenten aus den privilegierten Klassen begünstigt, und dass die klassenspezifischen Ungleichheiten in der Ausstattung mit kulturellem Kapital (wie z. B. der Einstellung zur Sprache) durch die Ideologie der Begabung und der Virtuosität verschleiert werden. Bourdieu und Passeron führen als Beispiel eine Mutter an, die ihren Sohn als »schlecht in Französisch« bezeichnet. Dadurch individualisiert sie das Problem, verschleiert sie die Abhängigkeit vom kulturellen Kapital der Familie und leitet, die Autorität des Lehrers akzeptierend, verfrühte Schlüsse aus einer Note ab (Illusion der Chancengleichheit 1964/1971, 86 f.).

Klassenspezifische Unterschiede in der Einstellung zur Sprache ermitteln Bourdieu und Passeron anhand verschiedener Indikatoren, beispielsweise durch einen Vokabeltest, in dem u. a. nach der Definition eines nicht existierenden Begriffes (»Gerophagie«) gefragt wird. Ergebnis ist, dass privilegierte Sorbonne-Studenten häufiger Antworten geben (»Wenn *gero* von *geras* der Greis kommt, bezeichnet Gerophagie eine Form der Menschenfresserei, die sich mit Vorliebe auf die älteren Elemente einer Population X richtet.«) als unterprivilegierte Provinzstudenten (»Ich weiß keine Definition«; Illusion der Chancengleichheit 1964/1971, 114, Fußn. 21). Bourdieu und Passeron interpretieren dieses Ergebnis als Zeichen einer größeren Leichtigkeit, ja Arroganz und Frechheit der Privilegierten im Umgang mit der Sprache. Die in den Familien der oberen Klassen vermittelte ungezwungene Selbstsicherheit und Kompetenz im Umgang mit der Sprache (sie ist im Gegensatz zur Vulgärsprache abstrakter, formaler, euphemisch gedämpfter und drückt eine vornehme Distanziertheit zum Gegenüber aus; Illusion der Chancengleichheit 1964/1971, 111) weisen eine starke Nähe zu den stillschweigend vorausgesetzten Anforderungen des Bildungssystems auf. So

> »bildet die ungleiche Verteilung des *bildungstechnisch rentablen sprachlichen Kapitals* auf die verschiedenen sozialen Klassen eine der verborgensten Vermittlungen für die (statistisch greifbare) Abhängigkeit zwischen sozialer Herkunft und Bildungserfolg, auch dann, wenn dieser Faktor je nach der Konstellation, in der er steht, und infolgedessen je nach den verschiedenen Schultypen und Stufen des Studienganges, ein unterschiedliches Gewicht hat.« (Illusion der Chancengleichheit 1964/1971, 110)

Am Beispiel der (Einstellung zur) Sprache wird deutlich, warum die Relationen zwischen Bildungssystem und Klassensystem und nicht allein das Kommunikationsverhältnis Grundlage der Analyse sein müssen: Nur so kann die Annahme, der gebildete Habitus sei das Produkt des Bildungswesen, als Ideologie aufgewiesen, nur so kann gezeigt werden, dass das Bildungssystem

> »im Extremfall nur einen *Klassenhabitus*, der außerhalb des Bildungswesens entstanden ist und die Grundlage alles schulischen Lernens bildet, benutzt und sanktioniert.« (Illusion der Chancengleichheit 1964/1971, 222)

Zur Sprache, aber auch zu Geschmack und Kennerschaft im Bereich der Kunst legt Bourdieu die sachliche und zeitliche Nachrangigkeit der Schule im Verhältnis zum Erwerb kulturellen Kapitals in der Herkunftsfamilie dar. Der selbstverständliche Umgang und die allmählich wachsende Vertrautheit mit Kunstwerken im Herkunftsmilieu ähnele dem Meister-Schüler-Verhältnis des Lernens: Es entsteht dabei eine Kennerschaft, die ihre eigenen prinzipiellen Grundlagen nicht explizit machen kann und auch nicht muss, weil sie durch lange Jahre der Vertrautheit zur Selbstverständlichkeit gewachsen ist. Der Erwerb von entsprechender Kompetenz in der Schule jedoch geschieht, wenn die Herkunftsfamilie ein quasi-natürliches Hinweinwachsen nicht ermöglicht hat, nachträglich, in der Absicht, den Zeitverlust (im Verhältnis zur Familienerziehung) aufzuholen, sowie mittels einer gewissen »Rationalisierung«: Die Schule muss Kenntnisse im Bereich der Kunst auf Regeln und Rezepte, Taxonomien und Prinzipien stützen, muss die langsam aus unmittelbarer Erfahrung und unmittelbarem Umgang stammende Vertrautheit durch eine auch theoretisch fundierte Ästhetiklehre ersetzen (Feine Unterschiede 1979/1999, 121 ff.). Insofern ist der Erwerb des einschlägigen kulturellen Kapitals für jene Kinder, die eine Vertrautheit nicht aus der Herkunftsfamilie mitbringen, in doppelter Weise kompensatorisch: Erstens wegen des Versuchs, »die verlorene Zeit noch aufzuholen« (Feine Unterschiede 1979/1999, 123), und zweitens wegen des »Erwerbsstils«, nämlich nicht durch langsam wachsende Vertrautheit, sondern mittels pädagogisch und theoretisch durchdachter Regeln und Rezepte.

Mit Hilfe eines Idealtypus also kann der Gegensatz aufgezeigt werden

> »zwischen einem rationalen Unterricht ... und den charismatischen oder traditionellen Unterrichtsformen (und ihren verschiedenen Mischtypen), die das eine gemeinsam haben, den Code der Botschaft nicht ausdrücklich lehren zu müssen, da sie in einer Art Fundamentalimplikation ein Publikum voraussetzen, das durch permanente und unbewußte Assimilierung in der Lage ist, ihre Anspielungen zu verstehen.« (Illusion der Chancengleichheit 1964/1971, 94)

Entgegen vorherrschenden Vorstellungen ist somit nicht das Examen die zentrale Ausleseinstanz, die Auslese findet viel früher statt (vgl. Interview Wie die Kultur 1966/2001, 21).

Daraus wird in einem zweiten Schritt ersichtlich, wessen »expliziten und impliziten Bildungswünschen und Interessen« (Illusion der Chancengleichheit 1964/1971, 81) das Bildungssystem dient, welche Funktionen es erfüllt. Die charismatische Ideologie (Virtuosität der Dozenten, wissenschaftliche Arbeit als freies Schöpfertum) und die Annahme von der Gleichheit der Studenten in einem vom Klassensystem unabhängigen Bildungssystem verdecken die ungleichen Bildungschancen und legen die Verantwortung in jeden Einzelnen bzw. in die Natur der Menschen, in ihre Begabung. Es wird deutlich, dass die Auslesemechanismen die privilegierten Studenten gewissermaßen ein zweites Mal bevorteilen, indem ihre sozialen Privilegien, die das Bildungssystem ignoriert, in einen Bildungsvorteil, indem soziale Zugangschancen in Bildungsqualifikationen umgewandelt werden (Illusion der Chancengleichheit 1964/1971, 190).

Das Ergebnis, das Bourdieu immer wieder zu belegen sucht: Die Behauptung der Chancengleichheit im Bildungssystem bemäntelt nur, dass der Schulerfolg entscheidend von dem aus dem Elternhaus mitgebrachten kulturellen Kapital abhängt.

> »Die objektiven Mechanismen, die es der herrschenden Klasse erlauben, das Monopol über die angesehensten schulischen Institutionen zu bewahren, auch wenn sie es bei jeder Generation zumindest scheinbar immer wieder aufs Spiel setzen, verbergen sich unter dem Mantel eines vollkommen demokratischen Ausleseverfahrens, das nur Verdienst und Talent gelten läßt ...« (Kulturelle Reproduktion 1972/1973, 110)

Somit erfüllt das Bildungssystem eine konservative Funktion, indem es, statt Chancen zu eröffnen, das kulturelle Privileg bewahrt und legitimiert und dadurch zur Perpetuierung der Sozialordnung beiträgt. Die Schule hat eine herrschaftssichernde Funktion: Sie bringt den Kindern der beherrschten Klassen den Respekt vor der herrschenden Kultur bei, ohne ihnen den Zugang dazu zu ermöglichen. So ist Bourdieus Vermutung zu verstehen,

> »daß die klassenbewußteste Fraktion der Arbeiterschaft sich immer noch tiefgreifend der herrschenden Kultur und Sprache und den herrschenden Normen und Werten verpflichtet fühlt, daß sie also den Einflüssen zugänglich ist, die eine Autorität auf dem Gebiet der legitimen Kultur überall, auch in der Politik, auf sie auszuüben vermag; denn das Schulsystem – und hierin liegt eine der gesellschaftlichen Auswirkungen der Pflichtschule – hat ihnen die Anerkennung dieser Werte, aber nicht Kenntnis beigebracht.« (Feine Unterschiede 1979/1999, 619; auch: Symbolische Gewalt 1970/1973, 57)

Jenseits dieser heimlichen bzw. paradoxen Funktionen des Bildungssystems übersieht Bourdieu jedoch nicht

> »den immer wichtigeren Beitrag des Bildungssystems zur sozialen Reproduktion, was dieses zu einem immer heißer umkämpften Gegenstand in den sozialen Auseinandersetzungen geraten läßt.« (Homo academicus 1984/1998, 257)

Denn das Bildungssystem ist dabei,

> »zum offiziellen Instrument der Verteilung des Rechts auf Besetzung einer ständig wachsenden Zahl an Positionen und zu einem Hauptmittel der Erhaltung beziehungsweise Veränderung der Struktur der Klassenverhältnisse durch Wahrung beziehungsweise

> Änderung der Quantität und (sozialen) Qualität der Positionsinhaber innerhalb dieser Struktur zu werden …« (Homo academicus 1984/1998, 257, Fußn. 3)

Das Bildungssystem ist für demokratische Gesellschaften das am besten geeignete Instrument, um die bestehenden Sozialstrukturen zu reproduzieren, weil es ohne die Brutalität von Hierarchiebezügen auszukommen scheint:

> »… unter all den Lösungen, die im Laufe der Geschichte für das Problem der Übermittlung der Macht und der Privilegien gefunden worden sind, gibt es zweifellos keine einzige, die besser verschleiert ist und daher solchen Gesellschaften, die dazu neigen, die offenkundigsten Formen der traditionellen Übermittlung der Macht und der Privilegien zu verweigern, gerechter wird als diejenige, die das Unterrichtssystem garantiert, indem es dazu beiträgt, die Struktur der Klassenverhältnisse zu reproduzieren, und indem es hinter dem Mantel der Neutralität verbirgt, daß es diese Funktion erfüllt.« (Kulturelle Reproduktion 1972/1973, 93, auch 108; ähnlich: Illusion der Chancengleichheit 1964/1971, 190)

Dieses Ergebnis, welches der Idee von der befreienden Kraft des Bildungswesens radikal widerspricht, führte übrigens dazu, dass Bourdieus Arbeiten in den 1970er Jahren als anti-revolutionär und konservativ eingestuft wurden. Bourdieu meint dazu in einem Interview: »Wenn Sie sagen, ›die Dinge sind so‹, dann denkt man, dass sie sagen, ›sie sollen so sein‹ …« (Interview Politik zum Intellektuellen 1999/2001, 174)

Die pädagogischen Konsequenzen aus diesen Befunden formuliert Bourdieu verhalten und arbeitet sie nicht zu einem eigenen Bildungskonzept aus. Jedoch steht fest:

> »Die Soziologie der kulturellen Ungleichheiten ist die einzig mögliche Grundlage einer Pädagogik, die sich nicht auf psychologische Abstraktionen stützen will.« (Les étudiants 1964, 123; ins Deutsche übersetzt von den Autoren)

Von hier aus arbeitet Bourdieu verschiedentlich an Ansatzpunkten für eine »rationale Pädagogik«, z. B. auch als Vorsitzender (neben François Gros) einer vom Minister für das nationale Erziehungswesen 1988 einberufenen »Kommission zur Neubestimmung der Unterrichtsinhalte« (vgl. Unterrichtsinhalte 1989/2001, 153 ff.).

Aus diesen Vorschlägen ergibt sich, dass für Bourdieu aus der Analyse des Bildungssystems keineswegs Defaitismus folgen muss (etwa im Sinne einer deprimierten Abwertung der Anforderungen, die Universität und Wissenschaft an alle Studierenden stellen, nachdem deren heimliche Funktion »entlarvt« ist). Als wichtigstes Hilfsmittel nennt er: Die akademischen Dozenten müssten sich dazu verstehen, insbesondere den Studierenden aus Familien mit geringem kulturellen Kapital zunächst die Techniken des Studierens und des wissenschaftlichen Arbeitens zu lehren. Auch den Lehrern an den Schulen macht Bourdieu entsprechende Vorschläge.

Den beachtlichen Publikumserfolg der bildungssoziologischen Studien von Bourdieu und Passeron in den 1960er und 1970er Jahren sieht Pollak (1978, 61 f.) darin begründet, dass sich viele Studenten und Intellektuelle jener Jahre darin wiedererkennen konnten: Gerade diejenigen, die mit dem Studium die Hoffnung auf sozialen Aufstieg verbunden hatten, sahen sich auf dem Arbeitsmarkt um ihre Chancen gebracht. In Westdeutschland dürfte die breite Durchsetzung des Grundgedankens auch darauf zurückgehen, dass er es der Linken ermöglichte, eine selbstständig-kritische Haltung zu den sozialdemokratisch und bürgerlich-liberal getragenen Bildungsreformen einzunehmen und auf deren Paradoxien hinzuweisen. Das Argument, dass Bildungsreform keine Gesellschaftsreform erreichen könne, gestattete es den Linken, auf der Notwendigkeit einer revolutionären Gesellschaftsveränderung zu bestehen. Andere könnten seine Analysen als Rechtfertigung für ihre hilflos-defaitistische Ablehnung jeglicher Anforderungen des Bildungssystems missverstanden haben.

2.3 Klassenstruktur und Lebensstile: Die feinen Unterschiede

Kann die Frage nach der Bevorzugung von kräftigem Schweinefleisch und aufwändigen Topfgerichten wie dem *pot-au-feu* (basierend auf preisgünstigem Suppenfleisch) gegenüber Fisch und kalorienarmer Nahrung (Feine Unterschiede 1979/1999, 301 ff.), die Frage nach der Ausübung von Hobbys wie Tennis, Angeln, Wasserski, oder die nach der Auffassung, dass sich ein Kohlkopf als Motiv für ein schönes Foto eigne (Feine Unterschiede 1979/1999, 74); können solche Fragen nach Geschmack und alltagsästhetischen Einstellungen im Interessenfeld der Soziologie liegen? Bourdieu wendet sich in der 1982 erstmals auf Deutsch erschienenen und mit großem Interesse aufgenommenen Studie »Die feinen Unterschiede. Kritik der gesellschaftlichen Urteilskraft« (orig. 1979) solchen scheinbar banalen Fragen zu, um an ihnen die Logik kultureller Praktiken sowie deren Gebundenheit an die Struktur der (Klassen-)Gesellschaft zu erläutern.

Das vorherrschende Alltagsverständnis (aber auch Philosophen wie Kant oder Schopenhauer) spricht den (hoch-)kulturellen Gütern und Praktiken eine soziale Dimension ab. Danach ist der Geschmack eine persönliche Eigenschaft. Dass man die »Kunst der Fuge« der »Schönen blauen Donau« vorzieht, wird als eine persönliche Neigung verstanden, die auf die Kultiviertheit eines Musikkenners und -genießers verweist. Auch in der Soziologie wirkt die Idee vom »natürlichen Geschmack« so selbstverständlich, dass sich dieser Phänomenbereich der soziologischen Betrachtung lange Zeit weit gehend entzogen hat. Indiz dafür ist die geringe Zahl soziologischer Abhandlungen zum Thema; insbesondere der Umgang mit den hohen Künsten, mit der Musik und der Malerei, ist selten Gegenstand einer soziologischen Analyse geworden.[14]

Diese Naturalisierung des Geschmacks stellt Bourdieu in Frage, indem er die Verteilung der verschiedenen Lebensstile erfasst, typische Kombinationen von Lebensstilen entdeckt und fragt, warum gerade sie zusammen auftreten bzw. klassenspezifisch verteilt sind. Wie erklärt sich zum Beispiel der enge Zusammenhang

14 Als wichtige Ausnahmen zum Thema Musik sind vor allem zu nennen: Georg Simmel mit seiner abgelehnten Dissertationsschrift »Psychologische und ethnologische Studien über Musik« von 1882, Alphons Silbermann (Wovon lebt die Musik: Die Prinzipien der Musiksoziologie. 1957) und die musiksoziologischen Arbeiten von Theodor W. Adorno.

zwischen der Vorliebe für Tennis, fürs Boulevardtheater und für Whisky bei den Führungskräften in der Privatwirtschaft, während Landwirte Fußball und Rugby als Sportarten präferieren sowie bevorzugt Landwein, Brot und Kartoffeln konsumieren? Wie erklärt sich, dass Praktiken aus so verschiedenen Bereichen wie Sport und Getränkewahl miteinander korrelieren und dass sie mit der Klassenstruktur zusammenhängen?

Ziel von Bourdieus Analyse ist es,

> »in der Struktur der sozialen Klassen das Fundament der Klassifikationssysteme auszumachen, welche die Wahrnehmung der sozialen Welt strukturieren und die Gegenstände des ästhetischen ›Wohlgefallens‹ bezeichnen.« (Feine Unterschiede 1979/1999, 14)

Der Geschmack wird somit zu einem zentralen Merkmal von Klasse – »Klasse« im doppelten Sinne von »sozialer Klasse« und von »Klasse haben« (Feine Unterschiede 1979/1999, 18). Aus der Verteilung der Wahrnehmungsmuster und Lebensstile ergibt sich die Frage nach der sozialen Anerkennung der diversen kulturellen Praktiken, also z. B. nach dem unterschiedlichen Legitimitätsanspruch der »Kunst der Fuge« oder der »Schönen blauen Donau«, von kräftigem Schweinefleisch oder von Fisch. Soziologisch interessant ist, wie sich in der sozialen Wertschätzung der Gegenstände bzw. der kulturellen Praktiken die soziale Hierarchie der Konsumenten spiegelt, wie die herrschende Klasse ihre Praktiken als die legitimen und »hohen« definiert und durchsetzt.

Bourdieu weiß, dass er mit seinem Vorhaben, neben Bereichen wie Kleidung, Getränke oder Sport auch die Kunst in Hinblick auf die sozialen Bedingungen zu hinterfragen und sie aus ihrer scheinbar separaten Sphäre in die alltägliche Konsumwelt hinüberzubringen, für die Vertreter der Idee des legitimen Geschmacks einen »barbarischen« Akt an einem sakralen Gegenstand begeht (Feine Unterschiede 1979/1999, 26 f.). Denn mit der Aufdeckung ihrer sozialen Dimension bestimmt sich der Wert der hohen Künste nicht mehr durch ihr Wesen, sondern durch die soziale Hierarchie ihrer Vertreter, wird also die »gesellschaftlich anerkannte Hierarchie der Künste« in ihrer Selbstverständlichkeit in Zweifel gezogen. Durch diesen Bruch mit dem *common sense* wird der Geschmack in all seinen Bereichen einer soziologischen Betrachtung zugänglich, die es möglich macht, den Prozess der Definition von und den Kampf um die Legitimität von Kulturgütern und kulturellen Praktiken aufzuzeigen.

Dem weiten Untersuchungsbereich der kulturellen Praktiken entsprechend verwendet Bourdieu in der Studie, wie er selbst sagt, einen weit gefassten, der Ethnologie entlehnten Begriff von Kultur (Feine Unterschiede 1979/1999, 171). Dadurch sei es möglich, Geschmack in Hinblick auf Speisen, auf die Besichtigung einer Kunstausstellung, auf Kleidungsstücke und auf das Hören von klassischer Musik gemeinsam zu erforschen und in ein und derselben Dimension zu analysieren.

Wie der Geschmack zur Reproduktion der Klassenstruktur beiträgt, indem er Menschen ähnlicher Klassen zusammenführt und sie zur Ablehnung anderer Lebensstile und damit zur Ablehnung von Menschen aus anderen, insbesondere unteren Klassen bringt, gar diesen gegenüber Ekel auslöst, untersucht Bourdieu an verschiedensten Aspekten. Selbst Liebe und Freundschaft werden durch den Geschmack bestimmt; wenn zwei Menschen am jeweils anderen einen ähnlichen Habitus erkennen, so ist die Chance groß, dass sie sich zusammentun. Dies erklärt für Bourdieu auch die Tatsache, dass es auch heute noch Heiratskreise mit deutlich gegeneinander gezogenen Grenzen gibt (Feine Unterschiede 1979/1999, 373 ff.).

Grundlage der Untersuchung sind, nach vorausgehenden Intensivinterviews und ethnografischen Beobachtungen, 692 in Paris, Lille und in einer französischen Kleinstadt durchgeführte Interviews aus dem Jahre 1963, die 1967/68 durch 525 weitere Interviews ergänzt wurden. Zusätzlich nutzt Bourdieu vorliegendes Datenmaterial aus anderen Forschungsinstituten (Feine Unterschiede 1979/1999, 811 ff.). Diese Pluralität von Methoden und Datenquellen wirft zwar die Schwierigkeit auf, dass die verwendeten Begriffe je nach Operationalisierung nicht immer einheitlich verwendet werden (z. B. »soziale Position«), hat aber den Vorteil, dass ein differenziertes Bild vom Zusammenhang zwischen sozialer Position und Lebensstil entstehen kann.

Der 1967/68 verwendete Fragebogen (Feine Unterschiede 1979/1999, 800 ff.)[15] umfasst neben sozialstatistischen Angaben zum Bildungsabschluss, zur Herkunft des Vaters, zum Einkommen etc. Fragen

- zu verschiedenen *Wissensgebieten,* so nach der Kenntnis von Filmregisseuren oder Musikwerken: »Welche Musikstücke aus der folgenden Liste kennen Sie? Können Sie jeweils den Namen der Komponisten nennen?« (vorgegeben wurden z. B. »Rhapsody in blue«, »Die schöne blaue Donau« und »Die Kunst der Fuge«);
- zu diversen *kulturellen Praktiken* wie der Häufigkeit verschiedener Freizeitaktivitäten (Basteln, Fernsehen, ob und welches Musikinstrument man spielt etc.), zur Bewirtung von Gästen (»Wenn Sie Gäste haben, welche Speisen servieren Sie dann am liebsten?«: – »einfach aber hübsch angerichtet«, »feine und erlesene«, »reichhaltige und gute« etc.), zu Museumsbesuchen oder Radiosendungen, die bevorzugt gehört werden, zur eigenen Alltags- und Festtagskleidung;
- zu *ästhetischen Einstellungen*, z. B. zu Lieblingsmalern und Filmen, zu schönen und interessanten Fotomotiven, Aussagen über die Malerei (Zustimmung/Ablehnung von Aussagen wie »Die moderne Malerei ist einfach so dahingemalt, das könnte jedes Kind genausogut« oder »Name und Stil eines Malers sind mir gleichgültig«).

Die drei Bereiche sind im Fragekatalog miteinander verflochten. So wird zum Thema Mobiliar nicht nur der tatsächliche Stil, sondern auch der gewünschte erfragt. Neben dem Fragepunkt

15 Zusätzlich zu den im Anhang des Buches angegebenen 25 Fragen – abgesehen von den sozialstatistischen – ist auch ein Fragebogen zum Thema Fotografie Bestandteil der Erhebung. Er war Grundlage der Studie »Eine illegitime Kunst« (Photographie 1965/1981). Diese von der Firma Kodak in Auftrag gegebene Studie über den Gebrauch und die soziale Bedeutung der Fotografie stützte sich auf eine über Jahre gehende Untersuchung zusammen mit mehreren Mitarbeitern. Nach einem Seminar unter Leitung von Raymond Aron (1961/1962) folgten diverse (Vor-) Untersuchungen über die fotografische Praxis und die Einstellung zur Fotografie, Untersuchungen von Werbe- und Pressefotografien, Befragungen an Fachhochschulen, von Berufsfotografen, Fotoclubs etc.

»Der Stil Ihres Mobiliars« (modern/antik/rustikal) steht, bei gleichen Antwortvorgaben, die Frage »Wenn Sie die Wahl hätten, welchen Stil würden Sie für Ihre Möbel wählen?« sowie die Frage »Wie würden Sie ihre Wohnung am liebsten einrichten?«, wobei aus den angeführten Eigenschaftswörtern wie »sauber«, »komfortabel«, »stilvoll«, »nüchtern«, »warm«, »pflegeleicht« drei ausgewählt und dann die drei unwichtigsten angegeben werden sollen.

Alle Fragen zielen auf die Beschreibung des Lebensstils, des Geschmacks der Befragten. Bemerkenswert ist, wie Bourdieu (entsprechend seiner Abneigung gegen Bindestrich-Soziologien) ein breites Spektrum von Themengebieten – von Fotomotiven über Musikpräferenzen bis zu Nahrungsvorlieben – in ein und demselben Fragebogen erfasst, um aufzeigen zu können, dass diese Bereiche der gleichen Logik folgen (Feine Unterschiede 1979/1999, Kapitel 4.1). Der Vielfalt der Indikatoren für Lebensstile wurde so bei der Konstruktion des Fragebogens der Vorzug gegeben gegenüber einer genaueren Erhebung einzelner Bereiche. Wenn auf diese Weise pro Bereich (etwa zum Museumsbesuch) nur wenige Fragen gestellt wurden, wird die Auswahl der als relevant erachteten – teilweise im Pretest ermittelten – Merkmale eines jeden Indikators umso wichtiger. Dabei beruhen die als signifikant erachteten Merkmale auf einer Reihe von *Prämissen* (Feine Unterschiede 1979/1999, 790), so beispielsweise auf der Annahme, dass bei Museumsbesuchen nicht nur die Angabe der Häufigkeit, sondern vor allem auch die Frage, für welche Museen man sich entscheidet, sowie der soziale Rahmen dieser Aktivität (mit der Schulklasse oder allein) für die Differenzierung der Klassen(fraktionen) von Bedeutung sind.[16]

16 Ein anderes Beispiel: Werden die verschiedenen sozialen Gebrauchsweisen von Reis nicht beachtet, wird übersehen, dass »allein unter dem Wort ›Reis‹ sich der eher volkstümliche ›Milchreis‹ und ›Brühreis‹ wie der eher ›bürgerliche‹ oder, genauer, ›intellektuelle‹ ›Curry-Reis‹ verbergen [kann] – ganz zu schweigen vom ›ungeschälten Reis‹, der allein einen ganzen Lebensstil anklingen läßt.« (Feine Unterschiede 1979/1999, 45). Ebenso verweisen grüne und weiße Bohnen auf unterschiedliche kulturelle Praktiken – Unterschiede, die unter dem Sammelbegriff Bohnen verschwinden. Dagegen können weiße Bohnen und Bananen zusammengefasst werden, »da letztere innerhalb

Fragen, die die quantitative Erhebung – den Fragebogen bezeichnet Bourdieu als unvollkommenes, aber doch aussagekräftiges Messinstrument (Feine Unterschiede 1979/1999, 790 f.) – offen ließ bzw. neu aufwarf, wurden auf anderem Wege weiterverfolgt. Teile der aus diesem wenig systematischen Vorgehen resultierenden Befunde sind im Buch in Form von Bildern oder Originalaussagen zu finden. Über ihren illustrativen Charakter hinaus können diese Originalaussagen etwas zeigen, was die standardisierte Erhebung verdeckt: Mittels des Fragebogens kann zwar eingefangen werden, ob die Befragten »Das wohltemperierte Klavier« und dessen Komponisten kennen; doch bleibt die Frage, ob ein Gespräch darüber gelassen und selbstsicher geführt werden könnte, offen. Der ethnografische Zugang ermöglicht es, Eindrücke von den (klassenspezifischen) Wahrnehmungs- und Handlungsschemata, z. B. der Art und Weise, über ein Kunstwerk zu sprechen, und von verschiedenen »Arten« des Sehens zu gewinnen. Zudem könnten bei einigen Probanden, die der hohen Kultur fern stehen, die Wissensfragen in der standardisierten Erhebung Entmutigung und Frustration auslösen – diese Gefahr wird durch den ethnografischen Zugang vermieden.

Um anhand der quantitativen Daten den Zusammenhang zwischen den Lebensstilen und den sozialen Positionen zu erfassen bzw. die Klassen(fraktionen) anhand der Ausprägungen der unterschiedlichen Lebensstile zu beschreiben, bedarf es eines multivariaten Analyseverfahrens, das mit den unterschiedlichen Messniveaus (z. T. nur nominal) operieren kann. Bourdieu verwendet hier ein Auswertungsverfahren, das in Deutschland bis dahin wenig bekannt war: die Korrespondenzanalyse (vgl. Blasius 1987; Blasius 2001).

Exkurs:
Die Korrespondenzanalyse ist ein multivariates statistisches Auswertungsverfahren. Sie kann eine Mehrzahl von Variablen (deshalb: multivariat) auf Gemeinsamkeit bzw. Verschiedenheit, d. h.

---

der Früchte, was erstere innerhalb der Gemüsesorten sind.« (Feine Unterschiede 1979/1999, 45) auf »Korrespondenzen« hin analysieren. Geeignet ist die Korrespondenzanalyse besonders zur Analyse von Kontingenztabellen (Kreuztabellen), aber auch von Indikatortafeln (die durch 1 oder 0 angeben, ob eine Variable einen Wert aufweist oder nicht). Nach älteren Vorarbeiten (vgl. Fricke 1990, 16) wurde die Korrespondenzanalyse seit den 1960er Jahren in Frankreich vor allem von Jean-Paul Benècri ausgearbeitet. In der deutschen Sozialforschung wurde sie erst wesentlich später beachtet, im Grunde erst infolge der Anregungen, die von Bourdieus Buch »Die feinen Unterschiede« ausgingen.

Der Vorteil der Korrespondenzanalyse gegenüber verwandten multivariaten Analyseverfahren (Faktorenanalyse, Clusteranalyse) besteht erstens darin, dass die Daten, mit denen sie arbeitet, auf niedrigem Niveau gemessen sein können (auf nominalem Meßniveau, wie z. B. die Variable Geschlecht).[17] Die wichtigste Voraussetzung ist, dass keine negativen Werte vorkommen. Zweitens bietet die Korrespondenzanalyse neben numerischen Ergebnissen[18] eine Visualisierung ihrer Ergebnisse. In einem normalerweise zweidimensionalen Raum (gebildet durch ein Achsenkreuz) liegen die Spalten- bzw. Zeilenmerkmale, die ein ähnliches Verteilungsprofil haben, nahe beieinander, und diejenigen, deren Verteilungsprofile sehr verschieden sind, weiter voneinander entfernt.

Wenn die in einer Studie erhobenen Merkmale oder Gruppen sich in ihren Verteilungsprofilen wenig unterscheiden, wenn also konturierte Gruppenunterschiede nicht vorliegen, dann ergibt sich durch die Korrespondenzanalyse auch keine differenzierte Lage der Merkmale oder Gruppen zueinander, sondern alle verteilen sich nahe um den Mittelpunkt des Achsenkreuzes herum. Daran zeigt sich, dass die Einzelergebnisse (also etwa die Lage eines Merkmals) nicht für sich, sondern nur im Hinblick auf ihre Beziehungen zueinander, auf ihre Konstellation hin interpretiert werden können.

---

17 Zum Vergleich mit Clusteranalyse und Konfigurationsfrequenzanalyse: Blasius/Georg 1992 und Blasius/Lautsch 1990. Vgl. auch Jobson 1992.

18 Die numerischen Ergebnisse werden von Bourdieu kaum expliziert.

Nehmen wir als beispielhaften Ausgangspunkt für die einfache oder binäre Korrespondenzanalyse eine Tabelle von Ausprägungshäufigkeiten, die in den Spalten Berufsgruppen unterscheidet, in den Zeilen das Lebensstilmerkmal Möbelkauf (im Kaufhaus, auf dem Flohmarkt usw.) angibt.

		BERUFSGRUPPE				
		Kunst-produzent	Hochschul-lehrer			…
MÖBELKAUF	Kauf-haus	i_1j_1	i_2j_1			
	Floh-markt	i_1j_2				
	…					

Abb. 2: Kontingenztabelle

So sind die Ausprägungshäufigkeiten des Lebensstilmerkmals

> »bestimmt durch ihr empirisches Vorkommen in den korrespondierenden Variablen – entsprechend Bourdieus ›feinen Unterschieden‹ sind dies die ›sozialen Positionen‹, also die ›Berufspositionen‹. D.h., die Dimension (das Zeilenprofil) ›Möbelkauf im Kaufhaus‹ hat Elemente in den Ausprägungen der Variable ›Berufsposition‹, also z. B. in ›Kunstproduzent‹ oder ›Hochschullehrer‹.«

Und umgekehrt:

> »Die Dimensionen des ›Raums sozialer Positionen‹ entsprechen den unterschiedlichen Berufspositionen, die ihre Ausprägungshäufigkeiten u.a. in den Merkmalen der Lebensstile haben. So hat die Dimension (das Spaltenprofil) ›Hochschullehrer‹ u.a. ein Element beim ›Möbelkauf im Kaufhaus‹.« (Blasius 2000, 89)

Um nun die Kovarianz zu untersuchen, wird diese Tabelle von Ausprägungshäufigkeiten zunächst rechnerisch transformiert (im Hinblick auf Zeilen- und Spaltensummen), ohne dass sich an den Proportionen etwas ändert. Die transformierte Tabelle bildet nun den Ausgangspunkt der Korrespondenzanalyse.

Die Korrespondenzanalyse sucht nach einer möglichst sparsamen Beschreibung beider Verteilungsprofile, also sowohl der

Berufsgruppenkorrespondenzen des Merkmals Möbelkauf im Kaufhaus wie der Möbelkaufkorrespondenzen der Berufsgruppen, berücksichtigt somit Zeilen wie Spalten der Tabelle. Zeilen und Spalten der Kontingenztabelle werden als Vektoren (Vektoren der Zeilen- und Spaltenprozente) in einem mehrdimensionalen Raum aufgefasst und nach Möglichkeit so in einen gemeinsamen Unterraum projiziert, dass eine anschauliche Darstellung möglich wird. Dies geschieht dadurch, dass die Häufigkeiten in der Kontingenztabelle auf zugrunde liegende Faktoren hin geordnet werden.

> »Die Faktoren werden als latente Variablen interpretiert, deren Korrelation mit den manifesten Variablen bzw. mit den Variablenausprägungen [hier: Berufsgruppen und Möbelkauf] als Faktorenladungen bezeichnet werden.« (Blasius 2000, 85)

Die beiden Faktoren, die die meiste Varianz erklären, bilden die Achsen des Koordinatensystems eines zweidimensionalen Raums, in den die Variablenausprägungen projiziert werden. Die durch die erste Achse (hier: die Kapitalstruktur) erklärte Varianz ist größer als die der zweiten.

Ergebnis ist also ein zweidimensionaler Raum mit Koordinatenkreuz (Achsenkreuz), in dem sowohl die Berufsgruppen wie das mit ihnen variierende Merkmal (Möbelkauf im Kaufhaus) eine bestimmte Lage erhalten. Nähe und Distanz von Variablen in diesem Raum zeigen deren Wahlverwandtschaft bzw. inhaltliche Ferne auf.

Die Variablenausprägungen im Raum des kleinbürgerlichen Geschmacks (siehe Abb. 3), die nahe am Koordinatenursprung liegen (z. B. »3 bis 6 Komponisten kennen«), entsprechen den durchschnittlichen Werten innerhalb des Raums und werden kaum von den latenten Variablen erklärt, wohingegen die Variablenausprägungen, die am Rand einer Achse liegen (z. B. »mehr als 11 Komponisten kennen«), hoch auf der Achse laden, also mit dieser latenten Variable stark korrelieren.

Weiter beschreibt die relative Nähe von zwei Ausprägungen der Lebensstilvariablen in Abb. 3 (z. B. von »mehr als 11 Komponisten kennen« und »Vorliebe für Flohmärkte zum Möbelkauf«

bei Menschen, die mehr kulturelles als ökonomisches Kapital haben) eine Assoziation zwischen den Ausprägungen.[19]

Die Abbildung in einem zweidimensionalen Raum ist nicht vertretbar, wenn dadurch die Gesamtvarianz in zu kleinem Anteil abgebildet würde. Anders gesagt: Die Visualisierung in einem zweidimensionalen Raum geht gewöhnlich mit einem mehr oder weniger großen Informationsverlust einher. Es muss entschieden werden, ob dieser Informationsverlust noch vertretbar ist.

> »In der Praxis hat es sich erwiesen, daß bei den meisten Anwendungen der Informationsverlust bei der Wahl eines zweidimensionalen Unterraums tolerierbar ist.« (Fricke 1990, 32; ähnlich Schnell 1994, 189)

Gegebenenfalls wird das erste Ergebnis einer Korrespondenzanalyse (in Gestalt eines Achsenkreuzes) so rotiert, dass die Korrespondenzen zu bestimmten grundlegenden Merkmalen (etwa Alter, Geschlecht, Bildungsniveau) eindeutiger sichtbar werden. Die Rotation der Achsen ändert nicht die Ergebnisse, sondern nur ihre Darstellungsform.

Im Unterschied zu dieser einfachen kann die multiple Korrespondenzanalyse Tabellen von mehr als zwei Variablen analysieren. Hierzu ist zu Beginn eine Transformation der Ausgangsdaten in eine Indikatortafel nötig, die das Auftreten/Nichtauftreten der einzelnen Ausprägungen von mehr als zwei Variablen durch 1 und 0 angibt (vgl. Fricke 1990, 105 ff.; Jambu 1992, 213 ff.; Schnell 1994, 198).

In »Die feinen Unterschiede« verwendet Bourdieu die einfache Korrespondenzanalyse, in »Homo academicus« hingegen die multiple (dazu: Blasius 2000).[20] Einfache und multiple Korres-

19 Zur Kritik an der Verwendung der Korrespondenzanalyse durch Bourdieu vgl. Blasius/Winkler 1989, 77. Die Kritik richtet sich beispielsweise gegen die nur grob ins Diagramm eingezeichneten geometrischen Felder.

20 Ausgangsmaterial ist hier eine Matrix der befragten Hochschullehrer in den Zeilen und den Variablenausprägungen (zum Beispiel zum wissenschaftlichen Prestige und politischer Macht) in den Spalten. Die Hochschullehrer werden im Hinblick auf Ähnlichkeit bzw. Unähnlichkeit ihrer Stellungen im wissenschaftlichen Feld hin betrachtet, d. h. es geht um die Analyse von Individualdaten zur Erfassung von Zusammenhängen zwischen Merkmalen, während die einfache Korrespondenzanalyse auf Aggregatdaten basiert, um

pondenzanalyse sind nicht unterschiedliche Methoden, sondern unterschiedliche Anwendungsformen ein und derselben Methode (Jambu 1992, 149).

Die grafische Ergebnisstruktur von Korrespondenzanalysen könnte zu subjektiven Interpretationen verleiten (u. a. weil Zeilen- und Spaltenprofile nicht direkt miteinander vergleichbar sind)[21] und sollte deshalb mit Vorsicht ausgewertet werden.

Um zunächst den Raum der sozialen Positionen zu erfassen, wertet Bourdieu die Daten von mehreren *INSÉE*-Erhebungen aus. Anhand der synchronen und diachronen Verteilung von Kapitalumfang und Kapitalstruktur (d. h. der Relation von ökonomischem und kulturellem Kapital) lassen sich drei Klassen und ihre Fraktionen beschreiben:

- die »herrschende Klasse«, aufgeteilt in die Fraktionen der »herrschenden Herrschenden« (mit hohem ökonomischen und geringerem kulturellen Kapital, z. B. Leiter von Handels- und Industrieunternehmen) und der »beherrschten Herrschenden« (mit hohem kulturellen und geringerem ökonomischen Kapital, z. B. Hochschullehrer und Kunstschaffende); eine Zwischenstellung nehmen die Freiberufler wie Architekten und Ingenieure ein;
- das Kleinbürgertum, wobei unterschieden wird zwischen dem aufsteigenden, dem exekutiven und dem neuen Kleinbürgertum (dazu unten mehr);
- die Klasse der Beherrschten, die über wenig ökonomisches und wenig kulturelles Kapital verfügt (wobei zufolge der empirischen Analyse keine Differenzierung in Fraktionen erforderlich ist).

Klasse sei dabei, so betont Bourdieu, nicht gleichzusetzen mit Beruf, sondern umfasse auch solche Merkmale wie klassenspezifische Habitusformen, geografische, geschlechtliche Verteilung etc. (Feine Unterschiede 1979/1999, 176). Auf dem Lande aufgewachsen zu sein oder ein bestimmtes Alter überschritten zu haben, kann demnach zu einem realen Ausleseprinzip werden und

Gruppen (Klassen, Klassenfraktionen) voneinander zu unterscheiden (dazu: Blasius 2000).

21 Vgl. Blasius/Lautsch 1990, 120; Fricke 1990, 159; Schnell 1994, 190.

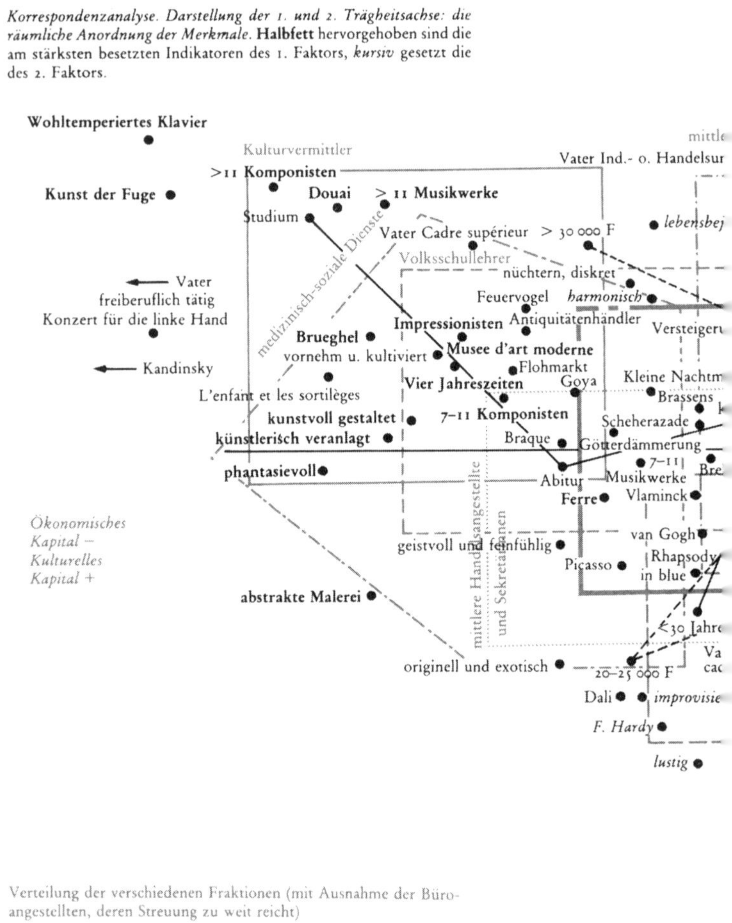

Abb. 3: Varianten des kleinbürgerlichen Geschmacks.
Quelle: Feine Unterschiede 1979/1999, Diagramm 15, 533 (überarbeitet)

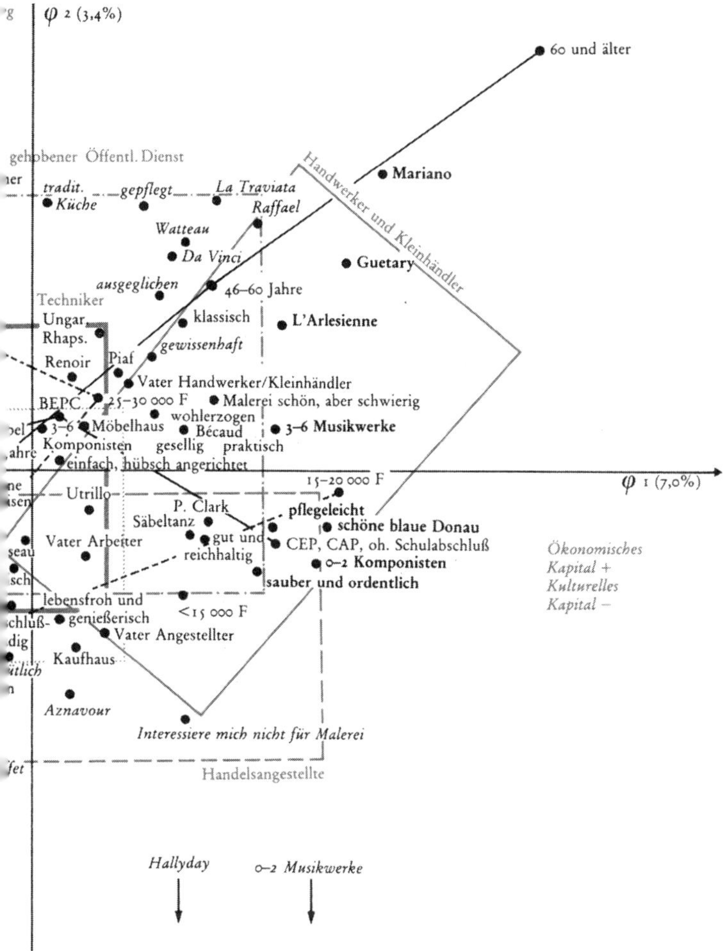

φ 2 (3,4%)
60 und älter
gehobener Öffentl. Dienst
Handwerker und Kleinhändler
Mariano
tradit. Küche
gepflegt
La Traviata
Raffael
Watteau
Da Vinci
Guetary
ausgeglichen
46–60 Jahre
Techniker
Ungar. Rhaps.
klassisch
L'Arlesienne
gewissenhaft
Renoir
Piaf
Vater Handwerker/Kleinhändler
BEPC
25–30 000 F
Malerei schön, aber schwierig
wohlerzogen
3–6
Möbelhaus
Bécaud
3–6 Musikwerke
Komponisten
gesellig
praktisch
einfach, hübsch angerichtet
15–20 000 F
φ 1 (7,0%)
Utrillo
P. Clark
pflegeleicht
Säbeltanz
schöne blaue Donau
Vater Arbeiter
gut und reichhaltig
CEP, CAP, oh. Schulabschluß
0–2 Komponisten
sauber und ordentlich
Ökonomisches Kapital + Kulturelles Kapital –
lebensfroh und genießerisch
<15 000 F
Vater Angestellter
Kaufhaus
Aznavour
Interessiere mich nicht für Malerei
Handelsangestellte
Hallyday
0–2 Musikwerke

schlägt sich in der »Klassenposition« nieder – Wirkungen, die in den meisten Untersuchungen vernachlässigt würden. Klassen(fraktionen) werden demnach nicht a priori definiert, sondern sind Ergebnis der Datenanalyse, stellen homologe Positionen verschiedener Merkmalsausprägungen im sozialen Raum dar. In Darstellung und Analyse nutzt Bourdieu allerdings meist nur das ökonomische und das kulturelle Kapital und deren Konstellation. Nur bei Teilargumenten werden andere Dimensionen von Klasse (Alter, Geschlecht, ethnische Zugehörigkeit) hinzugenommen.

Wie unterscheiden sich nun die Geschmäcker? Über die verschiedenen Themenbereiche hinweg sind klare Muster der Assoziation von kulturellen Praktiken und ästhetischen Einstellungen erkennbar, die drei Klassen des Geschmacks bilden: den legitimen, den mittleren bzw. prätentiösen und den populären Geschmack.

»Legitimer« Geschmack ist nicht als normative Setzung von Bourdieu misszuverstehen. Vielmehr fußt diese Bezeichnung auf einer sozial geteilten Beurteilung, die sich bei den Kleinbürgern beispielsweise im angestrengten Nacheifern des Geschmacks der herrschenden Klasse dokumentiert oder darin, dass auch jene Kleinbürger, die keine Gelegenheit zu einem Theaterbesuch haben (weil sie beispielsweise fern von Paris wohnen oder älter sind), der Aussage, dass das »Theater geistig erbaut«, häufig zustimmen.

Der legitime Geschmack bzw. die ästhetische Einstellung zeichnen sich durch die Betonung der Form gegenüber dem Inhalt von kulturellen Gütern bzw. Praktiken jeglicher Art aus. Demnach wird Kunst nicht nach ihrer sozialen oder persönlichen Funktion (Erbauung, Belehrung o. Ä.) beurteilt und die Speise nicht vorrangig danach, ob sie sättigt. Vielmehr gelten die Stilisierung des Essens und der Stil eines Kunstwerkes als primär gegenüber ihren möglichen Funktionen. Damit einher geht eine (ästhetische) Distanzierung, die jegliche Involviertheit des Kunstwerks ins Leben und damit auch jegliches affektive oder ethische Interesse am Dargestellten vermeidet (Feine Unterschiede 1979/1999, 85 f.).

Die Bedeutung eines Kunstwerks erscheint rätselhaft, unverständlich und erweckt den Eindruck, »nicht für einen gemacht zu sein«, solange man nicht über die Codes (z. B. zur Entschlüsselung der Stilrichtung, der Epochenzuordnung durch den Vergleich mit anderen Kunstwerken) verfügt, die der Primat der Form voraussetzt. Bourdieu illustriert diesen Zusammenhang anhand der Frage, ob ein Motiv als geeignet für ein Foto erachtet wird. Der Ästhet, bei dem die Darstellung Vorrang vor dem Dargestellten hat, kann sich einen Kohlkopf oder ein Stahlgerüst als ästhetisch bemerkenswertes Motiv vorstellen, wohingegen die populäre Ästhetik nur Motive, die »schöne« oder »wichtige« Erfahrungen und Ereignisse zeigen (etwa eine Erstkommunion oder einen Sonnenuntergang), als interessante Gegenstände ansieht. Menschen mit einem »reinen« Geschmack lehnen hingegen solche »oberflächlichen« Werke, die der Entschlüsselung nicht bedürfen und sich zum Genuss aufdrängen (Feine Unterschiede 1979/1999, 761), ab und fühlen sich von ihrer Leichtigkeit abgestoßen (Feine Unterschiede 1979/1999, 757 f.). Insbesondere im Bereich des musikalischen Geschmacks wird dieser Zusammenhang offenkundig, weil die Musik die »am meisten vergeistigte aller Geisteskünste« (Feine Unterschiede 1979/1999, 41 f.) ist. Sie kommt ohne Botschaft, ohne soziale oder persönliche Funktion aus; ihr Genuss erfordert eine distanzierte Haltung zur Welt, wie sie nur im Bürgertum vorkommt (Feine Unterschiede 1979/1999, 102).

Bourdieus Untersuchung belegt empirisch, dass Geschmack nicht zufällig, sondern klassenspezifisch verteilt ist, und dass die legitimen Künste der herrschenden Klasse vorbehalten sind, während der mittlere Geschmack dem Kleinbürgertum und der populäre Geschmack der beherrschten Klasse zugehört. Kurz: Der Geschmack (die ästhetische Einstellung) indiziert die Klassenzugehörigkeit.

> »Der Geschmack: als Natur gewordene, d. h. inkorporierte Kultur, Körper gewordene Klasse, trägt er bei zur Erstellung des ›Klassenkörpers‹.« (Feine Unterschiede 1979/1999, 307)

Der Konsum legitimer Kulturgüter, wie beispielsweise der »Kunst der Fuge«, verschafft entsprechend der Hierarchie der Kulturgüter einen Distinktionsgewinn, der eine akzeptierte »Hierarchie der

Konsumenten« (re-)produziert. »Die Geschmacksäußerungen und Neigungen (d. h. die zum Ausdruck gebrachten Vorlieben) sind die praktische Bestätigung einer unabwendbaren Differenz« (Feine Unterschiede 1979/1999, 105), indem diese zur Basis der Selbst- und Fremdeinordnung im sozialen Raum werden und soziale Unterschiede manifestieren. Die Menschen und die Gruppen grenzen sich vor allem von der jeweils sozial benachbarten Klasse ab (Feine Unterschiede 1979/1999, 111), wobei die unteren Klassen nur als eine negative Kontrastfolie wahrgenommen werden. Der distinktive Ausdruck führt Vertreter einer Klassenfraktion zusammen. Durch die Betonung der Distinktion unterscheidet sich Bourdieu übrigens von vielen anderen Autoren, die nach Zusammenhängen von sozialer Position und Lebensstil suchen.

Bourdieu weist einen engen Zusammenhang der kulturellen Wahrnehmungs- und Handlungsschemata (und damit auch der Kompetenz zur Dechiffrierung eines Kunstwerkes) mit primär dem Ausbildungsgrad und sekundär der sozialen Herkunft nach. Selbst bei »schulfernen« Kenntnissen und Praktiken (wie in den Bereichen Jazz, Filmregisseure und Mode) besteht ein enger Zusammenhang zwischen Bildungskapital und kulturellen Kompetenzen (Feine Unterschiede 1979/1999, 39 ff.). Denn neben speziellen Codes zur Interpretation kultureller Güter (Autoren, Epochen etc.) vermittelt die Schule eine allgemeine Haltung und Kompetenz, legitime Werke als solche überhaupt zu erkennen und anzuerkennen, ohne sich durch einen fehlenden Bezug zum eigenen Leben und durch eine geringe Ausdrucksfunktion irritieren zu lassen (Feine Unterschiede 1979/1999, 53, und Kap. 4.4). Die höheren Bildungswege flößen

> »eine bestimmte *Vertrautheit* mit der Welt der Kunst ein (die konstitutiv ist für das Gefühl, zur gebildeten Klasse zu gehören), so daß man sich in ihr zu Hause und unter sich fühlt, als sei man der prädestinierte Adressat von Werken, die sich nicht dem ersten besten ausliefern« (Symbolische Formen 1970/1994, 185 f.).

Des Weiteren fördert die Schule den »Anlage-Sinn«, d. h. ein Gefühl »für das richtige Anlegen kultureller Investitionen« (Feine Unterschiede 1979/1999, 151). So weiß eine Germanistin, wie sie einem Lektor gegenüber passend aufzutreten hat; sie wendet sich scheinbar instinktiv den Werken zu, die dem gehobenen Zeitgeschmack entsprechen und die sie als Kennerin auszeichnen. Dieser Effekt muss ihr nicht bewusst sein. Und eine erkennbar gezielte Distinktionsabsicht könnte sie geradezu disqualifizieren oder der Lächerlichkeit preisgeben, weil eine solche Absicht verrät, dass der »ungezwungene, interesselose Geschmack« nur vorgespiegelt wird. Als ein Aspekt der kulturellen (schulischen) Kompetenz stärkt dieser Sinn die Selbstsicherheit der Träger, die aus ihrer Position in der Hierarchie der Konsumenten heraus wiederum definieren, was legitime Kulturgüter sind, und somit ihr Anlage-Gespür selbst bekräftigen.

Zusätzlich fungiert ein erworbener Bildungstitel als Vorab-Beweis für kulturelle Kompetenz, die dem Träger nicht nur in Hinblick auf den erlernten Bereich zugeschrieben wird – Statusattribute, die dem Autodidakten, der seine Kompetenz immer wieder mühsam neu beweisen muss, fehlen (Feine Unterschiede 1979/1999, 47 ff.).[22]

Bourdieus Untersuchung zeigt weiter, dass bei gleichem Bildungsabschluss der Einfluss der sozialen Herkunft erkennbar wird, insbesondere in Bereichen, in denen kein Schulwissen, sondern eine »ursprüngliche Vertrautheit« mit kulturellen Gütern und Praktiken gefordert ist. Das Aufwachsen in einem »geschmackvoll« eingerichteten Zuhause (Parkett statt Linoleum), der seit der Kindheit selbstverständliche Umgang mit legitimer Kunst, das Erlernen von (legitimen) Musikinstrumenten, all dies schafft einen »natürlichen« Vorsprung, der durch in der Schule erworbenes Wissen, das rationell vermittelt wird und als wenig spontan gilt, gerade im Bereich der »freien, avantgardistischen Bildung« kaum aufgeholt werden kann (Feine Unterschiede 1979/1999, 57). Der Erwerbsmodus von kultureller Kompetenz – durch frühe »automatische« Sozialisation oder durch schulmäßiges Erlernen – begründet den Unterschied zwischen dem »Mann von Welt«, der einen »reinen Geschmack« hat, und dem

22 Brüskamp (1993, 185 ff.) analogisiert die Stellung von Arbeitsmigranten, ausgestattet mit geringem ökonomischen und kulturellen Kapital, mit der von Autodidakten, weil sie ihre kulturelle Kompetenz stärker unter Beweis stellen müssen als Einheimische (z. B. Sprachtests bei Einbürgerungen).

»pedantischen Gelehrten«. Auch das zeigt sich im Bereich der Musik besonders deutlich, deren Genuss statt erlerntem (Schul-) Wissen ein tiefes Gefühl verlangt, erworben durch das selbstverständliche Musizieren im Familienkreis mit legitimen Instrumenten (dem Stand des symbolischen Klassenkampfes entsprechend ist das eher die Geige als die Blockflöte).

Der ästhetische Sinn, der aufgrund der Ideologie vom natürlichen Geschmack nicht als Produkt bestimmter sozio-ökonomischer Bedingungen erkannt wird, stellt demnach einen »*distinktiven Ausdruck* einer privilegierten Stellung innerhalb des Sozialraumes dar« (Feine Unterschiede 1979/1999, 104).

> »Von höchstem Distinktionsvermögen ist das, was am besten auf die *Qualität der Aneignung*, also auf die des Besitzers schließen läßt, weil seine Aneignung Zeit und persönliche Fähigkeit voraussetzt, da es – wie Vertrautheit mit Bildender Kunst oder Musik – nur durch anhaltende Investition von Zeit und nicht rasch oder auf fremde Rechnung erworben werden kann, und daher als sicherstes Zeugnis für die innere Qualität der Person erscheint« (Feine Unterschiede 1979/1999, 440).

Die verborgene Voraussetzung dafür, eine interessenlose Einstellung einnehmen, d. h. die Form über die Funktion setzen zu können, ist also die Freisetzung aus ökonomischen Zwängen, aus den Nöten und Dringlichkeiten der Praxis, wie sie die Lebensführung der Oberschicht kennzeichnet (Feine Unterschiede 1979/1999, 103).

Bourdieu betrachtet im dritten Teil der Studie die drei Klassen getrennt voneinander, innerhalb derer die Struktur des Kapitals zwischen Fraktionen divergiert (Feine Unterschiede 1979/1999, 411). Entscheidend ist des Weiteren die soziale Herkunft bzw. die soziale Laufbahn, die den Umfang des ererbten Kapitals, den Aneignungsmodus von kultureller Kompetenz und damit den Möglichkeitsraum eines Akteurs sowie seine Auf- oder Abstiegserfahrungen erkennen lassen (Feine Unterschiede 1979/1999, 187 f.). Die Hinzunahme des Konzepts der Laufbahn dynamisiert das Modell, ohne auf eine Längsschnittuntersuchung angewiesen zu sein, um so die Unterschiede innerhalb einer Klasse, also vor allem Aufstiegs- und Abstiegsbewegungen zu kennzeichnen.

Für die herrschende Klasse sieht die Grafik der Korrespondenzanalyse wie folgt aus:[23]

Innerhalb der herrschenden Klasse lassen sich zwei Varianten des legitimen Geschmacks unterscheiden, die Bourdieu durch den Unterschied zwischen dem »asketischen Aristokratismus« der Lehrer (deren Ausgaben im Kulturbereich relativ hoch sind; Feine Unterschiede 1979/1999, 299) und dem Luxus der Freiberufler (deren hohe Ausgaben vor allem in die Selbstdarstellung fließen) charakterisiert.

So steht der antibürgerlich-pessimistischen Weltsicht der aufgestiegenen Intellektuellen, die ihr akkumuliertes Bildungskapital nicht ausreichend in ökonomisches transformieren konnten, ein auf Tradition gegründetes optimistisches Gesellschaftsmodell derer gegenüber, die durch die Akkumulation ökonomischen Kapitals Kompetenz und Ansehen zugesprochen bekommen (Feine Unterschiede 1979/1999, 449 ff.).[24] An diesem Gegensatz zeigt sich, dass der Kampf um die Legitimität eines Lebensstils auch immer eine Frage der Konvertibilität des Kapitals, kurz: der Herrschaftsdurchsetzung ist (Feine Unterschiede 1979/1999, 498). Insofern ist zu beachten, dass sich aufgrund der Auseinandersetzungen zwischen den Klassenfraktionen um die Definitions-

23 Die beiden Achsen bilden die Dimensionen, die den größten Anteil an der Gesamtvarianz erklären. Die erste Trägheitsachse stellt das relative Gewicht des ökonomischen und kulturellen Kapitals, also die Struktur des Kapitals dar. Dieser Faktor erklärt den größten Teil der Gesamtvarianz. Die zweite Achse bildet die soziale Herkunft und damit die Dauer der Zugehörigkeit zur Bourgeoisie. Bei der Interpretation ist zu beachten, dass die Punkte, die nahe am Koordinatenursprung liegen, kaum von den beiden Achsen erklärt werden.

24 Die Stellung der Intellektuellen als untergeordnete Fraktion der herrschenden Klasse kann übrigens erklären, weshalb sich immer wieder Intellektuelle als Führer und Theoretiker der beherrschten Klasse (vgl. die Geschichte der Arbeiterbewegung) zur Verfügung stellen. Denn mit der beherrschten Klasse eint sie die Position, beherrscht zu werden von denen, die über viel ökonomisches Kapital verfügen. Zugleich wird deutlich, weshalb diese intellektuellen Führer der beherrschten Klasse auch immer eigene Interessen im Auge hatten, die mit denen der beherrschten Klasse nicht identisch sind (Vermehrung des eigenen kulturellen Kapitals etwa). »Abgesandte oder Mandatsträger, die für die anderen, d. h. zu deren Gunsten, aber auch an deren Stelle sprechen, werden sie, zumeist guten Glaubens, dazu verleitet, ebenso die zu täuschen, von denen sie sprechen, wie die, zu denen sie sprechen …« (Entwurf einer Theorie 1972/1976, 140)

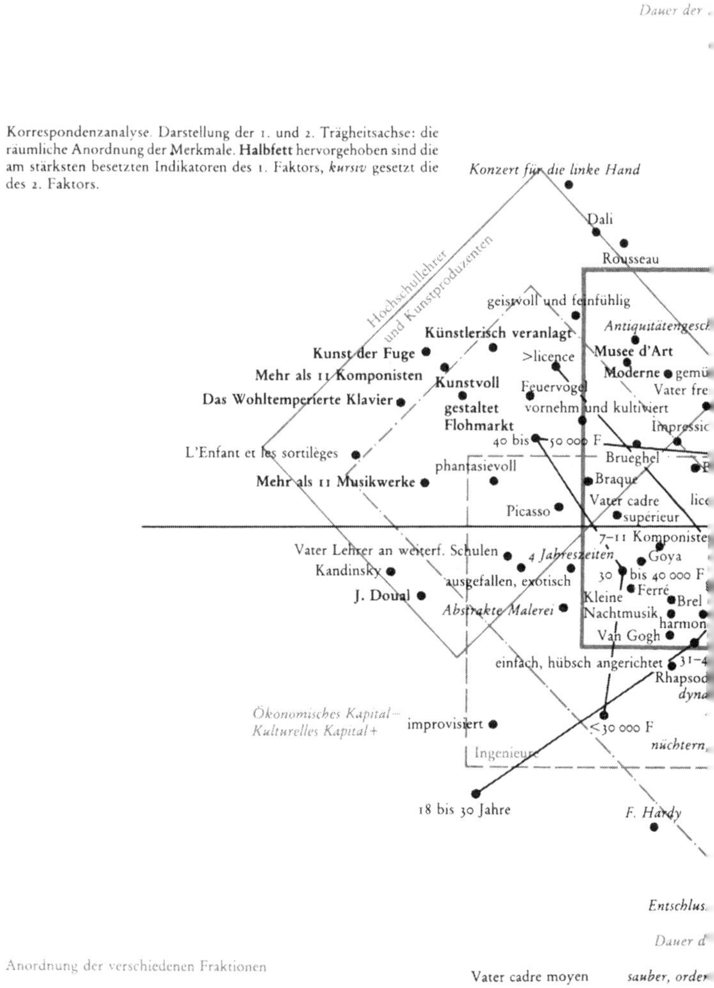

Abb. 4: Varianten des herrschenden Geschmacks.
Quelle: Feine Unterschiede 1979/1999, Diagramm 11, 409

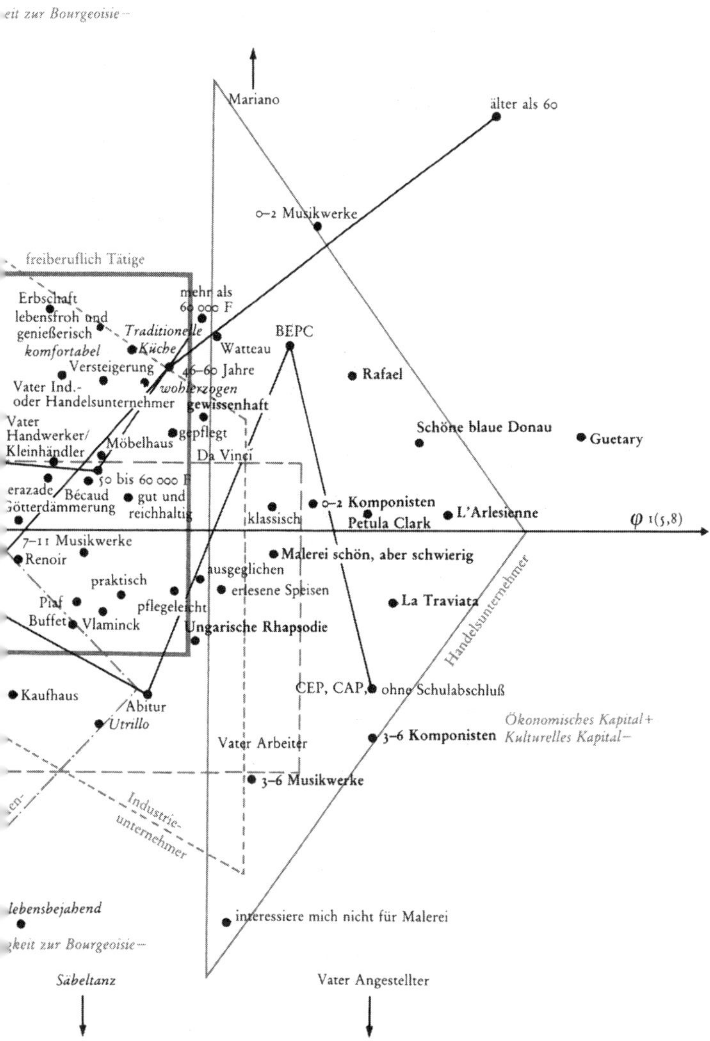

eit zur Bourgeoisie –
Mariano
älter als 60
0–2 Musikwerke
freiberuflich Tätige
Erbschaft
lebensfroh und genießerisch
komfortabel
Traditionelle Küche
mehr als 60 000 F
Watteau
BEPC
Versteigerung
46–60 Jahre
Rafael
Vater Ind.- oder Handelsunternehmer
wohlerzogen
gewissenhaft
Vater Handwerker/ Kleinhändler
Möbelhaus
gepflegt
Schöne blaue Donau
Guetary
Da Vinci
50 bis 60 000 F
erazade
Bécaud
gut und reichhaltig
Götterdämmerung
klassisch
0–2 Komponisten
Petula Clark
L'Arlesienne
φ 1(5,8)
7–11 Musikwerke
Renoir
Malerei schön, aber schwierig
ausgeglichen
praktisch
erlesene Speisen
La Traviata
Piaf
pflegeleicht
Buffet
Vlaminck
Ungarische Rhapsodie
Handelsunternehmer
Kaufhaus
Abitur
CEP, CAP,
ohne Schulabschluß
Utrillo
Ökonomisches Kapital +
Kulturelles Kapital –
Vater Arbeiter
3–6 Komponisten
3–6 Musikwerke
Industrie-unternehmer
lebensbejahend
interessiere mich nicht für Malerei
gkeit zur Bourgeoisie –
Säbeltanz
Vater Angestellter

macht die Bedeutung der Kapitalarten als Machtinstrument je nach Feld und Zeit ändert.

Als letztes in dem Diagramm ablesbares Beispiel innerhalb einer Klasse soll ein Vergleich der Hochschullehrer mit den Industriellen gezogen werden, der die Bedeutung der unterschiedlichen Kapitalstrukturen und Aneignungsmodi von kultureller Kompetenz zeigt: Während Erstere mehr Komponisten kennen, häufiger Museen und Theater besuchen und dabei das avantgardistische Theater bevorzugen, gehen Letztere, die mehr ökonomisches als kulturelles Kapital haben, in passender Garderobe eher in das kostspielige Boulevardtheater, in dem sie ihre Selbstgewissheit bestätigt finden (Feine Unterschiede 1979/1999, 458 f.). Den dabei demonstrierten bürgerlichen Protz lehnen die Intellektuellen ab, sie wenden sich stärker riskanteren Distinktionsstrategien zu, z. B. der Ästhetisierung unbedeutender Objekte (Feine Unterschiede 1979/1999, 441).

Bourdieu richtet sein Hauptaugenmerk auf das Kleinbürgertum, von dem er ein weniger sympathisches Bild zeichnet als etwa von den unteren Klassen (fast so, als folge er selbst der Ideologie des legitimen Geschmacks). Er beschreibt ausführlich das erfolglose Bestreben der Kleinbürger, der oberen Klasse nachzueifern, indem sie sich an den legitimen Objekten der herrschenden Klasse orientieren, sie damit in ihrem Legitimitätsanspruch bestätigen und sich diese eifrig anzueignen versuchen: »Der Kleinbürger ist ein Proletarier, der sich klein macht, um Bürger zu werden.« (Feine Unterschiede 1979/1999, 530)

Ihre Bildungsbeflissenheit stößt die Kleinbürger immer wieder an Grenzen. Kaum ist ein Kulturgut in ihren Händen, sinkt sein Wert und Distinktionsgewinn, da sich die herrschende Klasse von derart popularisierten Gegenständen und Praktiken rasch abwendet. So sind Ravels »Bolero«, der in der Werbung eingesetzt wird, und van Goghs »Sonnenblumen«, deren Reproduktionen in jedem Kaufhaus erhältlich sind, entwertet und dem Bereich der legitimen Kunst enthoben.[25] Da die mittlere Klasse mehr von

25 Ein ähnlicher Prozess ist bei der Feminisierung von Berufen zu verfolgen: Der Wert eines Berufes sinkt, wenn ihn vermehrt Frauen anstreben und erreichen (vgl. Illusion der Chancengleichheit 1964/1971).

»Schein als Sein« geprägt ist, spricht Bourdieu ihr im Grunde jede eigene Kultur ab:

> »Mittlere Kultur, das ist nichts als die kleinbürgerliche Beziehung zur Kultur: falsche Objektwahl, Mißdeutung, fehlinvestierter Glaube, Allodoxia ... Was das kleinbürgerliche Verhältnis zur Kultur und die Fähigkeit ausmacht, alles Angeeignete in mittlere Kultur zu verwandeln (so wie der legitime Blick alles ›rettet‹, was ihm ins Auge fällt), das ist nicht, wie man so sagen darf, seine ›Natur‹, sondern die Position des Kleinbürgers im sozialen Raum, seine gesellschaftliche Natur, die sich unaufhörlich, und vor allem ihm selber, in Erinnerung bringt und sein Verhältnis zur legitimen Kultur, seine so gierig-bemühte wie naiv-ernsthafte Fixierung an sie determiniert, – es ist ganz einfach die Tatsache, daß die legitime Kultur *nicht für ihn geschaffen ist*, wenn nicht sogar gegen ihn, und er also auch nicht für sie geschaffen ist, und daß sie aufhört zu sein, was sie ist, wenn er sie sich aneignet ...« (Feine Unterschiede 1979/1999, 513)

Das Kleinbürgertum stellt die am wenigsten homogene, die in größter Bewegung befindliche Klasse dar. Drei Fraktionen sind erkennbar, die unterschiedliche soziale Laufbahnen haben. Die soziale Laufbahn beschreibt dabei den gesellschaftlichen Auf- bzw. Abstieg und die daran gebundene Vorstellung von der Zukunft, die, neben dem Kapitalumfang und dessen Struktur, die mögliche Reproduktion des Kapitalbestandes beeinflussen:

1. Das absteigende Kleinbürgertum bilden vor allem ältere Kleinhändler und Handwerker, für die weder die Möglichkeit zur Wahrung der Position noch zum Wechsel in eine andere Klassenfraktion besteht (Feine Unterschiede 1979/1999, 711 f.). Dementsprechend wenden sie sich der Vergangenheit zu und schrauben ihre Ansprüche zurück. Ihre bescheidene Grundhaltung drückt sich in ihrer Präferenz für eine gepflegte Wohnung aus, für einen gewissenhaften Freund, für die traditionelle Küche und für kanonisierte Maler (z. B. da Vinci). Genießerische Lebensfreude und moderne Moral, die nicht auf Strenge, Arbeit, Ordnung gründet, lehnen sie ab (Feine Unterschiede 1979/1999, 548 f.).

2. Das exekutive, d. h. im Angestelltenbereich ausführenden Tätigkeiten nachgehende Kleinbürgertum investiert viel Zeit und Hoffnung in sein Bildungsstreben, ohne dass seine autodidaktischen kulturellen Leistungen (im Vergleich zu den Bildungsaristokraten) volle Anerkennung erhalten. Während sich die Älteren in dieser Lage eher bedroht fühlen und Sicherheit in einer konservativen, tugendhaften Haltung suchen, haben die jüngeren Aufsteiger, die eine längere Schulbildung genossen haben, ein optimistisches Weltbild und einen Fortschrittsglauben, der die damit verbundenen »asketische[n] Einstellungen mit einer devoten Haltung gegenüber der Kultur und dem Ehrgeiz« (Feine Unterschiede 1979/1999, 550) verbindet. Mit diszipliniertem Auftreten setzt das (junge) aufsteigende Kleinbürgertum seine Hoffnung in die Bildung und in die Zukunft – wenn schon nicht in die eigene, dann doch wenigstens in die seiner Kinder.
3. Das neue, genussorientierte Kleinbürgertum ist vor allem in den vom absteigenden Kleinbürger eher abgelehnten neuen Berufen zu finden, die zwar keine Bildungstitel voraussetzen und Berufserfolg auch bei einer unterbrochenen Laufbahn ermöglichen, aber wenig Sicherheiten bieten. Dazu zählen Berufe in der medizinisch-sozialen Betreuung, Eheberater oder Kinderpfleger, Kulturproduzenten, Animateure, Journalisten, die Verkaufs- und Vertreterberufe. Diejenigen, die zum Kleinbürgertum hierhin abgestiegen sind, weisen den größten Umfang an kulturellem Kapital (Präferenz z. B. für die »Kunst der Fuge«) auf und gleichzeitig ein etwas gezwungenes Streben nach Abgrenzung vom etablierten Kleinbürgertum und damit nach Rehabilitation (Feine Unterschiede 1979/1999, 568).

Die Beschreibung der Klasse der Beherrschten nimmt nur einen kleinen Raum im Buch ein, weil der Fragebogen ihre Dispositionen nicht valide erfassen konnte und so auf andere Studien und die ethnografischen Daten zurückgegriffen werden musste.[26]

26 Zu den Problemen standardisierter Befragungen von Angehörigen der unteren Klassen und dem Artefakt, das dadurch entsteht, dass alle Befragten mit denselben Fragen konfrontiert werden, obwohl sich diese nur einem be-

Diese Klasse gilt im kulturellen Spiel vor allem als Kontrastfolie, als »Natur« (Feine Unterschiede 1979/1999, 72 f.). Ihre Lebensführung ist geprägt durch zeitliche und materielle Zwänge (Feine Unterschiede 1979/1999, 585). Der eingeschränkte Raum von Möglichkeiten begründet einen bescheidenen Geschmack mit Fokussierung auf das Notwendige. In den Augen der Angehörigen oberer Klassen zeugen die Präferenz der Unterklassen für fettreiches Essen, ihre Freude an massenhaften Freizeitaktivitäten und die geringe Aufmerksamkeit gegenüber dem eigenen Äußeren davon, dass sie nicht zu leben wissen. Dieser Stigmatisierung stellt die untere Klasse, aus der Not eine Tugend machend, eine »Moral des guten Lebens« entgegen, die sich z. B. in ungezwungenem gemeinschaftlichen Essen und Trinken ohne formvollendete Servierregeln und Speiseabfolgen ausdrückt, und die sich auf ein Orientierungsmuster stützt, das der Gegenwart zugewandt ist und einen alltäglichen Hedonismus preist (Feine Unterschiede 1979/1999, 290 ff.). Symbolische Gewinne durch besondere Kleidung oder exotische Mahlzeiten werden – entsprechend den objektiven Möglichkeiten – nicht erhofft. Weder strebt man selbst nach distinktionsträchtigen Kulturgütern und -praktiken, noch akzeptiert man bei anderen Angehörigen der eigenen Klasse ein Streben danach; man erwartet Konformität innerhalb der eigenen Klasse. Hingegen wird die Extravaganz der Bourgeoisie als ein natürlicher Unterschied angesehen und als solcher akzeptiert, schließlich ist die Frau des Arztes »›geschaffen dafür, elegante Kleider zu tragen‹« (Feine Unterschiede 1979/1999, 597).

Jedoch nicht nur beschränkte ökonomische Ressourcen oder fehlende Zeit begründen die Praktiken der unteren Klassen. Die Entscheidung für das Notwendige basiert vor allem auf der Vorstellung von dem, »was zu einem paßt«. Sie gründen im Klassenhabitus, demzufolge z. B. die Wahl für ein Kleidungsstück oder für einen Haushaltsgegenstand vor allem funktionalen Über-

---

stimmten Teil der Bevölkerung stellen, vgl. Feine Unterschiede 1979/1999, 620 ff. Ob allerdings wirklich der Informationswert der erhobenen Daten zu gering war, oder ob die von Winkler (1989, 16) aufgeworfene Frage »Warum eigentlich? Entsprachen die Ergebnisse nicht der Theorie?« ihre Berechtigung hat, kann an dieser Stelle nicht entschieden werden.

legungen folgt und kaum formal-ästhetischen Kriterien. Eindrücklich zeigt sich dies am Beispiel eines aufgestiegenen Facharbeiters, der trotz höherer ökonomischer Ressourcen dem eigenen Klassenhabitus verbunden bleibt, indem er oft Jahrmärkte und Sportveranstaltungen besucht und weniger Geld für repräsentative und Selbstdarstellungszwecke ausgibt als ein Angestellter mit ungefähr gleichem Umfang an ökonomischen Kapital. Während Ersterer etwa (Kunst-)Lederjacken präferiert, die für die Mofa-Fahrt zur Arbeit praktisch sind, wählt Letzterer einen bürgerlichen Mantel (Feine Unterschiede 1979/1999, 609).

Typisch für die Angehörigen der unteren Klasse ist, dass sie das bevorzugen, »wozu sie ohnehin verdammt sind« (Feine Unterschiede 1979/1999, 290), oder – wie im Falle des aufgestiegenen Facharbeiters – zumindest waren. So gründen das Körperbewusstsein und die Essgewohnheiten der Bauern in den Zwängen der Arbeit, die körperliche Stärke erfordert, was sich in der Präferenz für deftige Mahlzeiten und für einen kräftigen Körperbau niederschlägt.

> »Der Geschmack bewirkt, daß man hat, was man mag, weil man mag, was man hat, nämlich die Eigenschaften und Merkmale, die einem de facto zugeteilt und durch Klassifikation de jure zugewiesen werden« (Feine Unterschiede 1979/1999, 285 f.).

Die materiellen Möglichkeiten und das Denken unterliegen denselben Beschränkungen (Feine Unterschiede 1979/1999, 378), vermittelt durch den Habitus. So spielen Angehörige der unteren Klasse selten Golf; nicht nur aus Kostengründen, sondern auch deshalb, weil dieser Sport ihrem Verhältnis zum eigenen Körper widerspricht, weil er bestimmte Geselligkeitsformen verlangt und ein frühzeitiges Wissen darum, wie man sich auf dem Golfplatz bewegt – also kulturelle Kompetenzen, die der oberen Klasse vorbehalten sind (Feine Unterschiede 1979/1999, 345; vgl. Moderner Sport 1985, 581).

Die Beispiele und Sachverhalte, an denen der enge Zusammenhang zwischen dem Raum der Lebensstile und dem der sozialen Positionen aufgezeigt wird, ergeben ein facettenreiches Bild. Doch geht dies teilweise auf Kosten der Übersichtlichkeit des Textes und der Nachvollziehbarkeit der einzelnen Forschungsschritte. Auch die eigentümliche Forschungslogik, nämlich die durchgehende gegenseitige Durchdringung von Theorie und Empirie, mindert die Transparenz und schränkt damit ein wichtiges Gütekriterium einer jeden empirischen Studie ein (vgl. Winkler 1989, 14).

Zu prüfen bleibt, ob die Klassenzugehörigkeit in den unterschiedlichen Bereichen die entscheidende unabhängige Variable ist (vgl. Winkler 1989, 15; Lüdtke 1989, 95). Kann die Kleidungswahl als eine allein klassenspezifische Geschmacksfrage verstanden werden, oder muss man etwa einen jugendlichen Habitus mit berücksichtigen? An einigen Stellen weist Bourdieu auf die Variable Geschlecht hin – Männer-Kleidung sei »hinsichtlich ihrer statistischen Erfassung *markanter* ... als Frauen-Kleidung« (Feine Unterschiede 1979/1999, 323). Das bringt Bourdieu jedoch nicht dazu, die Unterschiede zwischen Frauen und Männern genauer zu erforschen, sein Blick bleibt auf die klassenspezifischen Unterschiede gerichtet (so auch Lüdtke 1989, 153). Nur allgemein stellt er Beziehungen zwischen Klasse und Geschlecht fest:

»... eine Klasse definiert sich wesentlich auch durch Stellung und Wert, welche sie den beiden Geschlechtern und deren gesellschaftlich ausgebildeten Einstellungen einräumt. Darin liegt begründet, warum es ebenso viele Spielarten der Verwirklichung von Weiblichkeit gibt wie Klassen und Klassenfraktionen, und warum die Arbeitsteilung zwischen den Geschlechtern auf der Ebene der Praxis wie der Vorstellungen innerhalb der verschiedenen Gesellschaftsklassen höchst unterschiedliche Ausprägungen annimmt.« (Feine Unterschiede 1979/1999, 185)

Zur Verteidigung seines Buches bringt Bourdieu vor, viele Missverständnisse auf Seiten seiner Kritiker rührten daher,

»daß *Die feinen Unterschiede* als eines jener theoretischen Bücher gelesen wird, die mit dem Anspruch auftreten, alles über alles und zudem noch in der richtigen Ordnung zu sagen – während es sich dabei doch um nichts anderes als einen zusammenfassenden Bericht über eine Reihe von Forschungen mit genauer Zielsetzung ... handelt.« (Antworten 1989, 410)

Überzeugend ist, wie Bourdieu den Zusammenhang von Struktur und Praxis mit dem Habituskonzept erklärt. Der (Klassen-)Habitus nimmt eine Vermittlerfunktion ein und

> »bewirkt, daß die Gesamtheit der Praxisformen eines Akteurs (oder einer Gruppe von aus ähnlichen Soziallagen hervorgegangenen Akteuren) als Produkt der Anwendung identischer (oder wechselseitig austauschbarer) Schemata zugleich systematischen Charakter tragen und systematisch unterschieden sind von den konstitutiven Praxisformen eines anderen Lebensstils« (Feine Unterschiede 1979/1999, 278).

Obwohl die »Kunst der Fuge« und der Einkauf auf dem Flohmarkt auf den ersten Blick wenig gemeinsam haben, verbindet sie das Wahrnehmungsschema von Hochschullehrern zu einem Lebensstil, der in großer Distanz zum Lebensstil der Handelsunternehmer (und deren Vorliebe für die »Schöne blaue Donau« und für erlesene Speisen sowie deren geringem Verständnis für Malerei) steht. Die Präferenzen für eine bestimmte Musik, für Arten von Freunden und von Wohnungseinrichtungen sind nicht unabhängig voneinander, sondern sind durch den Habitus zu typischen Lebensstilmustern verbunden. Indem Bourdieu die

> »*generative Formel* des Habitus …, die die für eine jeweilige Klasse (relativ homogener) Lebensbedingungen charakteristischen Zwänge und Freiheitsräume in einen spezifischen *Lebensstil* umsetzt« (Feine Unterschiede 1979/1999, 332),

für jede Klassenfraktion ermittelt, kann er den Raum der Lebensstile detailliert rekonstruieren und die Muster der symbolischen Herrschaft aufzeigen.

Damit zeigt die Studie, dass Geschmack nicht, wie gewöhnlich unterstellt, rein persönlich ist, sondern von der Position im sozialen Raum und von der sozialen Laufbahn abhängt. Das macht die Lektüre der Studie schwierig, weil sie den Leser immer wieder an die Grenzen seiner eigenen »freien« Geschmackswahl führt. Vor allem vor der Analyse der kleinbürgerlichen Wahrnehmungs- und Verhaltensweisen, die sich ehrgeizig an den legitimen Kulturgütern orientieren, ohne einen wirklichen Zugang zu ihnen zu finden, und die sich stets von der Vulgarität der unteren Klassen abzugrenzen suchen, kann sich der eventuell selbst kleinbürgerliche

Leser nicht verschließen. Bourdieu warnt: »*De te fabula narratur*«[27] (Feine Unterschiede 1979/1999, 32). Jedoch: Das Buch nimmt eine heuristische Zuspitzung vor (Relationierung von Kunstwerken und kulturellen Praktiken bzw. Gütern zu sozialen Großgruppen), die nicht das letzte Wort über den Wert von Kunstwerken und über die Kultiviertheit des Umgangs mit ihnen sprechen will. Die Folgerung, die hohe Kunst sei nur um der Distinktion willen da (die auch dadurch nahe gelegt wird, dass Bourdieu keine Methodik der Werkanalyse vorlegt, so Wagner 2003, 225 f.), man brauche sich deshalb nicht um sie zu kümmern, wäre falsch und würde mindestens die geschichtliche Autonomisierung der Felder von Kunst und Literatur übersehen (Jurt 2003). Und der kleinbürgerliche Leser muss sich durch Bourdieus Analyse nicht bloßgestellt fühlen. Er kann sich auch entlastet sehen von der eifrigen Nachahmung des legitimen Geschmacks, er kann sich stattdessen neugierig-lernend der hohen Kultur zuwenden, ohne dabei auf Distinktionsgewinne zu schielen.

An diesem Punkt stellt sich freilich die Frage: Gelten ähnliche Muster, wie sie Bourdieu für Frankreich herausgearbeitet hat, auch in Deutschland? Und wie ist die Studie hier aufgenommen worden?

Bourdieu vermerkt in seiner Einleitung, dass die Zusammenhänge zwischen ökonomisch-sozialen Bedingungen und Lebensstilen zwar für Frankreich mit der diesem Land eigenen Tradition erhoben worden sind, dass sie aber auch in anderen geschichteten Gesellschaften, wenn auch mit je eigenen Spezifika, wirksam sind. So ist etwa der legitime Geschmack in Deutschland weniger an die aristokratische Tradition gebunden als in Frankreich, da hier »die Intellektuellen nicht nur in Opposition zur Aristokratie, sondern auch zum Besitzbürgertum standen …« (Burkart 1984, 14).

27 Lat. »Von dir handelt die Geschichte«.

2.4 Wohnen: Der Einzige und sein Eigenheim

Der in Frankreich zu beobachtende Trend zum Eigenheim motiviert Bourdieu und seine Mitarbeiter Mitte der 1980er Jahre zu einschlägigen Forschungen über dieses Phänomen. Immer mehr Menschen hatten in den Jahren zuvor ein Eigenheim erworben, wobei der Anteil derer angestiegen war, die »ihr« Heim nicht mit Hilfe einer Erbschaft o. Ä., sondern durch Kredite erwarben. Für die Kleinbürger, die scheinbaren Nutznießer dieser »Verbürgerlichung« im Wohnungssektor, erfüllten sich die Wünsche und Sehnsüchte nach dem privaten Glück jedoch nicht; vielmehr waren sie nun an ihren neu erworbenen Besitz und an den dafür aufgenommenen Kredit gebunden. Zudem glich der neu erworbene Besitz kaum der Idylle auf Werbebildern, er stand vielmehr für das Elend und für die Desillusionierung der Kleinbürger (Zeichen der Zeit 1990/2002, 40 f.): Sie erlebten Enttäuschungen mit Häusern, die nicht den Wunschvorstellungen entsprachen, die zu klein, zu groß, zu teuer waren und die oft an einem wenig präferierten Ort lagen, also in einer wenig gemeinschaftlichen, einer sozial inhomogenen Nachbarschaft, woraus sich oft Ärgernisse ergaben.

Wie kommt die »Wahl« für ein Eigenheim zustande? Wie sehen die Dispositionen der Akteure aus? Welche strukturellen Faktoren determinieren sie? Der Erwerb eines Eigenheims wird in der Wissenschaft meist aus einem ökonomischen Blickwinkel betrachtet. Gestützt auf das Modell des *homo oeconomicus* wird der Käufer als ein Akteur vorgestellt, der zwischen den zur Verfügung stehenden Optionen rational abwägt und kalkulierend seine Entscheidung trifft. Während diese Perspektive das wirtschaftliche Handeln isoliert und als eine bewusste Entscheidung des Einzelnen konzipiert, wollen Bourdieus Arbeiten zum Thema eine Wiedereinbettung der ökonomischen Praktiken in den Gesamtzusammenhang des gesellschaftlichen Lebens erreichen. Sie wollen basale Annahmen der Ökonomie kritisieren, z. B. die, dass die Wirtschaft eine separate Sphäre sei, die universellen und natürlichen Gesetzen folge, und dass der Markt das effizienteste und gerechteste Mittel einer Demokratie sei – Annahmen, die den Rückzug des Staates auch aus dem Wohnungsmarkt fordern und legitimieren.[28] Bourdieu versucht hier, wie auch in seinen anderen Studien, einen mehrdimensionalen Zugang zu erreichen, weil »die gesamte gesellschaftliche Welt in jeder ›ökonomischen‹ Handlung zugegen ist« (Einleitung Eigenheim 2000/2002, 21 f.).

Um die Mehrdimensionalität und Mehrfunktionalität einer Praktik wie dem Kauf eines Eigenheimes zu erfassen, müssen unterschiedliche Fragestellungen und Herangehensweisen kombiniert werden; das dokumentiert der Sammelband »Der Einzige und sein Eigenheim«.[29] Die von Margareta Steinrücke herausgegebene erweiterte deutsche Neuausgabe (2002) stellt Aufsätze zum Thema Eigenheim zusammen, die 1990 in der Zeitschrift *Actes de la recherche en sciences sociales* veröffentlicht worden sind, eingeführt durch eine Einleitung von Bourdieu zu seiner Theorie der (ökonomischen) Praxis und ergänzt durch einen Aufsatz zu seinen Überlegungen zum ökonomischen Feld von 1997.

Die zuerst 1990 publizierten Artikel befassen sich

1. in Bezug auf die Käufer mit der Entstehung und der Verteilungsstruktur der ökonomischen Dispositionen, mit den geschmacklichen Orientierungen bezüglich der Wohnmöglichkeiten. Welches sind die strukturellen Faktoren (Kapitalumfang und -struktur, Alter etc.), die die einschlägigen Neigungen und damit die »Wahl« zwischen Miete und Eigenheim bestimmen?

Da diese »Wahl« auch abhängig vom Stand des Angebots ist, geht es

2. in Bezug auf die kommerziellen Eigenheimproduzenten darum, das Feld des Eigenheimmarktes und dabei auch dessen Geschichte zu betrachten, weil es eng mit den ethischen und ästhetischen Vorstellungen der Käufer verbunden ist. Wie ist

28 Dass die in der enthistorisierenden Sichtweise der Ökonomie verwendeten Prämissen keine universelle Gültigkeit haben, dass der wirtschaftliche Habitus keine universelle Allgemeingültigkeit besitzt, hat Bourdieu bereits in den Algerien-Studien darlegen wollen.

29 Der Titel spielt auf Max Stirners Buch »Der Einzige und sein Eigentum« von 1845 an, das bei Marx in der »Deutschen Ideologie« eine polemische Kritik gefunden hatte.

das Feld der Produzenten strukturiert? Welche Funktionsgesetze wirken? Welche Werbestrategien werden eingesetzt, die die Dispositionen der Käufer ansprechen sollen?

Beeinflusst werden die Dispositionen der Käufer und das (Kräfteverhältnis im) Feld der Eigenheimproduzenten auch von administrativen Maßnahmen. Deshalb zeichnen Bourdieu und seine Mitarbeiter die neoliberale Wohnungspolitik seit Mitte der 1970er Jahren nach, die bei der Entwicklung des Angebots wie auch der Nachfrage mitwirkte. Vor diesem Hintergrund stellt sich weiter die Frage, wie zwischen Käufer und Produzenten vermittelt wird. Hierzu werden die Verkaufsgespräche zwischen Verkäufern und (potenziellen) Käufern untersucht.

Das methodische Vorgehen ist dementsprechend vielfältig; je nach Erkenntnisinteresse werden Tiefeninterviews mit Eigentümern geführt, werden Daten aus standardisierten Befragungen zum Wohnen oder zur Beschäftigungsstruktur in Unternehmen verwendet, werden Leitungskräfte interviewt, Informationen aus der Presse gesammelt, Werbematerialien interpretiert, Verkaufsgespräche beobachtet, sprechen die Forscher mit Verkäufern.

Beim Kauf eines Eigenheims muss zunächst beachtet werden, dass es sich dabei nicht nur um eine ökonomische Anlage, nicht nur um ein finanzielles Kalkül handelt. Nicht zu unterschätzen ist zum einen der Symbolwert eines eigenen Hauses, das Auskunft über die Besitzer gibt, über ihren Geschmack und ihre Stellung im sozialen Raum. Zum anderen darf die Bedeutung eines eigenen Hauses als einer dauerhaften und übertragbaren »Anlage«, die an die Kinder weitergegeben werden soll, nicht übersehen werden. Das eigene Haus meint immer auch eine Hausgemeinschaft, eine Familie, die sich darin ein Versprechen auf eine beständige gemeinsame Zukunft gibt.

Diese machtvolle Vorstellung lässt den Hauskauf, wie die Hausbesitzerin Béatrice rückblickend berichtet,

> »in einem rosigen Licht [erscheinen]. Auf vieles, was wichtig ist, achtet man einfach nicht. Man sieht das Haus, man sieht die Kinder darin und sagt sich, es wird schon alles gut gehen.« (Zeichen der Zeit 1990/2002, 42)

Die Investition ist also nicht nur eine ökonomische Strategie, sondern vor allem eine Reproduktionsstrategie, die auf dem affektiven Zusammenhalt der Familie beruht und diesen verstärkt (Zeichen der Zeit 1990/2002, 49 ff.). So erklärt Frau R., die mit ihrem Mann und ihren drei Kindern in einem Eigenheim wohnt, das ihr Mann, dank seines technischen Könnens und dank der asketischen Disposition der Familie, zum größten Teil selbst entworfen und gebaut hat:

> »Unsere Kinder sind ein Teil von uns und wir ein Teil von unseren Kindern und von dem Haus, und alles ist eins«. (Eigentumssinn 1990/2002, 175)[30]

Die zentrale Vorstellung vom eigenen Haus als ständigem Heim manifestiert sich in einer Präferenz für solche Häuser, die in solider »Handarbeit« gefertigt werden, und in einer Abneigung gegenüber Fertighäusern, die wenig »symbolische *Echtheit* verbürgen« (Einfamilienhaus 1990/2002, 53). Dies wird bei Herrn R. deutlich:

> »Es steht fest, dass unser Haus eine Geschichte hat ... während bei den Leuten, die ein Haus einfach so kaufen, ›schlüsselfertig‹, wie es heißt ...« (Eigentumssinn 1990/2002, 173)

Diese ästhetischen und ethischen Vorstellungen vom eigenen Heim – besonders prägnant in Familien, die ihre Fortdauer an eine stabile Erbfolgetradition knüpfen – bestimmen die allgemeine Präferenz für traditionelle Produktionstechnologien. Will man also den Wohnungsbedarf erklären, muss auch der »Wandel der Traditionen bezüglich der Bildung und Auflösung des Hausstands« berücksichtigt werden.

Auf diese (unbewussten) Vorstellungen vom Haus muss sich das Feld der Eigenheimproduzenten einstellen.

Die Ermittlung der Feldstruktur des Eigenheimmarktes durch Sekundäranalyse war schwierig, weil Daten über Eigenheimproduzenten nur unzureichend und kaum vergleichbar erhoben wor-

30 Bourdieus Überlegungen zur Bedeutung des Eigenheims werden nicht immer anhand von Daten belegt, manchmal verweist er auf seine früheren Arbeiten oder auf andere Quellen. Der Leser hat jedoch die Möglichkeit, in den abgedruckten längeren Interviewpassagen und interpretierenden Zusammenfassungen die empirische Fundierung nachzuvollziehen.

den waren. Nach wenig fruchtbaren Versuchen einer eigenen Datenerhebung wurde schließlich auf die Daten von *INSÉE* zur Belegschaftsstruktur von Bauunternehmern aus dem Jahre 1987 zurückgegriffen, wobei unter den 44 Gesellschaften der Stichprobe die umsatzstärksten und einige kleinere als Vergleichgruppe erfasst waren. Hier lagen Daten zur Gesamtzahl der Beschäftigten und deren Verteilung auf die unterschiedlichen Positionen in der arbeitsteiligen Struktur und im geografischen Raum vor (Einfamilienhaus 1990/2002, 64). Bourdieus Sekundäranalyse führt zur Unterscheidung von drei Arten von Hausbauunternehmen, die mit je unterschiedlichen Trümpfen ausgestattet sind (Einfamilienhaus 1990/2002, 68 f.):

1. Die dominierenden Unternehmen: Ihre Beschäftigungsstruktur zeigt eine Überzahl von Angestellten und Führungskräften, was den Vorrang des Vertriebs, der Forschung und der Werbung genüber den anderen Arbeitsbereichen anzeigt. Der Rückgriff auf Subunternehmen ermöglicht es ihnen, mit der Illusion vom Haus als symbolisch »echtem« Heim zu spielen: »Mit der Glanzleistung, ohne eigene Maurer ›gemauerte Häuser‹ zu produzieren, können sie traditionelle Produkte industriell fertigen.« (Einfamilienhaus 1990/2002, 68) Beispiel: Die Firma *Maison Bouygues*.
2. Die integrierten Unternehmen: Ihre Beschäftigungsstruktur weist ein Stammpersonal auf, das auf die industriellen Fertigungsverfahren spezialisiert ist. Ihr Handlungsspielraum ist vor allem in Krisenzeiten stark eingeschränkt, oftmals mit der Folge, dass die Kleineren unter ihnen zu Tochterfirmen degradiert werden. Beispiel: Der zeitweilige Marktführer *Phénix*.
3. Die kleinen und mittleren Familienunternehmen: Sie überwiegen der Zahl nach im Feld der Eigenheimproduzenten. Ihre traditionelle Produktionsweise, die »Echtheit« ihrer bewährten Produkte befriedigt die traditionellen Erwartungen der potenziellen Käufer am deutlichsten. Beispiel: Die Firma *Sergeco*.

Damit übernehmen die Kleinunternehmen im Feld der Eigenheimproduktion eine Rolle, die unentbehrlich ist

> »für das Funktionieren des Gesamtsystems, dem sie die symbolische Rechtfertigung liefern: Mit den ›gutbürgerlichen Häusern‹ … erhalten die handwerklichen Kleinunternehmen das Idealmodell des traditionellen Hauses am Leben und verleihen diesem Modell konkrete Gestalt, das im Unbewußten so vieler Käufer wirkt, und zwar weit über die Grenzen derjenigen Kundschaft hinaus, die es sich leisten kann.« (Einfamilienhaus 1990/2002, 69)

Jene finden sich dann bei den billigeren Angeboten aus industrieller Fertigung, die den Schein des Traditionellen wahren, wieder.

Da die Produktionsweise der kleineren Familienunternehmen mit den Dispositionen der Käufer harmoniert, können sie in der Werbung ihre Produkte widerspruchslos als »Heim« anpreisen. Werbung funktioniert dann besonderes gut, wenn

> »sie – wie jegliche Demagogie – den bereits bestehenden Dispositionen schmeichelt, um sie besser ausbeuten zu können; sie zwingt den Konsumenten unter das Joch seiner eigenen Erwartungen und Ansprüche, indem sie vorgibt, sie zu bedienen.« (Einfamilienhaus 1990/2002, 54)

Wie eine Analyse ausgewählter Werbeplakate – vor dem Hintergrund der Kenntnis der Position des Werbenden im Feld – zeigt,[31] erfüllt die Werbung der kleineren Unternehmen ihre Aufgabe besonders glaubwürdig. Aber auch die Hersteller von industriellen Fertighäusern weichen kaum von den traditionellen Vorstellungen ab, sie schöpfen aus dem gleichen Themenfundus; statt ihre Modernität und ihre günstigen Verfahren zu preisen, verschleiern sie weit gehend ihre industrielle Anfertigung (Einfamilienhaus 1990/2002, 77) oder schwanken zwischen Assoziationen zum traditionellen Handwerk und zur industriellen Fertigung (Einfamilienhaus 1990/2002, 82).

So verschleiert die Firma *Maison Bouygues* die Verwendung industrieller Komponenten in ihrer Werbung:

---

31 Über Auswahl und Herangehensweise wird nichts gesagt.

> »Ihr *Bouygues*-Haus wird kein Fertighaus [zu verstehen: wie die *Phénix*-Häuser], sondern ein von den besten Arbeitern Ihrer Region gebautes Massivhaus.« (Einfamilienhaus 1990/2002, 77)

Hinzu kommt die Verschleierung in den Produkten selbst, z. B. durch Fassaden, die Mauerwerk imitieren. (Einfamilienhaus 1990/2002, 78) Die Art der Werbestrategien ist, wie diese Beispiele zeigen, eng mit der Position im Feld der Produzenten verbunden und abhängig von den Trümpfen, die die jeweiligen Akteure in der Hand haben.

Neben der Werbung werden die Dispositionen der potenziellen Käufer noch von einer anderen Seite determiniert, nämlich von den staatlich-administrativen Maßnahmen zum Wohnungs- und Kreditwesen. Diese Maßnahmen bleiben wiederum nicht unberührt von den Forderungen der Hersteller bzw. der von Eigenheimproduzenten gebildeten Syndikate (wie dem von *Phénix* gegründeten Syndikat der Hersteller von Eigenheimen *SMI* von 1961, das die Bürgermeister zur staatlichen Förderung von Eigenheimen statt von Großsiedlungen drängte). Wie stark auch immer der Druck der Hersteller im Einzelnen gewesen sein mag, festzuhalten bleibt, dass die in den 1960er Jahren Oberhand gewinnende sozialliberale Wohnungspolitik und der 1966 eingeführte Hypothekenmarkt, der es den Banken ermöglichte, »langfristige Kredite anzubieten und den Eigenbeitrag der Einsteiger zu reduzieren« (Einfamilienhaus 1990/2002, 86), das Feld der Eigenheimhersteller (und die Dispositionen der Käufer) veränderte. Der Rückzug des Staates aus dem Wohnungswesen und dessen Übergabe an die Logik des Marktes war eingeläutet, die Finanzierung der Bautätigkeiten durch die Banken nahm rapide zu: 1962 vergaben sie 21,7 Prozent der Kredite für das Wohnungswesen, 1972 bereits 65,1 Prozent, während sich der öffentliche Sektor aus der Finanzierung des Wohnungsbaus weiter zurückzog.

Die staatlichen Maßnahmen in den 1970er Jahren, die den Erwerb von Eigenheimen (auf Kosten von Mietwohnungen) förderten und die als Verwirklichung des »individuellen Rechts auf Erlangung eines Mindesteigentums« (Giscard d' Estaing) gefeiert wurden (Einfamilienhaus 1990/2002, 86), hatten zum einen eine veränderte Verteilung der Eigentumsbesitzer zur Folge, zum anderen eine Verschiebung des Kräfteverhältnisses im Feld der Eigenheimproduzenten. So sprossen beispielsweise Bauunternehmer aus dem Boden, die »Typenhäuser nach Katalog« (Einfamilienhaus 1990/2002, 87) anboten und nur eine geringe Anzahlung forderten.

Eine weitere Verschiebung im Kräfteverhältnis trat mit der Krise auf dem Eigenheimmarkt Mitte der 1980er Jahre ein. Die kleineren Unternehmen mit ihrer traditionellen Produktionsweise und ihrer Kundennähe hatten zuvor Konkurrenzvorteile und wurden vom Rückgang der Nachfrage, die bei den weniger Wohlhabenden, also den potenziellen Kunden der größeren Unternehmen, zu spüren war, zuerst weniger betroffen. Nun reorganisierten sich die Großen in Anlehnung an Strukturen und Strategien der Kleinunternehmer. Eine mögliche Strategie von Großunternehmen war der Rückgriff auf Subunternehmer und auf scheinbar traditionelle Fertigungsverfahren, eine andere die Reorganisation des Vertriebssystems. So berichtet ein Mitarbeiter von *Phénix*, dass die Häuser von nun an nicht mehr mittels Katalog angepriesen wurden. Um den Eindruck eines individuellen Hauses zu erwecken, entfiel die Bezeichnung der Modelle mit Namen. (Einfamilienhaus 1990/2002, 91)

Wie bedeutsam dies sein kann, zeigt das Interview mit einem Ehepaar, das, aufgrund seiner begrenzten finanziellen Möglichkeiten, durch Kredite ein *Phénix*-Haus erwarb. Die Eheleute sind unglücklich über den geringen Schallschutz, den die Wände bieten, über die ungünstige Verkehrsanbindung, den schlechten Boden, über viele Punkte, die ihnen das Leben in dem Haus schwer machen. Doch bringen sie befriedigt vor, dass ihr Haus kein Kataloghaus sei, sondern von einem Architekten speziell entworfen wurde. (Eigentumssinn 1990/2002, 159 ff.)

Festzuhalten bleibt, dass die lange Zeit bestehende Balance zwischen Unternehmen mit den technischen Trümpfen der industriellen Fertigung und handwerklichen Unternehmen mit den symbolischen Trümpfen der traditionellen Produktionsweise zunehmend ins Wanken gerät. Mit den organisatorischen Innovationen der Gesellschaften, die immer mehr auf Subunternehmen zurückgreifen, schließen sich die beiden Trümpfe nicht mehr aus, das Unvereinbare wird vereint, »nämlich die technischen Vorteile der Serienproduktion und die symbolischen Vorteile der handwerklichen Fertigung.« (Einfamilienhaus 1990/2002, 78)

Um die Strategien der einzelnen Unternehmen zu verstehen, bedarf es auch einer Untersuchung der Struktur *innerhalb* eines Unternehmens. Dabei wird das Unternehmen selbst als ein autonomes Feld angesehen, in dem Konkurrenzkämpfe stattfinden, verschiedene Interessen verfolgt werden etc. Nur durch eine Analyse der Geschichte des Unternehmens, der Verteilung und Struktur der Kapitalien der verschiedenen Akteure und der derzeitigen Feldstruktur werden seine Praktiken verständlich.[32]

Lenkt man von hier aus den Blick wieder auf die Feldstruktur der Eigenheimproduzenten, so wird sichtbar, dass Produzenten, die benachbarte Positionen im Feld einnehmen, ähnliche Produkte anbieten. Das ist unter anderem damit zu erklären, dass sich die Unternehmen gegenseitig Verkäufer und das in diesen inkorporierte technische Kapital abwerben, oder dass Kunden die Unternehmen in Konkurrenz zu bringen versuchen, indem sie Informationen vom einen Unternehmen zum anderen tragen (Einfamilienhaus 1990/2002, 92). Weil im Feld benachbarte Unternehmen einen ähnlichen Kundenkreis ansprechen, ist solch ein Informationsaustausch zwischen den Unternehmen insbesondere auf den großen Eigenheim-Ausstellungen, wenn auch ungewollt, gewährleistet.

Ergebnisse und Überlegungen zum Feld der Eigenheimproduktion, zu den Dispositionen der Käufer sowie zu den objektiven Strukturen der Wohnungspolitik bieten den Hintergrund, um Verkaufsgespräche auf großen Eigenheim-Ausstellungen ana-

32 »Um z. B. erfassen zu können, aus welchen Gründen oder Ursachen das Unternehmen *Maison Phénix*, selbst als es schon kriselte wie ein immer weiter abdriftendes Schiff, noch die Richtung hielt, die ihm sein Gründer gewiesen hatte, müsste man die Entwicklungsgeschichte der Struktur der Verhältnisse zwischen den Führungskräften, die aufgrund ihrer Dispositionen und Interessen eher für ein Kurshalten oder im Gegenteil für einen Kurswechsel des Unternehmens kämpfen, rekonstruieren« (Einfamilienhaus 1990/2002, 96). Auch die Verteilung der aktuellen Machtmomente im Feld des Unternehmens sind zum Verständnis der Strategien unterlässlich, schließlich sind auch die Ziele Kampfobjekte.

lysieren zu können. Sind doch die administrativen Maßnahmen sowie das Kräfteverhältnis im Feld der Eigenheimproduzenten immer Bestandteil der einschlägigen Gespräche.

Das empirische Vorgehen hierzu war zunächst eine systematische Beobachtung von Verkaufsgesprächen auf Ausstellungen für Eigenheime, die teilweise auf Tonband aufgenommen wurden. In einem weiteren Schritt ging ein Forscher, der sich mit dem typischen Gesprächsablauf vertraut gemacht hatte, zu verschiedenen Verkäufern und initiierte fiktive Verkaufsgespräche. Ergänzend wurden Interviews mit Verkäufern, Sekretärinnen, Verantwortlichen für Verkaufslehrgänge sowie mit Herstellern geführt (Vertrag unter Zwang 1990/2002, 108, insb. Fußn. 2).

Die Beobachtungen der Verkaufsgespräche ließen im Gesprächsverlauf ein Muster aus drei Schritten erkennen: Dem ersten Kennenlernen, bei dem der potenzielle Käufer noch die Oberhand behält und seine Informationen von anderen Herstellern auszuspielen versucht, folgt eine zweite Stufe, in welcher der Verkäufer den Gesprächsverlauf bestimmt, den Käufer gar in eine einem Verhör ähnelnde Situation drängt. Der Verkäufer sucht Informationen über die gebotenen Sicherheiten seines Gegenübers zu bekommen, um rasch die interessanten Kunden von denen unterscheiden zu können, die für einen Vertrag nicht in Frage kommen dürften. Ein Verkaufsverantwortlicher für *Bourgues*-Häuser beschreibt das Gespräch so:

> »Sie [die Käufer] kommen, sie, mit ihren Fragen, die sie zu stellen haben, weil sie sich erkundigen wollen. Der Verkäufer dreht alles völlig um. Er ist es, der ihnen sagt: ›Setzen Sie sich, wieviel verdienst Du, wieviele Kinder hast Du‹. Zack, um sofort in zwei Minuten 30 Sekunden zu sehen, ob Sie die Mittel haben oder nicht« (Vertrag unter Zwang 1990/2002, 112).

»Die Mittel zu haben« meint dabei keineswegs, über ein großes Eigenkapital zu verfügen. Denn der ideale Kunde ist der kleine Beamte, der über wenig Startkapital verfügt, dessen Zukunft aber sicher ist und von dem eine rationale Lebensführung erwartet werden kann, »die eines kalkulierbaren und zum Kalkül fähigen Wesens« (Vertrag unter Zwang 1990/2002, 140). Gerade diese Figur ist der ideale Abnehmer nicht nur für ein Haus, sondern insbesondere für den damit verbundenen Kredit: Mit wenigen finanziellen Ressourcen ausgestattet, aber fähig und willig, sich dem mit dem Haus- bzw. Kreditkauf implizit verbundenen Lebensplan und -stil zu verpflichten.

Mit der Übernahme der Gesprächsleitung verschiebt sich also das Thema des Gesprächs auf Betreiben des Verkäufers vom Haus zum Kredit: Der Hausverkäufer wird zusehends zum Kreditverkäufer, der den Auftrag hat, die Kreditwürdigkeit des Käufers zu prüfen und schließlich die Erwartungen des Käufers in den passenden Rahmen zu drücken. Das Verkaufsgespräch wird damit nach der Sondierung geeigneter Kunden in einem dritten Schritt zu einer

> »Art Lektion über ökonomischen Realismus, in deren Verlauf der Kunde, unterstützt und ermutigt durch den Verkäufer, daran geht, das Niveau seiner Erwartungen dem Niveau seiner Möglichkeiten anzunähern, um sich so dazu zu bringen, das Tribunal der Ökonomie zu akzeptieren, d. h. das wirkliche, oft weit vom erträumten entfernte Haus, das ihm gemäß guter ökonomischer Logik zusteht.« (Vertrag unter Zwang 1990/2002, 110)

In den Worten einer Käuferin, die in Ermangelung finanzieller Mittel mit ihrem Mann ein Fertighaus »wählte«, lautet das:

> »Sonst hätten wir gewiss beide, glaube ich, etwas vorgezogen, das mehr Seele hat als dieses Haus in einer Neubausiedlung, wo alle Leute gleichaltrig sind und fast dasselbe Niveau haben … Das ist zu eintönig.« (Zeichen der Zeit 1990/2002, 46)

Zerstreuungsmöglichkeiten gibt es in dieser Wohngegend, abseits von Paris, kaum, es bleiben nur die sonntäglichen lokalen Verkaufsveranstaltungen, die sie mit ihrem Mann besucht.

Die mindere »Wahl« muss der Verkäufer gleichzeitig so präsentieren, als ob sie mit den Versprechungen des privaten Glücks im eigenen Heim harmonierte. Ihm kommt die Aufgabe zu, das »Lustprinzip« (als Vitalisierung der Sehnsüchte nach dem eigenen Heim) und das »Realitätsprinzip« (als Anmahnung der finanziellen Möglichkeiten und Zwänge) miteinander zu verbinden (Vertrag unter Zwang 1990/2002, 136). Um das erreichen zu können, muss der Verkäufer bei der »Entsagungsarbeit« unterstützend helfen, das kleinere Haus empfehlen oder den Vorort, auch wenn dieser nicht den gewünschten Vorstellungen entspricht.

> »Die Sehnsucht nach dem Einfamilienhaus ist so groß, dass die unvernünftigen Käufe, die eine Überschuldung nach sich ziehen, wahrscheinlich noch häufiger wären, wenn die Kreditverkäufer nicht in der Lage wären, den Kreditnehmern die ökonomischen Zwänge aufzulegen, die die Wirkung der *vernünftigen* (und nicht rationalen) *Antizipationen* verstärken, die die Mehrzahl der Kunden bei ihren ökonomischen Vorgehensweisen spontan vornehmen.« (Vertrag unter Zwang 1990/2002, 138)

Eine zentrale Strategie des Verkäufers zur Verminderung des Misstrauens und zur Verlockung des Käufers, sein Schicksal in dessen Hand zu legen, ist die »Verzweideutigung«. Rhetorisch wird versucht, mit der Distanz zum Gesprächspartner zu spielen und das Verhör als umfassende Sorge für den Kunden zu tarnen – der Schutz der Bank erscheint als Schutz des Kunden. Die Zweideutigkeit der Situation wird in der Sprache der Verkäufer transportiert, die – im Gegensatz zum Kunden – zwischen zwei Ebenen wählen können: Zwischen einer neutral technizistischen und einer persönlichen, familiären Sprache. So erlaubt die bürokratische, scheinbar neutrale Sprache, »persönliche« Fragen zu stellen, ohne dass diese als solche bemerkt werden (Vertrag unter Zwang 1990/2002, 120 ff.), oder den Skeptiker mit technischen Ausdrücken und unklaren Rechenbeispielen zu konfrontieren, um den Expertenstatus zu zementieren (Vertrag unter Zwang 1990/2002, 126). Käufer, die fügsam auf die Kreditvorschläge reagieren, können dagegen in familiärer Sprache bestärkt werden (»Ich selbst habe ein G-Haus«; Vertrag unter Zwang 1990/2002, 125).

Neben dem Spiel mit den zwei Sprachen, das nur dem Verkäufer zusteht, stärkt auch die Standardisierung der Mittel und Situationen die Machtposition des Verkäufers, beispielsweise durch Rückgriff auf Formulare und Vorschriften. Aber nicht nur standardisierte Argumentationshilfen, wie sie in einschlägigen Lehrbüchern stehen, und ausformulierte Sätze, die, vom Unternehmen vorgegeben, bei telefonischen Nachfragen der Kunden verwendet werden sollen, leiten das Gespräch. Vielmehr schafft die soziale Nähe zwischen Verkäufer und Käufer die Möglichkeit zu spontanen persönlichen Einschüben und führt letztendlich zu einer gegenseitigen Identifikation. So zeigen Daten einer Umfrage des *Institut français de démoscopie* von 1981, dass das soziale Niveau der Verkäufer in den Großunternehmen relativ niedrig ist, also bei den Unternehmen, die mit ihren industriellen Angeboten minderer ästhetischer und technischer Qualität Kunden mit wenig kulturellem bzw. ökonomischem Kapital ansprechen (45,3 Prozent der *Phénix*-Haus-Besitzer sind Arbeiter, nur 3,5 Prozent sind höhere Führungskräfte oder Freiberufler; von den Verkäufern haben nur 5 Prozent studiert (Vertrag unter Zwang 1990/2002, 132)).

Dieser Zusammenhang zeigt die strategisch wichtige Stellung der Verkäufer im Verkaufsprozess,

> »weil sich größtenteils über sie die *Angleichung* zwischen dem Produkt und dem Käufer, also zwischen dem Unternehmen und einer bestimmten Kundschaft, herstellen muss. Neben anderen Faktoren für den Erfolg oder das Scheitern einer Wirtschaftspolitik oder eines Produkts ist zweifelsohne einer der entscheidensten die ›Harmonie‹ zwischen den Verkäufern und den Kunden, aber auch, innerhalb des Unternehmens, zwischen den Verkäufern und den kaufmännischen Führungskräften und den Marketing- oder Werbeabteilungen, die die kommerzielle Promotion des Produkts festlegen müssen« (Vertrag unter Zwang 1990/2002, 132).

Wer sind nun die neuen Hauseigentümer? Der Erwerb von Eigenheim geschieht nicht mehr vorrangig mit den Mitteln aus einer Erbschaft, sondern es dominiert – dank der staatlichen Maßnahmen – der kreditgebundene Erwerb. Das hat zur Folge, dass das durchschnittliche Alter der Eigentümer, die nicht mehr auf eine Erbschaft warten müssen, gesunken ist; 1984 sind nur 9 Prozent aller Neueigentümer Erben bzw. Empfänger einer Schenkung (Eigentumssinn 1990/2002, 153). Der größte Anstieg an Eigentümern liegt bei jenen Gruppen vor, die über mehr kulturelles als ökonomisches Kapital verfügen, also bei den höheren und mittleren Beschäftigten des (halb-)öffentlichen Sektors und bei den Vor- und Facharbeitern (Eigentumssinn 1990/2002, 154).

Beachtet man, dass jene Gruppen, die mit relativ viel ökonomischem Kapital ausgestattet sind, zunehmend gezwungen sind, sich zur Reproduktion ihrer sozialen Position auch auf das Bildungssystem zu stützen, wird eine Verschiebung im sozialen Raum erkennbar: Die horizontale Polarisierung im sozialen Raum wird schwächer, die Distanz zwischen den Gruppen, die sich in Hinblick auf die Struktur ihres Kapitals unterscheiden, verringert sich. Weiter gefasst:

> »Diese beiden komplementären und konvergierenden Bewegungen haben wahrscheinlich mehr als alles andere dazu beigetragen, die Distanz und die Gegnerschaft zwischen der ›Rechten‹ und der ›Linken‹ im sozialen Raum und, von da aus, im politischen Feld abzuschwächen. Die verschiedenen Gegensätze in der Wirklichkeit und der Wahrnehmung der sozialen Welt, Eigentum und Miete, Liberalismus und Etatismus, privat und öffentlich, werden durch abgemilderte Gegensätze zwischen Mischformen wie dem Miteigentum und dem Eigentum für bestimmte Zeiten ersetzt.« (Eigentumssinn 1990/2002, 156)[33]

Auf der Grundlage einer *INSÉE*-Erhebung von 1984 zum Wohnen in Miet- und Eigentumswohnungen, die auch auf 45 Tiefeninterviews mit Eigentümern von Einfamilienhäusern in der Pariser Region und in Südfrankreich beruht (Eigentumssinn 1990/2002, 164), will Bourdieu das Erklärungsmodell für die »Wahl« von Eigentum oder Miete präzisieren. Was sind die strukturellen Faktoren,

> »die, vermittelt über die Systeme individueller Vorlieben – die Geschmäcker – die Neigung bestimmen, das Wohnproblem zu lösen, dass man entweder Eigentümer oder vielmehr Mieter wird«? (Eigentumssinn 1990/2002, 158)

Das Kapitalvolumen, insbesondere aber die Struktur des Kapitals spielt bei der Frage des Eigenheimerwerbs eine entscheidende Rolle. Die Analyse der *INSÉE*-Daten von 1984 zum »Anteil von Eigentümern und Mietern eines Hauses oder einer Wohnung nach Berufsgruppenzugehörigkeit des Haushaltsvorstands« zeigt,

33 Wie sehr Mietwohnungen mit Kollektivismus assoziert werden, verdeutlicht ein Interview mit einem Ingenieursehepaar, das seinen Wunsch nach einem eigenen Haus wie folgt begründet: »in einem Mietshaus, da fühle ich mich nicht zu Hause, die Tatsache, teilen zu müssen, gemeinschaftliche Einrichtungen zu haben, wie den Aufzug, das mag ich nicht besonders« (Eigentumssinn 1990/2002, 163).

dass trotz des Aufholens der an kulturellem Kapital Reicheren die an ökonomischem Kapital Reicheren häufiger Eigentümer sind. So stehen innerhalb der herrschenden Klasse die Professoren (von ihnen sind 49,7 Prozent Wohnungs- oder Hauseigentümer) und Künstler (37,2 Prozent) den an ökonomischem Kapital reicheren Unternehmern (76,8 Prozent) gegenüber, in der mittleren Klasse die Volksschullehrer (53,6 Prozent) den Handwerkern (66 Prozent) (Eigentumssinn 1990/2002, 166 ff. und Tabelle 2, 184).

> »Die Zusammensetzung des Kapitals ist, vermittelt über die strukturierende Wirkung, die sie auf die grundlegenden Dispositionen der Habitus, oder, wenn man das vorzieht, auf die Systeme der Vorlieben ausübt, *ein die Wirkung der anderen Faktoren strukturierender Faktor*. So ist die Eigentümerquote in den Fraktionen, die wesentlich reicher an ökonomischem als an kulturellem Kapital sind, vom Einkommen nahezu unabhängig, wohingegen sie bei jenen Fraktionen eng daran gebunden ist, die reicher an kulturellem als an ökonomischem Kapital sind. Diese greifen mehr als andere auf den Kredit zurück, um ihren Zugang zum Eigentum zu finanzieren.« (Eigentumssinn 1990/2002, 168)

So sind 56,5 Prozent der Handwerker mit niedrigem Einkommen Eigentümer, 54 Prozent der Handwerker mit mittlerem Einkommen und 54,5 Prozent mit höchstem Einkommen.

Leider wird in dem Aufsatz von Bourdieu und Saint Martin »Der Eigentumssinn« in Zusammenhang mit der Kapitalstruktur nur das kulturelle und das ökonomische Kapital berücksichtigt, während die Bedeutung des technischen Kapitals (also der Fähigkeiten und Fertigkeiten, selbst am Hausbau mitzuarbeiten, zu renovieren und zu reparieren) nicht in den Argumentationszusammenhang eingebettet wird. Gerade bei der Entscheidung für eine Wohnform dürfte das aber eine wichtige Rolle spielen (erinnert sei an die oben genannte Familie R.).

Die Analyse der Daten der *INSÉE*-Erhebung von 1984 zeigt weiterhin eine Ungleichverteilung der Wohnorte: Während die Arbeiter in die ländlichen Gebiete verbannt werden, sind die Vorarbeiter im Ballungsraum von Paris zu finden – von »Demokratisierung« kann daher keine Rede sein (Eigentumssinn 1990/2002, 174).

Mit dem Alter nimmt die Chance zu, ein Eigenheim zu haben. Eng verbunden ist dieser Faktor mit dem Lebenszyklus: Unter den Wohneigentümern sind 90 Prozent verheiratete Paare (Eigentumssinn 1990/2002, 174) – der Idee von einer gemeinsamen Zukunft folgend. Verstärkt wird die »Wahl« für ein Eigenheim in den mittleren und höheren Klassen durch die Zahl der Kinder. Bei den unteren Klassen ist dieser Zusammenhang nicht gegeben, weil hier das Streben nach sozialem Aufstieg mit einer Einschränkung der Kinderzahl einhergeht (Eigentumssinn 1990/2002, 176).

Anknüpfungspunkte dieser Studien an frühere Arbeiten von Bourdieu lassen sich unschwer erkennen: Die Arbeiten über Algerien hatten die selbstverständlichen Vorannahmen der ökonomischen Theorie in Zweifel gezogen und hatten auf die für eine Kreditaufnahme notwendigen Dispositionen aufmerksam gemacht. Die in »Die feinen Unterschiede« untersuchte Homologie des Raums der Lebensstile und desjenigen der sozialen Positionen taucht auch hier wieder auf. Doch während dort auf einzelne Details eingegangen wurde, erweitert sich in der Studie übers Eigenheim der Blickwinkel. Hier geht es jetzt auch um das Feld der Produzenten eines Lebensstils und, auf einer noch höheren Ebene, um die politischen Maßnahmen, die den Wohnungsmarkt steuern und verändern. Folge ist, dass, um der Komplexität des Themas gerecht zu werden, vielfältige Daten erhoben, gesammelt und analysiert werden. Dies geht stellenweise auf Kosten der Nachvollziehbarkeit des methodischen Vorgehens. So ist etwa die Analyse der Feldstruktur der Eigenheimproduzenten nicht so transparent, wie man es von den Korrespondenzanalysen in »Die feinen Unterschiede« kennt.

Deutlich wird hier auch, wie Bourdieu seine theoretischen Konzepte ständig erweitert und modifiziert (z. B. durch eine Präzisierung des Feld-Begriffs und der verschiedenen Kapital-Formen: technisches, juristisches, technologisches etc.), was u. a. dazu führt, dass bisherige Verfahren (wie die Konstruktion des sozialen Raumes anhand des ökonomischen und kulturellen Kapitals) überwunden werden und dass neue Themen – z. B. der Rückzug des Staates – in den Blick gelangen.

Sichtbar ist Bourdieus Bemühen, das Modell des *homo oeconomicus* durch Erweiterung zu überwinden. So hat das Konzept des Feldes im Vergleich zum Markt-Konzept den Vorteil, die Positionen der Hersteller im Raum ermitteln und damit die objektive Beziehung zwischen ihnen erfassen zu können. In Verbindung mit der Beschreibung der Genese der Feldstruktur und des aktuellen Standes des Kräfteverhältnisses ermöglicht das, die an die Positionen im Feld jeweils gebundenen Vorteile und Trümpfe, die Grundlage des strategischen Handelns sind, zu erklären (Einfamilienhaus 1990/2002, 56).

Die Studie zeigt auf, dass die vielbeschworene Demokratisierung auf dem Wohnungsmarkt nur oberflächlich gesehen eintritt, dass vielmehr das Eigenheim zu einer »Falle« wird, die das gesellschaftliche Gefüge verändert:

> »In gewissem Sinn war diese Politik, die darauf abzielte, den Herstellern von Häusern einen Markt zu eröffnen und dabei an ihren Besitz gekettete Eigentümer zu produzieren, auch erfolgreich. Aber die Kleinbürger, die sich nun als kleine Eigentümer kleiner Häuser in den Vororten wiederfanden, mussten in den meisten Fällen für diese Befriedigung ihrer Bedürfnisse einen solch hohen Preis zahlen, dass die liberale Politik ihren Verfechtern den politischen Nutzen, den sie sich von ihr versprochen hatten, wahrscheinlich nicht liefern konnte, auch wenn sie die Vollendung einer tiefgehenden Änderung der gesellschaftlichen Ordnung begünstigt hat.« (Eigentumssinn 1990/2002, 181)

Indem sich alle Investitionen und Gedanken auf das Eigenheim richten, auf das Gegenmodell zu den gemeinschaftlichen Mietwohnungen, die mit Kollektivismus assoziiert werden, wird der Rückzug ins Private forciert. Der Besitz hat

> »eine Art von Domestizierung der Wünsche und Vorhaben zur Folge …, so dass diese fortan nicht mehr über die Türschwelle hinausreichen, auf die Privatsphäre beschränkt bleiben und damit im Gegensatz stehen zu den kollektiven Projekten etwa des politischen Kampfes, die stets gegen die Versuchung des Rückzuges ins Private durchgesetzt werden mussten.« (Eigentumssinn 1990/2002, 45)

Selbst das gemeinsame Bier mit Arbeitskollegen in der Eckkneipe gehört mit zunehmender Entfernung der Arbeits- von der Wohnstätte vergangenen Zeiten an (vgl. Steinrücke/Schultheis 2002, 10).

Die Häuser und Eigentumswohnungen der Kleinbürger symbolisieren gewiss nicht »die Solidarität der alten Arbeiterviertel«, aber auch nicht »die Abgeschiedenheit der exclusiven Wohngegenden« (Zeichen der Zeit 1990/2002, 44). Die Varianz in der Qualität der Wohnorte gibt auch einen Eindruck davon, wie wenig der Zuwachs an Wohneigentümern einer Demokratisierung gleichkommt: Die verschiedenen (finanziellen und zeitlichen) Kosten, die der Wohnort verursachen kann (aufgrund schlechter Bodenqualitäten, weiter Arbeitswege etc.), die Unzufriedenheit, die mit dem Umzug stadtauswärts verbunden ist, der unterschiedliche technische und ästhetische Wert des Eigentums (und damit die ungleiche Möglichkeit der Kommerzialisierung) sind einige der hier relevanten Faktoren.

Im Buch »Das Elend der Welt« weist Bourdieu darauf hin, dass der Sozialraum auch in die (physisch) räumlichen Strukturen eingeschrieben ist, in die räumlichen Distanzen zwischen Menschen bzw. deren Wohnorten.

> »Der Raum, oder besser, die Orte und Plätze des verdinglichten Sozialraums und die von ihnen vermittelten Profite sind selbst Gegenstand von Kämpfen.« (Elend der Welt 1993/1998, 163)

Das ist mitzubedenken, wenn man die Verteilung der Eigenheime untersucht. So mag der wachsende Anteil von Personen mit kulturellem Kapital unter den Eigenheimbesitzern (bei Abwendung von den ›kollektivistischen‹ Gütern) zwar zur Angleichung von mehr kulturell und mehr ökonomisch Reichen führen; doch bleibt die Frage, wie sie sich im physischen Raum verteilen. Einen Hinweis dazu gibt die deutliche Aufspaltung der herrschenden Klasse im Pariser Raum auf die *rive gauche* und die *rive droite*, also die Seite der Kunst links der Seine und die Seite des Geschäfts rechts des Flusses (Raum 1991, 27).

Für das Kleinbürgertum kann nicht von einer Angleichung ans Wohnniveau der Herrschenden gesprochen werden. Denn die Kleinbürger erfahren in ihren Vororten keine »symbolische Weihe« durch ihren Hausbesitz, sondern werden häufig mit den

Nöten der Vororte konfrontiert. Und jene, die zwar die ökonomischen Mittel haben, um in eine privilegiertere Wohngegend zu ziehen, verfügen oft nicht über den notwendigen Habitus, um diesen Raum auch zu bewohnen, weil ihnen der passende Lebensstil dazu fehlt, das Wissen, welche Gardinen im Viertel erwartet werden und wie der Garten aussehen sollte (Raum 1991, 31).

Während es in »Der Einzige und sein Eigenheim« um die »Wahl« (zwischen Mietwohnung und Eigenheim) und um die sie determinierenden Faktoren geht, wendet sich Bourdieu in »Das Elend der Welt« dem daraus resultierenden kleinbürgerlichen Elend, den Problemen und Nöten an den verschiedenen Orten zu. In Tiefeninterviews lässt er unter anderem diejenigen zu Wort kommen, die an den

> »Orten gesellschaftlichen Abstiegs leben, wo sich unter den Auswirkungen der Wirtschaftskrise und der Arbeitslosigkeit die mittellosesten Bevölkerungsgruppen zusammenballen« (Elend der Welt 1993/1998, 208); nämlich

Eigentümer, aber auch Mieter: Hier wie dort geht es um die Auswirkungen des Rückzug des Staates, seiner neoliberalen Politik.

In der Eigenheim-Studie ist implizit bereits eine politisch-aufklärerische Leistung enthalten: Ihre Ergebnisse bieten Werkzeuge für eine Kritik an der neoliberalen Politik. Auch in seinen politischen Schriften greift Bourdieu das Thema der Wohnungspolitik immer wieder auf, etwa in der Streitschrift »Gegenfeuer« (1998), indem er dem Staat die Verantwortung für die Probleme der *banlieus* (Vorstädte) zuschreibt und diese als Folge einer in den 1970er Jahren durchgesetzten Politik darstellt, die personenbezogene Eigentumsförderung auf Kosten der öffentlichen Bauförderung bevorzugt:

> »... zehn Jahre sozialistischer Macht haben es fertiggebracht, den Glauben an den Staat zu vernichten und die Zerschlagung des Wohlfahrtsstaates zu vollenden, die in den siebziger Jahren im Namen des Liberalismus eingeleitet wurde. Ich denke hier vor allem an die Wohnungspolitik. Ihr erklärtes Ziel war es, das Kleinbürgertum aus dem gemeineigenen Wohnraum (und damit aus dem ›Kollektivismus‹) herauszulösen und es an den Privatbesitz von Einfamilienhäusern oder Eigentumswohnungen zu binden. Diese Politik ist

in einer Hinsicht nur allzu gut gelungen. Ihre Vollendung veranschaulicht ... die sozialen Folgekosten bestimmter Wirtschaftsformen ..., denn sie ist zweifelsohne die Hauptursache für die räumliche Segregation und damit die sogenannten Probleme der ›banlieus‹« (Gegenfeuer 1998, 17),

ohne dass dieser Zusammenhang dreißig Jahre später noch gesehen wird.

2.5 Gegenwartsanalyse: Das Elend der Welt

Als Ende der 1980er Jahre in Frankreich »*malaise social*« ein Schlagwort wurde, in den Medienberichten über die Streikbewegungen (z. B. bei Peugeot im September 1989) oder über die Vorfälle in den Pariser *banlieus*,[34] wurde Bourdieu von der *Caisse des dépôts* gefragt, ob er zu diesem Thema empirisch forschen wolle. Skeptisch gegenüber Auftragsarbeiten zu vorgegebenen sozialen Problemen, aber interessiert an dem Thema lehnte Bourdieu den vorgeschlagenen Einsatz herkömmlicher Befragungstechniken ab und wandte sich (zusammen mit mehreren Mitarbeitern) mit einem eigenen methodischen Ansatz den Formen und Ursachen des Leidens an der Gesellschaft und in der Gesellschaft zu (vgl. Schultheis 1998, 836).

In dem daraus entstandenen Werk »Das Elend der Welt« (orig. *La misère du monde* 1993) kritisierte er die typisch staatlich-bürokratischen Meinungsumfragen als Forschungsinstrument scharf: Sie ähnelten eher Verhören als dass sie eine »gewaltfreie Kommunikation« anstrebten, sie drängten den Befragten Problematiken auf anstatt die Vielfalt der individuellen Situationen zu erfassen; kurz: sie seien normativ gefärbt, und so bekämen die Meinungsforscher letztendlich nur das zu hören, was sie hören wollten (Elend der Welt 1993/1998, 804 ff.).

34 Diese Vorfälle spitzten sich 1990 in Vaulx-en-Velin zu. Nach dem Tod eines jungen italienisch-stämmigen Motorradfahrers, der bei einer Polizeikontrolle zu Fall gebracht worden war und seinen Verletzungen erlag, war die Atmosphäre zwischen Jugendlichen und Polizei aufgeheizt; ein Einkaufszentrum in einer Sozialwohnungssiedlung wurde in Brand gesetzt und geplündert.

Auch die Medien erfassten Bourdieu zufolge die Sorgen und die Not der Menschen nur unzureichend, weil sie bevorzugt über spektakuläre Ereignisse und Ausnahmesituationen berichteten, die die Journalisten an die Schauplätze lockten und vom alltäglichen Leid ablenkten. Die »Miseren« aber, die tatsächlich in die Medien gelangten, würden durch die Berichterstattung darüber zu öffentlichen Gesprächsthemen. Mit der Benennung eines Übels werde es zugleich als soziales Problem definiert; der Diskurs darüber zeige jedoch gleich mit an, wie man über das Problem denken und sprechen solle bzw. könne. Die mediale Berichterstattung rücke also die Probleme und Folgen sozialer Exklusion in die Nähe von Naturkatastrophen, mit denen man sich eben abzufinden habe (vgl. Schimank 2000, 193f). Die Leidtragenden – Gegenstand solcher Reportagen – kämen nur selten zu Wort; und wenn ihnen doch ein kurzer Redebeitrag gewährt werde, so übernähmen die Interviewten dann häufig den Wortlaut der Herrschenden, ihre wirkliche Situation werde in der Kürze und Eile der Berichterstattung also kaum beleuchtet (Champagne 1998, 75 ff.). Welche »Miseren« und wie sie in die Schlagzeilen gelangen, sage also ebenso viel über das journalistische Feld aus wie über die Ereignisse selbst (vgl. Volkmann 2002a, 99 ff.).

Die Studie von Bourdieu und seinen Mitarbeitern[35] will zur Erfassung der »Miseren« einen anderen Weg einschlagen, will ein Gegengewicht zu den journalistischen Berichten und den Ergebnissen der Meinungsforscher, der »Doxosophen« (so viel wie: Fachleuten für Denkgrenzen), schaffen. Sie will die betroffenen Menschen selbst zu Wort kommen lassen, will ihnen Raum für die Erzählung ihrer Lebensbedingungen, ihrer kleinen und großen Sorgen und Nöte geben, und schließlich auch Raum für eine Selbstanalyse.

35 Außer Bourdieu arbeiteten 17 Autoren (und weitere als Interviewer) an der arbeits- und zeitintensiven Studie mit, so auch der aus den Algerien-Studien bekannte Abdelmalek Sayad, inzwischen *Directeur de Recherche* beim *CNRS* in Paris, sowie Loïc Wacquant, Professor für Soziologie in der Universität in Berkeley, der 1999 eine Arbeit über das »Elend hinter Gittern« sowie 2008 eine Arbeit über das Chicagoer Ghetto und die Pariser Banlieue publizierte und zusammen mit Bourdieu das Buch »Reflexive Anthropologie« (1992/1996) verfasste.

Rückblickend charakterisiert Bourdieu die Methodik dieser Studie als durch die Absicht bestimmt, den »scholastischen Epistemozentrismus« zu vermeiden:

> »Wir bemühten uns hier, den Anschein zu vermeiden, als sei die Fähigkeit, die eigene Erfahrung und das eigene Handeln als Gegenstand eines Wissens zu betrachten, über das man nachdenken und sprechen kann, universell gegeben, und stellten uns die Aufgabe, Erfahrungen von Menschen, die zu den Bedingungen, unter denen die scholastische Disposition erworben wird, keinen Zugang haben, in den Bereich des Diskurses, das heißt auf einen fast theoretischen Status zu heben; und dies nicht nur, indem wir darauf achteten, nicht durch epistemozentrische Fragen, die die scholastische Disposition voraussetzen, einen scholastischen Bias einzuführen, sondern auch, indem wir die Befragten, die ihr am fernsten standen, beim Verstehen und Erforschen ihrer selbst unterstützten – eine Arbeit, die ... gewöhnlich der Welt der *scholé* vorbehalten ist.« (Meditationen 1997/2001, 77 f.)

Um die Sicht der Befragten erfassen zu können, wurde das Thema im Interview nicht allgemein vorgegeben, sondern es wurde an den jeweiligen Interviewpartner bzw. an seine gesellschaftlichen Merkmale angepasst. In einem Interview mit zwei Hausmeistern einer Sozialsiedlung sind Themen das Wohnumfeld, die Schwierigkeiten insbesondere mit den jungen Mietern und die Hoffnung auf eine Verbesserung der Situation durch die Rechtspartei von LePen (Elend der Welt 1993/1998, 141 ff.). Schülerinnen berichten über ihr Scheitern in der Schule und ihre Ängste beim Übergang ins Gymnasium (Elend der Welt 1993/1998, 557 ff.). Peugeot-Arbeiter sprechen über ihre Streikerfahrungen und die Veränderungen von Arbeit und Arbeitsatmosphäre (Elend der Welt 1993/1998, 375 ff.). Und einer Tochter von Kleinbauern, die nachts in einem Postsortierzentrum von Paris arbeitet, wird mitgeteilt, dass es in der Untersuchung um die Schwierigkeiten des Lebens in Paris gehe – ein Thema, zu dem sie viele Erfahrungsberichte beisteuern kann (Elend der Welt 1993/1998, 341 ff.).

Oft macht diese wenig strukturierte Befragung einen zweiten Interviewtermin notwendig, um auf der Grundlage eines intensiveren Vertrauensverhältnisses die offen gebliebenen Sach- und Interpretationsfragen zu klären (z. B. Elend der Welt 1993/1998, 780, Fußn. 1). So sucht Sayad die 35jährige Farida, die durch ihren algerischen Vater lange Zeit vom öffentlichen Leben fern gehalten wurde und die zu Beginn der Befragungssituation gegenüber misstrauisch ist, dreimal zum Interview auf. Während der je zwei bis drei Stunden dauernden Gespräche verschiebt sich der Fokus von den Lern- und Schulbedingungen hin zur gesamten Lebensgeschichte, die schließlich »bis in die Details hinein mit wirklicher Zufriedenheit und lebhafter Erleichterung« (Elend der Welt 1998, 753) erzählt wird.

Allerdings ist Bourdieu mit dieser Studie nicht auf die Seite des »Subjektivismus« übergegangen. Gerade weil die persönlichen Berichte dazu verführen, die Erklärungen für das Handeln (und Scheitern) in der Person selbst, in ihrer individuellen Lebensgeschichte zu suchen,[36] will die Studie hinter die Oberfläche der offenkundigen Tatbestände gelangen, um die wirklichen Ursachen des Leidens zu verstehen und zu erklären – ähnlich der Medizin, die zu jenen Krankheiten vordringen muss, über die der Kranke nicht Auskunft geben kann. Dazu muss die Forschung mit dem Alltagsverständnis brechen und den wirtschaftlichen und gesellschaftlichen Determinanten nachgehen – den Zwängen der Schule, des Arbeits- und Wohnungsmarktes, den Folgen des Rückzugs des Staates aus der Wohlfahrt o. Ä., also den Mechanismen, die das Leid verursachen.

Wie aber kann man die grundlegenden Strukturzusammenhänge aufdecken, die die Hoffnungen und Nöte der Menschen erklärbar machen? Wesentliche Grundlage dafür ist ein gut geführtes Interview. Dazu können sich die geschulten Interviewer ihre Interviewpartner aus dem eigenen Bekanntenkreis auswählen. Diese Bedingung geht nicht auf eine pragmatische Überlegung zurück, die den Zugang zum Feld erleichtern soll, sondern auf eine methodologische Annahme über das Interview als sozialer Beziehung: Ein solches Vorgehen gewährleistet, neben dem

36 So unterstellen beispielweise Warum-Fragen im Interview gewöhnlich eine freie Entscheidung des Handelns.

Vertrauensverhältnis zwischen den beiden Beteiligten selbst, auch ein Vertrautsein mit dem, was und wie der Gesprächspartner erzählt, weil der Interviewer Vorinformationen über sein Gegenüber hat und weil eine soziale Nähe besteht. Für den Interviewten bewirkt diese soziale Ähnlichkeit, dass er sich sicher fühlen kann, dass der Interviewer ihn gut versteht und dass seine subjektiven Motive und Gründe nicht vorschnell auf objektive Ursachen zurückführt werden. Denn der Interviewer wird »wohl kaum vergessen, daß den Befragten zu objektivieren für ihn bedeutet, auch sich selbst zu objektivieren« (Elend der Welt 1993/1998, 784). Für den Interviewer ist diese Konstellation sinnvoll, weil so die Fragen, die er stellt, seiner eigenen Disposition entspringen, die mit derjenigen des Interviewten in Einklang steht. So ist die Voraussetzung für eine entlastete und verständnisvolle Gesprächssituation geschaffen.

> »Der Markt *der sprachlichen und symbolischen Güter*, der anläßlich des Interviews entsteht, variiert seiner Struktur nach in Abhängigkeit von der objektiven Beziehung zwischen dem Interviewer und dem Interviewten oder, was auf dasselbe hinausläuft, in Abhängigkeit von der Relation zwischen dem einem jeden von ihnen verfügbaren Kapital jeglicher, insbesondere aber sprachlicher Art.« (Elend der Welt 1993/1998, 781 f.)

In einem auf Arabisch von Sayad geführten Interview mit dem algerischen Immigranten Abbas wird dieser Vorteil deutlich, als dieser von der doppelten Schande des Einwanderers spricht – nämlich sich einerseits als Nicht-Franzose in Frankreich fehl am Platze und unter ständigem Rechtfertigungsdruck zu fühlen, und andererseits zugleich das Verlassen der Heimat und die nicht verwirklichte Rückkehr als Verfehlung zu bewerten. Dabei wendet sich Abbas an den Interviewer mit den Einvernehmen heischenden Worten: »Ich weiß nicht, ob du es genauso empfindest oder ob es meine Schuld ist ...« (Elend der Welt 1993/1998, 742). Dass der Interviewer wegen gleicher ethnischer Zugehörigkeit (und der damit vermuteten homologen Position im sozialen Raum) seine Situation nachempfinden kann, wird unterstellt oder zumindest erhofft.

Problematisch für die Erhebung ist eine auf sozialer Nähe beruhende Konstellation natürlich dann, wenn der Interviewer die

Erzählungen und Berichte des Interviewten als selbstverständlich aufnimmt, weil ihm alles bekannt und natürlich vorkommt, wenn er also nicht neugierig-interessiert nachfragt oder ihm gar das Nachfragen unbehaglich ist (von solchen Gefühlen berichten einige Interviewer).

Die soziale Nähe von Interviewer und Befragtem ist nicht der einzige Weg, um eine »gewaltfreie Kommunikation« zu verwirklichen. Auch das Bemühen zu verstehen, zuzuhören statt anzuklagen und den anderen in seiner Position zu respektieren, kann bei einem geübten Interviewer ausreichen. So ist in einem Interview Bourdieus die Asymmetrie des kulturellen Kapitals zwischen ihm und den beiden von ihm Befragten überdeutlich: Ali, ein ca. 20jähriger *Beur,* wie sich »die in Frankreich geborenen und als Franzosen aufgewachsenen Nachkommen von Einwanderern aus dem Maghreb« (Elend der Welt 1993/1998, 84 f.) nennen, und François, ein junger Franzose, der seinen Berufsabschluss verfehlt hat, die beide »in einem der verrufensten Gebäude einer verrufenen Siedlung« (Elend der Welt 1993/1998, 88) von Plattenbauten im Norden Frankreichs wohnen. Beide sind zuerst misstrauisch, scheinen Angst zu haben, »der Sache nicht gewachsen zu sein« (Elend der Welt 1993/1998, 88). Doch Bourdieu gelingt es, ihnen im Laufe des Gesprächs das Gefühl zu vermitteln, dass er ihre Erzählungen zu verstehen sucht und ihre Informationen nicht missbrauchen wird. Nachdem er seine Absichten erklärt und sich damit von Personengruppen wie Polizisten und Richtern abgegrenzt hat, mit denen die jungen Männer negative Assoziationen verbinden, bewirkt bereits die für die beiden ungewohnte Nachfrage, ob er sie duzen dürfe – mit Verweis auf seine Söhne, die ähnlich alt seien wie sie – einen angemessenen Einstieg ins Interview.

Im Laufe des Gesprächs und bei der anschließenden Analyse sollte der Forscher versuchen, sich so weit in die Position des Gegenübers hineinzuversetzen, dass er schließlich von diesem Punkt aus auch Partei für den anderen ergreifen könnte (Elend der Welt 1993/1998, 786). So bezeichnet Bourdieu die von den beiden jungen Männern berichteten Diebstähle vor dem Hintergrund ihrer Lebensgeschichte und -bedingungen – gekennzeichnet durch fehlende Ausgehmöglichkeiten, durch ein gegenseitiges Sich-Anöden, durch das Handicap fehlender Bildungsabschlüsse, durch Stigmatisierung aufgrund der schlechten Wohngegend, durch fehlende Zukunftsaussichten, zugespitzt noch durch die ethnische Zugehörigkeit von Ali, dem der Zutritt zur nahe gelegenen Disco versagt wird – als »schon verständlich«, »wenn es sonst nichts zu tun gibt« (Elend der Welt 1993/1998, 96). Verstehen bedeutet aber nicht gutheißen. So meint Bourdieu zu den Geschehnissen des Vorabends, an dem ein Mann Tränengas gegen Ali und François eingesetzt hatte, weil sie sich mit ihren Freunden im Eingangsbereich seines Wohnhauses lautstark unterhalten hatten:

> »Na ja, er muß schließlich pennen, oder? Deswegen gleich Tränengas zu versprühen ist natürlich hart, aber schließlich, wenn ihr ihn die ganze Nacht belästigt habt, dann versteht man das schon irgendwie, oder nicht?« (Elend der Welt 1993/1998, 94).

Sie »einigen« sich darauf, dass er sie freundlich zum Weggehen hätte auffordern können.

Eine solche Haltung des Interviewers führt dazu, dass sich die beiden jungen Männer verstanden fühlen, dass sie

> »eines ihrer wahren Gesichter offenbaren – zweifellos dasjenige, das normalerweise unter dem Einfluss der Gruppenzensur (mit dem, was sie ›Angeberei‹ nennen) und der kollektiven Zwänge, die aus dem Übermaß an Gewalt hervorgehen, am besten verborgen wird … Das Interview hat eine Ausnahmesituation geschaffen, die es ihnen ermöglicht hat, das offenzulegen, was sie zweifellos häufiger und umfassender wären, wenn die Welt anders mit ihnen umginge« (Elend der Welt 1993/1998, 91; kritisch zu diesem Interview: Rehbein 2006, 100 f.).

Auch wenn Vertrauen, Vertrautsein und Verstehen hier als Möglichkeiten zur Minderung der Distanz in der Interviewsituation genutzt werden, handelt es sich nicht um eine instrumentelle Haltung, sondern um ein authentisches Bemühen, das etwa angesichts der Hoffnungslosigkeit einer hoch verschuldeten Frau im Interview zu Äußerungen wie der folgenden führen kann:

> »Ich weiß nicht, wenn ich für Sie ein Wunder vollbringen könnte, dann würde ich das gerne tun …« (Elend der Welt 1993/1998, 453)

Abgesehen von der aufmerksamen Haltung und der »hingebungsvollen Offenheit« (Elend der Welt 1993/1998, 787) gegenüber dem Gesprächspartner ist der Interviewablauf so offen konzipiert, dass das Aufdrängen einer Problematik weit gehend vermieden wird. Es gibt keine feststehende Einstiegsfrage. Ein Bild der Tochter auf der Anrichte kann Anlass bieten, sich vorsichtig über ihre Schullaufbahn und ihre Berufswünsche zu erkundigen (»Weiß sie denn ungefähr, was sie machen will? Oder nicht so recht?«), um einen Einblick in das Leben einer Arbeiterfamilie zu erhalten (Elend der Welt 1993/1998, 31). Der gewerkschaftliche Aktivist Hamid dagegen, der zuvor von einem Kollegen erfahren hatte, dass sich dieser »Soziologe oder Journalist« für die Arbeit bei Peugeot, für die Arbeit als Delegierter und die Arbeitsatmosphäre interessiert, wird vom Interviewer aufgefordert:

> »Am besten wäre es, wenn Sie einfach so nach Lust und Laune erzählen und ich nachher Fragen stelle« (Elend der Welt 1993/1998, 380).

Nachfragen werden meist direkt gestellt, damit der Sinn der Erzählung verfolgt werden kann (»Ich hab' nicht verstanden. Um wen geht es?«; Elend der Welt 1993/1998, 47) und eine wirkliche Verständigung möglich wird. Auch die Form, in der Fragen gestellt werden, passt sich dem Gesprächsverlauf und dem Interviewten an. So wird die Frage an Madame und Monsieur Leblond, beide um die 40 Jahre alt, nach der Höhe ihrer Miete (»Wieviel bezahlen Sie dafür? Oder ist die Frage indiskret?«) vorsichtig formuliert (Elend der Welt 1993/1998, 35), die Nachfragen an den mit »rauhem Ton« redenden François bezüglich der »Dummheiten«, die er begangen hat, sind dagegen drängender (»Na los, na los«, »Du sagst nicht alles, hm?«; Elend der Welt 1993/1998, 97 und 99).

Diese Interviewführung verlangt vom Interviewer viel, denn er muss ständig die Interviewsituation reflektieren. Dem Interviewten bietet er damit nicht nur Raum für seine Erzählungen, sondern er greift auch unterstützend ein; in einer Art »sokratischer Arbeit« hilft er dem Befragten dabei, sich zum Ausdruck zu bringen, indem er Vorschläge oder Annahmen formuliert, die dem Interviewten weiterhelfen und Anschlussmöglichkeiten bieten können (Elend der Welt 1993/1998, 792, Fußn. 7).

Weil die Akteure oft nicht selbst den Zugang zur Quelle ihres Unbehagens finden, ist es Aufgabe des Interviewers, Hilfestellung zu leisten. Um eine Selbstanalyse beim Interviewten zu provozieren und um, damit einhergehend, die subjektiven Handlungsformen zu verstehen, muss der Interviewer die Lebensumstände, die Laufbahn des Befragten, die objektiven Strukturen und den Möglichkeitsspielraum der Akteure vor sich sehen. Wenn der Interviewer die Position des Interviewten im Sozialraum verorten kann und die gesellschaftlichen Mechanismen erfasst, die entweder alle Mitglieder seiner Kategorie betreffen oder aus seiner persönlichen Laufbahn entspringen, kann er schon im Interview den Sinn der Erzählung verstehen und dementsprechend sinnvolle Fragen auswählen. Denn es geht darum,

> »ein *generelles und genetisches Verständnis* der Existenz des anderen anzustreben, das auf der praktischen und theoretischen Einsicht in die sozialen Bedingungen basiert, deren Produkt er ist …« (Elend der Welt 1993/1998, 786)

So ist es wichtig, um die Erfahrungen und den Habitus eines Arbeiters bei Peugeot verstehen zu können, die Rekrutierungsmechanismen der »alten« Arbeiter im Gegensatz zu den »neuen« zu kennen, das Leiharbeitersystem, den Rückgang des gewerkschaftlichen Einflusses und die betrieblichen Individualisierungspraktiken (z. B. die Prämienvergabe, die in Form von Einzelprämien zu einer Konkurrenz unter den Arbeitern führt und viele dazu veranlasst, ihren Lohnzettel nicht mehr vor den anderen zu öffnen). Gérard: »Das ist die bis zum Äußersten getriebene Vereinzelung, jeder für sich.« (Elend der Welt 1993/1998, 335) Dem Interviewer Pialoux sind diese Strukturen nach jahrelanger Forschung über die Arbeit bei Peugeot bekannt; er ist deshalb dafür prädestiniert, bei den Interviewten in diesem Feld eine Selbstanalyse zu provozieren. Auch die anderen Mitarbeiter der Studie forschen vorzugsweise in ihnen vertrauten Bereichen.

In dem über 800 Seiten umfassenden Buch ist eine Auswahl aus den 182 Interviews in Auszügen abgedruckt. Die Transkription pendelt zwischen den Ansprüchen, nahe am Gesprochenen zu bleiben und zugleich eine gute Lesbarkeit zu gewährleisten. Die Phonetik blieb im Transkript zugunsten des zweiten Aspekts unberücksichtigt; Wörter und Sequenzen wurden zwar nicht geändert, doch ist der Text, vor allem aus Respekt vor den Erzählenden, teilweise von »ähms« und konfusen Sätzen bereinigt worden.

Bei der Interpretation will die Gruppe um Bourdieu herausarbeiten, wie die Informanten zu ihrer spezifischen Perspektive auf die soziale Welt gekommen sind und welche strukturellen Bedingungen dazu geführt haben (vgl. Barlösius 1999, 17). Dabei wird jedoch die Perspektive des Informanten keineswegs mit einer verallgemeinert-soziologischen konfrontiert. Denn das würde seinen besonderen Blickwinkel entwerten und als Anspruch des Soziologen erscheinen, die richtige und legitime Perspektive zu kennen. Die Aufgabe des Soziologen besteht einzig darin, die spezifische Perspektive des Informanten zu ergänzen und zu erweitern durch jene sozialstrukturellen Bedingungen, die in dieser nicht erkennbar sind.

Im Interesse der Interviewten – und im Sinne des Erkenntnisinteresses – stellen sich Bourdieu und seine Mitarbeiter bei der Darstellung der Ergebnisse die Frage, wie sie die Leser der Interviews dazu bewegen können, die Anweisung Spinozas zu befolgen:

> »›Nicht bemitleiden, nicht auslachen, nicht verabscheuen, sondern verstehen‹« (Elend der Welt 1993/1998, 13).

Verstehen heißt hier, dass der Leser die Geschichte aus der Position des Interviewten heraus nachvollziehen kann und erkennt, dass die persönlichen Erfahrungen »das Produkt des Eingeschriebenseins bestimmter gesellschaftlicher Erfahrungen in eine gesellschaftliche Ordnung« sind (Elend der Welt 1993/1998, 461). Damit die Interviewauszüge nicht nur als einzigartige Zeugnisse, sondern als Symptome gelesen werden können, damit also die immanenten Strukturen sichtbar werden, muss auch der Leser ein wenig mit soziologischem Rüstzeug ausgestattet werden. Das soll durch mehrere Punkte erreicht werden:

1. Jedem Interviewauszug ist eine analytische Einleitung vorangestellt, die neben Informationen zur Kontaktaufnahme solche zum soziokulturellen Kontext, zur Laufbahn des Befragten,

zur Ausbildung oder zur Körpersprache, zum Tonfall des Interviews[37] etc. mitteilt. Die Kenntnis der wesentlichen sozialen Merkmale des Akteurs, seiner Position im Sozialraum und der Laufbahn, die ihn dort hingeführt hat, lassen dem Leser die Sicht des Akteurs auf die Welt und seinen Habitus deutlich werden.

So erhält man für die Leblonds nach der Charakterisierung ihres Wohnumfeldes (»Wüste«) und einer Erläuterung der mit dem Schwinden der Fabriken einsetzenden kollektiven wirtschaftlichen Katastrophe eine dichte Beschreibung ihrer Wohnung:

> »Diese heimelige, kleine, nach außen abgeschirmte Welt genügt sich vollkommen selbst: mit der liebevoll gewienerten Anrichte, die mit Fotografien der Töchter und dem von Nippes umstellten Abschlußzeugnis der älteren Tochter geschmückt ist, dem ebenfalls mit Fotografien und Nippes dekorierten Bücherregal, das drei Reihen populärwissenschaftlicher Werke enthält, dem Sofa mit den in lebhaften Farben bestickten Kissen gegenüber dem Fernseher, den üppigen Pflanzen und dem winzigen, mit allem versorgten Hund ist das Ebenbild von Monsieur und Madame Leblond, ihrer freundlichen, lächelnden und arglosen Mienen, die dennoch Zeichen von Beunruhigung, um nicht zu sagen Furcht aufweisen, wenn mit verdeckten Worten bestimmte Probleme der Nachbarschaft angesprochen werden« (Elend der Welt 1993/1998, 22 f.).

Ein solcher Zugang erfordert Feingefühl, denn:

> »Auf welche Weise soll man die Frisur einer kleinen Angestellten thematisieren, ohne einen Rassismus der Klassen anzuheizen, wie soll man den Eindruck vermitteln, den diese Frisur für das durch den Kanon der legitimen Ästhetik geschulte Auge erweckt, ohne diesen Eindruck zu bestätigen – ein Eindruck, der

37 Durch die Transkription verloren gehende Aspekte werden manchmal angefügt, z. B. durch eine Beschreibung von Frau Leblond: »… da sind der Gesichtsausdruck und die Mimik seiner Frau, die mit verkniffenem Mund und Blick zum Himmel anklingen läßt, daß sie nicht alles sagen kann, was über die Beziehungen zu den Nachbarn und die Schwierigkeiten im Viertel zu sagen wäre; die Eindrücklichkeit, mit der sie behauptet, niemals auszugehen und ihre Beziehungen zur Nachbarschaft auf ein Minimum zu reduzieren …« (Elend der Welt 1993/1998, 28)

> doch gleichzeitig Teil ihrer unausweichlich objektiven Wahrheit ist?« (Elend der Welt 1993/1998, 800)

Während solche Beschreibungen kaum mit theoretischen Begriffen operieren, gibt es auch Kapitel, die einige Aspekte auf eine abstraktere Ebene heben. So thematisiert das Kapitel »Ortseffekte« die Strukturhomologie von Sozialraum und physischem Raum (Elend der Welt 1993/1998, 159 ff.): Hat man wenig Kapital, ist einem die Möglichkeit verwehrt, sich von unerwünschten Personen fern zu halten. Das belegen all die Geschichten über die störenden, lärmenden Nachbarn in den Plattensiedlungen. »Der Mangel an Kapital … kettet an einen Ort.« (Elend der Welt 1993/1998, 164) Während das noble Wohnviertel seine Bewohner »symbolisch weiht«,

> »degradiert das stigmatisierte Viertel symbolisch jeden einzelnen seiner Bewohner, der das Viertel degradiert, denn er erfüllt die von den verschiedenen gesellschaftlichen Spielen geforderten Voraussetzungen ja nicht.« (Elend der Welt 1993/1998, 166)

Auf einem solchen theoretischen Hintergrund lassen sich die Interviews aus einer soziologischen Perspektive lesen, etwa die Erfahrungen von Ali:

> »Ali: Ein übler Ruf. Das ist schon ein komisches Gefühl, wenn man, sagen wir, mit Mädchen redet, die in einer besseren Siedlung wohnen, die … Wenn Sie denen sagen: Ich wohne in ›La Roseria‹
> I: Dann sind sie Dir gegenüber gleich mißtrauisch, oder was.
> Ali: Nein, sie gehen weg. Das ist schon blöd. Man muß sie vollquatschen.« (Elend der Welt 1993/1998, 107)

Ein Entkommen aus der Stigmatisierung ist nur schwer möglich.

Die Bewertungen von Wohngegenden dürfen aber nicht als einfach gegeben angesehen werden. Vielmehr sind

> »die Orte und Plätze des verdinglichten Sozialraums und die von ihnen vermittelten Profite … selbst Gegenstand von Kämpfen (innerhalb der verschiedenen Felder)« (Elend der Welt 1993/1998, 163).

Dabei spielt der Staat durch seine Steuergesetzgebung und durch die Wohneigentumsförderung, die die »*Konstituierung homogener Gruppen auf räumlicher Basis* gefördert« haben, eine wesentliche Rolle. Die Wohnungsbaupolitik wird so als Hauptverantwortlicher für die verfallenden Wohnsiedlungen und die vom Staat aufgegebenen *banlieus* sichtbar (Elend der Welt 1993/1998, 167).

Neben der sozialen Verortung der befragten Person durch einen dem Interviewauszug vorgeschalteten fallspezifisch-analytischen Teil werden an verschiedenen Stellen, ähnlich wie beim Ortseffekt, makrostrukturelle Zusammenhänge und theoretische Überlegungen eingefügt, zum Schulsystem, zur Abdankung des Staates, zu den Folgen der neoliberalen Sichtweise. Ein weiteres Kapitel reflektiert die »Widersprüche des väterlichen Erbes«: Das Erbe soll die Perpetuierung der väterlichen Position gewährleisten, was teilweise ein Übertrumpfen des Vaters erforderlich macht. Damit sei »Eine gelungene Erbschaft ... ein auf Befehl des Vaters hin vollzogener Vatermord« (Elend der Welt 1993/1998, 652). Wie sehr eine Ablehnung des väterlichen Erbes einer Negierung von dessen Position und dessen Lebenssinn gleichkommt, wird hier theoretisch ausgeführt und anhand einiger Interviewpassagen (z. B. von Landwirten) aufgewiesen.

So werden die analytischen Einleitungen, die den Interviewauszügen vorangehen, und die allgemeinen Erörterungen von gesellschaftlichen Bedingungen und Mechanismen zu Mitteln einer soziologischen Objektivierung und insofern auch zu Mitteln einer verstehenden Lektüre; die persönliche Erzählung wird in ihrer sozialen Bedingtheit evident.

2. Ein weiterer Kniff, um ein nur empathisches Lesen der Interviews zu vermeiden, steckt im Aufbau der Studie. Dem Interview mit Ali und François folgt die Geschichte einer für die Belange des Wohnviertels engagierten Frau, die in einer Hochhaussiedlung ein Sportgeschäft eröffnet hatte, das nach kurzer Zeit geplündert wurde und ausbrannte. Dieses Ereignis unterbrach nicht nur ihren geplanten sozialen Aufstieg, sondern tangierte auch ihre Überzeugungen schmerzhaft (Elend der

Welt 1993/1998, 121 ff.). An das Interview mit einer Polizistin, die die Ineffizienz der Polizei unerträglich findet, deren Gründe sie – neben fehlenden finanziellen Mitteln, träger Bürokratie und starren Hierarchien – in der Gleichgültigkeit der Gerichte gegenüber der Polizeiarbeit sieht (Elend der Welt 1993/1998, 265 ff.), schließt das Gespräch mit einem Untersuchungsrichter an (Elend der Welt 1993/1998, 283 ff.). Auf Interviews mit Schülern folgt das Gespräch mit einer Lehrerin, auf die Schilderungen der Leblonds über den Lärm auf den Straßen während des Ramadan folgen die Erfahrungen einer algerischen Familie am Stadtrand von Paris, die sich von ihren Nachbarn diskriminiert fühlt – Nachbarn, die selbst unter den Veränderungen im Viertel und der damit einhergehenden Abwertung leiden. Die Studie fügt sich zu einem großen Mosaik, das dem Leser die unterschiedlichsten positionsbedingten Zugänge zur Welt und deren Nöte näher bringt und dadurch eine Identifikation qua Projektion verhindert.

Dabei geht es nicht um die tatsächliche Nähe zu den Personen: angestrebt wird nicht die Befragung einer ›wirklichen‹ Gymnasiallehrerin; vielmehr geht es darum, Personen in homologen bzw. komplementären Positionen zu zeigen. Durch ihre Aneinanderreihung sprechen die Texte miteinander und zeigen in der Gegenüberstellung, wie die objektiven Strukturen positionsspezifisch wirken. Das Elend wird in dem relationalen Kosmos zu einem positionsspezifischen. Das heißt nicht, dass damit das Leid der Einzelnen relativiert wird, dass also das Unbehagen des Untersuchungsrichters durch die Geschichte einer durch Hauskauf verschuldeten Frau verkleinert werden soll. Im Gegenteil sollen seine Position und die damit verbundenen Widersprüche und Enttäuschungen, insbesondere sein Abstieg im sozialen Raum sichtbar gemacht werden, die seine eingeschränkte Handlungsfähigkeit erklären können.

Deutlich wird immer wieder, wie stark sich die Ordnung des sozialen Raumes im physischen Raum niederschlägt.

> »Tatsächlich steht einem nichts ferner und ist nichts weniger tolerierbar als Menschen, die sozial fern stehen, aber mit denen man in räumlichen Kontakt kommt.« (Raum 1991, 32).

So fühlt sich die algerische Familie auch deshalb deplatziert, weil sie nicht über das kulturelle Kapital, nicht über den Lebensstil (Lärm, Küchengeruch etc.) verfügt, den die Nachbarn von ihr erwarten.

Die Pluralität der Weltzugänge und Perspektiven zeigt, dass die *malaise social* mit den gängigen eindimensionalen Bildern nicht zu erfassen ist.[38] Verstärkt wird dieser Eindruck durch den Kniff, dass verschiedene Varianten aufgezeigt werden. Beispielsweise kommen drei Schülerinnen zu Wort, die mit dem Wechsel aufs Gymnasium erstmals das Gefühl eines schulischen Versagens erfahren, sich auf gering geschätzte Abiturzweige abgeschoben sehen und diese schmerzhafte Erfahrung in einer wenig solidarischen Schulumgebung erleben. Angesichts ihrer ähnlichen Erfahrungen (alle drei sind Mitglieder der kommunistischen Jugend) wird die Aufmerksamkeit auf die Auswirkungen der unterschiedlichen (schulischen) Herkunft gelenkt. Nimmt man dabei noch die Erzählungen über die Schulen in den *banlieus* in den Blick, wird deutlich, wie heterogen die Kategorie der »schulischen Malaise« ist.

3. Eine Hilfe erhält der Leser beim Gang durch dieses Mammutwerk auch durch die Titel und Untertitel; sie unterteilen die Interviewtexte und lenken die Aufmerksamkeit. Jeder einzelne Fall lockt dazu, auch das jeweils folgende Interview zu lesen, um eine weitere Perspektive kennen zu lernen. So baut sich das Mosaik allmählich auf in seiner ganzen Komplexität. Dennoch hat man am Ende den Eindruck, das Buch könnte noch mehr Geschichten enthalten, könnte noch umfangreicher sein, nachdem man allmählich eine Vorstellung von den wirksamen Mechanismen und den objektiven Strukturen entwickelt hat.

Allerdings legt bereits die Anordnung der Texte – zuerst eine Einordnung in den Raum der sozialen Positionen und der Elendsphänomene, dann der Interviewtext des Informanten, dann weiterführende soziologische Reflexionen – es nahe, dass die Auswahl und vor allem die Einordnung der Falldarstellun-

38 Hinweise auf literarische Vorbilder für solche Multidimensionalität (Faulkner, Joyce, Dos Passos) bei Schimank 2000, 185, Fußn. 2.

gen auf einen soziologisch durchdachten Plan zurückgehen, also sich nicht in erster Linie dem Versuch verdanken, unvoreingenommen die pluralen Perspektiven der Befragten darzustellen. Dazu kommt eine zweite Einseitigkeit: Angehörige der Machtelite wurden nicht interviewt.

> »Gespräche wurden nur mit Personen geführt, die in der Misere leben; diejenigen, die ihnen gegenüberstehen und die Macht besitzen, die sozialen Strukturen zu verändern, … wurden nicht interviewt. Das Spezifische des ›Raumes der Perspektiven‹, seine Erzeugung durch das Aufeinandertreffen und -prallen verschiedenster Sichtweisen, bleibt damit unterbelichtet.« (Barlösius 1999, 26)

Weil die Mitarbeiter sich nicht an ein festes Regelwerk der Interviewführung halten, sondern in den langen Interviews selbstreflexiv und zum Teil am Modell der Psychoanalyse orientiert (vgl. Elend der Welt 1993/1998, 9) vorgehen, entsteht eine Verständigung, die auch Menschen zu Wort kommen lassen kann, die wenig geübt sind, über sich zu sprechen. Ein narratives Interview mit Ali und François wäre wahrscheinlich unmöglich gewesen. Auch war es bei diesen beiden und auch bei anderen Gesprächspartnern fruchtbar, sich nicht auf Einzelinterviews festzulegen, sondern auch Gespräche mit zwei Personen, also einem Ehepaar, zwei Kollegen oder Freundinnen zu führen.

Auch die Ergänzung durch Beobachtungsdaten (so begleitet der Interviewer Danielle zur Nachtarbeit in das Postsortierzentrum) oder die Aufforderung Bourdieus an Ali und François, sich doch einmal (ohne Anwesenheit eines Forschers) gegenseitig zu interviewen, zeugen von einer Offenheit und Fantasie, die von den Forschern ein großes Maß an Selbstreflexivität erforderte. Eine Hilfe dabei war ein forschungsbegleitendes Seminar am *Collège de France*, in dem über Erhebungs- und Auswertungsstrategien diskutiert und die eigene Position objektiviert wurde, indem die Wirkungen der Struktur, innerhalb der das Interview stattfand, die soziale Beziehung zwischen Interviewer und Interviewten und die darin wirksame Zensur reflektiert sowie der theoretische Rahmen, der die Teile miteinander zu einem Ganzen verbindet, erörtert wurden.

So ist es den Autoren gelungen, den Leser nicht in persönlichen Erfahrungen von Einzelnen versinken zu lassen, sondern trotz der Nähe zu den Personen eine Distanz zu gestatten, die einen soziologischen Blick ermöglicht und den Fall eben nicht in einer (künstlichen) Isoliertheit aufnimmt, sondern die Auswirkungen des Zusammenstoßes verschiedener Perspektiven und Positionen sichtbar werden lässt.

Dieser soziologische Blick wird Lesern, die bereits mit Bourdieus Arbeiten vertraut sind, leichter fallen, weil implizite Verbindungen zu seinen früheren Werken deutlich werden: Der Mechanismus, der dazu führt, dass unterprivilegierte Schüler länger in der Schule bleiben und schließlich mit einem entwerteten Schulabschluss entlassen werden, war bereits in »Illusion der Chancengleichheit« aufzeigt worden; die Folgen der Wohnungspolitik hatte Bourdieu schon in »Der Einzige und sein Eigenheim« analysiert; und auch an »Die feinen Unterschiede« wird verschiedentlich angeknüpft. Schultheis (2000, 178) meint, Bourdieu habe die Erhebungsmethode und die Forschungshaltung dieser Studie prinzipiell schon bei seinen Befragungen in Algerien verwendet. Auch mit dem Zentralbegriff *»misère«* knüpft Bourdieu an frühere Arbeiten an und übernimmt nicht etwa einen oberflächlich-materialistischen Maßstab: Mit Elend ist nicht das materielle Elend (im Sinne von Armut) gemeint, sondern ein »Elend der Stellung«, das aus einer Nichtpassung von Habitus und sozialer Position resultiert:

> »Ehemals projektierte und gesellschaftlich versprochene Laufbahnen sind verschlossen, angestrebte Positionen werden unerreichbar und sicher geglaubte Aussichten verbaut, und dies, obwohl das Subjekt alles getan hat, eine in seiner sozialen Position ehemals angelegte ›gesellschaftliche Flugbahn‹ zu nehmen. Damit werden alle Zukunftspläne nichtig.« (Barlösius 1999, 15)

Indem sich dieses Buch auf die gesellschaftlichen Ursachen des Leides konzentriert, werden die Leidenden vom Gefühl der Selbstverschuldung teilweise entlastet, werden der Politik Handlungsspielräume aufgezeigt bzw. wird sie aufgefordert, diese Spielräume auszuschöpfen, um sich nicht der unterlassenen Hilfeleistung gegenüber den Leidenden schuldig zu machen. Denn

»was die Sozialwelt hervorgebracht hat, kann die Sozialwelt mit einem solchen Wissen gerüstet auch wieder abschaffen« (Elend der Welt 1993/1998, 826).

Damit wird das Buch zu einem politischen Buch. Politisch wird es auch dadurch, dass die Auswertung der Interviews mit in die Hände des Lesers gelegt wird. Angesprochen wird dabei nicht nur der fachlich geschulte Leser. Jeder interessierte Leser[39] bekommt die notwendigen Objektivierungsinstrumente angeboten,

»die er für eine verstehende Lektüre benötigt, welche in der Lage ist, die Verhältnisse zu reproduzieren, deren Produkt der Text ist. Den standhaften und entgegenkommenden Blick, der nötig ist, um sich von der einzigartigen Bedingtheit, von der jedes einzelne Interview zeugt, durchdringen zu lassen, und den wir für gewöhnlich großen literarischen oder philosophischen Texten vorbehalten, kann man im Zuge einer Art *Demokratisierung der hermeneutischen Haltung* auch den alltäglichen Erzählungen von alltäglichen Abenteuern entgegenbringen.« (Elend der Welt 1993/1998, 800 f.)

So ist die Lektüre auch eine Lektion, ist das Interview eine Art

»*geistige Übung* ..., die darauf abzielt, über die *Selbstvergessenheit* zu einer *wahren Konversion des Blickes* zu gelangen, den wir unter den gewöhnlichen Umständen des täglichen Lebens auf die anderen richten. Diese Offenheit, die bewirkt, dass man die Probleme des Befragten zu seinen macht, diese Fähigkeit, ihn zu nehmen und zu verstehen, wie er ist, mit seiner ganz besonderen Bedingtheit, ist eine Art *intellektueller Liebe*: ein Blick, der diese Bedingtheit anerkennt, ähnlich wie die ›Liebe zu Gott‹, bzw. zur natürlichen Ordnung, die für Spinoza die höchste Form der Erkenntnis darstellte.« (Elend der Welt 1993/1998, 788 ff.)

Bourdieu weiß, dass er mit solchen Aussagen sowohl »strenge Methodologen als auch eingefleischte Hermeneuten« (Elend der Welt 1993/1998, 788) schockieren wird. Gegen diese Studie wurde vor allem eingewandt, dass sie die alltäglichen Freuden

39 Und dieser gab es viele: Nachdem »La misère du monde« im Februar 1993 veröffentlich worden war, waren bereits bis Ende des Jahres fast 100.000 Exemplare verkauft – ein Absatz, der bei sozialwissenschaftlichen Publikationen außerordentlich selten ist (vgl. Krais 1994) und der anzeigt, dass Bourdieu mit diesem Buch weit über den fachlichen Leserkreis hinaus Interesse fand.

und Vergnügen der Befragten ganz auslässt, vor allem die durch Medien- und anderen Konsum. Das schwäche die gegebene Analyse des Elends doch sehr (so Couldry 2005, 364 ff. und 368 f.).

Ob übrigens *misère* mit *Elend* treffend übersetzt worden ist (wie in der deutschen Ausgabe geschehen), kann bezweifelt werden. Krais (1994, 11 f.) bringt gute Argumente dafür vor, dass *Not* der angemessenere Begriff wäre, weil wir mit Elend meist das äußere Elend assoziieren, nicht aber die Not (oder das Unglück, das Leiden) derer, die an den Rand der Gesellschaft (und darüber hinaus) gedrängt worden sind (ähnlich Barlösius 1999, 3 f., Fußn. 5). Ob die Übertragung ins Englische als »weight of the world« im Sinne von Last oder Bürde treffender ist, mag dahin gestellt bleiben.

Die Studie »Elend der Welt« hat in den letzten Jahren eine breite Debatte über die Frage ausgelöst oder mindestens befeuert, wie materielle Ungleichheit und ungleiche soziale Anerkennung in den modernen Gesellschaften zueinander stehen: Müssen beide getrennt voneinander konzeptualisiert werden, oder gehen beide auf ein und dieselbe Grundtatsache zurück, dass nämlich im Kapitalismus ein gutes Leben den meisten Menschen versperrt ist (vgl. Fraser/Honneth 2003; Lovell 2007; Fowler 2009)?

3. Theoreme und Konzepte

3.1 Habitus

Habitus, das ist bei Bourdieu ein vielseitiges und der Bedeutung nach leicht variierendes Konzept, das »Kernstück« seiner Soziologie (so Krais/Gebauer 2002, 5). Hier treffen die wissenschaftstheoretischen und die anthropologischen Grundsatzannahmen zusammen bei dem Versuch, die soziologische Relevanz des Denkens und Tuns der Individuen zu fassen.

Bourdieu hat mitgeteilt, dass dieses Konzept, wenn auch damals begrifflich noch nicht so gefasst, aus seinen frühen Forschungen in Algerien entstanden ist (vgl. Schultheis 2000, 166; Rehbein 2006, 28) und dass er damit vor allem einen Bruch mit der aus der Ökonomie stammenden Denktradition vollziehen wollte, die sich in den letzten Jahrzehnten in den Sozialwissenschaften als *rational-action-* bzw. *rational-choice-theory* erneut gemeldet hatte (Reflexive Soziologie 1992/1996, 153). Der Habitusbegriff soll darauf hinweisen, »daß unserem Handeln öfter der praktische Sinn zugrunde liegt als rationale Berechnung …« (Meditationen 1997/2001, 82) In den frühen Schriften hatte er den Begriff *Ethos* verwendet

> »als Bezeichnung für ein objektives systematisches Ensemble von Dispositionen mit ethischer Dimension, von praktischen Prinzipien … (während die Ethik ein bewußt kohärent formuliertes System expliziter Prinzipien ist).« (Gespräch Eine sanfte Gewalt 1994/1997, 126; z. B. Travail et travailleurs 1963, 338)

Manchmal hieß es auch *Klassen-Ethos* (z. B. Titel und Stelle 1973/1981, 187). Weil aber der Habitus-Begriff den des Ethos einschließe, habe er Letzteren immer weniger benutzt (Gespräch Eine sanfte Gewalt 1994/1997, 126f; vgl. Papilloud 2003, 41 f.).

Im allgemeinsten Sinne ist mit Habitus die Haltung des Individuums in der sozialen Welt, seine Dispositionen, seine Gewohnheiten, seine Lebensweise, seine Einstellungen und seine Wertvorstellungen gemeint. Vermittels des Habitus sind die

Menschen in der Lage, an der sozialen Praxis teilzunehmen und soziale Praxis hervorzubringen. Das Individuum bewegt sich in der sozialen Welt nicht aus innerer Freiheit, wie das der Existenzialismus behauptet; nicht als selbstständiger Kalkulator der eigenen Lebensführung, wie das der *rational-choice*-Ansatz voraussetzt; nicht durch mehr oder weniger folgsamen Vollzug von Regeln oder Normen, wie dies der Strukturalismus und auch der Struktur-Funktionalismus annehmen. Sondern das Individuum ist ein auch in seinem Inneren vergesellschaftetes Individuum, ausgestattet (und auch begrenzt) durch präformierte Denk- und Handlungsdispositionen, die es zur sozialen Praxis befähigen. Das Habitus-Konzept

> »bedeutet nichts anderes als einen Paradigmenwechsel im sozialwissenschaftlichen Denken, nämlich die Abkehr von einer Vorstellung vom sozialen Handeln, die dieses als Resultat bewusster Entscheidungen bzw. als das Befolgen von Regeln begreift.« (Krais/Gebauer 2002, 5)

Im Einzelnen enthält der Habitus Schemata, die der Wahrnehmung der sozialen Wirklichkeit dienen, Denkschemata, mit Hilfe derer diese Wahrnehmungen geordnet und interpretiert werden, ethische Ordnungs- und Bewertungsmuster, ästhetische Maßstäbe zur Bewertung kultureller Produkte und Praktiken sowie Schemata, die die Hervorbringung von Handlungen anleiten. Diese Einzeldimensionen wirken im sozialen Handeln miteinander verbunden, es handelt sich nur um eine analytische Unterscheidung.

Der Habitus ist keine allgemeine Fähigkeit der Menschen zur Teilhabe an der Sozialität (etwa im Sinne eines allgemeinen Begriffs von Sozialisation oder Enkulturation), sondern eine immer schon an eine spezifische Soziallage gebundene. Der Habitus ist von vornherein Ausdruck und Ergebnis der Konstellation der Großgruppen im Raum der sozialen Ungleichheit; er ist ein Klassenhabitus (vgl. Krais 1989, 51; Berard 2005, 203 f.).

> »In den Dispositionen des Habitus ist … die gesamte Struktur des Systems der Existenzbedingungen angelegt, so wie diese sich in der Erfahrung einer besonderen sozialen Lage mit einer bestimmten Position innerhalb dieser Struktur niederschlägt. Die fundamentalen Gegensatzpaare der Struktur der Existenzbedingungen

> (oben/unten, reich/arm, etc.) setzen sich tendenziell als grundlegende Strukturierungsprinzipien der Praxisformen wie deren Wahrnehmung durch.« (Feine Unterschiede 1979/1999, 279)

Insofern spiegelt der Habitus nicht nur die sozialen Ungleichheitsbeziehungen, sondern bringt sie auch zum Ausdruck und erhält sie in ihrer Wirksamkeit. Immer wieder betont Bourdieu seine Gesellschaftlichkeit: Der Habitus sei »durch die Praxis aufeinanderfolgender Generationen innerhalb eines bestimmten Typs von Existenzbedingungen geschaffen«, ist also das Resultat der Geschichte der Sozialgruppen (Entwurf einer Theorie 1972/1976, 229). Er ist die Gegenwart der Vergangenheit, die ihn erzeugt hat (Sozialer Sinn 1980/1999, 105). Und: Durch den Habitus und durch ihn hindurch reproduzieren sich die sozialen Existenzbedingungen, auf die er zurückgeht. Die Schemata des Habitus funktionieren

> »wie praktische Operatoren, vermittels derer die objektiven Strukturen, deren Produkte sie sind, sich zu reproduzieren trachten.« (Entwurf einer Theorie 1972/1976, 229)

Der Habitus und die von ihm geleiteten Handlungsweisen, Einstellungen und Bewertungen tendieren dazu, sich die engere und die weitere soziale Welt so einzurichten bzw. auszusuchen, dass sie darin zur Geltung kommen können. So sind die Eigenschaften und Neigungen der Verwaltungsangestellten im öffentlichen Dienst weniger das Produkt der bürokratischen Organisation,

> »vielmehr sind einige der charakteristischsten Züge im Verhalten kleiner Beamter – der Hang zum Formalismus, zum Fetischismus der Pünktlichkeit oder zum starren Befolgen der Vorschriften – die in einer besonders günstigen Umgebung gedeihende Erscheinungsform eines Systems von Dispositionen, das sich auch außerhalb der bürokratischen Tätigkeit in ihren gesamten Verhaltensweisen äußert und die Angehörigen des Kleinbürgertums an sich schon hinreichend für die von der bürokratischen Ordnung geforderten und von der Ideologie des ›Öffentlichen Dienstes‹ gerühmten Tugenden prädisponieren würde: Redlichkeit, Sorgfalt, Strenge, Hang zu moralischer Empörung.« (Meditationen 1997/2001, 203; ähnlich: Symbolische Formen 1970/1994, 54 f.)

Oder: Wer Latein oder auch eine moderne Fremdsprache erlernt habe, der bemühe sich darum, dass diese seine Disposition in der sozialen Welt Anerkennung finde und nachgefragt werde.

> »Darin (und in den gegebenen Verwirklichungsmöglichkeiten) liegt eines der Hauptprinzipien der täglichen Entscheidungen im Hinblick auf Dinge oder Personen. Geleitet von Sympathien und Antipathien, Zuneigung und Abneigung, Gefallen und Mißfallen, schafft man sich eine Umgebung, in der man sich ›zu Hause‹ fühlt und jene volle Erfüllung seines Wunsches zu sein erfährt, die man mit Glück gleichsetzt. Und tatsächlich läßt sich … ein frappierender Einklang zwischen den Charakteristika der Dispositionen (und der sozialen Positionen) der Akteure und denen der Gegenstände beobachten, mit denen sie sich umgeben – Häuser, Möbel, Einrichtungsgegenstände usw. –, oder der Personen – Ehepartner, Freunde, Beziehungen –, mit denen sie sich mehr oder weniger dauerhaft verbinden.« (Meditationen 1997/2001, 192)

Die Gehalte und Potenziale des Habitus bleiben in der Regel unbewusst. Um an der sozialen Praxis teilhaben und um soziale Praxis hervorbringen zu können, sei mehr auch nicht nötig. »Unbewusst« meint Bourdieu übrigens nicht im Sinne der Tiefenpsychologie, sondern so, dass das Individuum um die Herkunft und die Aneignung der Elemente des Habitus nicht mehr weiß. »Unbewusst« darf auch nicht so verstanden werden, als ob sich der Habitus nur bei verdunkeltem Bewusstsein bemerkbar mache.

> »Zwar weisen die vom Habitus hervorgebrachten praktischen Handlungen, spezifische Weisen, zu gehen, zu sprechen, wahrzunehmen, die Geschmäcker und Abneigungen alle Merkmale instinktiven Verhaltens und im besonderen des Automatismus auf; aber es ist nicht minder richtig, daß ein Moment partiellen, lückenhaften, diskontinuierlichen Bewußtseins stets mit den Handlungen und Praktiken einhergeht, sei es in Form jenes Mindestmaßes an Wachsamkeit, das zur Steuerung des Ablaufs der Automatismen unerläßlich ist, sei es in Form von Diskursen, die jene Handlungen und Praktiken – im doppelten Sinne des Wortes – zu rationalisieren haben.« (Entwurf einer Theorie 1972/1976, 207)

Wenn man das soziale Handeln entweder nur als rationales Handeln oder nur als »mechanische Reaktion« (als Befolgung von Regeln und Normen) konzipiert, verstelle man sich

»ein Verstehen der Logik all jener Handlungen, die vernünftig sind, ohne deswegen das Produkt eines durchdachten Plans oder gar einer rationalen Berechnung zu sein ...« (Sozialer Sinn 1980/1999, 95; vgl. Schwingel 2000, 72)

Soziale Praxis kann Bourdieu zufolge weder als gehorsame Aktualisierung eines vorgegebenen Regelsystems verstanden werden, die ja eine genaue Kenntnis des Regelsystems und die mehr oder weniger bewusste Bereitschaft zum Gehorsam voraussetzt (Meditationen 1997/2001, 184), noch als zielorientiertes Handeln, das bewusstes Planen und Operieren unterstellt, auch nicht als strategisch entworfene Interaktion (Entwurf einer Theorie 1972/1976, 165 ff.).[40] Die beobachtbaren Regelmäßigkeiten der Praxis, ihr häufiger Erfolg, ihr interaktives Funktionieren und ihre kollektive Abgestimmtheit erklärt Bourdieu so, dass er die Absichtlichkeit und das Bewusstsein der Individuen bzw. der Gruppen nicht voraussetzen muss.

Es ist der Habitus als in der Sozialisation erworbenes Bündel von Dispositionen, der Regelmäßigkeit, Erfolg, interaktives Funktionieren und kollektive Geltung der sozialen Praxis ermöglicht. Statt entscheidungsvorbereitender Kalküle

»bringt ... die subjektive Einschätzung von Erfolgsaussichten einer bestimmten Handlung im Rahmen vorgegebener Umstände ein ganzes Corpus halb-formalisierter Weisheiten ins Spiel, z. B. sprichwörtliche Redewendungen, Gemeinplätze, ethische Vorschriften (›das ist nichts für uns‹) und, tiefer, die unbewußten Prinzipien des *Ethos*, dieser allgemeinen und versetzbaren Disposition, die, als Ergebnis einer umfassenden, von einem bestimmten Typ von Regelmäßigkeiten beherrschten Lehrzeit, die ›vernünftigen‹ wie ›unvernünftigen‹ (die ›Verrücktheiten‹) Verhaltensweisen eines jeden diesen Regelmäßigkeiten unterworfenen Individuums bestimmt.« (Entwurf einer Theorie 1972/1976, 167)

»Wenn es z. B. von den klassischen Fächern am Gymnasium heißt: ›das ist nichts für uns‹, dann heißt das mehr als ›dazu fehlen uns die Mittel‹. Als Ausdruck der verinnerlichten Notwendigkeit steht diese Formel, wenn man so sagen kann, im Imperativ-Indikativ,

40 Insofern ist die Übersetzung von Habitus als »cultural sets of values and ideology« bei Burnett (2006, 284) irreführend.

> weil sie zugleich eine Unmöglichkeit und ein Verbot zum Ausdruck bringt.« (Konservative Schule 1966/2001, 32)

Um deutlich zu machen, wie Dispositionen das Handeln leiten und es zweckgerichtet wirken lassen können, ohne dass ihm eigentlich zweckgerichtete Intentionen zugrunde liegen, führt Bourdieu den »Sinn für das Spiel« an:

> »Der Spieler, der die Regeln eines Spiels zutiefst verinnerlicht hat, tut, was er muß, zu dem Zeitpunkt, zu dem er es muß, ohne sich das, was zu tun ist, explizit als Zweck setzen zu müssen. Er braucht nicht bewußt zu wissen, was er tut, um es zu tun, und er braucht sich (außer in kritischen Situationen) erst recht nicht explizit die Frage zu stellen, ob er explizit weiß, was die anderen im Gegenzug tun werden ...« (Praktische Vernunft 1994/1998, 168)

Erst wenn die Handelnden dazu aufgefordert werden, ihre Praxis zu erklären (einem Fremden, z. B. einem Ethnologen), wenn sie zu einer distanzierten Erläuterung ihrer Handlungen gelangen, neigen sie dazu, als Ursache für ihre Praxis Regeln und Regelsysteme (der Grammatik, der Moral, des Rechts o. Ä.) anzunehmen und entsprechend vorzustellen (Entwurf einer Theorie 1972/1976, 208 f.). Denn die wirklich wirksamen Gesichtspunkte in ihrer Praxis sind ihrem Bewusstsein kaum zugänglich und können durch Reflexion auch nicht zugänglich gemacht werden. In der distanzierten Rückwendung auf die eigene Praxis also ist so von vornherein eine Verkennung impliziert. Die in der reflexiven Erläuterung der eigenen Praxis vorgebrachten Bezüge auf Regeln sind gegenüber der eigenen Praxis zeitlich und sachlich nachgängig und bringen im Grunde andere Gesichtspunkte ins Spiel als sie in der Praxis tatsächlich wirksam sind (was durchaus zur Ideologie ausgebaut werden kann).

> »Das heißt freilich auch, daß das traditionell dem reflexiven Bewußtsein und der reflexiven Erkenntnis zugebilligte Privileg jeder Grundlage entbehrt ...« (Entwurf einer Theorie 1972/1976, 209)

Überhaupt sei die Annahme, dass Absichten, Motive, Aspirationen usw. das Handeln in Bewegung bringen und steuern, abwegig. Die beobachtbaren Entsprechungen zwischen Praxisformen und subjektiven Absichten, Aspirationen, Einschätzungen usw.

gehen, so Bourdieu, selbst wieder auf den Habitus zurück, in dem sie als Entsprechungsbeziehungen vorgeprägt sind (Entwurf einer Theorie 1972/1976, 167 f.). Deshalb

> »stehen die praktischen Handlungen der Mitglieder derselben Gruppe oder Klasse stets in größerer Übereinstimmung, als die Handelnden selbst es wissen oder auch wollen …« (Entwurf einer Theorie 1972/1976, 177)

Die Übereinstimmung geht also nicht auf Übereinstimmung zurück (Entwurf einer Theorie 1972/1976, 178).

> »Weil sie das Resultat von Dispositionen sind, die, dank der Verinnerlichung der gleichen objektiven Strukturen, objektiv übereinstimmen, weisen die Handlungen der Mitglieder ein und derselben Gruppe … eine unitäre und systematische objektive Bedeutung auf, die die subjektiven Absichten und die individuellen oder kollektiven bewußten Entwürfe transzendiert.« (Entwurf einer Theorie 1972/1976, 179)

Es gibt keine Notwendigkeit, durch Kommunikation bzw. durch Interaktion Verstehen und Übereinstimmung zu erreichen, weil die Interaktion ja auf eben diejenigen objektiven Lebensbedingungen zurückgeht, die die Dispositionen geschaffen haben (Sozialer Sinn 1980/1999, 109; vgl. Schroer 2008, 316 f.).[41] Was die Übereinstimmung der Habitusformen bei den Mitgliedern einer Sozialgruppe vor allem erreicht, ist

> »eine Art praktischer Behaviourismus …, der in wesentlichen Lebenssituationen von der umfassenden Analyse der Nuancen im Verhalten des anderen oder von der unmittelbaren Rückfrage nach den jeweiligen Absichten (›Was *willst* du sagen?‹) entlastet …« (Entwurf einer Theorie 1972/1976, 178)

Bourdieu übersieht aber nicht, dass die Schriftkulturen Bereiche enthalten, die durch kodifizierte Regeln und Normen mit entsprechenden Sanktionen geordnet sind; dass sie vor allem durch juristische Stäbe von Spezialisten diese Regeln und Normen seit

---

41 Suderland (2009, 73) schlägt zur begrifflichen Unterscheidung von Dispositionen und Habitus vor, erstere als eher passiv vorhandene, inkorporierte Strukturen (Neigungen, Veranlagung, Gesinnung usw.) zu verstehen, die dem Habitus vorgelagert sind und in den Praktiken erst sichtbar werden. Der Habitus sei dagegen das System von dauerhaften Dispositionen.

Jahrhunderten sammeln und systematisieren und sich um ihre Konsolidierung und ständige Durchsetzung bemühen (Entwurf einer Theorie 1972/1976, 212). Zwischen den Bereichen, die der Wirksamkeit des Habitus überlassen sind, und denen, die ausdrücklich systematisiert und kodifiziert sind, bestehen vielfältige Übergangs- und Zwischenformen.

Der Habitus ermöglicht den Individuen den »praktischen Sinn« (*le sens pratique*)[42], also die Fähigkeit, sich im sozialen Leben allgemein und in speziellen sozialen Feldern angemessen und auch findig bewegen zu können (»Sinn« ist hier durchaus analog zu den körperlichen Sinnen gemeint). Auch dieser praktische Sinn funktioniert zumeist ohne reflektierendes Bewusstsein. Der Praxissinn

> »konstituiert die Welt als signifikant, indem er spontan ihre immanenten Tendenzen antizipiert, so wie ein Fußballspieler mit seinem umfassenden Überblick über das Spiel noch im hitzigsten Gefecht die Spielzüge seiner Gegner oder Mitspieler augenblicklich intuitiv erfaßt und ohne Innehalten oder Berechnung ›inspiriert‹ agiert und reagiert.« (Wacquant 1996, 42; vgl. Sozialer Sinn 1980/1999, 149 f.)

Der Praxissinn (wie der Habitus insgesamt) ist in körperlichen Empfindungen und Gewohnheiten verankert, ist an Körperhaltung, Bewegungsform, Körperausdruck, an Geräusche, Gerüche und Tasteindrücke gebunden. Der Habitus ist das in den Körper eingegangene Soziale (Reflexive Soziologie 1992/1996, 160 f.).

Für die Körpersprache nennt Bourdieu

> »... dort heftiges Gestikulieren und bewegtes Mienenspiel, hier Bedächtigkeit: ›die langsame Gebärde‹, ›der langsame Blick‹ des Adels nach Nietzsche, Zurückhaltung und Kaltblütigkeit als Zeichen des höheren Rangs.« (Feine Unterschiede 1979/1999, 288)

Welches Mobiliar und welche Gerätschaften das Kind umgeben, ob es auf Parkett geht oder auf Linoleum, ob Musik aus dem Radio kommt oder von der Mutter am Klavier (vgl. Feine Unterschiede 1979/1999, 137) – dies und die ganze Welt der körperlichen Erfahrungen prägen sich ein und formen das körperliche

42 Leicht missverständlich in manchen Übersetzungen als »sozialer Sinn«.

Sein in der Welt, die sinnlichen Neigungen und Abneigungen, das Wohlgefühl und den Ekel.

Bis hinein ins Aussehen, in Auftreten und Haltung wirken klassenspezifische Körperbilder (in der unteren Schicht besteht eher ein Interesse an kräftigen männlichen Körpern, bei den Führungskräften dagegen sind gesunde, schlanke Körper und ein souveränes Auftreten wichtiger). Sie werden auch durch klassenspezifische Ernährungsweisen und Bewegungsgewohnheiten unterstützt, so »daß der Körper die unwiderlegbarste Objektivierung des Klassengeschmacks darstellt …« (Feine Unterschiede 1979/1999, 307)

> »Der Habitus fungiert als körperlicher Speicher desjenigen Wissens, das sich auf die Zugehörigkeit zu einer Soziallage bezieht.« (Meuser 1999, 128; vgl. zur Einschreibung der männlichen Dominanz in die Körper: Männliche Herrschaft 1990/1997, 174 f.; Rademacher 2002, 146 ff.).

Das gilt ähnlich auch für die Art und Weise, wie die Menschen sprechen.

> »… die sprachliche und vor allem die phonologische Kompetenz ist eine Dimension der *hexis* des Körpers, in der die ganze Beziehung zur sozialen Welt zum Ausdruck kommt.« (Reflexive Soziologie 1992/1996, 184)[43]

Seinen soziologischen Sinn erhält dieses Konzept durch die Annahme, dass der Habitus eines Individuums hauptsächlich durch seine Stellung in der sozialen Struktur geprägt ist (die ihrerseits Resultat geschichtlicher Auseinandersetzungen ist). In welcher Familie mit welcher kulturellen und materiellen Ausstattung ein Mensch geboren wird und aufwächst, das begrenzt und ermöglicht seine Wahrnehmungs- und Handlungsweisen, das stattet ihn mit grundlegenden Ressourcen aus. Diese grundlegenden Ressourcen verändern sich zwar später im Lebenslauf:

> »Die weitere soziale Laufbahn und die dabei sich vollziehende Sozialisation fügen den frühen Prägungen neue, den Habitus (mehr

43 Nach Holder (2009, 125 f.) meint *hexis* »die elementarste, in der Primärerziehung leiblich eingeprägte Verortung im sozialen Kosmos«, während sich der Habitus »eigentlich erst im Verhältnis zu einem Feld« realisiert.

oder weniger) modifizierende Erfahrungen hinzu. Aber auch hierbei gilt, dass die ökonomisch und kulturell verfügbaren Ressourcen und Bedingungen die Handlungs- und damit Erfahrungsgrenzen, die einem Akteur bzw. einer Gruppe von Akteuren gezogen sind, weitgehend festlegen.« (Schwingel 2000, 64; vgl. Liebau 1987a, 90 ff.)

Trotz solcher Modifikationen im Lebenslauf ist der Habitus insgesamt ziemlich stabil; deshalb reagiert er auch sehr inflexibel auf neue Situationen, die er handlungspraktisch zu bearbeiten nicht (ausreichend) in der Lage ist.

Allgemein: Nicht immer passen Habitus und objektive Strukturen zusammen. Unter systematischen Gesichtspunkten, meint Bourdieu, sei die »den objektiven Bedingungen vorgreifende Angepaßtheit des Habitus ... ein *Sonderfall*« (Meditationen 1997/2001, 204; vgl. Titel und Stelle 1973/1981, 171; Sozialer Sinn 1980/1999, 117). Zunächst, so Bourdieu, habe er den Begriff ja entwickelt, um gerade ein Missverhältnis zwischen Habitus und objektiven Strukturen zu bezeichnen (nämlich zwischen dem vorkapitalistischen Habitus der Algerier und dem durch den Kolonialismus eingeführten Kapitalismus). Gerade am Mangel der entsprechenden Dispositionen habe er die Voraussetzungen für ein reibungsloses Funktionieren bemerkt (Meditationen 1997/2001, 204 f.; vgl. Travail et travailleurs 1963, 314 f.).

Der Habitus wird laut Bourdieu eigentlich nur in Situationen bemerkbar, die er nicht kennt, andere also als die, unter denen er produziert und inkorporiert wurde (Ökonomisches Feld 1997/2002, 201). »Der Habitus ist weder notwendigerweise angemessen noch notwendigerweise kohärent.« (Meditationen 1997/2001, 206) Er ist also durchaus mit dem Misslingen, dem Missklang und der Nichtangemessenheit verknüpft.

»Die Beziehung unmittelbarer Angemessenheit ist dann suspendiert, ein Augenblick des Zögerns kann eine Form von Nachdenken hervorrufen, die nichts mit dem eines scholastischen Denkers zu tun hat und die über angedeutete Körperbewegungen (etwa die, mit der ein Tennisspieler einen mißlungenen Schlag wiederholt, um durch einen Blick oder eine Geste den Effekt dieser Bewegung oder den Unterschied zwischen ihr und derjenigen zu prüfen, die es auszuführen galt) der Praxis zugewandt bleibt und nicht demjenigen, der sie vollführt.« (Meditationen 1997/2001, 208)

Der einmal einverleibte Habitus reagiert in nicht passenden Situationen träge: Er tendiert ja eigentlich dazu, solche Umstände zu erhalten oder wiederzugewinnen, in denen er reibungslos funktionieren kann (Meditationen 1997/2001, 206).

> »Folglich kann es geschehen, daß – nach dem Paradigma Don Quichottes – die Dispositionen mit dem Feld und den für seinen Normalzustand konstitutiven ›kollektiven Erwartungen‹ in Mißklang geraten. Dies ist insbesondere dann der Fall, wenn ein Feld eine tiefe Krise durchmacht und seine Regelmäßigkeiten (oder sogar seine Regeln) grundlegend erschüttert werden.« (Meditationen 1997/2001, 206)

Dieses Nachhinken nennt Bourdieu den »Hysteresis-Effekt« des Habitus; Don Quichote führt er mehrfach als Gleichnis dafür an (z. B. Gespräch Eine sanfte Gewalt 1994/1997, 128).

Die Hysteresis der Habitusformen bildet einen

> »der Gründe der Kluft zwischen den Gelegenheiten und den Dispositonen, sie beim Schopfe zu fassen, eine der Ursachen für verpaßte Gelegenheiten und besonders für das häufig feststellbare Unvermögen ..., historische Krisen in anderen Wahrnehmungs- und Denkkategorien als jenen der Vergangenheit, und sei es auch der revolutionären, zu denken ...« (Sozialer Sinn 1980/1999, 111)

Gruppen z. B., deren Bildungstitel ihre Exklusivität eingebüßt haben oder insgesamt entwertet worden sind, tun sich schwer, nicht mehr jene Wahrnehmungs- und Beurteilungskategorien anzuwenden, die den zuvor mit den Titeln verbundenen Berufs- und Lebenschancen entsprachen (Titel und Stelle 1973/1981, 171; Feine Unterschiede 1979/1999, 238).

Entsprechend sei verständlich,

> »daß Generationskonflikte keineswegs etwa durch natürliche Eigenschaften geschiedene Altersklassen, vielmehr unterschiedliche Habitusformen aufeinanderprallen lassen, die gemäß unterschiedlichen generativen Modi erzeugt wurden, d. h. durch Existenzbedingungen, die ... den einen spezifische Handlungen und Aspirationen als natürlich oder vernünftig zu erfahren aufgeben, die die anderen als undenkbar oder skandalös empfinden – und umgekehrt.« (Ent-

wurf einer Theorie 1972/1976, 168; vgl. Sozialer Sinn 1980/1999, 116, Fußn. 2)

Ganz allgemein liege der Hysteresis-Effekt den »verpaßten Chancen« zugrunde, auch den misslungenen bzw. ausgebliebenen Revolutionen im gesellschaftspolitischen Leben (Entwurf einer Theorie 1972/1976, 183). Eine radikale Nichtentsprechung von Habitus und sozialen Strukturen liegt dann vor, wenn eine Gesellschaft wie z. B. die algerische in den 1950er Jahren durch Kolonisierung in einen tief greifenden Wandlungsprozess hin zur Geldwirtschaft und zum Kapitalismus genötigt wird. Dann erweist sich die Diskrepanz zwischen Habitus und Wirtschaftsstrukturen als »größtmöglichst« (Zwei Gesichter der Arbeit 1977/2000, 28; vgl. Reflexive Soziologie 1992/1996, 164).

»Weil sie sich nicht im gleichen Rhythmus wie die ökonomischen Strukturen verändern, koexistieren Verhaltensmuster und Ideologien, die mit unterschiedlichen Wirtschaftsstrukturen verknüpft sind, und dies nicht nur im gesellschaftlichen Rahmen, sondern manchmal sogar in den Individuen selbst.« (Zwei Gesichter der Arbeit 1977/2000, 28 f.)

Allerdings kann die Hysteresis auf paradoxe Weise auch funktionale Folgen haben. Ein Beispiel ist das Festhalten an der früheren Wertigkeit von Bildungstiteln, die inzwischen (durch inflationäre Prozesse, durch Aufhebung des sozialen und geschlechtlichen Numerus Clausus o. Ä.) entwertet worden sind. Dabei handelt es sich natürlich um eine Täuschung. Aber diese Täuschung kann zur erneuten Aufwertung eines Bildungstitels beitragen, weil die Wertigkeit von Titeln aus ihrem sozialen Gebrauch rührt, also auch davon abhängt, wie ihn Teilgruppen und Milieus beurteilen.

»Die Auswirkungen der individuellen und kollektiven Verkennung sind keine bloß illusionären Produkte: sie können durchaus real die Praktiken anleiten, insbesondere die Strategien einzelner Gruppen, die auf eine objektive Bestätigung oder Wiederherstellung des subjektiv einem Titel oder einer Stelle zugeschriebenen Wertes abzielen und dann bei der effektiven Neubewertung einen entscheidenden Anteil haben können.« (Feine Unterschiede 1979/1999, 239)

Die unterschiedliche Passung von Habitus und objektiven Strukturen ist ein Hinweis auf den Grad der »Bewusstheit« des Handelns.

> »Wahrscheinlich können die, die sich in der Gesellschaft ›am rechten Platz‹ befinden, sich ihren Dispositionen mehr und vollständiger überlassen oder ihnen vertrauen (darin liegt die ›Ungezwungenheit‹ von Menschen ›besserer‹ Herkunft) als die, die – etwa als soziale Auf- oder Absteiger – Zwischenpositionen einnehmen; diese wiederum haben mehr Chancen, sich dessen bewußt zu werden, was sich für andere von selbst versteht, sind sie doch gezwungen, auf sich achtzugeben und schon die ›ersten Regungen‹ eines Habitus bewußt zu korrigieren, der wenig angemessene oder ganz deplazierte Verhaltensformen hervorbringen kann.« (Meditationen 1997/2001, 209)

Die den Angehörigen der verschiedenen Klassen und Klassenfraktionen mitgegebenen Wahrnehmungs- und Klassifizierungsmöglichkeiten sorgen dafür, dass sie die soziale Welt zugleich erkennen und verkennen. Weil der Habitus meist hinreichend taugliche Wahrnehmungsformen vorgibt, sind die Menschen in der Lage, sich fraglos in einer bekannten sozialen Welt zu bewegen und erfolgreich zu handeln. Zugleich aber ergibt sich daraus eine Verkennung: Dadurch, dass sie die Herkunft ihrer eigenen Wahrnehmungsformen nicht mehr erinnern und sich die relativ gute Passung zwischen sozialer Welt und eigenen Kategorien nicht erklären (können), entziehen sich ihnen die Prinzipien, die die gegebene soziale Ordnung regulieren. So neigen sie dazu, das Mögliche für das allein Mögliche, das Erreichbare für das Angemessene zu halten, sich also der gegebenen sozialen Ordnung ohne viel Nachdenken einzufügen (vgl. Feine Unterschiede 1979/1999, 734 f.).

Bourdieu zufolge ist das Habitus-Konzept außerordentlich wichtig für die Sozialwissenschaft: Denn was die Soziologie zunächst in ihrem Verhältnis zum Erkenntnisobjekt abweisen muss, um (im Sinne von É. Durkheim) überhaupt Wissenschaft betreiben zu können, wird ihr durch den Begriff des Habitus verfügbar – nämlich die bei den Menschen und Gruppen gegebenen Vorstellungen über das Soziale und ihre Meinungen vom Sozialen:

»Die Gesellschaftstheorie muß ein ihr vorausliegendes praktisches Wissen von Gesellschaft unterstellen und ihrem Gegenstand integrieren – dies der Tatsache zum Trotz, daß sie sich in einem ersten Stadium gegen die damit gegebenen partiellen und interessegeleiteten Vorstellungen zu konstituieren hat. In der Konzeption des ›Habitus‹ ist diese Absicht verankert: Dem Gegenstand das Wissen der Akteure von diesem und den Beitrag zu integrieren, den dieses Wissen zur Wirklichkeitskonstitution des Gegenstandes leistet.« (Feine Unterschiede 1979/1999, 728)

Eine zweite zentrale Leistung des Habitus-Begriffs sieht Bourdieu darin, dass damit den unhistorischen Verallgemeinerungen des *homo oeconomicus* begegnet werden kann, weil er zeigt, dass rationales Handeln keine anthropologische Grundgegebenheit ist, sondern selbst Teil eines Habitus, der unter bestimmten geschichtlich-ökonomischen Bedingungen erworben wird und funktional ist.

»All die Fähigkeiten und Dispositionen, die sie [die Theorie rationalen Handelns] ihrem abstrakten ›Aktor‹ großzügig zugesteht – die Kunst, die eigenen Chancen einzuschätzen und wahrzunehmen, die Fähigkeit, aufgrund einer Art praktischen Induktion zu antizipieren und um den Preis eines überschaubaren Risikos auf das Mögliche und gegen das Wahrscheinliche zu setzen, die Neigung zum Investieren, den Zugang zur ökonomischen Information usw. – lassen sich nur unter ganz bestimmten ökonomischen und sozialen Bedingungen erwerben; sie sind nämlich immer abhängig von der Macht, die man in einer bestimmten Ökonomie und über diese hat.« (Reflexive Soziologie 1996, 158; vgl. Travail et travailleurs 1963, 316; Sozialer Sinn 1980/1999, 119)

Zudem sei der Habitus-Begriff auch geeignet, eine dem *homo oeconomicus* entgegengesetzte Lösung zu überwinden, wie sie in Durkheims Begriff »Kollektivbewusstsein« angesprochen ist. Der Habitus-Begriff könne ohne weiteres kollektiv zweckhafte Prozesse berücksichtigen,

»ohne auf personifizierte Kollektive mit selbstgesteckten Zielen, auf die mechanische Häufung rationaler Handlungen individueller Akteure oder auf ein zentrales Bewußtsein oder einen zentralen Willen zurückgreifen zu müssen, die sich über den Einsatz von Disziplin durchzusetzen vermöchten.« (Meditationen 1997/2001, 201; vgl. Sozialer Sinn 1980/1999, 71)

Zum Habitus-Konzept stellt sich zunächst die Frage, ob es denn über ältere Konzepte der Soziologie, der Sozialpsychologie und der Kulturanthropologie – die der Sozialpersönlichkeit (*social personality* und *basic personality*), aber auch die der Sozialisationstheorien – hinausgeht. Die Polemik Bourdieus gegen diese Ansätze (z. B. Entwurf einer Theorie 1972/1976, 185 f.) überzeugt zwar im Einzelnen, aber nicht im Hinblick auf die in dieser Forschungslinie geleistete Vorarbeit. Jedenfalls hätte er sich dankbarer gegenüber der einschlägigen Theorietradition zeigen können.

Zweitens wurde der Einwand vorgebracht, der Habitus-Begriff sei an Gesellschaften mit geringem sozialen Wandel entwickelt worden und tauge deshalb nur begrenzt für moderne Gesellschaften (Niethammer 1990, 91; ähnlich Janning 1991, 34). In der Tat behandelt Bourdieu nur selten radikale soziale Wandlungsprozesse wie Revolutionen, die einschneidende Wirkung von Kriegen oder Übergänge von einer Gesellschaftsformation zu einer anderen (so: Calhoun 1993, 70 ff.; Saalmann 2003, 53 f.). Immerhin merkt er an einer Stelle an, dass gerade bei den Beherrschten der bisherige Habitus dazu tendiert, auch Revolutionen zu überdauern (Männliche Herrschaft 1990/1997, 170). Und gewiss ist der soziale Wandel durchgehend thematisch in den Arbeiten über Algerien, die den Zusammenstoß zwischen der einheimischen Kultur und Wirtschaftsform und derjenigen der französischen Kolonialherren studieren. Vereinzelt finden sich hier auch konzeptuelle Überlegungen zu Wandlungsprozessen: Akkulturation, Assimilation, kultureller Wandel (Le choc 1959, 53 ff.).

Und für den gewissermaßen normalen, dauernd vor sich gehenden sozialen Wandel hat Bourdieu den Gedanken von den unablässig stattfindenden Auseinandersetzungen innerhalb der Felder vorgelegt.

»Der ständige Kampf im Inneren des Felds ist der Motor des Felds … Die, die um die Herrschaft kämpfen, sorgen dafür, daß es sich verändert und ständig neu strukturiert.« (Haute Couture 1974/1993, 191; vgl. Antworten 1989, 409)

Überall sieht er Konflikte, Wandlungsprozesse und Neuentwicklungen durch Interessenkämpfe am Werk. Gegen die (empirische) Beschreibung des »Schichtsystems« und die (theoretische) des Klassenkampfs hebt er die Notwendigkeit heraus, das Geschehen des Klassenkampfs beschreibbar zu machen: Weil die Untersuchung dadurch, dass sie

> »die Klassen und Klassenfraktionen nur als *punktuelles* Ensemble von auf Individuen verteilte Merkmale darzustellen vermag, immer einen Standort *nach (oder vor) der Schlacht* einnimmt, der Kampf selbst aber, aus dem sich die spezifische Verteilung ergibt, ausgespart bleibt ... Der photographischen Aufnahme einer Billard- oder Pokerpartie ähnlich, die den jeweiligen *Stand der Aktiva* – Billardkugel oder Chip – festhält, fixiert die Erhebung einen Moment innerhalb eines Kampfes ...« (Feine Unterschiede 1979/1999, 381)

Ja, es ist zu Recht herausgehoben worden, dass Bourdieu das Soziale im Grunde als permanenten Kampf versteht (Krais 1989, 52; Schwingel 1993, 13). Für ausgewogen-solidarische Sozialbeziehungen interessiert sich Bourdieu insofern kaum (vgl. Burchardt 2003, 507; Hillebrandt 2009, 191).

Bourdieus Fähigkeit, die gewohnten Kategorien und Begriffe der Soziologie prozessual zu deuten, ist groß. So ist für Bourdieu etwa der Begriff »Arbeitsplatz« weder einfach identisch mit den arbeitsrechtlich relevanten Definitionen von Teilaufgaben in einer Organisation, noch mit den arbeitswissenschaftlich messbaren Einzeltätigkeiten.

> »Tatsächlich bilden die Arbeitsstellen in ihrer theoretischen Bestimmung wie praktischen Wirklichkeit einen Gegenstand permanenter Auseinandersetzungen zwischen ihren Inhabern und deren Vorgesetzten wie Untergebenen sowie zwischen jenen und den Inhabern benachbarter oder mit ihnen konkurrierender Stellen, wie schließlich auch zwischen Inhabern derselben Posten (z. B. zwischen den Alteingesessenen und den Neuankömmlingen, den Graduierten und den Nicht-Graduierten, usw.).« (Feine Unterschiede 1979/1999, 250. Fußn. 36)

Geradezu unermüdlich weist Bourdieu darauf hin, dass das Soziale in Bewegung ist – im Horizont der Zeitgenossen, über die Generationen hinweg und, wenn auch schwächer betont, in der Geschichte der Gesellschaften und Staaten. Viele seiner Begriffe unterstreichen diese prozessuale Betrachtungsweise, vor allem seine Begriffe individuelle Laufbahn, kollektive Laufbahn, Reproduktionsstrategien der Klassen und Klassenfraktionen, Umstellungsstrategien zwischen den Feldern und Kapitalsorten, Konvertierung der Kapitalsorten, morphologische Verschiebungen zwischen den Klassenfraktionen, natürlich auch Distinktion (als Relationierungsvorgang) und Klassenkampf. Manche Leser sind davon geradezu enttäuscht, weil durch diese auf Bewegung gerichtete Perspektivik das soziale Ganze (die Gesellschaft) fast konturlos erscheint, eher wie ein Raum:

> »Bourdieus Analysen zeigen ihren Gegenstand immer als einen Gegenstand in Bewegung; sie zeigen soziale Strukturen als aufeinander bezogene Wege, die Individuen oder Klassen zurücklegen, wie Flugbahnen von Himmelskörpern.« (Krais 1981, 20; ähnlich: Liebau 1993, 256)

Die Ablösung seines Denkens vom Strukturalismus hin zu einer Auffassung von der sozialen Praxis als Spiel und als Abfolge von Spielzügen beurteilt Bourdieu rückblickend als Hinwendung zu einem grundsätzlich dynamischen Modell (Domination 1994, 5).[44] Auch von der sozialen Ordnung insgesamt gewinnt Bourdieu ein prozessuales Verständnis durch die These,

> »daß die etablierte Ordnung zu einem gegebenen Zeitpunkt zugleich und untrennbar damit eine Zeitordnung darstellt, *eine Erb- und Nachfolgeordnung*. Jede Gruppe hat so ihre Vergangenheit in der direkt unter ihr, und ihre Zukunft in der der direkt über ihr stehenden Gruppe vorliegen … Die konkurrierenden Gruppen sind durch Differenzen geschieden, die wesentlich *in der Zeitordnung* gründen.« (Feine Unterschiede 1979/1999, 270 f.)

---

44 Dem widerspricht Cicourel (1993a, 96) mit dem Hinweis, dass in allen Phasen des Werkes von Bourdieu ein Denken in Strukturen dominiere.

Bezogen auf die Gesellschaft der Einwohner von Neu-Kaledonien heißt es, dass die Struktur der sozialen Ordnung gewissermaßen ununterbrochen aufs Spiel gesetzt wird, wie in einer Art »création continuée« (Interview Quand les canaques 1985, 77).

Eine systematische Fassung des sozialen bzw. kulturellen Wandels findet sich bei Bourdieu jedoch nicht (Reckwitz 2000, 341 ff.; vgl. auch: Lash 1993, 203; Burzan 2004, 151; Rehbein/Saalmann/Schwengel 2003, 9). Hier könnte man ein systematisches Problem im Denken Bourdieus vermuten, nämlich dass er unausgesprochen die »Homogenitätsannahme« des Strukturalismus weiterführt, derzufolge jedem Individuum und jedem Kollektiv nur ein einziger, eindeutig konturierter symbolischer Code zugeordnet ist.

> »Es würde auf diese Weise vorausgesetzt, daß die Sinnsysteme der Habitus, eindeutig verschiedenen Akteuren zugeordnet, gewissermaßen ›überschneidungsfrei‹ nebeneinander existieren. Jeder Akteur partizipiert in der Regel an nur einem Habitus- und Sinnsystem; ein Kollektiv wird gerade dadurch definiert, daß in ihm ein einziges Habitussystem wirkt.« (Reckwitz 2000, 145; ähnlich: Miller 1989, 203 ff.; Hradil 1989, 125 f.; Ebrecht 2002, 236; vgl. Bohn/Hahn 2000, 261)

Diese Annahme bilde eine Barriere gegen die theoretische Berücksichtigung des kulturellen Wandels, weil ja, wie Bourdieu empirisch durchaus zeigt, gerade die Überlagerung unterschiedlicher Sinnsysteme – etwa bei den Kleinbürgern – eine Ausgangsbedingung für Wandel ist (so Reckwitz 2000, 345 f.).

Drittens kann überlegt werden, ob Individuen und Gruppen überhaupt eine derart einheitliche und gestalthaft eindeutige Lebensführung aufweisen, dass die Annahme vom Habitus gerechtfertigt ist. In einer Kurzdarstellung der Studie »Die feinen Unterschiede« heißt es:

> »Der Begriff Habitus hat unter anderem die Funktion, die stilistische Einheitlichkeit zu erklären, die die Praktiken und Güter eines einzelnen Akteurs oder einer Klasse von Akteuren miteinander verbindet …« (Praktische Vernunft 1994/1998, 21)

Aber empirisch hinreichend belegt ist diese Annahme bei Bourdieu nicht.

Glaubt Bourdieu heimlich an die Kohärenz der Kultur? (so Bloch 1997, 119; vgl. Bennett u. a. 2009, 25 ff.)

Viertens muss gefragt werden, ob Bourdieu trotz seines Anspruchs, den Rationalismus überwinden zu wollen, die Emotionen zu wenig berücksichtigt (so Saalmann 2009a, 278). Er spricht von der Schamesröte und von Peinlichkeitsgefühlen, vom Wohlgefühl, das sich bei einer Passung von Habitus und feldspezifischen Anforderungen einstellt – eine systematische Ausarbeitung fehlt jedoch.

Fünftens stellt sich die Frage, ob das Habitus-Konzept nicht gerade das impliziert, was Bourdieu vermeiden will: das Bild einer gesellschaftlich determinierten Welt des sozialen Handelns (vgl. den Determinismus-Vorwurf bei Miller 1989, 201; Alexander 1995, 136 ff.; vgl. The Friday 1990, 204 f.; Janning 1991, 32; Berard 2005, 205; Couldry 2005, 356 f.; Beer 2006, 4 ff.). Wenn der Habitus die dem Individuum unbekannte Ausstattung durch seine klassenstrukturelle Position ist, wie kann dann der Objektivismus überwunden werden? Wenn der Habitus auf die »wahrscheinliche Zukunft« des Individuums bzw. der Sozialgruppe hin gebaut ist und selbst diese wahrscheinliche Zukunft herbeizuführen tendiert (so Sozialer Sinn 1980/1999, 120), wie kann dann etwas anderes als Reproduktion der gegenwärtigen Verhältnisse möglich sein? (vgl. Schwingel 2000, 67; Pfeffer 1985; Müller 1986, 182; Eder 1989, 9 f.; Jenkins 1992, 91)

Gegen den letzten Punkt der Kritik lassen sich folgende Argumente vorbringen:

Zunächst begrenzt der Habitus nur die Wahrnehmungs-, Denk- und Handlungsmöglichkeiten des Individuums und legt sie nicht im strengen Sinne fest; innerhalb dieser Grenzen sind durchaus Variationen und auch Innovationen möglich (so Wagner 1993, 329; Wagner 2001, 79; ähnlich Costa 2006, 879 ff.). Schließlich besteht der Habitus aus das Handeln anleitenden Schemata und leistet keine situationsspezifische »Feinsteuerung« (Barlösius 2006, 52).

»Der Habitus ist ein System von Grenzen. Wer z. B. über einen kleinbürgerlichen Habitus verfügt, der hat eben auch, wie Marx einmal sagt, Grenzen seines Hirns, die er nicht überschreiten kann.

> Deshalb sind für ihn bestimmte Dinge einfach undenkbar, unmöglich; es gibt Sachen, die ihn aufbringen oder schockieren. Aber innerhalb dieser Grenzen ist er durchaus erfinderisch, sind seine Reaktionen keineswegs immer schon im voraus bekannt.« (Feine Unterschiede 1979/1999, 33)

Insofern ist der Habitus nicht starr, sondern veränderlich und bereit, auf veränderte gesellschaftliche Konstellationen (so Reflexive Soziologie 1992/1996, 167 f.) und auf neue Bedingungen in einer Laufbahn zu reagieren (Antworten 1989, 407). Die Reaktionen der Individuen und Gruppen auf die den Algeriern von außen aufgenötigte Wirtschaftsform z. B. könnten nicht als bloße Anpassung verstanden werden, sondern es handelt sich um eine »Neuerfindung eines sich unter dem Druck der ökonomischen Notwendigkeit realisierenden neuen Systems an Verhaltensmustern« (Zwei Gesichter der Arbeit 1977/2000, 29). Der Habitus gibt weniger einzelne Handlungen vor als eine bestimmte Art und Weise des Handelns (Rehbein/Saalmann 2009a, 112). Als Repertoire für alle möglichen Handlungsaufforderungen bildet der Habitus auch die Basis für Improvisation (Interview Habitus, Herrschaft, Freiheit 2000/2001, 163 f.; vgl. Schwingel 1993, 69) – allerdings hat Bourdieu die kreativen Akte, die Improvisationen, die (strukturell) unerwarteten Handlungen kaum untersucht.

Dann sind auch die Wirkungen des Habitus nicht in allen sozialen Bereichen gleich, sondern müssen je speziell für ein bestimmtes Feld betrachtet werden und erweisen sich insofern häufig in sich als sehr verschieden (Antworten 1989, 406). Auch ist der Habitus zweier Angehöriger derselben sozialen Klasse zwar in großen Zügen ähnlich, aber keineswegs identisch. Das geht auf die im Detail unterschiedlichen Positionen der beiden innerhalb dieser sozialen Klasse zurück und natürlich auch auf die unterschiedlichen Laufbahnen, die Individuen einschlagen bzw. hinter sich haben (Sozialer Sinn 1980/1999, 112).

Schließlich sieht Bourdieu auch die Möglichkeit, dass der Habitus »durch Bewußtwerdung und Sozioanalyse *unter Kontrolle gebracht* werden« kann (Antworten 1989, 407), also wohl in erster

Linie durch die reflexiven Bemühungen des Soziologen selbst (vgl. Barlösius 2006, 88 f.).

Dennoch könnte das Habitus-Konzept zu einer Überbewertung der gesellschaftlichen Strukturen verleiten (im Sinne eines Soziologismus) und bei unüberlegter Verwendung zur Leugnung der menschlichen Freiheit führen. Zu einem derartigen (Miss-)Verständnis verleiten manche Formulierungen bei Bourdieu, etwa im Zusammenhang mit der Geprägtheit des Körpers und seiner Bewegungen durch den klassenspezifischen Habitus:

> »Der Logozentrismus und Intellektualismus der Intellektuellen, in Verbindung mit der der Wissenschaft inhärenten Voreingenommenheit für die *psyche*, Seele, Seelenleben, Bewußtsein, Vorstellungen, einmal ganz abgesehen vom bürgerlichen Anspruch auf den Status einer ›Person‹, haben die Einsicht verhindert, daß wir Menschen, laut Leibniz, ›in Dreiviertel unserer Handlungen Automaten sind‹, und daß die, wie es so schön heißt, ›letzten Werte‹ nichts weiter sind als erste und ursprüngliche Dispositionen des Körpers, Geschmacks- und Ekelempfindungen, in denen die vitalsten Interessen einer Gruppe ihren Niederschlag finden, jene, für die man, wenn es denn sein muß, seinen eigenen Leib wie den der anderen einsetzt.« (Feine Unterschiede 1979/1999, 740; weitere Belegstellen: Alexander 1995, 136 ff.)

An anderen Stellen hat sich Bourdieu hingegen deutlich abgegrenzt von einer gewissermaßen übertriebenen Rezeption des Konzepts Habitus (Meditationen 1997/2001, 82 f.; vgl. Mahar/Harker/Wilkes 1990, 12). Das hat ihm den Vorwurf des »co-determinism« eingebracht, den Vorwurf, er sehe Strukturen einerseits und Handlungsfähigkeit (»agency«) andererseits als das soziale Leben bestimmend an, ohne eine angemessene Verbindung herzustellen (z. B. Dépelteau 2008, 54).

Sechstens wird gegen den Habitus-Begriff eingewandt, dass er die kollektiv verankerten Dispositionen meint, mittels derer die Gruppen ihre Lebensbedingungen erhalten bzw. verbessern wollen. So kann Habitus als Ausdruck eines kollektiven Utilitarismus bzw. eines »strukturgeleiteten Utilitarismus« (Janning 1991, 132) verstanden werden: Dem Habitus-Begriff

»gemäß üben die Lebensformen und Geschmackseinstellungen, die die verschiedenen Berufsgruppen jeweils über Prozesse kultureller Sozialisation tradieren, eine rein instrumentelle Funktion aus: sie passen die einzelnen Gruppenmitglieder gewissermaßen so an ihre spezifische Klassenlage an, daß diese ungewollt im Gefolge ihrer Wertschätzungen und Geschmacksurteile genau die strategisch angemessenen, also auf die Verbesserung ihrer sozialen Position gerichteten Handlungen vollziehen; die gruppenspezifischen Lebensstile sind gleichsam nur die kulturellen Verkörperungen eines positionsabhängigen Nutzenkalküls, dem alle sozialen Gruppen habituell zu folgen scheinen.« (Honneth 1990, 176 f.; vgl. Gespräch Kampf um die symbolische Ordnung 1986, 151)

In der Tat finden sich bei Bourdieu immer wieder Formulierungen, die als Grund für das Handeln von Individuen und Gruppen die Selbsterhaltung und die Erweiterung ihrer Bedingungen unterstellen (z. B. Titel und Stelle 1973/1981, 196).

Jedoch wird von den Vertretern dieses Utilitarismus-Vorwurfs zunächst übersehen, dass der Habitus oft unangemessene Denk- und Handlungsrichtungen generiert, ja dass der Habitus oft den Herausforderungen der Situation gegenüber veraltet ist (s. Hysteresis). Es hilft auch nicht weiter, wenn Honneth (1990, 177 f.) annimmt, dass sich im Distinktionsbegriff ein anderes Grundverständnis von den symbolischen Orientierungen zum Ausdruck bringe, nämlich ein bloßes Unterscheidungsbedürfnis und der Wunsch nach Expression der Bedeutung der eigenen Lebensformen im Sinne von Teilkulturen. Denn hierbei bleibt unberücksichtigt, dass Distinktion bei Bourdieu von vornherein in die Kampfkonstellation der Großgruppen eingeschrieben ist, also keine »klassenkampfgleichgültige« Bedeutung hat.

Schließlich wirft die Annahme, dass der Habitus unbewusst funktioniert und dass das Konzept somit schon aus sachlogischen Gründen, wie Bourdieu auch selbst bemerkt, empirisch direkt nicht fassbar ist, die Frage auf, ob es sich dabei vielleicht nur um eine nicht überprüfbare Spekulation handelt (in dieser Richtung: Janning 1991, 70 f.) bzw. ob Habitus und Lebensstil nicht empirisch unbegründet miteinander identifiziert werden (so Wagner 2003, 224 f.).

Zur begriffsgeschichtlichen Herkunft des Habitus-Begriffs führt Bourdieu selbst Émile Durkheim und Marcel Mauss an, die den Begriff eher nebenbei gebrauchen, und nennt hauptsächlich die mittelalterliche Scholastik, die ihn als Übersetzung für *hexis* bei Aristoteles eingesetzt habe (Gespräch Eine sanfte Gewalt 1994/1997, 127; vgl. Krais/Gebauer 2002, 26 f.), Leibniz mit seiner Idee von der prästabilisierten Harmonie (vgl. Barlösius 2006, 55 ff.) sowie den Kunsttheoretiker Panofsky, der Habitus im Sinne des Kunst- und Denkstils einer bestimmten Epoche (Gotik und Scholastik) verwendet hat (Symbolische Formen 1970/1994, 125 ff.; Habitus und Feld 1985/1997, 61). Bourdieu ist allerdings recht undeutlich bei der Auskunft über die Quellen seines zentralen Begriffs (so auch Willems 1997b, 181). Aus der Distanz betrachtet dürften Max Weber und Werner Sombart als Anregung wichtiger gewesen sein: »Was Bourdieu dann ›Habitus‹ nannte, wurde von Sombart und Weber abwechselnd als ›Gesinnung‹, ›Geist‹, ›Gebarung‹, ›Lebensführung‹, ›Ethos‹ und ›Habitus‹ bezeichnet.« (Schmeiser 1985, 180, Anm. 13; vgl. Travail et travailleurs 1963, 313 f.; Winkler 1989, 11 f. Zu weiteren »Vorläufern«: Lüdtke 1989, 34 und 47; Willems 1997a, 91 f.; Willems 1997b, 181 ff.; Knoblauch 2003, 188 f.; Abels/König 2010, 216)

Das Konzept des Habitus provoziert alle, die in den Traditionen der Subjektphilosophie und des rationalen Handelns zu denken gewohnt sind, weil es nicht von einem normativen Subjektbegriff ausgeht und die Menschen als Ensembles aus objektivierter und inkorporierter Gesellschaft bzw. Geschichte auffasst. Kein Wunder, dass dies selbst bei Autoren, die Bourdieu schätzen, Ausweichbewegungen auslöst. Ein Beispiel ist Liebau, der die Tauglichkeit des Habitus-Begriffs nur für den empirischen Menschen als sozialen Akteur, nicht aber für den ganzen Menschen beziehungsweise das Subjekt gegeben sieht (Liebau 1987a, 60 f.). Aber hat Bourdieu nicht immer wieder darauf bestanden, dass es einen anderen Menschen als den sozialen Akteur nicht gibt?

3.2 Einverleibung

Wie wird der Habitus erworben? Um diesen Vorgang zu erfassen, benutzt Bourdieu den Begriff *Einverleibung* (*incorporation*, manchmal missverständlich als *Verinnerlichung* übersetzt) anstelle von »Sozialisation«, um die körperliche Dimension des Prozesses zu betonen (vgl. Bohn/Hahn 2000, 258; Abels/König 2010, 216).

In Gesellschaften, die noch kein pädagogisches Feld mit spezialisierten Berufen kennen, werden die Strukturen des Habitus durch die soziale Praxis selbst übertragen (d. h. ohne eigenständigen pädagogischen Diskurs), durch bloßes allmähliches Vertrautwerden also.

> »In allen Gesellschaften zeigen die Kinder für die Gesten und Posituren, die in ihren Augen den richtigen Erwachsenen ausmachen, außerordentliche Aufmerksamkeit: also für ein bestimmtes Gehen, eine spezifische Kopfhaltung, ein Verziehen des Gesichts, für die jeweiligen Arten, sich zu setzen, mit Instrumenten umzugehen, dies alles in Verbindung mit einem jeweiligen Ton der Stimme, einer Redeweise und – wie könnte es anders sein? – mit einem spezifischen Bewußtseinsinhalt.« (Entwurf einer Theorie 1972/1976, 190)

Die im Körper gespeicherten und ihrer Erzeugung nach vergessenen Gehalte des Habitus werden pädagogisch oft an Kleinigkeiten (z. B. Höflichkeitsregeln, Vorschriften für die Körperhaltung von Jungen und Mädchen, Regeln für die Benutzung der Esswerkzeuge) vermittelt, enthalten aber gewöhnlich mit ihnen verknüpfte weiter reichende (die Ethik, den Kosmos, die Politik betreffende) Glaubensgehalte.

> »So setzt die praktische Beherrschung der sogenannten Höflichkeitsregeln und besonders die Kunst, für verschiedene Kategorien von Empfängern die jeweils passende Formel (z. B. am Schluss eines Briefs) zu wählen, die stillschweigende Meisterung und mithin Anerkennung einer Gesamtheit von Gegensätzen voraus, die für die implizite Axiomatik einer bestimmten politischen Ordnung konstitutiv sind: der Gegensatz zwischen Männern und Frauen,

> zwischen Jüngeren und Älteren, zwischen Persönlichem oder Privatem und Unpersönlichem – wie bei Behörden- oder Geschäftsbriefen – und schließlich zwischen Vorgesetzten, Gleichgestellten und Untergebenen.« (Sozialer Sinn 1980/1999, 129, Fußn. 1)

Eine ähnliche Wirkung haben die Einteilungen und Hierarchisierungen des sozialen Raumes: Wo man eintreten darf und wo nicht, wo der eigenen Körperbewegung Grenzen gesetzt sind und wo nicht, wie räumliche Bereiche wertend voneinander unterschieden sind (im Zug 1. und 2. Klasse, im Kino bzw. im Theater Loge, Parkett usw.); das alles prägt sich dem Körper ein (vgl. Raum 1991, 27).

Durch den Begriff Einverleibung will Bourdieu betonen, wie stark sich die soziale Welt in die Körper der Menschen einsenkt und ihre Handlungsweisen prägt und auch, wie stark die Weitergabe von sozialen Dispositionen in der Sozialisation durch körperliche Vorgänge (und nicht durch Belehrung, Einsicht usw.) vor sich geht (vgl. Schmidt 2008, 123 ff.). Bourdieus Ansatz unterscheidet sich durch diese Heraushebung des Körpers als Moment, ja in gewisser Weise als Basis des Sozialen von vielen anderen soziologischen Denkschulen, für die das Körperliche allenfalls eine Nebensache ist (vgl. Krais/Gebauer 2002, 74 ff.). In dieser zentralen Bedeutung des Körpers als Schaltzentrale für das habitualisierte Denken und Handeln sieht übrigens Alexander (1995, 144) einen Beleg für Bourdieus deterministisches Denken, hier für seinen »sociologized biologism«:

> »Socialization does not depend on symbolic interaction and a learned ability to interpret another's sensibility and intention …«

Die Kraft, die den Habitus ausbildet und tief in den Körper einverleibt, muss vor allem in der Sozialisation wirken. Sie ist »Vergangenes, das im Aktuellen weiterlebt und sich bis in die Zukunft hinein zu verlängern trachtet …« (Entwurf einer Theorie 1972/1976, 182) Die jeweils neuen Mitglieder einer Sozialgruppe werden in einer Weise geformt, dass sie diese Formung vergessen, sich ihrer aber in vielfältiger Weise in der Lebensführung bedienen können. In dieser Formung wird eine Kraft sichtbar, die sich von früheren Generationen her transmittiert. Deshalb produzieren die Menschen in jeder mehr oder weniger absichtsvollen und jeder mehr oder weniger bewussten Handlung einen »objektiven Sinn«, der über Absichten und Bewusstheit hinausreicht (vgl. Entwurf einer Theorie 1972/1976, 178 f.; Sozialer Sinn 1980/1999, 127). Es sind die Eltern, die Vorfahren oder ganz allgemein die Geschichte der Sozialgruppe, die diese Kraft ausmachen.

Hier stellt sich die Frage, ob es sich beim Habitus-Konzept um den Kern einer Sozialisationstheorie handelt. Bourdieu äußert sich dazu zeitweise recht unentschieden:

> »Es gibt tatsächlich eine ›black box‹. Ich sage: Es gibt objektive Strukturen, und es gibt einverleibte Strukturen. Was geschieht zwischen beiden, wie geschieht es, wie lernt man? Ich sage auch irgendwo (in einer Anmerkung im Artikel über die Reproduktionsstrategien, glaube ich), daß man eine strukturale Sozialpsychologie entwickeln müßte. Aber die ist noch zu entwickeln, und man kann nicht alles machen.« (Begriff von Ökonomie 1983/1997, 93; ähnlich: Gespräch Vernunft 1985, 376 f.)

Dass diese *black box* ausgeleuchtet werden müsste, dem kann man nur zustimmen. Aber verhindern nicht Bourdieus eigene Annahmen über die Funktionsweise und die Leistungsbreite des Habitus diese Ausleuchtung? Denn wenn die Individuen in der sozialen Interaktion mehr oder weniger ohne offene Gestaltungs- und Anregungskraft, sondern aufgrund ihrer eingeprägten Schemata miteinander umgehen – wie soll dann jene offene Lernsituation überhaupt vorgestellt werden, in der das habituslose Kleinkind den Habitus der ihn umgebenden Erwachsenen übernimmt? (Hinweise in dieser Richtung: Janning 1991, 139; aus subjekttheoretischer Sicht: Wagner 2003, 220 ff.)

Liebau (1987a) spricht zwar im Titel seines Buches über Bourdieu (und Oevermann) von dessen Sozialisationstheorie, nimmt das aber bereits in der ersten Anmerkung zurück:

> »Eine explizite, ausgearbeitete Sozialisationstheorie liegt von Bourdieu nicht vor. Indessen lassen sich seine Arbeiten auch unter sozialisationstheoretischen Gesichtspunkten lesen und verstehen; sie enthalten eine mehr oder weniger ausgeführte *implizite* Sozialisationstheorie.« (Liebau 1987a, 177, Anm. 1; auch 264)

Im Einzelnen ist Liebau dann genauer:

> »Die *Entwicklung* des Kindes, des Jugendlichen, des Erwachsenen, die habitustheoretisch als Prozeß der Vergesellschaftung zu interpretieren wäre, ist von Bourdieu weder systematisch untersucht noch zusammenfassend theoretisch interpretiert worden… Es gibt keine familiensoziologische Untersuchung von Bourdieu, keine Untersuchung der Subjekt-Konstitution oder der Konstitution des sozialen Akteurs im primären Sozialisationskontext.« (Liebau 1987a, 80; vgl. Müller-Rolli 1985, 343 f.)

Insoweit sei das Werk Bourdieus »bisher an einer entscheidenden Stelle unvollständig geblieben…« (Liebau 1987a, 81; ähnlich: Janning 1991, 103; Cicourel 1993a, 151; Bauer 2002, 424 f.; Abels/König 2010, 214) Bourdieu habe es

> »durchgängig versäumt, ›sinnadäquat‹ verstehbare Mechanismen anzugeben, auf deren Wege sich bestimmte Kapitalausstattungen in die Genese bestimmter Habitus ›umsetzen‹ sollen …« (Reckwitz 2000, 309, Fußn. 211)

Auch Bourdieus systematisch ansetzende Behandlung der Pädagogik und des Bildungssystems in »Grundlagen einer Theorie der symbolischen Gewalt« (1970/1973) kommt hier nicht allzu weit.

In dieser Situation mag es verdienstvoll sein, dass Liebau einen Versuch unternimmt, die verstreuten Bemerkungen Bourdieus zur Habitusentwicklung, gestützt auch auf die Erkenntnisse der Sozialisationstheorie, zu systematisieren (Liebau 1987, 82 ff.). Ähnlich sind die Ergänzungsvorschläge zu Bourdieu bei Cicourel (1993) und der Vorschlag von Schmidt (2008), die körperliche Weitergabe von sozialen Dispositionen aus einem Verständnis von Bourdieus Theorie als einer Praxeologie zu begreifen. Aber man wird dabei bleiben müssen, dass im Kern von Bourdieus Soziologie ein zwar hoch plausibles Konzept steht, das aber durch (eigene) Forschung nicht belegt und als Sozialisationstheorie nicht ausformuliert ist.[45]

45 Umgekehrt sollte aber auch bedacht werden, dass die meisten Sozialisationstheorien den Gedanken Bourdieus vernachlässigen, dass in Familie und Schule Macht- und Dominanzverhältnisse erlernt werden (so Cicourel 1993a, 111).

Alexander (1995, 137 f.) sieht in diesem Sachverhalt keinen Mangel, der im Prinzip behoben werden könnte, sondern einen Hinweis auf den problematischen Grundcharakter des Habitus-Konzepts: Der Habitus wird den Individuen von den gesellschaftlichen Bedingungen eingeprägt, repräsentiert sie und generiert Dispositionen und Handlungen, die zu diesen gesellschaftlichen Bedingungen passen. Ein Konzept, so ließe sich Alexanders polemische Argumentation zuspitzen, das derart primitiv materialistisch gedacht ist, braucht keine Ergänzung durch Sozialpsychologie, Sozialisationstheorie, Identitätskonzepte.

Jenseits dieser Polemik ist das Fehlen einer Sozialisationstheorie bzw. von Untersuchungen über die Einverleibung des Habitus deshalb so nachteilig, weil dadurch wichtige empirische Fragen ausgeblendet bleiben. Manche Befunde von Vertretern der Individualisierungsthese sprechen für einen Verfall der prägenden Kraft der Sozialisation (vgl. Hamel 2007, 473). Eine Vielzahl von Indizien deutet darauf hin, dass zum einen der Familienzusammenhang, in dem sich der Habitus bildet, in den letzten Jahr(zehnt)en fragiler geworden ist, dass zum anderen die Medien eine neue Erfahrungswelt für Kinder und Jugendliche anbieten (so Fröhlich 2009b, 88). Dies könnte für die Entstehung und Aufrechterhaltung eines Habitus gravierende Konsequenzen haben. Allgemeiner formuliert:

> »Im ganzen gesehen sind Struktur- und Biographiebrüche, Krisen und Kontakte … so häufig geworden, daß an der Genese und Beharrungskraft stabiler Habitusformen mehr und mehr Zweifel angebracht sind.« (Hradil 1989, 124)

3.3 Feld

Der *Feld*-Begriff (manchmal auch: Kräftefeld, sozialer Raum oder Handlungsraum)[46] bildet das Pendant zum Habitus-Begriff: Den Dispositionen der Individuen korrespondieren im sozialen Feld

46 »Das Verhältnis von *Raum* und *Feld* ist bei Bourdieu nur ansatzweise einer systematischen Klärung unterzogen. Manchmal setzt er *Feld* mit *Raum* gleich, an anderen Stellen sieht es so aus, als wolle er den Feld-Begriff für die

wirkende objektivierte dingliche und strukturelle Bedingungen. Sie setzen den Individuen Grenzen und geben ihnen Möglichkeiten vor. Ein Feld ist ein »Ensemble objektiver historischer Relationen zwischen Positionen, die auf bestimmten Formen von Macht (oder Kapital) beruhen …« (Wacquant 1996, 36) Der Feld-Begriff ist werkgeschichtlich übrigens später als das Habitus-Konzept entstanden, nämlich nach Abschluss der Studien über Algerien und während einer Auseinandersetzung mit M. Webers religionssoziologischen Arbeiten (vgl. Costa 2006, 874).

Mit dem Feld-Begriff will sich Bourdieu von substanzialistischen Vorstellungen des Sozialen verabschieden und stattdessen Relationen in den Mittelpunkt stellen.

> »Was in der sozialen Welt existiert, sind Relationen – nicht Interaktionen oder intersubjektive Beziehungen zwischen Akteuren, sondern objektive Relationen, die ›unabhängig vom Bewußtsein und Willen der Individuen‹ bestehen, wie Marx gesagt hat.« (Reflexive Soziologie 1992/1996, 127)

Entsprechend lautet die Regel zu Beginn einer Forschung, bei der Festlegung des Forschungsgegenstandes:

> »Der Begriff des Felds … fungiert als Eselsbrücke: Ich muß mich vergewissern, ob nicht das Objekt, das ich mir vorgenommen habe, in ein Netz von Relationen eingebunden ist, und ob es seine Eigenschaften nicht zu wesentlichen Teilen diesem Relationsnetz verdankt.« (Reflexive Anthropologie 1992/1996, 262)

Für den Grundgedanken, dass die soziale Wirklichkeit aus Relationen besteht, nimmt Bourdieu eine lange Reihe moderner Denker und Forscher in Anspruch: Cassirer, der versucht habe, »über den aristotelischen Substantialismus hinauszukommen, von dem das ganze Denken über die soziale Welt spontan geprägt ist«, den Psychologen Kurt Lewin, Norbert Elias, die »Pioniere des Strukturalismus in der Anthropologie, Sprachwissenschaft und Geschichte, von Sapir und Jakobson bis Dumèzil und Lévi-Strauss«,

---

(symbolische) Ebene der Praxis und den Raum-Begriff auf die der objektiven Eigenschaften beschränkt wissen.« (Schwingel 1993, 61; ähnlich Müller 1986, 181; Papilloud 2003, 35 f.; vgl. auch Blasius/Winkler 1989, 73). Rehbein (2003) bringt Überlegungen aus eigener Forschung vor, denen zufolge der Feldbegriff geeigneter sei als der des sozialen Raumes.

(Reflexive Soziologie 1992/1996, 126; vgl. Habitus und Feld 1985/1997, 67) und immer wieder natürlich den Strukturalismus selbst (Sozialer Sinn 1980/1999, 12; vgl. Rehbein 2006, 67 ff.).

Was genau sind aber diese »objektiven Relationen«, die ein Feld bilden?

> »Analytisch gesprochen wäre ein Feld als ein Netz oder eine Konfiguration von objektiven Relationen zwischen Positionen zu definieren. Diese Positionen sind in ihrer Existenz und auch in den Determinierungen, denen die auf ihnen befindlichen Akteure oder Institutionen unterliegen, objektiv definiert, und zwar durch ihre aktuelle und potentielle Situation (*situs*) in der Struktur der Distribution der verschiedenen Arten von Macht (oder Kapital), deren Besitz über den Zugang zu den in diesem Feld auf dem Spiel stehenden spezifischen Profiten entscheidet, und damit auch durch ihre objektiven Relationen zu anderen Positionen (herrschend, abhängig, homolog usw.).« (Reflexive Soziologie 1992/1996, 127; vgl. Wagner 2003, 206)[47]

Es ist die soziale Praxis, die Habitus und Feld miteinander vermittelt.

> »... nur dadurch, dass Akteure, die in bestimmten (konfliktuellen oder kooperativen) Beziehungen zueinander stehen, permanent durch den Habitus strukturierte Praxisformen hervorbringen, hat so etwas wie eine soziale Struktur überhaupt auf Dauer oder auch nur vorübergehend Bestand.« (Schwingel 2000, 75)

Soziale Gebilde wie Organisationen, Staat oder Kirche bestehen nicht aus sich heraus, sondern werden durch ständige und vielfältige Formen des Kampfes, der Konkurrenz, des Austauschs, des Sprechens und Handelns im Namen eines solchen Gebildes am Leben erhalten (für Kirche und Staat: La sainte famille 1982, 50 f.; für das juristische Feld: La force du droit 1986).

Beide Seiten dieser Beziehung, Habitus wie Feld, sind geschichtlich (und lebensgeschichtlich) entstanden und reflektieren in sich die Geschichte des Kollektivs.

47 Der Feld-Begriff sei ambivalent, kritisieren Rehbein/Saalmann 2009b, 100): »Ob das Feld ... als Verteilung von Ressourcen oder Regeln aufzufassen ist, bleibt unklar.«

»Die soziale Realität existiert sozusagen zweimal, in den Sachen und in den Köpfen, in den Feldern und in den Habitus, innerhalb und außerhalb der Akteure.« (Reflexive Soziologie 1992/1996, 161)

Dass beide Seiten zusammenpassen und ein meist unproblematisches Denken und Handeln ermöglichen, geht auf ein »ontologisches Einverständnis« zwischen Habitus und Feld zurück.[48]

»Da der Habitus das inkorporierte Soziale ist, ist er auch in dem Feld ›zu Hause‹, in dem er sich bewegt und das er unmittelbar als sinn- und interessenhaltig wahrnimmt.« (Reflexive Soziologie 1992/1996, 161 f.; vgl. Concluding Remarks 1993, 273 f.; Sozialer Sinn 1980/1999, 108)

Der Begriff Gesellschaft wird dadurch im Grunde unnötig. Die mit ihm einhergehende Vorstellung von Einheitlichkeit und gesamtheitlicher Ordnung kann aufgegeben werden. Für Bourdieu

»bildet eine differenzierte Gesellschaft keine einheitliche, durch Systemfunktionen, eine gemeinsame Kultur, ein Geflecht von Konflikten oder eine globale Autorität integrierte Totalität, sondern ein Ensemble von relativ autonomen Spiel-Räumen, die sich nicht unter eine einzige gesellschaftliche Logik, ob Kapitalismus, Moderne oder Postmoderne, subsumieren lassen.« (Wacquant 1996, 37; vgl. Jäger/Meyer 2003, 81 f.)

Auch die Begriffe Klassen- oder soziale Lage verlieren ihre Erklärungskraft: Wir können nur dann wissenschaftlich verstehen,

»was ein Akteur des Feldes sagt oder tut (ein Ökonom, ein Schriftsteller, ein Künstler usw.), wenn wir in der Lage sind, uns auf seine Stellung zu beziehen, die er im Feld einnimmt, wenn wir also wissen, ›aus welcher Richtung‹ er spricht, … anstatt einfach nur auf den Platz zu sehen, den er im sozialen Raum als Ganzem einzunehmen scheint, auf das also, was die marxistische Tradition Klassenlage nennt.« (Gebrauch der Wissenschaft 1997/1998, 21)[49]

48 An anderer Stelle spricht er von »einer Art unbewußter und vorreflexiver ontologischer Komplizität« (Antworten 1989, 397).

49 An einer Stelle gibt Bourdieu an, er habe den Feld-Begriff entwickelt, um bei der Analyse der kulturellen und wissenschaftlichen Produktion weder allein auf die Untersuchung von Texten noch etwa auf eine kurzschlüssige Beziehung zu gesamtgesellschaftlichen Rahmenbedingungen angewiesen zu sein (Gebrauch der Wissenschaft 1997/1998, 17; vgl. Praktische Vernunft 1994/1998, 61).

Ein Feld ist somit nicht einfach ein Sektor oder Bereich der Gesamtgesellschaft, sondern es hat ihr gegenüber eigene Konturen.

> »Das ökonomische Feld ist historisch als das Feld des ›Geschäft ist Geschäft‹ entstanden, *business is business*, aus dem die verklärten Verwandtschafts-, Freundschafts- und Liebesbeziehungen grundsätzlich ausgeschlossen sind, das künstlerische Feld hingegen hat sich in der und über die Ablehnung bzw. Umkehrung des Gesetzes des materiellen Profits gebildet …« (Reflexive Soziologie 1992/1996, 127; vgl. Ökonomisches Feld 1997/2002, 167 f.)

Zur Reife gekommene Felder haben einen hohen Grad von Autonomie erreicht (und sich eben dadurch als Felder etabliert).

> »Eines der sichtbarsten Zeichen der Autonomie des Feldes ist seine Fähigkeit, äußere Zwänge oder Anforderungen zu *brechen*, in eine spezifische Form zu bringen … Umgekehrt zeigt sich die Heteronomie eines Feldes wesentlich durch die Tatsache, daß dort äußere Fragestellungen, namentlich politische, halbwegs ungebrochen zum Ausdruck kommen. Das bedeutet, daß die ›Politisierung‹ eines wissenschaftlichen Faches eben nicht auf eine große Autonomie des Feldes schließen läßt …« (Gebrauch der Wissenschaft 1997/1998, 19, auch 28; La cause 1991/1995, 9; Politique et sciences sociales 2002, 10; fürs kulturelle Feld: Symbolische Formen 1970/1994, 124; fürs literarische: Le champ littéraire 1991, 8)

In jedem Feld gelten jeweils andere Werte und Spielregeln, werden andere Ressourcen eingesetzt und Ziele angestrebt. In gewisser Weise gilt in jedem Feld eine spezifische Ökonomie (Begriff von Ökonomie 1983/1997, 80 f.).

> »Die innerhalb der Felder entstehenden Kräfte sind weder die rein additive Summe von anarchischen Handlungen noch das integrierte Ergebnis eines planvollen gemeinsamen Vorgehens. Nicht die simple, mechanische Aggregierung ist die Grundlage der Transzendenz, die dem objektiven und kollektiven Effekt des kumulierten Handelns eignet und immer dann offenbar wird, wenn sich die Intentionen ins Gegenteil verkehren, sondern die Struktur des Spiels.« (Wacquant 1996, 37)

Die unbeabsichtigten Folgen des Handelns ergeben sich aus der Struktur des Feldes.

Mehrfach analogisiert Bourdieu die Felder mit »Spiel-Räumen«, also mit durch Spielregeln definierten Bereichen, wobei die Regeln das Handeln der Individuen zwar rahmen, aber den einzelnen »Spielzug« keineswegs determinieren.[50]

Außerdem bringen die verschiedenen Spieler in den »Spiel-Räumen« ja auch ganz unterschiedliche Ressourcen mit.

> »Sie verfügen über *Trümpfe*, mit denen sie andere ausstechen können und deren Wert je nach Spiel variiert: So wie der relative Wert der Karten je nach Spiel ein anderer ist, so variiert auch die Hierarchie der verschiedenen Kapitalsorten (ökonomisch, kulturell, sozial, symbolisch) in den verschiedenen Feldern. Es gibt, mit anderen Worten, Karten, die in allen Feldern stechen und einen Effekt haben – das sind die Kapital-Grundsorten –, doch ist ihr relativer Wert als Trumpf je nach Feld und sogar je nach den verschiedenen Zuständen ein und desselben Feldes ein anderer.« (Reflexive Soziologie 1992/1996, 128)

Die Begriffe Kapital und Feld sind also eng aufeinander bezogen.

> »Wenn Sie einen Mathematiker ausstechen wollen, muß es mathematisch gemacht werden, durch einen Beweis oder eine Widerlegung. Natürlich gibt es immer auch die Möglichkeit, daß ein römischer Soldat einen Mathematiker köpft, aber das ist ein ›Kategorienfehler‹, wie die Philosophen sagen.« (Gebrauch der Wissenschaft 1997/1998, 28; vgl. Praktische Vernunft 1994/1998, 89 f.)

Insofern

> »existiert und funktioniert ein Kapital ... nur in Verbindung mit einem Feld; es verleiht Macht über das Feld, über die materialisierten oder inkorporierten Produktions- bzw. Reproduktionsmittel, deren Distribution eben die Struktur des Feldes ausmacht, über die Regularitäten und Regeln, die das normale Funktionieren des Feldes bestimmen, und damit auch über die Profite, die sich in ihm erzielen lassen.« (Reflexive Soziologie 1992/1996, 132)

Im wissenschaftlichen Feld z. B. geht es um wissenschaftliches Kapital.

---

50 Offenbar hat Bourdieu die Vorstellung vom Spiel und vom Einsatz der Spieler zuerst anhand der akademischen Welt entwickelt (als frühe Fassung: Illusion der Chancengleichheit 1964/1971, 61).

»Es ist der Umfang dieses Kapitals, der den Akteuren (Individuen oder Institutionen) ihre eigentümliche Stellung im Feld zuweist, und sie bestimmen dabei die Struktur des Feldes im Verhältnis dieses ihres besonderen Gewichts, ein Gewicht, das von dem aller anderen Akteure, also von seiner Verteilung im gesamten Raum abhängt. Umgekehrt aber handelt jeder Akteur unter den Zwängen der Struktur des Raums, die sich ihm umso gewaltsamer auferlegt, je geringer sein verhältnismäßiges Gewicht im Feld ist.« (Gebrauch der Wissenschaft 1997/1998, 21)

Welche Spielzüge ein Spieler macht, hängt jedoch nicht nur von seiner derzeit verfügbaren Kapitalmenge ab, sondern auch von der Entwicklung seines Kapitals nach Umfang und Struktur in seinem sozialen Lebenslauf und »von den Dispositionen (Habitus), die sich in der dauerhaften Beziehung zu einer bestimmten objektiven Chancenstruktur herausgebildet haben.« (Reflexive Soziologie 1992/1996, 129)

Die Spieler können zwei grundlegende Strategien verfolgen: Sie können versuchen, innerhalb der eingespielten Regeln ihr Kapital zu vermehren bzw. zu erhalten, und sie können versuchen, die Spielregeln zu ihren Gunsten (etwa: Umwertung der Wechselkurse zwischen den Kapitalsorten) zu verändern.

»Nicht wenige Kämpfe im Feld der Macht fallen unter diesen Typus: vor allem diejenigen Kämpfe, bei denen es darum geht, sich Macht über den Staat zu verschaffen, das heißt über jene ökonomischen und politischen Ressourcen, die es dem Staat erlauben, Macht über alle Spiele und über die Regeln auszuüben, nach denen sie gespielt werden.« (Reflexive Soziologie 1992/1996, 129f)

Durch Macht über staatlich-bürokratische Instanzen kann Einfluss auf die Wechselkurse zwischen den verschiedenen Kapitalsorten erlangt werden, z. B. um die Seltenheit bestimmter Bildungstitel zu bewahren (Praktische Vernunft 1994/1998, 51).

Schließlich braucht es ein feldbezogenes Interesse der Spieler, um ein Feld zum Kampfplatz zu machen. Sie müssen sich für den Gegenstand des Austausches interessieren, müssen sich in dem nach feldspezifischen Regeln ablaufenden Konflikt engagieren. Dieser Glaube an die Sinnhaftigkeit des Spiels in einem bestimmten Feld und an die Bedeutung dessen, was auf dem Spiel steht, lässt das Feld erst im eigentlichen Sinne entstehen. Dieser Glaube bleibt implizit, er macht die *doxa* des Feldes oder die feldspezifische *illusio* (manchmal auch als *Interesse*[51], *involvement* bzw. *commitment* übersetzt, z. B. La représentation politique 1981, 7; Begriff von Ökonomie 1983/1997, 79) aus. »Hat man sich ... die für ein Feld konstitutive Sicht einmal angeeignet, ist es nicht mehr möglich, sie von außen zu sehen ...« (Meditationen 1997/2001, 122). Die *illusio* eines Feldes unterliegt als nicht ausgesprochene gemeinsame Überzeugung allen Konflikten und Debatten, die ein Feld durchziehen, und ermöglicht diese zu allererst.

> »Um Argumente diskutieren zu wollen, muß man glauben, daß sie dies verdienen, und vor allem, daß die Diskussion es verdient, geführt zu werden. Die *illusio* gehört nicht zu den expliziten Prinzipien, den Thesen, die man aufstellt und die verteidigt werden, sondern zum Handeln, zur Routine, zu den Dingen, die man halt tut und die man tut, weil es sich gehört und weil man sie immer getan hat.« (Meditationen 1997/2001, 129; ähnlich: Praktische Vernunft 1994/1998, 141 f., Reflexive Soziologie 1992/1996, 128; fürs literarische Feld: Le champ littéraire 1991, 22 f.)

Der Zugang zum wissenschaftlichen Feld z. B.

> »setzt eine Suspendierung der Grundannahmen des gewöhnlichen Menschenverstandes und eine *para-doxale* Zustimmung zu einem Ensemble mehr oder weniger radikal neuer Grundannahmen voraus – und in Verbindung damit die Entdeckung von Zwecksetzungen und Prioritäten, die der gewöhnlichen Erfahrung unbekannt und unverständlich sind. Für jedes Feld ist nämlich die Verfolgung eines spezifischen Ziels charakteristisch, das geeignet ist, alle (und nur die), die über die erforderlichen Einstellungen verfügen (die *libido sciendi* bespielsweise), dazu zu bringen, sich voll und ganz dafür einzusetzen. An der wissenschaftlichen, literarischen, philosophischen usw. *illusio* teilhaben heißt Einsätze ernst nehmen (und manchmal eine Frage von Leben oder Tod daraus machen), die, aus der Logik des Spiels selbst hervorgegangen, dessen Ernst begründen, mögen sie auch den bisweilen so genannten ›Laien‹ oder in anderen Feldern Engagierten unverständlich bleiben oder als ›uninteressant‹ oder ›zwecklos‹ erscheinen ...« (Meditationen

51 Bourdieu weiß, dass der Begriff Interesse eine ökonomistische Interpretation nahe legen könnte (Antworten 1989, 395).

1997/2001, 20; vgl. die Identifizierung von *illusio* mit *commitment*: Sozialer Sinn 1980/1999, 95, Fußn. 1)

Im Feld der Kunst z. B. gibt es einen ausgeprägten Sinn für Investitionen, einen »Anlage-Sinn«. Dieser äußert sich jedoch nicht als ökonomisches Kalkül, wird nicht als auf Geld bezogenes Interesse gelebt, sondern folgt einem selbstständigen Verhältnis zur Kunst.

»Der Kunstliebhaber kennt keinen anderen Führer als seine Liebe zur Kunst; und wenn er gleichsam aus Instinkt und wie jene Geschäftsleute, die auch dann zu Geld kommen, wenn sie gar nicht danach trachten, sich dem zuwendet, was im jeweiligen Moment eben en vogue ist, dann folgt er keinem zynischen Kalkül, sondern nur seinem eigenen Vergnügen, seiner aufrichtigen Begeisterung, die in diesem Bereich eine Grundvoraussetzung für den Erfolg der ›Investition‹ darstellt.« (Feine Unterschiede 1979/1999, 152)

Das Grundgesetz des künstlerischen Feldes ist aus der Schule des *L' art pour l' art* entstanden und lautet: »Der Zweck der Kunst ist die Kunst, die Kunst hat keinen anderen Zweck als die Kunst usw.« (Praktische Vernunft 1994/1998, 148) Das bürokratische Feld hingegen hat als Grundgesetz den »Dienst an der Öffentlichkeit« und bildet ein Subuniversum, in dem »die sozialen Akteure kein persönliches Interesse haben und ihre eigenen Interessen der Öffentlichkeit, dem öffentlichen Dienst, dem Allgemeinen opfern.« (Praktische Vernunft 1994/1998, 150)

Die feldspezifische *illusio* bleibt Außenstehenden mehr oder weniger unverständlich, wirkt gar sinn- und zwecklos auf sie. Die Unabhängigkeit der Felder voneinander zeigt sich hauptsächlich in dieser wechselseitigen Verständnisbarriere (Meditationen 1997/2001, 20). Die Grenzen eines Feldes zum nächsten verlaufen somit in der Regel gerade dort, wo die in dem einen Feld geltenden Ziele nicht mehr interessant erscheinen.

»Die Karrierepläne des hohen Beamten zum Beispiel können den Forscher kaltlassen, und die rückhaltlose Selbstaufopferung des Künstlers oder der Kampf der Journalisten um einen Platz auf der ersten Seite bleiben einem Bankier nahezu unverständlich …, und dies gilt gewiß für alle Personen außerhalb des Feldes, also sehr oft auch: für oberflächliche Beobachter.« (Meditationen 1997/2001, 123)

Und Interessen oder Formen von *illusio* gibt es so viele, wie es Felder gibt (Antworten 1989, 400).

Verliert ein Spieler oder verlieren viele – aus welchen Gründen auch immer – den Glauben an die Sinnhaftigkeit des Spiels in einem bestimmten Feld, dann brechen Sinnfragen auf, die sich zuvor nicht gestellt hatten (Sozialer Sinn 1980/1999, 123). Normalerweise reagieren alle Gruppen in einem Feld, auch wenn sie darin sonst gegensätzliche Positionen vertreten, außerordentlich empfindlich und aggressiv auf Individuen oder Gruppen, die den Sinn des Spiels in Frage stellen und dadurch dazu beitragen könnten, dass der Fortgang des Spiels in Zweifel gezogen werden muss (durch Zynismus im Feld der Politik etwa; vgl. La représentation politique 1981, 7 f.).

Ob ein Feld wirksam ist und wo seine Grenzen liegen, sind für Bourdieu empirische Fragen. Denn die in einem Feld gegeneinander Kämpfenden sind oft darum bemüht, andere Gruppen aus dem Feld auszuschließen (soziale Schließung) und die Feldgrenze so zu institutionalisieren, dass bestimmte Eintrittsbedingungen erfüllt werden müssen. So haben das künstlerische und das literarische Feld relativ schwach institutionalisierte Grenzen, das wissenschaftliche hingegen stark institutionalisierte, weil an Bildungsabschlüsse, Titel usw. gebunden (Le champ littéraire 1991, 13). Als allgemeinste Antwort ließe sich sagen: »Die Grenzen des Feldes liegen dort, wo die Feldeffekte aufhören.« (Reflexive Soziologie 1992/1996, 131; vgl. Reflexive Anthropologie 1992/1996, 266)

Auf welche Weise die Spieler die spezifische Logik eines Feldes übernehmen, das bleibt implizit,

> »weil es mit einem bewußten und überlegten Engagement, einer ausdrücklichen vertraglichen Verpflichtung in der Tat nichts zu tun hat. Die ursprüngliche Investition hat keinen Ursprung, weil sie sich selbst stets vorausgeht und dann, wenn wir über den Eintritt ins Spiel nachdenken, das Spiel schon mehr oder weniger gelaufen ist …« (Meditationen 1997/2001, 20 f.; vgl. Reflexive Soziologie 1992/1996, 128)

Wer in ein Feld bereits hineingeboren wird, der hat gegenüber anderen, die sich auch in diesem Feld bewegen müssen, Vorteile, weil ihm die Spielregeln und die ungeschriebenen Gesetze selbstverständlich sind; er hat das, »was man im Rugby, aber auch an der Börse einen *Plazierungssinn* nennt.« (Gebrauch der Wissenschaft 1997/1998, 24; vgl. Praktische Vernunft 1994/1998, 143) Das hat z. B. Auswirkungen auf die Entscheidung eines Wissenschaftlers, welche Themen er als viel versprechend (im Hinblick auf Anerkennung, Publizität, Geld) betrachtet und folglich bearbeiten wird.

> »Wie ein Rugbyspieler weiß, wohin der Ball fliegen wird und sich bereits dort befindet, wenn er zu Boden fällt, ist derjenige ein guter Wissenschaftsspieler, der sich, ohne rechnen zu müssen oder berechnend zu sein, für das entscheidet, was sich auszahlt. Jene, die in das Spiel hineingeboren werden, verfügen eben über das Privileg des ›Angeborenen‹. Sie müssen nicht berechnend sein, um zu tun, was nötig ist, wenn es nötig ist, und schließlich den Gewinn einzustreichen.« (Gebrauch der Wissenschaft 1997/1998, 24 f.)

Der Spielsinn ist ein »Sinn für die wahrscheinliche Zukunft«, »die Kunst der praktischen Vorwegnahme der in der Gegenwart enthaltenen Zukunft« (Sozialer Sinn 1980/1999, 122 f., auch 149 f.).

Diejenigen, denen der Spiel- oder Platzierungssinn nicht »angeboren« ist, haben Nachteile. Sie laufen Gefahr,

> »immer verspätet, fehl am Platz, am falschen Platz zu sein, sich unwohl in ihrer Haut zu fühlen, gegen die Schwerkraft, gegen die Zeit anrennen zu müssen, mit all den Folgen, die sich wohl lebhaft ausmalen lassen. Doch sie können auch den Kampf mit den Kräften des Feldes aufnehmen, können sich ihnen widersetzen und versuchen, statt ihre Dispositionen den Strukturen zu beugen, diese Strukturen so abzuwandeln, daß sie sich schließlich ihren Dispositionen fügen.« (Gebrauch der Wissenschaft 1997/1998, 25; vgl. Le champ littéraire 1991, 40 f.)

Bourdieu vergleicht diesen Unterschied zwischen der selbstverständlichen und der mühsamen Bewegung in einem Feld auch mit dem Erwerb der Muttersprache im Gegensatz zu dem einer Fremdsprache (Sozialer Sinn 1980/1999, 124).

Die Analogie des Spiels bzw. Spielraums sollte aber nicht zu weit getrieben werden, weil das Feld »im Unterschied zum Spiel kein Produkt einer bewußten Schöpfung ist und Regeln unterliegt, oder besser gesagt Regularitäten, die nicht expliziert und kodifiziert sind.« (Reflexive Soziologie 1992/1996, 127) Der zweite wichtige Unterschied zum Spiel (oder einem Spielmodell)

> »besteht darin, daß das Feld ein Spiel ist, in dem die Spielregeln selbst ins Spiel gebracht werden (man sieht das immer dann, wenn eine symbolische Revolution – wie sie etwa Manet durchgesetzt hat – sogar die Bedingungen des Zugangs zum Spiel umzuschreiben in der Lage ist, das heißt die Eigenschaften, die dort als Kapital verrechnet werden und Macht über das Spiel und andere Mitspieler verleihen).« (Gebrauch der Wissenschaft 1997/1998, 25)

Die Verfasstheit einzelner Felder (Spielregeln usw.) wie auch die Konstellation der Felder insgesamt sind in ständiger (geschichtlicher) Bewegung: Die Spiel-Räume sind Kampfplätze. Nach welchen Regeln Einsätze gemacht werden und worum gespielt wird, das unterliegt dauernden Kämpfen der Beteiligten. Bis hinein in pädagogische Konzepte und Bildungsbegriffe reichen die Kämpfe, die kulturelle Emporkömmlinge gegen diejenigen ausfechten, die ihr kulturelles Kapital von der Familie geerbt haben (Feine Unterschiede 1979/1999, 150 ff.).

> »Ein Großunternehmen verändert den ganzen ökonomischen Raum, verleiht ihm eine bestimmte Struktur. Im Feld der Wissenschaft konnte Einstein, eine Art Großunternehmen, den gesamten Raum umgestalten. Diese Einsteinsche Metapher im Bezug auf Einstein meint, daß es keinen noch so großen oder unbedeutenden Physiker gibt, weder in Brioude noch in Harvard, der nicht (ohne je in unmittelbare Beziehung oder Auseinandersetzung mit ihm getreten zu sein) vom Einfluß Einsteins betroffen, abgedrängt oder ausgegrenzt worden wäre, ebenso wie die Preissenkungen einer großen Firma eine ganze Schar von Kleinunternehmern aus dem ökonomischen Feld drückt.« (Gebrauch der Wissenschaft 1997/1998, 20)[52]

52 Fröhlich und Mörth (2009) zeichnen Bourdieu als eine »Art Großunternehmen«, das nicht auf einer Person, sondern einem geschätzten Gesamtmitarbeiterstab von 1.300 bis 1.500 Personen basierte.

Die in einem Feld Mächtigen neigen dazu, die bisherigen Regeln des Spiels zu erhalten.

> »Die Alteingesessenen verfolgen *Konservierungsstrategien*, deren Ziel es ist, aus einem allmählich akkumulierten Kapital Profit zu ziehen, die Neulinge *Subversivstrategien*, die auf eine spezifische Kapitalakkumulation gerichtet sind, welche eine mehr oder weniger radikale Umwälzung der Werteskala voraussetzt, eine mehr oder weniger revolutionäre Neudefinition der Produktions- und Bewertungsprinzipien der Produkte und damit zugleich eine Entwertung des von den Herrschenden gehaltenen Kapitals.« (Haute Couture 1974/1993, 188 f.; vgl. Gebrauch der Wissenschaft 1997/1998, 26)[53]

Als Grenzfall ist vorstellbar, dass die Kämpfe in einem Feld aufhören, weil die Herrschenden einen derart umfassenden Sieg errungen haben, dass jegliche Opposition aufhört.

> »Totalitäre Institutionen – Anstalten, Gefängnisse, Konzentrationslager – oder Diktaturen sind Versuche, das Ende der Geschichte herbeizuführen.« (Reflexive Soziologie 1992/1996, 133)

Aber dieser für Bourdieu pathologische Grenzfall, dass die Vorgänge in einem Feld nur noch von oben nach unten verlaufen und die Felder zu »Apparaten« (im Sinne von Althusser) mutieren, werde faktisch nie erreicht (Der Tote 1980/1997, 44).

Schließlich gibt es auch Konflikte zwischen Feldern, zumeist als Übergriffe vom einen in ein anderes. Bourdieu nennt solche, die Autonomie eines Feldes gefährdenden, Übergriffe »tyrannisch« (und nennt dabei Pascal als Anreger für diesen Gedanken):

> »Tyrannei herrscht beispielsweise, wenn die politische Macht oder die wirtschaftliche Macht in das Feld der Wissenschaft oder das der Literatur eingreift, sei es unmittelbar, sei es vermittels einer spezifischeren Macht wie der von Akademien, Verlegern, Kommissionen oder der des Journalismus (der seinen Einfluß heute auf verschiedene Felder auszudehnen sucht, vor allem auf das politische, intellektuelle, juristische und wissenschaftliche Feld), um dort ihre eigenen Hierarchien zu errichten und die Selbstbehauptung spezi-

53 Staab/Vogel (2009a, 133), weisen darauf hin, dass die feldspezifischen Regeln und Ziele auch eine konfliktdämpfende Funktion haben können. Denn solange die Aufstiegswilligen den Glauben haben, »es schaffen zu können … werden diese ihre Konflikte in den geregelten Bahnen der sozialen Felder austragen.«

> fischer Hierarchisierungsprinzipien zu unterdrücken.« (Meditationen 1997/2001, 131 f.)[54]

Bourdieus These von der Entstehung und Veränderung der Felder und ihrer Konstellation ähnelt soziologischen Differenzierungstheorien von der Ausbildung selbstständiger gesellschaftlicher Handlungsfelder, in denen jeweils eine eigene Logik der Interaktion und des Austauschs dominiert. Diese Übereinstimmung sieht Bourdieu auch selbst:

> »Die Theorie der Felder beruht auf der Feststellung (die sich bereits bei Spencer, Durkheim, Weber usw. findet), daß in der sozialen Welt ein fortschreitender Differenzierungsprozeß stattfindet.«

In archaischen und auch noch in vorkapitalistischen Gesellschaften, so Bourdieu, war diese Differenzierung noch nicht wirksam (Praktische Vernunft 1994/1998, 148). Das Feld-Konzept wird erst nötig in komplexeren Gesellschaften, in denen der Habitus nicht mehr wie zuvor aus dem Sozialsystem insgesamt herausgearbeitet werden kann (so Raphael 1991, 241).

Die Entstehung des ökonomischen Feldes bindet Bourdieu an die Herausbildung der Marktökonomie, die Entstehung des kulturellen Feldes an die Verbreitung der Schriftlichkeit und die Etablierung eines Bildungssystems. Das künstlerische Feld habe sich als autonomes in der Zeit nach dem Impressionismus etabliert, als es den Künstlern gelang, »das *absolute Primat der Form über die Funktion*, der Darstellungsweise über das Dargestellte« durchzusetzen und bei den Kunstkonsumenten eine verallgemeinerte ästhetische Einstellung zu erreichen (Feine Unterschiede 1979/1999, 59 f.; zur Autonomisierung des literarischen Feldes: Le champ littéraire 1991, 7). Für jene Zeiten, als den Malern vertraglich von den Auftraggebern die Verwendung bestimmter Farben, die Darstellung bestimmter Figuren und Szenen usw. auf-

54 Zur Gefährdung der Autonomie des wissenschaftlichen Feldes durch die Medien: Interview Die Könige sind nackt 1984/1992, 87 ff.; Über das Fernsehen 1996/1998, 85 ff. »Tyrannei« verwendet Bourdieu übrigens auch für eine Steuerung des internationalen Austauschs der Ideen durch nicht-wissenschaftliche Interessen (Circulation internationale 1990/2002, 5). Hinweise, dass die Autonomie des wissenschaftlichen Feldes nicht immer eine Garantie für die Funktionsweise der Wissenschaft ist: Fröhlich 2003, 124 f.

erlegt worden war (vgl. Perception 1981; Reine Ästhetik 1993, 23), könne von einem künstlerischen Feld noch nicht gesprochen werden.

Die Entstehung des politisch-staatlichen Feldes bindet Bourdieu an die Geschichte der Bürokratien und ihrer Machttechniken (La représentation politique 1981, 6). Jedenfalls hält er einen Modernisierungsbegriff, der häufig zur Benennung jeglicher gesellschaftlicher Umstrukturierung herhalten muss, für ungeeignet:

> »... die Auffassung, die die Entstehung des Staates als ununterbrochenen Prozeß der ›Modernisierung‹, der ›Rationalisierung‹ und der ›Säkularisierung‹ beschreibt, erklärt das Dunkle durch das noch Dunklere, das Vage durch das noch Vagere, als ob es sich um eine Art natürlichen Impetus gehandelt habe und nicht um historisch determinierte Wahlen spezifischer historischer Akteure.« (La science de l' État 2000, 3)

Der Entstehung der Felder jeweils nachzugehen, sei vor allem für sozialgeschichtliche Untersuchungen von außerordentlicher Bedeutung (zur jüngsten Geschichte des Feldes der *grandes écoles*: Grandes écoles 1987), um Anachronismen zu vermeiden. So könne man z. B. in einer Arbeit über die Zeit vor 1880, also vor der Entstehung des künstlerischen Feldes, den Begriff des Künstlers nur mit großem Vorbehalt verwenden; Ähnliches gelte für Begriffe wie Demokratie, öffentliche Meinung oder Politik (Reflexive Soziologie 1992/1996, 123 f.).

Gesellschaftliche Krisen und Umstürze, historische Ereignisse im weiteren Sinne können entstehen, wenn Kritik und Forderungen nach Veränderung aus mehreren Feldern (möglicherweise zufällig) parallel zueinander laufen oder ineinander übergreifen. Das kann zu einer synchronisierten Rhythmik des Wollens und Handelns führen, zu Bündnissen zwischen protestierenden Gruppen aus mehreren Feldern, zu mehr oder weniger oberflächlich begründeten gemeinsamen Handlungen gegen die institutionelle und politische Ordnung, zu einer (zeitweisen) Rücknahme der Ausdifferenzierung der Felder gegeneinander.

Diesen Gedanken des (unerwartet) feldübergreifenden kritischen Handelns benutzt Bourdieu bei seiner Auseinandersetzung mit dem Phänomen »1968«, also der Frage, wie und warum der

Mai 1968 zu einer gesamtgesellschaftlichen Krise werden konnte (Homo academicus 1984/1998, 274 ff.).

> »Eben weil jedes Feld tendenziell immer um den Gegensatz zwischen herrschenden und beherrschten Positionen aufgebaut ist, findet sich stets ein Aspekt, unter dem sich die Akteure eines bestimmten Feldes anderen Akteuren mit einer homologen Position in anderen Feldern anschließen oder angliedern lassen – ohne Rücksicht darauf, wie fern im sozialen Raum diese Position und wie verschieden sowohl die dort herrschenden Lebensbedingungen als auch die Habitusformen der betreffenden Akteure sein mögen.« (Homo academicus 1984/1998, 280)

Eine derartige Synchronisierung oder auch teilweise Verschmelzung von Feldern, wie sie sich in der gesellschaftlichen Krise zeigt, hat weit reichende Folgen für die Akteure; nicht nur, weil Missverständnisse über die Gemeinsamkeiten und vage Bündnisvereinbarungen bei solchen feldübergreifenden Solidarisierungen häufig sein dürften.

> »Indem sie eine objektive oder, wenn man will, historische Zeit einführt, die die jeweilige spezifische Dauer der verschiedenen Felder transzendiert, erhebt die Situation der allgemeinen Krise für eine mehr oder weniger lange Zeit Akteure zu *praktischen Zeitgenossen*, die jenseits theoretischer Zeitgenossenschaft sich in mehr oder weniger vollständig getrennten sozialen Zeiten entwickelt haben, wobei jedes Feld eine ihm eigene Dauer und Geschichte aufweist, mit ihren Daten, ihren Ereignissen, Krisen und Revolutionen, ihren ureigenen Entwicklungsrhythmen. Mehr noch, sie läßt Akteure sich *ihrer Zeitgenossenschaft bewußt werden*, deren Biographien nach ebenso vielen Systemen zu periodisieren wären, wie es Felder mit unterschiedlichen Rhythmen gibt, an denen sie teilhaben.« (Homo academicus 1984/1998, 283)

Die relative Aufhebung der Grenzen zwischen den Feldern in der allgemeinen Krise vereinfacht und radikalisiert die Erfordernisse in Bezug auf Sprechen und Handeln: Innerhalb der einzelnen Felder sind die Akteure, je nach Feld und Position, durchaus flexibel in der Entscheidung, welchen Kriterien oder Maximen sie folgen, im Zusammenschluss der Felder durch die Krise dagegen werden feldübergreifende Eindeutigkeit und Stabilität der Meinungen und handlungsleitenden Gesichtspunkte verlangt.

Zu einer umfassenden Differenzierungstheorie, mit der die historische Entwicklung bis hin zur modernen Gesellschaft erklärt werden kann, reichen diese feldtheoretischen Entwürfe allerdings nicht aus. Bourdieu ist in diesem Punkt zurückhaltend, neuere Differenzierungstheorien sind gewiss systematischer im Ansatz als die seine. Möglicherweise ist Bourdieu aufgrund seiner ethnologisch ausgerichteten Forschungen zu sehr überzeugt von der Eigenheit der Kulturen und Epochen, als dass er – etwa auf Kosten geschichtlicher und kulturgeschichtlicher Informationen – eine einzige Entwicklungslinie durch die Geschichte der Gesellschaftsformen ziehen wollte (so Schwingel 2000, 99). Vielleicht liegt diese Zurückhaltung Bourdieus auch daran, dass er sich ja sowohl für die Ausdifferenzierung von gegeneinander autonomen Feldern als auch für die Ungleichheitsstruktur von Klassen interessierte (vgl. Kieserling 2008, 4 f.; Rehbein 2006, 110), ohne doch beide Grunddimensionen in ihrem Verhältnis abschließend bestimmen zu können.

Angesichts des Passungsverhältnisses von Habitus und Feld stellt sich die Frage, ob Bourdieus Theorie (entgegen den politischen Stellungnahmen des Autors) nicht doch konservativ ist, ob sie nichts anderes denken kann als eine einigermaßen reibungslose Reproduktion des Gesellschaftlichen im Individuum und damit auch des Gesellschaftlichen außerhalb der Individuen, also weder Wandel noch Umsturz berücksichtigen kann. Bourdieus

> »social universe ultimately remains one in which things happen to people, rather than a world in which they can intervene in their individual and collective destinies.« (Jenkins 1992, 91)

Eine wichtige Rolle spielt in diesem Zusammenhang die Situation, in der Bourdieu das Habitus-Konzept zuerst entwickelte, nämlich die Auseinandersetzung mit den traditionalen Kulturen der Algerier (vgl. Religiöses Feld 2000): In einfachen Gesellschaften (wie der der Kabylen), die wenig sozialen Wandel aufweisen, trifft ein in einer sozialgeschichtlichen Konstellation erworbener Habitus normalerweise auf entsprechende Konstellationen, so dass sich Passung und also Reproduktion im Verhältnis von Habitus und Feld ergeben. Anders steht es in modernen Gesellschaften mit starkem sozialen Wandel und ausdifferenzierten Bereichen. Hier trifft ein Habitus häufig auf Konstellationen, die anders sind als die, unter denen er entstanden ist. Die mangelnde Passung führt dann zu Transformationen. Denn der bisher brauchbare Habitus muss nun kritisch überdacht (d. h. auch bewusst reflektiert) werden, um der neuen Konstellation angemessenere Schemata der Orientierung und des Handelns zu finden. Allerdings überwiegt auch unter modernen Bedingungen ein Passungsverhältnis zwischen Habitus und Feld. Es ist dies der Grund für die tiefe Selbstverständlichkeit und selbstverständliche Funktionsweise sowohl der sozialen Strukturen als auch der eigenen Dispositionen als Habitus, mit der sie den allermeisten Angehörigen der Gesellschaft erscheinen. Wenn auch und gerade das Feld der Wissenschaft von Kämpfen um Reputationsgewinn und Macht (über Forschungsgelder und -einrichtungen usw.) durchzogen, ja geradezu gebildet wird, eröffnet sich die Frage, wie dann verlässliches Wissen, wie wissenschaftliche Wahrheit entstehen kann. Bourdieus frühe Veröffentlichungen zu diesem Thema sind oft so verstanden worden, als ob es im Feld der Wissenschaft nur Interessen und Durchsetzungskämpfe um Reputation und Macht gebe und man sich mit dieser Gegebenheit bescheiden müsse. Dabei ist die Eigenlogik des wissenschaftlichen Feldes übersehen worden: Sie verlangt von den miteinander streitenden Wissenschaftlern, dass sie sich entsprechend dem feldspezifischen Habitus, der an der Gewinnung verlässlichen Wissens orientiert ist, streiten. So ergibt sich wissenschaftliche Wahrheit als eventuell nicht-intendiertes Resultat aus den interessenorientierten Kämpfen der Wissenschaftler (vgl. Kim 2009).

In einer Hinsicht verwendet Bourdieu den Feld-Begriff nicht ganz systematisch: Er kennt neben den genannten Feldern noch ein »Feld der Macht«, das in die anderen Felder hineinreicht. Dieser Begriff ist ein Substitut-Begriff für »herrschende Klasse« (Reflexive Soziologie 1992/1996, 107, Fußn. 10; Praktische Vernunft 1994/1998, 51; Le champ littéraire 1991, 5). Liegt in dieser Rückbindung an die gesellschaftliche Klassenstruktur eine Relativierung des Feld-Begriffs insoweit, als damit die Autonomie der Felder im Grunde in Frage gestellt wäre (so Alexander 1995, 161 f.;

vgl. auch Kieserling 2008, 14)? Wohl kaum: Bourdieu verwendet den Begriff, um den Fehler der bisherigen Elite-Theorien zu vermeiden, die bei der Untersuchung dieses Gegenstandes an Individuen und Gruppen denken, die Macht haben und ausüben, statt an Strukturen, an »Systeme von objektiven Relationen« (Gespräch Feld der Macht 1991, 69 f.).

Manchmal meint Bourdieu mit Feld auch einen kleineren Teilbereich, etwa das Feld der »grandes écoles« (Agrégation 1987, 27 ff.), das Feld der Unternehmen, die Eigenheime bauen bzw. verkaufen (Einfamilienhaus 1990/2002, 38 ff.), das »Feld der Sportpraktiken« (Moderner Sport 1985) sowie auch ein einzelnes Unternehmen, insofern es als Kräfteverhältnis von Akteuren und Akteursgruppen aufzufassen ist (Titel und Stelle 1973/1981, 39 f.; Einfamilienhaus 1990/2002, 71 ff.; Ökonomisches Feld 1997/2002, 191 ff.), und einzelne Institutionen. Eine solche Begriffsverwendung wird man dann nicht kritisieren können, wenn Bourdieu dabei seiner eigenen Regel zur empirischen Bestimmung der Feldgrenzen gefolgt ist.

Das Verhältnis von Feld und Habitus klärt Bourdieu nicht in jeder Hinsicht: Einerseits können Menschen einen passenden oder unpassenden Habitus ins Feld mitbringen, der Habitus existiert also in gewisser Weise unabhängig von dem Feld, in dem sein Träger sich bewegt; andererseits wird der Habitus immer in Bezug auf ein bestimmtes Feld erworben, entsteht also im und durch ein Feld (so Jenkins 1992, 90). Ungeklärt bleibt auch, wie die Mehrzahl der Felder, in denen sich die Einzelnen aufhalten, sich in ihrem Habitus wirksam macht, anders gesagt: wie die feldspezifischen Habitusformen zu dem einem Individuum in der Sozialisation mitgegebenen Habitus stehen (vgl. Couldry 2005, 357). Und ungeklärt bleibt vor allem, wie denn der ja grundlegend klassenstrukturell geprägte Habitus mit den nicht klassenstrukturell, sondern durch je spezifische Bestimmungen geregelten Anforderungen der Mehrzahl der Felder zurechtkommt (vgl. als Problem der Logik der Felder im Verhältnis zur Klassenstruktur: Kieserling 2008).

Bourdieu verbindet mit dem Feld-Begriff große Hoffnungen für die Sozialwissenschaft: er glaubt nicht nur, damit den Begriff

Gesellschaft unnötig machen zu können, sondern hofft auch, die seiner Ansicht nach unnötige Trennung zwischen Soziologie und Geschichtswissenschaft überwinden zu können.

»Eine der Funktionen der Theorie von den Feldern, wie ich sie vertrete, ist es ja …, den Gegensatz von Reproduktion und Transformation, statisch und dynamisch, Struktur und Geschichte aufzuheben.« (Reflexive Soziologie 1992/1996, 120)

Bourdieu stellt seinen Feldbegriff als neue konzeptuelle Lösung vor. Dagegen lassen sich durchaus Einwände erheben:

»From Weber onwards, the history of social theory is full of examples of broadly similar understandings of society as inter-related arenas or domains.« (Jenkins 1992, 89)

Mit dem Feld-Konzept bei Bourdieu verwandte Konzepte sind insbesondere das Konzept der *arena* und der *social world* bei den amerikanischen Interaktionisten (vgl. Strauss 1993, 212 ff.); vor allem die Studien von H. S. Becker über die Welt der Künstler verwenden ein ähnliches Modell (z. B. Becker 1982). Bourdieu selbst kritisiert diese allerdings scharf: Becker konzipiert die kollektive Welt der Künstler als ein Netz von Individuen, die durch Interaktionen miteinander verbunden sind, und Bourdieu wirft ihm vor, damit unterschreite er die Leistungsfähigkeit des Feld-Begriffs, der von objektiven, strukturierend wirkenden Beziehungen ausgehe (Le champ littéraire 1991, 4).

Vor allem aber drängt sich angesichts des Feld-Konzeptes die Frage auf, ob ein Feld im Sinne Bourdieus dem System-Begriff im Sinne Luhmann'scher Systemtheorie entspricht (zur Nähe von Bourdieus Feldbegriff zu Luhmanns Ideen vgl. Kieserling 2008, 6 ff.). Bourdieu verwendet zwar an vielen Stellen den Systembegriff, nämlich im laxen Sinne eines Zusammenhangs von aufeinander bezogenen Elementen und Kräften, oder auch im Sinne eines Kräftefeldes (z. B. Moderner Sport 1985, 576), stellt jedoch fest, dass jenseits oberflächlicher Ähnlichkeiten (Selbstorganisation und Selbstreferenz in der Systemtheorie erinnern an die Autonomie der Felder) beide Ansätze unvereinbar seien.

»Zuallererst einmal schließt der Begriff Feld den Funktionalismus und den Organizismus aus. Die Produkte eines gegebenen Feldes können systematisch sein, ohne Produkte eines Systems zu sein, insbesondere nicht eines Systems, dessen Merkmale gemeinsame Funktionen, interne Kohäsion und Selbstregulierung sind – lauter Voraussetzungen der Systemtheorie, die abzulehnen sind.«

Die Kohärenz eines bestimmten Zustandes eines Feldes und seine eventuell eindeutige Gerichtetheit »sind ein Produkt von Konflikt und Konkurrenz und kein Produkt irgendeiner immanenten Eigenentwicklung der Struktur.« (Reflexive Soziologie 1992/1996, 134 f.; zu Luhmann: La force du droit 1986, 4; vgl. Barlösius 2006, 94 ff.)

Zudem habe ein Feld keine Elemente oder Bestandteile, die funktional aufs System hingeordnet sind.

3.4 Kapital

Allgemein ist *Kapital* »soziale Energie« (Feine Unterschiede 1979/1999, 194), die »Energie der sozialen Physik« (Entwurf einer Theorie 1972/1976, 357; vgl. Sozialer Sinn 1980/1999, 222), »a form of power« (Postone/LiPuma/Calhoun 1993, 4). Es ist als gespeicherte und akkumulierte Arbeit in materieller oder verinnerlichter Form gegeben. Die Aneignung von Kapital durch einzelne Menschen oder Gruppen ist eine Aneignung von sozialer Energie (Ökonomisches Kapital 1983, 183).[55] Weil es akkumuliertes, vererbbares oder auf andere Weise übertragbares Kapital gibt, haben die Einzelnen und Gruppen unterschiedliche Möglichkeiten des Handelns.

»Die zu einem bestimmten Zeitpunkt gegebene Verteilungsstruktur verschiedener Arten und Unterarten von Kapital entspricht der immanenten Struktur der gesellschaftlichen Welt, d. h. die Gesamtheit der ihr innewohnenden Zwänge, durch die das dauerhafte Funktionieren der gesellschaftlichen Wirklichkeit bestimmt

55 Um Unschärfen, die mit dem Kapitalbegriff verbunden sein können, zu vermeiden, schlägt Lüdtke (1989, 57) vor, von »verfügbaren Ressourcen der Lebensorganisation« zu sprechen. Ähnlich spricht Hradil (1989, 113) von »Hilfsmitteln des Handelns und der Konkurrenz«, Papilloud von »Ressourcen der Akteure« (2003, 45). Vgl. auch Barlösius 2006, 105; Rehbein 2006, 114.

und über die Erfolgschancen der Praxis entschieden wird.« (Ökonomisches Kapital 1983, 183)

Bourdieus Unterscheidung verschiedener Kapitalsorten (ökonomisch, kulturell, sozial, symbolisch usw.) hängt mit dem Feldbegriff zusammen: Die einzelnen Kapitalien bilden Abgrenzungsmöglichkeiten der Felder (Spiel-Räume) voneinander. Praxisfelder sind Felder, in denen es um bestimmte Kapitalien geht und in denen spezifische Ökonomien herrschen. Und die Kapitalsorten sind die Mittel in der Hand der Spieler, um in einem Feld Gewinn zu machen und um überhaupt zu handeln.

Bourdieu kennt nicht nur ein ökonomisches Kapital. Scharf setzt er sich von der Wirtschaftswissenschaft ab, deren Kapitalbegriff nur die auf Warentausch und Markt bezogenen und an Profit orientierten Prozesse meint und damit alle anderen Austausch- und Berechnungsprozesse (soziale, kulturelle, symbolische) implizit (oder auch explizit) als quasi interessenlose Beziehungen auffasst.

»Bourdieu kritisiert das Postulat der Uneigennützigkeit, die von der Wirtschaftstheorie den verschiedenen kulturellen, sozialen und symbolischen Praxisformen unterstellt wird, und hebt demgegenüber die polymorphen Interessen, Einsätze und Profitmöglichkeiten in den unterschiedlichsten gesellschaftlichen Feldern hervor.« (Schwingel 2000, 85; vgl. Ökonomisches Kapital 1983, 184)

An einer Stelle (Entwurf einer Theorie 1972/1976, 343) erläutert Bourdieu die Hintergründe seines erweiterten Kapitalbegriffs. Aus der Tatsache, dass der Gabentausch bei den Kabylen ökonomischen Zwecken dient, aber sozial als nicht-kalkulierend, als Moment einer edelmütigen Beziehung inszeniert wird, schließt er, dass auch solche Handlungen ökonomisch sind, die sich als interessenlose, als bloß symbolische darstellen.

»Dies bedeutet, daß die Theorie der eigentlich ökonomischen Handlungen nur einen besonderen Fall innerhalb einer allgemeinen Theorie der Ökonomie von Handlungen darstellt. Den ethnozentrischen Naivitäten des Ökonomismus läßt sich … nur entgehen, wenn bis zum bitteren Ende vollzogen wird, was jener nur halbherzig tut: das ökonomische Kalkül unterschiedslos auf *alle*, sowohl materielle wie symbolische Güter auszudehnen, die rar scheinen

> und wert, innerhalb einer bestimmten gesellschaftlichen Formation untersucht zu werden – handele es sich um ›schöne Worte‹ oder ein Lächeln, um einen Händedruck oder ein Achselzucken, um Komplimente oder Aufmerksamkeiten, Herausforderungen oder Beleidigungen, um die Ehre oder um Ehrenämter, um Vollmachten oder Vergnügungen, um ›Klatsch‹ oder wissenschaftliche Informationen, um Distinktion oder um Auszeichnungen usw. …« (Entwurf einer Theorie 1972/1976, 345)

Dabei fällt auf, dass sich Bourdieu nur selten mit der Bildungsökonomie auseinander setzt, die seit den 1960er Jahren den Begriff des Humankapitals verwendet, um jene Qualifikationen, Fähigkeiten und Fertigkeiten zu bezeichnen, die ihre Träger auf dem Arbeitsmarkt anbieten können. Dadurch hatte die Bildungsökonomie eine Ausdehnung des Kapitalbegriffs über das Ökonomische hinaus unternommen. Vielleicht ist Bourdieus Konzept des kulturellen Kapitals gar von der Bildungsökonomie angeregt worden (so Krais 1981, 8; vgl. Müller 1986, 167). An einer Stelle heißt es: Das von den Vertretern des Humankapital-Ansatzes »benutzte Maß für den Ertrag schulischer Investition« beziehe

> »nur solche Investitionen und Profite ein, die sich *in Geld* ausdrücken oder *direkt in Geld konvertieren* lassen, wie die Studienkosten oder das finanzielle Äquivalent für die zum Studium verwendete Zeit. Außerdem können sie die relative Bedeutung nicht verständlich machen, die die unterschiedlichen Akteure und Klassen der ökonomischen und der kulturellen Investition jeweils beimessen; denn sie stellen die *Struktur* der unterschiedlichen Profitchancen nicht systematisch in Rechnung, die die verschiedenen Märkte ihnen aufgrund der Größe und Struktur ihres jeweiligen Erbes zu bieten haben … Des Weiteren stellen sie die schulischen Investitionsstrategien nicht in einen Gesamtzusammenhang mit den anderen Erziehungsstrategien und dem System der Reproduktionsstrategien. Daraus ergibt sich das unausweichliche Paradoxon, dass die Humankapital-Theoretiker sich selbst dazu verdammen, die am besten verborgene und sozial wirksamste Erziehungsinvestition unberücksichtigt zu lassen, nämlich die *Transmission kulturellen Kapitals in der Familie.*« (Drei Formen 1979/2001, 112 f.; vgl. Titel und Stelle 1973/1981, 202; Ökonomisches Kapital 1983, 186; Schwingel 1993, 199, Anm. 63)

Weil die Humankapital-Forscher nur die Bildungsinvestition betrachten, übersehen sie Bourdieus Ansicht nach andere Durchsetzungsmittel sowie die relative Stellung des kulturellen Kapitals in deren Gesamtkonstellation (Krais 1983, 213 f. und 218 f.). Allgemein arbeite die Bildungsökonomie mit der Unterstellung, dass die Praktiken und Leistungen des Bildungssystems umstandslos in ökonomische (also in Geld messbare) Kennziffern übersetzbar seien. Dagegen spreche aber der allgemeine Umstand, dass das Bildungswesen eine (relative) Autonomie gegenüber dem Wirtschaftssystem hat (Illusion der Chancengleichheit 1964/1971, 193 ff.).

Im Übrigen bindet Bourdieu die erlangten Bildungstitel nicht, wie das die Vertreter des Humankapital-Ansatzes tun, an ein Qualifikationsniveau (und ein Leistungsversprechen im Beruf), sondern versteht die Bedeutung dieser Titel im Rahmen der Reproduktion der sozialen Ungleichheit. Auch deshalb scheinen ihm Bildungs- und Adelstitel vergleichbar.

> »Symbolische Erträge wie die Befriedigungen, die die kulturelle Konsumtion zu verschaffen vermag, die gesellschaftliche Wertschätzung, die mit bestimmten Bildungszertifikaten verbunden ist, die Möglichkeit und die daran geknüpfte Fähigkeit, erfolgversprechende, weit in die Zukunft reichende Strategien der sozialen Selbstbehauptung bzw. des sozialen Aufstiegs zu entwickeln, die Definitionsmacht in den Beziehungen zwischen Individuen und Klassen – allen diesen Aspekten gilt Bourdieus Aufmerksamkeit, mehr noch als den relativ offenkundigen materiellen Resultaten einer Bildungsinvestition.« (Krais 1983, 213)

Die verschiedenen Kapitalsorten sind Bourdieu zufolge mehr oder weniger gegenseitig konvertibel, weil Arbeit, Anstrengung und Mühe in jeder von ihnen materialisiert sind. Hier stellt sich die Frage, ob der Grad der Konvertibilität nicht nach sozialen Kontexten, Epochen und Gesellschaftsformen unterschiedlich ist, und sei es auch nur deshalb, weil ein abstrakter Arbeitsbegriff, wie Marx dargelegt hat, erst mit dem Aufkommen des Kapitalismus entsteht. Schließlich sind durchaus Gesellschaftsformen denkbar, in denen z. B. das ökonomische Kapital wenig gilt. Bourdieu bearbeitet dieses Problem nicht (vgl. Calhoun 1993, 68ff).

Im Einzelnen verwendet Bourdieu die Begriffe für die Kapitalsorten nicht immer konsistent; manchmal spricht er auch von einem wissenschaftlichen, staatlichen, literarischen oder juristisch-wirtschaftlichen Kapital (z. B. La représentation politique 1981, 8; Feine Unterschiede 1979/1999, 146; Praktische Vernunft 1994/1998, 101), und erwähnt auch ein politisches (als Unterform des symbolischen Kapitals; Penser la politique 1988, 2) und ein technologisches Kapital, ein Organisationskapital (Ökonomisches Feld 1997/2002, 174) und ein *capital linguistique* im Sinne von Sprachkompetenz (Vous avez dit 1983, 105; vgl. Bennett u. a. 2009, 29 f.). Diese verschiedenen Formen des Kapitals werden theoretisch nicht immer präzise eingeordnet. Offenbar hat Bourdieu im Zuge der Ausarbeitung des Feld-Begriffs je feldspezifische Kapitalsorten ergänzend aufgenommen, ohne den ganzen Begriffsbereich systematisch zu gliedern. Man kann ein solches Vorgehen als inkonsistent bezeichnen, aber auch als flexibel im Hinblick auf jeweils spezifische Forschungsziele.

3.4.1 Ökonomisches Kapital

Zum *ökonomischen Kapital* zählen alle Formen des materiellen Besitzes, die in Gesellschaften mit einem entwickelten Markt in und mittels Geld getauscht werden können. Es »eignet sich besonders zur Institutionalisierung in der Form des Eigentumsrechts …« (Ökonomisches Kapital 1983, 185) Im Unterschied zu Marx und zur marxistischen Denktradition geht es also nicht nur um das Eigentum an den Produktionsmitteln.

Bourdieu lässt keinen Zweifel daran, dass das ökonomische Kapital das wichtigste ist und allen anderen Kapitalarten zugrunde liegt (Krais 1983, 210 f.; Müller 2002, 165). Andererseits lassen sich die anderen Kapitalarten nicht direkt auf das ökonomische Kapital zurückführen, unter anderem deshalb, weil sie dessen dominierende Rolle verschleiern wollen. Daher hält Bourdieu weder einen Ökonomismus für angemessen, der hinter allen sozialen Energieformen nur das ökonomische Kapital wirksam sieht, noch eine Auffassung, nach der die Kommunikation die entscheidende Kraft des sozialen Austauschs ist und die grundlegende Bedeutung des ökonomischen Kapitals verkannt wird (wie etwa im Strukturalismus, im symbolischen Interaktionismus und der Ethnomethodologie) (Ökonomisches Kapital 1983, 196).

3.4.2 Kulturelles Kapital

Das *kulturelle Kapital* tritt in drei Kristallisierungsformen auf:

1. In seiner objektivierten Form besteht kulturelles Kapital aus Büchern, Kunstwerken, Bildern, technischen Instrumenten. Dies lässt sich meist direkt in Geldbeträgen ausdrücken und somit relativ leicht in ökonomisches Kapital konvertieren.

   > »Übertragbar ist allerdings nur das juristische Eigentum. Dagegen ist dasjenige Merkmal, das die eigentliche Aneignung erst ermöglicht, nicht (oder nicht notwendigerweise) übertragbar: nämlich die Verfügung über kulturelle Fähigkeiten, die den Genuss eines Gemäldes oder den Gebrauch einer Maschine erst ermöglichen ...« (Drei Formen 1979/2001, 117)

   Letztere Übertragung ist auf ein inkorporiertes kulturelles Kapital angewiesen (Ökonomisches Kapital 1983, 188).

   Das objektivierte kulturelle Kapital ist objektiviert nicht nur, weil es sachlich-materiell existiert, sondern auch, weil es das individuelle kulturelle Kapital übersteigt:

   > »Die Erscheinungsform von kulturellem Kapital in objektiviertem Zustand ist die eines autonomen und kohärenten Ganzen, das – obwohl es das Produkt historischen Handelns ist – seinen eigenen Gesetzen gehorcht, die dem individuellen Willen entzogen sind. Es lässt sich deshalb, wie etwa das Beispiel der Sprache zeigt, nicht auf das inkorporierte Kulturkapital der einzelnen Handelnden – oder auch der Gesamtheit aller Handelnden – reduzieren.« (Drei Formen 1979/2001, 118; vgl. Ökonomisches Kapital 1983, 189)

2. In inkorporiertem Zustand besteht kulturelles Kapital aus den kulturellen Kenntnissen, Fähigkeiten und Fertigkeiten eines Individuums, also aus dem, was in der deutschen Sprache *Bildung* heißt, in der französischen *culture*, in der englischen *cultivation* (Drei Formen 1979/2001, 113). In dieser Form ist kulturelles Kapital weder durch Geld zu erwerben noch direkt

in Geld zu konvertieren. Erworben wird es durch persönliche (Bildungs-) Bemühungen; niemand kann für einen anderen kulturelles Kapital ansammeln.

> »Die ›Währung‹, mit der für die Verinnerlichung kulturellen Kapitals bezahlt wird, besteht demnach primär – wenn auch nicht ausschließlich – in Zeit, genauer: in der Zeit, die zum Lernen und Aneignen von kulturellen Fertigkeiten notwendig ist.« (Schwingel 2000, 87; vgl. Drei Formen 1979/2001, 114)

Aus der Gebundenheit des kulturellen Kapitals an den Körper folgt,

> »dass die Nutzung oder Ausbeutung kulturellen Kapitals sich für die Eigner ökonomischen oder sozialen Kapitals als besonders problematisch erweist ... Wie lässt sich diese so eng an die Person gebundene Kapitalform kaufen, ohne die Person selbst zu kaufen – denn das würde zum Verlust des Legitimationseffekts führen, der auf der Verschleierung von Abhängigkeiten beruht? Wie ist die für bestimmte Unternehmen erforderliche Konzentration von kulturellem Kapital zu bewerkstelligen, ohne zugleich eine Konzentration der Träger dieses Kapitals herbeizuführen, was vielerlei unerwünschte Folgen haben könnte?« (Drei Formen 1979/2001, 114, Fußn. 3)

Dazu kommt als grundlegende Bedingung der Einfluss der Herkunft; das heißt, die Erziehung in der Familie und das Aufwachsen in einem bestimmten Milieu; diese entscheiden mit darüber, ob das Erlernen entsprechender Fähigkeiten und Fertigkeiten dem jeweiligen Individuum leicht, schwer oder nahezu unmöglich gemacht wird. Auch später im Lebenslauf noch wird man die Einflüsse dieser herkunftsbedingten Vorgaben bemerken: an der gebildeten oder ungebildeten Sprechweise, am regionalen Akzent, an Unsicherheiten im geselligen Verkehr usw.

Aus der grundlegenden Einverleibung kulturellen Kapitals in der Herkunftsfamilie folgt,

> »daß die Übertragung von Kulturkapital zweifellos die am besten verschleierte Form erblicher Übertragung von Kapital ist. Deshalb gewinnt sie in dem System der Reproduktionsstrategien von Kapital um so mehr an Gewicht, je mehr die direkten

und sichtbaren Formen der Übertragung sozial mißbilligt und kontrolliert werden.« (Ökonomisches Kapital 1983, 188)

3. Institutionalisiert tritt das kulturelle Kapital in Gestalt von Abschlusszeugnissen und Bildungstiteln auf. Damit wird es unabhängig vom einzelnen menschlichen Körper (Drei Formen 1979/2001, 118).

   Durch die Zertifikate des Bildungssystems wird kulturelles Kapital als legitim erklärt, weil es institutionellen Maßstäben (in Prüfungen usw.) genügt hat, während den kulturellen Fähigkeiten und Kenntnissen eines Autodidakten diese Absegnung fehlt und er das, was er kann, immer wieder neu darlegen muss (Feine Unterschiede 1979/1999, 48).

   »Durch den schulischen oder akademischen Titel wird dem von einer bestimmten Person besessenen Kulturkapital institutionelle Anerkennung verliehen. Damit wird es unter anderem möglich, die Besitzer derartiger Titel zu vergleichen und sogar auszutauschen, indem sie füreinander die *Nachfolge* antreten. Durch die Bestimmung des Geldwertes, der für den Erwerb eines bestimmten schulischen Titels erforderlich ist, lässt sich sogar ein ›Wechselkurs‹ ermitteln, der die *Konvertibilität* zwischen kulturellem und ökonomischem Kapital garantiert.« (Drei Formen 1979/2001, 119)

Bourdieu beschreibt die Wirkung der Institutionalisierung des kulturellen Kapitals als Magie, die eine soziale Wirklichkeit hervorbringt: Prüfungen setzen Grenzen zwischen denen, die es geschafft haben, und denen, die durchgefallen sind.

»Nach dem Alles-oder-Nichts-Prinzip wird zwischen dem letzten erfolgreichen und dem ersten durchgefallenen Prüfling ein wesensmäßiger Unterschied institutionalisiert ...« (Drei Formen 1979/2001, 119; vgl. Ökonomisches Kapital 1983, 190)

Die Legitimität ist von großer Bedeutung:

»Die Zulassung zu Berufen und somit die Möglichkeit, das erworbene kulturelle Kapital in ein finanzielles Einkommen, d. h. in ökonomisches Kapital umzuwandeln, ist zuallererst von der Verfügung über entsprechende Legitimitätsnachweise in Form von Schul-, Berufs- und Bildungsabschlüssen abhängig.« (Schwingel 2000, 88 f.)

Kulturelles Kapital ist also nicht immer und manchmal nur nach schwieriger Konvertierungsarbeit in Geld umzuwandeln. Es wird personengebunden erworben, der angemessene Umgang mit ihm verlangt spezielle Dispositionen (ein Interesse für, gar eine Liebe zur Kultur) und auch die Beachtung spezieller Spielregeln (vor allem, dass finanzielle Interessen nicht betont werden).

Daneben verwendet Bourdieu oft den Begriff *Bildungskapital* und meint damit

> »das verbürgte Resultat der einerseits durch die Familie, andererseits durch die Schule gewährleisteten kulturellen Vermittlung und deren sich kumulierenden Einflüsse ...« (Feine Unterschiede 1979/1999, 47)

Aus der Herkunftsfamilie »ererbtes« kulturelles Kapital wird von der Schule und der Hochschule durch Zeugnisse und Titel bestätigt und so in Bildungskapital umgewandelt. Allerdings wird nur ein Teil des mitgebrachten kulturellen Kapitals in Bildungskapital konvertiert. Es liegt dies daran, dass die Bildungseinrichtungen nicht für alle aus der Familie mitgebrachten Fähigkeiten und Kenntnisse zuständig sind, dass nicht alle in den Curricula vorkommen, und auch daran, dass die Bildungseinrichtungen manches verlangen, was aus der Herkunftsfamilie nicht ohne weiteres mitgebracht wird, z. B. Gehorsamsbereitschaft gegenüber den Regeln der Bildungseinrichtungen (Feine Unterschiede 1979/1999, 143 f.). In den letzten Jahrzehnten ist die gesellschaftliche Bedeutung des Bildungssystems gewachsen, und damit auch die Konkurrenz der Individuen innerhalb des Systems (Krais 1983, 214 f.).

Laut Bourdieu hat die Übertragung von Kapital durch Bildungskapital deshalb an Bedeutung für die Reproduktionsstrategien der herrschenden Klasse gewonnen, weil die Übertragung von ökonomischem Kapital (im Wege der Vererbung eines Betriebs o. Ä.) erschwert worden ist. Durch die Verlagerung auf den Bereich der Bildung kann die Weitergabe von Kapital unauffälliger gestaltet werden (Ökonomisches Kapital 1983, 198; Titel und Stelle 1973/1981, 24).

Zur Entstehung des Begriffs teilt Bourdieu mit:

> »Der Begriff des kulturellen Kapitals hat sich als theoretische Hypothese aufgedrängt, die es gestattet, die Ungleichheit der schulischen Leistungen von Kindern aus verschiedenen sozialen Klassen zu begreifen.« (Drei Formen 1979/2001, 112; vgl. Ökonomisches Kapital 1983, 185)

In der amerikanischen Soziologie wurde dieses Konzept u. a. von R.Collins (1981, 999) als »cultural resources« übernommen, um in seiner Theorie der »interaction ritual chains« Stabilität und Wandel erklären zu können. Allerdings hat Collins dabei den Bezug auf die Legitimität von Kultur weggelassen und das Konzept so »neutralisiert«.

3.4.3 Soziales Kapital

Das *soziale Kapital* besteht aus Möglichkeiten, andere um Hilfe, Rat oder Information zu bitten sowie aus den mit Gruppenzugehörigkeiten verbundenen Chancen, sich durchzusetzen. Substrat dieser Kapitalsorte ist das Netz der sozialen Beziehungen (Freundschaften, Vertrauensbeziehungen, Bekanntschaftsbeziehungen, Geschäftsverbindungen), die man eingegangen ist, sowie die Mitgliedschaften in Gruppen, Organisationen, Berufsverbänden, Klubs (zu Letzteren: Effet de champ 1985). Die gegenseitige Anerkennung und Wertschätzung innerhalb dieser Vereinigungen erhöhen die Chance, im Bedarfsfall Unterstützung zu erhalten oder sich durch einen Hinweis auf die Mitgliedschaft zur Geltung bringen zu können.[56]

Zur Bildung wie zur Aufrechterhaltung dieses Beziehungsgeflechtes bedarf es einer zeitintensiven und aufwändigen »Beziehungsarbeit« (z. B. Weihnachtsgrüße verschicken, Korrespondenzen aufrechterhalten, gegenseitige Einladungen zum Essen, einflussreiche Kollegen zitieren). Das soziale Kapital wird also nicht durch Institutionalisierung auf Dauer gesichert, sondern

56 Die Ausdeutung von sozialem Kapital als »sozialem Einfluß« (so Miller 1989, 194) ist irreführend.

muss ständig erneuert werden (Le capital social 1980, 2; Müller 1986, 166).

> »Anders ausgedrückt, das Beziehungsnetz ist das Produkt individueller oder kollektiver Investitionsstrategien, die bewußt oder unbewußt auf die Schaffung und Erhaltung von Sozialbeziehungen gerichtet sind, die früher oder später einen unmittelbaren Nutzen versprechen.« (Ökonomisches Kapital 1983, 192)

Je länger und je »selbstloser« diese Beziehungsarbeit betrieben worden ist (wobei die Uneigennützigkeit meist keineswegs kalkuliert ist), um so erfolgreicher lässt sich das Beziehungsnetz im Falle eines Falles als Ressource nutzen (Ökonomisches Kapital 1983, 195). Hat das Beziehungsnetz eine gewisse Stabilität erreicht, so wachen alle Beteiligten darüber, dass diese nicht durch unpassende neue Mitglieder gestört wird.

> »Jeder Neuzugang zu der Gruppe kann die Definition der Zugangskriterien in Gefahr bringen, denn jede Form der Mésalliance kann die Gruppe verändern, indem sie die Grenzen des als legitim geltenden Austausches verändert.« (Ökonomisches Kapital 1983, 192 f.)

Das soziale Kapital dient vor allem dazu, die Chancen der Erhaltung und der Vermehrung des ökonomischen und des kulturellen Kapitals zu sichern. Es ist »gewissermaßen ein Multiplikator für die Realisierung sowohl kulturellen wie ökonomischen Kapitals« (Raphael 1991, 254; vgl. Le capital social 1980, 2; Homo academicus 1984/1998, 153).

Mit der Bildung von organisierten Gruppen und anderen Kollektiven (Familie, Verband, Partei, Nation) wird das soziale Kapital aller Gruppenmitglieder gebündelt und an diejenigen Individuen »delegiert«, die den Gruppenwillen nach außen hin repräsentieren und im Namen der Gruppe handeln (Le capital social 1980, 3; vgl. Ökonomisches Kapital 1983, 193). Diese Delegation birgt allerdings das Risiko der Zweckentfremdung, insofern sich eine Gruppe unberechtigt zum dauerhaften Repräsentanten des Kollektivs aufschwingen kann.

Offenbar ist Bourdieu bei seinen Studien über die Kabylen zur Formulierung dieses Konzepts gelangt. Über die Kabylen heißt es:

> »Seiner vollständigen Definition nach umfaßt das Patrimonium der Familie oder der Linie (Sippe) nicht nur den Boden und die Produktionsmittel, sondern auch die Verwandtschaft und die Klientel,… ein Netz von Bündnissen oder, weitergehend, von Beziehungen, das intakt gehalten und regelmäßig gepflegt werden muß, ein aus Verpflichtungen und Ehrenschulden bestehendes Erbe, ein im Laufe aufeinanderfolgender Generationen akkumuliertes Kapital an Rechten und Pflichten, eine zusätzliche Kraft, die mobilisiert werden kann, wenn außergewöhnliche Umstände die alltägliche Routine aufbrechen …« (Entwurf einer Theorie 1972/1976, 346)

Für bestimmte Konstellationen wird man sich das soziale Kapital als politisches Kapital vorstellen müssen, etwa in kommunistischen Staaten als Beziehungen zur Kommunistischen Partei bzw. zu Parteimitgliedern (Reflexive Soziologie 1992/1996, 152), die »eine Art privater Aneignung von öffentlichen Gütern und Dienstleistungen (Wohnungen, Autos, Krankenhäuser, Schulen usw.)« möglich machten (Praktische Vernunft 1994/1998, 30).

> »Eine solche private Vermögensbildung mit kollektiven Ressourcen ist auch zu beobachten, wenn sich die Macht, wie in den skandinavischen Ländern, seit mehreren Generationen in den Händen einer sozialdemokratischen ›Elite‹ befindet: Man sieht dann, daß das in den Gewerkschafts- und Parteiapparaten zu erwerbende soziale Kapital in seiner politischen Ausprägung mittels der Netze der familialen Beziehungen weitergegeben wird und zur Bildung von regelrechten politischen Dynastien führt.« (Praktische Vernunft 1994/1998, 30)

Was die Zusammenhänge und die Vergleichbarkeit der Funktionslogik von sozialem Kapital und ökonomischem betrifft, so ist zu betonen, dass das soziale Kapital an die sozialen Beziehungen zwischen Individuen gebunden ist und bleibt (Müller 1986, 181), wobei man nie gewiss sein kann, ob diese Beziehungen einen erwünschten Vorteil abwerfen. Insofern ist es viel weniger leicht handhabbar und kalkulierbar als z. B. das ökonomische Kapital (Albrecht 2002, 204 f.).

Bourdieu hat diese Kapitalsorte in der Forschung wie in theoretischen Texten wenig gezielt und reflektiert verwendet. Meist betrachtet er das von Gruppen und Organisationen ausgehende soziale Kapital, selten das in Beziehungen zwischen Individuen entstehende (so Albrecht 2002, 205 f.). Dies gilt auch für die Forscher, die von Bourdieu inspiriert sind. Hingegen hat der Arbeitsbereich der Analyse sozialer Netzwerke das Sozialkapital zentral gemacht, wenn auch unter Berufung auf Coleman und nicht auf Bourdieu (Albrecht 2002, 199 f.), wodurch Bourdieu als »Erfinder« des Begriffs nicht immer respektiert wird (vgl. Robbins 2007, 92 f.). Immerhin melden sich jetzt Versuche einer Integration von Bourdieus Konzept mit der Netzwerkanalyse (z. B. Bernhard 2008).

3.4.4 Symbolisches Kapital

Das *symbolische Kapital* besteht aus den Chancen, soziale Anerkennung und soziales Prestige zu gewinnen und zu erhalten. Dazu gehören die Legitimierung des kulturellen Kapitals durch Bildungszertifikate, das *sponsoring*, durch das Besitzer von ökonomischem Kapital Anerkennung gewinnen können, sowie alle anderen Formen der Gewinnung und Erhaltung von Prestige (vgl. die einschlägigen Praktiken bei Künstlern, Politikern, Fernseh-Stars, bekannten Sportlern), auch die Verfügbarkeit von Statussymbolen mit entsprechender Wirkung. In diesem Sinne gilt auch das wissenschaftliche Kapital als eine Form des symbolischen Kapitals,

> »das auf der Anerkennung (oder dem Kredit) beruht, den die Gesamtheit der gleichgesinnten Wettbewerber innerhalb des wissenschaftlichen Feldes gewährt (die Zahl der Erwähnungen im *citation index* ist hier ein guter Indikator, den man noch verbessern kann,… indem man solche Zeichen der Anerkennung und Weihe einbezieht wie den Nobelpreis, oder auf nationaler Ebene die Medaillen des CNRS oder auch Übersetzungen in andere Sprachen).« (Gebrauch der Wissenschaft 1997/1998, 23)

Der Art nach, wie symbolisches Kapital entsteht, unterscheidet es sich vom ökonomischen und vom kulturellen Kapital. Allerdings tritt es meist im Verbund mit anderen Ressourcen auf, zu deren Legitimierung und Kraft es dann beiträgt. Das symbolische Kapital sei im Grunde »die Form«, in der eine der drei Kapitalgrundarten (ökonomisch, kulturell, sozial) auftritt,

»wenn sie über Wahrnehmungskategorien wahrgenommen wird, die seine spezifische Logik anerkennen bzw. … die Willkür verkennen, der sich sein Besitz und seine Akkumulation verdankt.« (Reflexive Soziologie 1992/1996, 151; ähnlich: Praktische Vernunft 1994/1998, 108)

»Das symbolische Kapital (die Mannesehre in den Gesellschaften des Mittelmeerraums, die Ehrbarkeit des Notabeln oder des chinesischen Mandarins, das Prestige des berühmten Schriftstellers usw.) ist nicht eine besondere Art Kapital, sondern das, was aus jeder Art von Kapital wird, das als Kapital, das heißt als (aktuelle oder potentielle) Kraft, Macht oder Fähigkeit zur Ausbeutung verkannt, also als legitim anerkannt wird.« (Meditationen 1997/2001, 311)[57]

Bei der Entstehung des Staates habe eine Konzentration von symbolischem Kapital eine entscheidende Rolle gespielt[58]: Erstens in seiner objektivierten und kodifizierten Form als Konzentration des juristischen Kapitals, im Sinne einer Konzentration von Rechtsprechung und Gesetzesanwendung im politischen Territorium durch staatliche Beamte und Gremien auf Kosten lokal begrenzter feudaler und kirchlicher Gerichtsbarkeiten (Praktische Vernunft 1994/1998, 109 ff.). Und zweitens sei es dem französischen König gelungen, zur zentralen Instanz der Ernennung zu Ämtern und Würden (einschließlich der Ernennung von Adligen – auf Kosten der durch Erbfolge geltenden Adelstitel) zu werden und so das symbolische Kapital zu monopolisieren (Praktische Vernunft 1994/1998, 113).

In diesen Konzentrationsprozessen liegt bis heute die Macht des Staates begründet, die Menschen und die Dinge zu benennen und allgemeingültig zu bewerten.

»Indem der Staat mit Autorität sagt, was ein Seiendes, ob Sache oder Person, seiner legitimen sozialen Definition nach wirklich ist (Urteil), das heißt was es sein darf, was zu sein es ein Recht hat, auf welches soziale Sein es einen Rechtsanspruch hat, welchem Sein es

57 Zur Entwicklung des Begriffs erklärt Bourdieu, dass es sich dabei gewissermaßen um eine Übersetzung von ›Ehre‹ handele (Begriff von Ökonomie 1983/1997, 80). An anderer Stelle wiederum stellt er den Ausdruck in die Nähe von Charisma (Politique et sciences sociales 2002, 9).

58 Bourdieu kritisiert, dass dieser Umstand bisher übersehen worden sei (damit zielt er vermutlich vor allem ab auf Norbert Elias).

Ausdruck zu verleihen, welches Sein es auszuüben berechtigt ist (im Gegensatz zur illegalen Ausübung), übt der Staat eine wahrhaft *schöpferische*, gottähnliche Macht aus (und so manche der scheinbar gegen ihn gerichteten Kämpfe erkennen ihm in Wirklichkeit gerade diese Macht zu, indem sie ihn auffordern, einer bestimmten Kategorie von Akteuren – Frauen, Homosexuellen – zu erlauben, offiziell, das heißt öffentlich und allgemein, das zu sein, was sie einstweilen nur für sich selber ist).« (Praktische Vernunft 1994/1998, 115; vgl. Mahar/Harker/Wilkes 1990, 14)

In diesem Sinne ist der Staat die »Bank des symbolischen Kapitals« (Quelques Questions 1997, 7).

Im Spätwerk erweitert Bourdieu sein Verständnis vom symbolischen Kapital in anthropologischer Perspektive: Seit die Religion kaum noch sinnstiftend ist, seien alle Menschen darauf angewiesen, den Sinn ihres Lebens, die Rechtfertigung ihres Daseins bei den anderen Menschen zu suchen.

»Die soziale Welt vergibt das seltenste Gut überhaupt: Anerkennung, Ansehen, das heißt ganz einfach Daseinsberechtigung. Sie ist imstande, dem Leben Sinn zu verleihen, und, indem sie ihn zum höchsten Opfer weiht, selbst noch dem Tod. Weniges ist so ungleich und wohl nichts grausamer verteilt als das symbolische Kapital, das heißt die soziale Bedeutung und die Lebensberechtigung.« (Meditationen 1997/2001, 309 f.)[59]

Den stigmatisierten Sozialgruppen (z. B. den Schwarzen in den USA, den türkischen und arabischen Immigranten in Europa) werde durch die Aberkennung von symbolischem Kapital zugleich ihr Lebenswert aberkannt.

3.5 Strategie

Mit *Strategie* meint Bourdieu nicht einen rational kalkulierten, planvollen Handlungsentwurf, sondern eine (implizite) Vernünftigkeit der Handlungspläne, wie sie sich ganz selbstverständlich

59 Eine solche Erweiterung fasst die Gesellschaft als Heilsquelle auf und die Soziologie möglicherweise als Nachfolgerin der Theologie, bringt Weiß (2001, 42) dazu vor.

aus dem Habitus des Individuums bzw. der Gruppe und aus der jeweiligen Position in der sozialen Struktur ergibt (vgl. Schwingel 2000, 94 f.; Antworten 1989, 397; Wacquant 1996, 48). Auch hierin ist ein Versuch zu erkennen, sowohl das objektivistische Verständnis (Handlungen als mechanisch generiert und durchgeführt) als auch das subjektivistische (Handlungen als Resultat innerer Rationalität) zu überwinden.

Bourdieu weiß, dass der Begriff Strategie im Alltag und in den Sozialwissenschaften normalerweise einen kalkulierten Handlungsentwurf in die Zukunft meint:

> »Die Sprache der Strategie, die zu verwenden man gezwungen ist, um die in allen Feldern zu beobachtenden, objektiv auf ein Ziel gerichteten Handlungssequenzen zu benennen, darf nicht täuschen: Die wirksamsten Strategien – vor allem in den durch die Werte der Uneigennützigkeit beherrschten Feldern – sind diejenigen, die als Produkte von Dispositionen, die von den immanenten Erfordernissen des Feldes geformt wurden, sich diesen spontan, ohne ausdrückliche Absicht oder Berechnung, anzupassen tendieren.« (Meditationen 1997/2001, 178)

Auch wenn viele Handlungssequenzen so aussehen, als seien sie zielbewusst in die Zukunft gerichtet sowie rational auf ihre eigenen Folgen berechnet, so handelt es sich doch – unter der Bedingung, dass der Habitus den derzeit bestehenden Situationen angemessen ist – nicht um zukunftsorientiertes strategisches Handeln, sondern um die Vergegenwärtigung von in der Vergangenheit erworbenen Möglichkeiten und Gewohnheiten des Habitus, also eher um eine Wirkung der Vergangenheit.

So kommen Handlungsabfolgen zustande, die wie strategisch bewirkt aussehen, denen jedoch keine strategische Absicht zugrunde liegt (Sozialer Sinn 1980/1999, 115 f.; vgl. Antworten 1989, 397). Als Beleg für diese unüberlegte Rationalität des Handelns führt Bourdieu die Herrschenden an: Dass diese

> »sich in ihrer Welt wie Fische im Wasser bewegen können, beruht in vielen Bereichen darin, daß sie durchaus nicht bewußt und berechnend vorgehen müssen, um die ihren Interessen konformen Ziele zu erreichen. Es genügt, daß sie sich ihren Dispositionen

> überlassen, die, ihrer Position angepaßt, ›natürlicherweise‹ an ihre Lage angepaßte Praktiken erzeugen.« (Antworten 1989, 397)

Die Individuen und die Familien betreiben »Reproduktionsstrategien«; sie versuchen, ihre Ressourcenausstattung zu erhalten und zu vermehren, hierbei ihren Stand in der Struktur der Klassen zu erhalten bzw. gegebenenfalls zu verbessern. Dabei werden sie inspiriert durch ihre jeweiligen (in der kollektiven Lage begründeten) Zukunftsvorstellungen sowie durch die Gewohnheiten, Regeln und institutionalisierten Vorschriften (Erbrecht, Nachfolgeregelungen usw.), die die Reproduktion im gegebenen Stand der Konflikte ordnen sollen (Feine Unterschiede 1979/1999, 210; Gespräch Feld der Macht 1991, 85 f.).

Diese Reproduktionsstrategien (zu ihrem Zusammenhang: Titel und Stelle 1973/1981, 1998 ff.; Domination 1994, 5 f.) sind Bourdieu zufolge komplexer gebaut als die in der Soziologie geläufigen Modelle der sozialen bzw. beruflichen Mobilität und der Berufs- bzw. Positionsvererbung. Erhalt oder Verbesserung der Ressourcenausstattung und des Standes in der Konstellation der sozialen Ungleichheit erforderten keineswegs immer eine einfache Berufsvererbung; möglich sei unter Umständen auch eine »Verlagerung« der verfügbaren Ressourcen (bzw. deren Konvertierung) in einen anderen Bereich,

> »z. B. der Übergang von der Soziallage eines Kleinbesitzers von Grund und Boden zu der eines unteren Beamten oder von der eines bescheidenen Handwerkers zu der eines Handels- oder Büroangestellten« (Feine Unterschiede 1979/1999, 219).

Ähnliches gilt für den Versuch der Handelskapitalisten, ihren Kindern eine hohe Bildung zu ermöglichen, damit sie als angestellte Führungskräfte arbeiten und die Rendite aus dem in der Familie vererbten Vermögen nebenbei einnehmen können (Feine Unterschiede 1979/1999, 229).

Die Reproduktionsstrategien sind nur zum kleineren Teil bewusst überlegt oder gezielt implementiert, also auch kaum als Strategien offen erkennbar, weil sie vom Habitus her in Gang gesetzt werden:

»Nichts wäre … gefährlicher als der Versuch, die explizit auf Erhaltung oder Vermehrung des Vermögens – und, *a fortiori*, auf seine Erhaltung in Gänze über Generationen hinweg – gerichteten Strategien zu untersuchen, ohne dabei Strategien zu berücksichtigen, die sich niemals offen als solche darstellen, wie jene, die die generativen Praxen, die ›Wahl‹ des Ehegatten oder die ›Wahl‹ einer Schule regeln.« (Titel und Stelle 1973/1981, 197)

Bewusste Strategien treten auf, wenn der gewohnte Modus der Reproduktion in Frage gestellt wird, sind aber nicht unbedingt erfolgreicher (Domination 1994, 6). Sie sind also nachrangig:

»Bewußte Strategien tragen … im wesentlichen zu einer *intentionalen Verdopplung* von Praktiken bei, die im Prinzip, d. h. mit großer Wahrscheinlichkeit, auch ohne bewußtes Kalkül erfolgen würden.« (Schwingel 1993, 53)

Daraus ergibt sich für den Gegenstand der Soziologie,

»daß die im Habitus gründenden Praktiken zwar nicht die einzig möglichen, aber gleichwohl die (empirisch wie logisch) *grundlegenden Formen sozialer Praxis* sind, im Vergleich zu denen bewußte Praktiken und reflektierende Denkweisen einen sekundären Status haben.« (Schwingel 1993, 53; vgl. Antworten 1989, 397)

In Bezug auf die soziale Mobilität unterscheidet Bourdieu, anders als die geläufigen Studien zu diesem Thema, Vertikal- und Transversalverlagerungen (Feine Unterschiede 1979/1999; vgl. die Typologie von *trajectoires sociales*: Le champ littéraire 1991, 39). Bei Ersteren findet Auf- bzw. Abstieg innerhalb eines Feldes bzw. innerhalb einer dominierenden Kapitalsorte statt (z. B. der Sohn eines Volksschullehrers wird Gymnasiallehrer). Bei Transversalverlagerungen geht es um einen Übergang in ein anderes Feld bzw. zu einer anderen dominierenden Kapitalsorte bzw. Kapitaluntersorte (z. B. von Grundbesitz zu Industriekapital, von geisteswissenschaftlicher zu wirtschaftswissenschaftlicher Bildung).

Innerhalb der Felder sieht Bourdieu vor allem zwei Grundstrategien wirksam: »Erhaltungsstrategien« und »Strategien der Häresie«. Sie sind Ausdruck des Kampfes zwischen denen, die im Feld (aufgrund ihrer Ressourcenausstattung) die Vorherrschaft haben und den Stand der Dinge erhalten wollen, und denen, die nach Herrschaft streben und die bestehende Ordnung angreifen.

In diesem Zusammenhang stellt er fest, dass sich in den letzten Jahrzehnten auch die mit viel ökonomischem Kapital ausgestatteten Klassenfraktionen zur Sicherung ihrer Reproduktion immer mehr des Bildungssystems bedienen müssen und ihre Kinder deshalb zum Erreichen hochwertiger Bildungstitel anhalten. Das hat die Konkurrenz innerhalb des Bildungssystems stark erhöht und hat, gemeinsam mit dem Hineindrängen der Kinder unterer Schichten in die höheren Schulen, zu inflationären Wirkungen geführt – eine starke Zunahme guter Schulabschlüsse, ohne dass dem eine entsprechende Ausweitung entsprechender Berufspositionen entspräche (Feine Unterschiede 1979/1999, 221 ff.). Auch andere Gruppen, die ihre Reproduktion bisher auf andere Weise bewerkstelligt haben, z. B. Handwerker, Bauern, Händler, verweisen ihre Kinder nunmehr aufs Bildungswesen (Gespräch Vernunft 1985, 381), was die Entwertung der Bildungstitel weiter verstärkt.

Dass die Schulabschlüsse nicht mehr einlösen, was sie versprechen, bildet heute ein Strukturproblem ganzer Schülergenerationen.

> »Es ist die aus dem strukturellen Auseinanderklaffen von Aspirationen und Chancen, die aus der Kluft zwischen der im Bildungssystem scheinbar versprochenen oder provisorisch offerierten sozialen Identität und jener, die der Arbeitsmarkt nach Austritt aus der Schule real anbietet, resultierende Desillusionierung, die der Arbeitsunlust, dem Arbeitsverdruß zugrunde liegen und den mannigfachen Manifestationen der *Ablehnung gesellschaftlicher Zweckbestimmung*, der Wurzel aller für die ›Gegenkultur‹ der Heranwachsenden konstitutiven Fluchtbewegungen und Verweigerungsphänomene.« (Feine Unterschiede 1979/1999, 242; vgl. Interview Politik, Bildung, Sprache 1977/1992, 22 ff.)

Diese Diagnose ist übrigens nicht ganz eindeutig. Schmeiser (2003, 47 ff.) legt dar, dass Bourdieu drei Möglichkeiten unterscheidet, wie Kinder aus den oberen Schichten mit der Entwertung der Bildungstitel und dem drohendem Abstieg zurechtkommen: 1. Kompensation durch die Arbeit in (häufig neuen) Berufsbereichen, in denen gutes Benehmen, Geschmack usw. wichtig sind, 2. Definition der eigenen momentanen Berufssituation als provisorisch und Auffassung, dass man seine Entwicklungspotenziale noch nicht ausgeschöpft habe (Interesse an relativ zielloser Weiterbildung), 3. Desillusionierung, Arbeitsunlust, Arbeitsverdruss, antiinstitutionelle Haltung, Fluchtbewegungen. Diese dritte Variante wird bei Bourdieu öfter angesprochen, ist jedoch kaum ausgearbeitet. Offenbar ist der Kompensationstyp für Bourdieu der wichtigste. Für ihn

> »… scheint klar zu sein, dass den ›missratenen Erben‹ letztlich genug Ressourcen an ›Beziehungen‹, ›Benehmen‹ und ›gutem Geschmack‹ zur Verfügung stehen, um eine drohende Deklassierung zu vermeiden« (Schmeiser 2003, 49).

Bourdieu sieht die Leistung seines Begriffs Strategie darin, dass »er eindeutig mit der strukturalistischen Lexik der Regel und der mit ihr einhergehenden Theorie vom Handeln als deren Anwendung brach.« (Meditationen 1997/2001, 81; vgl. Domination 1994, 5) Allerdings habe der Begriff, weil er ihn aus der Spiel- und Entscheidungstheorie übernommen hat, zu Missverständnissen bei den Kritikern seiner Schriften geführt (Meditationen 1997/2001, 81; vgl. Postone/LiPuma/Calhoun 1993, 8). Dass der Begriff nicht glücklich gewählt ist, ergibt sich auch aus dem Rat eines wohlwollenden Interpreten, nämlich »sich zunächst einmal von allen theoretischen Implikationen, die traditionellerweise mit diesem Begriff verbunden sind«, freizumachen (Schwingel 1993, 50). Jenkins dagegen fragt in diesem Zusammenhang scharf (1992, 83), ob Bourdieu den Begriff nicht ungerechtfertigt verwende.

Die Problematik des Begriffs hängt auch damit zusammen, dass Bourdieu unermüdlich betont, die überwiegende Zahl der sozialen Handlungen sei nicht rational geleitet, zugleich aber keinen übersichtlich-systematischen Versuch unternimmt, um jene Bereiche oder Konstellationen, in denen Handlungen sehr wohl kalkulierend-planvoll gebaut sind und die er ja nicht in Abrede stellt (etwa bestimmte Krisensituationen; Antworten 1989, 397), zu kennzeichnen (ähnlich: Barlösius 2003, 138; Kumoll 2009, 227; Rehbein/Saalmann 2009a, 113; vgl. Hradil 1989, 137; Raphael 1991, 249; Mouzelis 1995, 112; Fuchs-Heinritz 2009, 72).

3.6 Sozialer Raum und Klassen

Das Konzept der Felder bietet nicht ohne weiteres einen Blick auf den gesellschaftlichen Gesamtzusammenhang, weil bei der Untersuchung eines Feldes ja jeweils spezifische Spielregeln sowie Wettbewerbs- und Konfliktkonstellationen im Zentrum der Aufmerksamkeit stehen. Die Erforschung der Felder und die Ordnung im Hinblick auf soziale Klassen sind zwei unterschiedliche Perspektiven mit jeweiligen Vor- und Nachteilen. Die klassentheoretische Perspektive gestattet den Blick aufs gesellschaftliche Ganze, andererseits bringt sie

> »notwendigerweise Abstraktionen mit sich, zu denen man bei einer relativ detailliert durchführbaren Analyse spezifischer Felder mit den dort handelnden Einzel- und Gruppenakteuren nicht, zumindest nicht in diesem Maße, genötigt ist.« (Schwingel 2000, 101)

Zur empirischen Untersuchung der Klassenverhältnisse verwendet Bourdieu in erster Linie die beiden Faktoren Volumen und Struktur des Kapitals von Individuen bzw. Gruppen. Die Kapitalstruktur sagt aus, welche Kapitalsorte bei den Individuen bzw. Gruppen überwiegt, wobei meist die Bilanz von ökonomischem und kulturellem Kapital berücksichtigt wird. Die nötigen Informationen für die Einordnung der Großgruppen, Klassenfraktionen usw. in dieses Schema gewinnt Bourdieu aus vorliegenden Statistiken über Einkommen, Berufsstellung, Bildungsniveau usw. (z. B. Feine Unterschiede 1979/1999, 215 ff.). Das soziale Kapital sowie weitere Kapitalsorten vernachlässigt Bourdieu hier – wahrscheinlich, um die Konstruktion des Merkmalsraums (und die Möglichkeiten seiner Darstellung) nicht zu komplizieren, vielleicht auch, weil soziales und symbolisches Kapital schwerer messbar gemacht werden können (Janning 1991, 47; vgl. Blasius/Georg 1992, 114).[60] Immerhin ermöglicht die Erfassung von Volumen und Struktur von ökonomischem und kulturellem Kapital

60 An einer Stelle heißt es, dass das ökonomische und das kulturelle Kapital »in den am weitesten entwickelten Gesellschaften wie den Vereinigten Staaten, Japan oder Frankreich die zweifelsohne wirksamsten sind« (Praktische Vernunft 1994/1998, 18).

es durchaus, Mobilitätsprozesse auf horizontaler Ebene zu untersuchen (Krais 2005, 100).

Durchweg arbeitet Bourdieu mit einem einfachen Modell von drei Grundklassen: Die herrschende Klasse setzt sich aus denen zusammen, die viel ökonomisches, aber eher wenig kulturelles Kapital haben (Unternehmer und andere), sowie jenen, die viel kulturelles, aber eher wenig ökonomisches Kapital haben (die Intellektuellen). Die Mittelklasse (auch: Kleinbürgertum) besteht aus drei Fraktionen: dem absteigenden, dem neuen und dem exekutiven Kleinbürgertum. Die beherrschte Klasse (auch: Volksklasse) besteht aus jenen, die weder nennenswert viel ökonomisches noch kulturelles Kapital haben.

Auch wenn diese Dreigliederung plausibel wirkt, weil sie der von Marx und vom Marxismus her vertrauten Gliederung der Klassengesellschaft (»gut marxistisch« nennt sie Beer 2006, 8) und der üblichen Einteilung in Ober-, Mittel- und Unterschicht bei den Schichttheoretikern ähnelt, muss doch festgehalten werden, dass sie auf einer Informationsreduktion beruht: Bourdieu stützt sich meist nur auf das Volumen des Kapitals, nicht auf andere Dimensionen (insbesondere: Struktur des Kapitals). Manchmal benutzt er allein die Berufsposition zur Bestimmung der Klassenzugehörigkeit und folgt damit einer in der Forschung über soziale Schichtung üblichen und durchaus simplifizierenden Praxis (vgl. Blasius/Winkler 1989, 75; Jenkins 1992, 88 f.).

Bourdieu ist sich dieser Informationsreduktion bewusst. An anderen Stellen betont er die Komplexität der Merkmale, die eine Klasse oder eine Klassenfraktion bilden, und hebt insbesondere die geografische Verteilung, das Geschlecht und die ethnische Zugehörigkeit hervor. Gerade bei den durch Kooptation gebildeten Berufsgruppen der Ärzte, Hochschullehrer, Architekten, Ingenieure usw. zeige sich, dass diesen Berufsgruppen mehr gemeinsam sei

> »als die explizit vorausgesetzten Befähigungsmerkmale: in die normale, gemeinsame Berufsauffassung … geht nicht nur die Beschaffenheit der Stelle oder die Einkommenshöhe ein, sondern auch jene häufig ihren gesellschaftlichen Wert (Prestige oder Mißkredit) allererst begründenden Sekundärmerkmale, die innerhalb des offi-

ziellen Berufsbildes nicht auftauchen und doch – wie Alter, Geschlecht, soziale und ethnische Herkunft – als unterschwellige Anforderungen wirken und vom Eintritt in den Beruf an die gesamte Karriere über mehr oder minder offen die Kooptationsentscheidungen lenken, so daß Mitglieder der Körperschaft ohne entsprechende Merkmale entweder ausgeschlossen oder auf Außenseiterpositionen abgeschoben werden (so daß sich z. B. weibliche Ärzte und Anwälte auf reine Frauenkundschaft, schwarze Ärzte und Anwälte auf schwarze Kundschaft oder auf Forschung verwiesen sehen).« (Feine Unterschiede 1979/1999, 177 f.)

Allgemein heißt es:

»Eine soziale Klasse ist definiert weder durch *ein* Merkmal (nicht einmal das am stärksten determinierende wie Umfang und Struktur des Kapitals), noch durch eine *Summe* von Merkmalen (Geschlecht, Alter, soziale und ethnische Herkunft – z. B. Anteil von Weißen und Schwarzen, von Einheimischen und Immigranten, etc. – Einkommen, Ausbildungsniveau, etc.), noch auch durch eine *Kette* von Merkmalen, welche von einem Hauptmerkmal (der Stellung innerhalb der Produktionsverhältnisse) kausal abgeleitet sind. Eine soziale Klasse ist vielmehr definiert durch die *Struktur der Beziehungen zwischen allen relevanten Merkmalen*, die jeder derselben wie den Wirkungen, welche sie auf die Praxisformen ausübt, ihren spezifischen Wert verleiht.« (Feine Unterschiede 1979/1999, 182)

Methodisch ergibt sich daraus die Forderung, gezielt auf die »sekundären Merkmale« von Klassen zu achten (Feine Unterschiede 1979/1999, 183).

Dazu kommt die Annahme, dass klassenstrukturelle Merkmale durch die Erfordernisse des jeweils relevanten Feldes gefärbt und gewichtet sind.

»... innerhalb eines jeweils besonderen Feldes sind inkorporierte (Einstellungen) wie objektivierte Merkmale der Akteure (ökonomische und kulturelle Güter) nicht alle gemeinsam und gleichzeitig effizient. Vielmehr legt die spezifische Logik eines jeden Feldes jeweils fest, was auf diesem Markt *Kurs hat*, was im betreffenden Spiel relevant und *effizient* ist, was *in Beziehung auf dieses Feld* als spezifisches Kapital und daher als Erklärungsfaktor der Formen von Praxis fungiert.« (Feine Unterschiede 1979/1999, 194)

Durch diese abstufende und spezifizierende Funktion des Feldes im Hinblick auf klassenstrukturelle Merkmale schließt Bourdieu Klassentheorie und Feldtheorie zusammen. Für die Erklärung der sozialen Praxis scheinen die Felder im Vergleich zur Klassenstruktur eine wichtigere, zumindest mit entscheidende Kraft zu haben: Sie bestimmen, wie und nach welchen Regeln sich das Kapital zur Geltung bringen kann.

Bei alledem, das weiß Bourdieu, handelt es sich um theoretische Einteilungen, denen im sozialen Leben nicht tatsächlich handelnde und selbstbewusste Klassen entsprechen müssen. »›Objektive Klasse‹ und ›mobilisierte Klasse‹ dürfen nicht verwechselt werden.« (Feine Unterschiede 1979/1999, 175, Fußn. 6; vgl. Antworten 1989, 408) Das Modell des sozialen Raums abstrahiert ja von den geschichtlichen Verschiebungen, von den andauernd vor sich gehenden Kämpfen zwischen den Gruppen und den Veränderungen in der Konstellation zueinander, es abstrahiert auch von der Praxis der Individuen (vgl. Schwingel 1993, 40).

> »Von der nur auf dem Papier existierenden Klasse zur ›realen‹ Klasse kommt man nur um den Preis einer politischen Mobilisierungsarbeit« (Praktische Vernunft 1994/1998, 25; vgl. Soziale Klasse 1987/1997, 117 ff.).

Wie und unter welchen Bedingungen sich Klassen als handelnde und selbstbewusste Großgruppen konstituieren, ist also ein empirisches Problem der politischen Soziologie. Denn es

> »kommen bei der Mobilisierung von Klassen, der symbolischen Repräsentation und politischen Delegation Faktoren zum Tragen, die einer eigenständigen, über das objektive Klassenmodell hinausweisenden Analyse bedürfen.« (Schwingel 2000, 121; vgl. Schwingel 1993, 153 ff.)

Die theoretisch entwickelten Klassen sollen etwas wie einen Wahrscheinlichkeitsraum darstellen, innerhalb dessen sich die wirklichen Klassen vermutlich bilden werden; es ist wahrscheinlicher, dass sich Individuen und Gruppen zu handelnden Klassen zussammenschließen, die nahe beieinander im Hinblick auf ihre Lebenssituation stehen (Praktische Vernunft 1994/1998, 50).

Dazu müssen natürlich die Mobilisierungskräfte und das einschlägige Geschick der »mobilisierenden Organisationen« beachtet werden (Feine Unterschiede 1979/1999, 183). Bei einer mobilisierten Klasse

> »handelt es sich um das Ensemble von Akteuren, die auf der Grundlage homogener vergegenständlichter oder inkorporierter Eigenschaften und Merkmale sich zusammengefunden haben zum Kampf um Bewahrung oder Änderung der Verteilungsstruktur der vergegenständlichten Eigenschaften.« (Feine Unterschiede 1979/1999, 175, Fußn. 6)

Es sind politische Aktionsformen (Demonstrationen, Streiks, politische Treffen), durch die eine Klasse zu einer handelnden Klasse wird, bzw. mittels derer jemand oder eine Gruppe behauptet, im Namen der Klasse zu handeln und hierfür Zustimmung und Gefolgschaft findet (Soziale Klasse 1987/1997, 117 ff.).

Grundlegender noch: Dass es Klassen und den Klassenkampf gibt, muss zunächst überhaupt als Denk- und Wahrnehmungsform historisch eingeführt worden sein, um die Möglichkeit zu schaffen, sich in diesen Denkvorschlägen wiederzuerkennen und ihnen politisch-praktisch zu folgen. In diesem Sinne, so folgert Bourdieu einigermaßen überraschend (Décrire 1981, 72), habe es vor Marx im eigentlichen Sinne Klassen und Klassenkämpfe nicht gegeben.

Zu Recht hat Hradil (1989, 119) vorgebracht, dass Bourdieus Klassenanalyse zu einseitig auf den Grundformen des Kapitals beruht. Im modernen Wohlfahrtsstaat sind keineswegs alle Lebensbedingungen und -chancen klassenspezifisch verteilt.

> »Wo bleiben etwa die Strukturen sozialer Sicherheit und sozialer Infrastruktur, die Gesundheit, Erholung, Kommunikation etc. teilweise ›quer‹ zur Klassenstruktur verteilen?«

Zugleich habe Bourdieu wegen seiner Aufmerksamkeit für die ungleiche Kapitalausstattung der Großgruppen solche Risiken und Belastungen kaum beachtet, die mehr oder weniger alle Klassen betreffen.

> »Dies gilt für viele Umwelteinflüsse und –gefahren ebenso wie beruflichen und privaten Sinnverlust, für die Entnormierung von Le-

benswegen und –weisen sowie – teilweise damit im Zusammenhang – für das Drogen- und das Alkoholrisiko.« (Hradil 1989, 121).

3.7 Sozialer Raum und Lebensstile

Neben die objektive Struktur der Klassen stellt Bourdieu eine zweite Struktur, um die Ungleichheiten im sozialen Raum abzubilden: die Struktur der Lebensstile, also der Wertvorstellungen, der ästhetischen Vorlieben und Geschmäcker, der Präferenzen in Konsum und Lebensführung. Im Unterschied und im Verhältnis zum sozialen Raum als Konstellation der Klassen und Klassenfraktionen ist der Raum der Lebensstile »die *repräsentierte soziale Welt*« (Feine Unterschiede 1979/1999, 278).

Die Informationen über die Verteilung der Lebensstil-Merkmale im sozialen Raum gewinnt Bourdieu, ebenso wie die über die »objektiven« Positionen der Gruppen und Fraktionen in der Struktur der Klassen, meist durch Sekundäranalysen von Studien über Konsum- und Freizeitgewohnheiten, Sportpräferenzen und ästhetische Vorlieben.

Dabei kommt er zu der Auffassung, dass ästhetische Urteile, Freizeitpräferenzen, Wahrnehmungsschemata, Praxisformen u.Ä zu systematischen Mustern – und damit zu Lebensstilen – zusammengebunden sind. Ein Beispiel:

> »In der Arbeitsmoral des alten Kunsttischlers, dem skrupulöse und einwandfreie Arbeit, Gepflegtes, Ausgefeiltes und Feines alles ist, nicht minder wie in seiner Ästhetik der Arbeit um ihrer selbst willen, die ihn Schönheit an der aufgewendeten Pflege und Geduld messen läßt, steckt alles: sein Weltbild wie seine Art und Weise, mit seinen Finanzen, seiner Zeit und seinem Körper zu wirtschaften, seine Verwendung der Sprache wie seine Kleidervorliebe.« (Feine Unterschiede 1979/1999, 283)

Für diese innere Systematik der unterschiedlichen Lebensstile, zu der es einer absichtlichen Stilisierung des Lebens nicht bedarf, ist der Habitus als »Erzeugungsmuster« verantwortlich (Feine Unterschiede 1979/1999, 278).

Bourdieu zufolge bestehen systematische Beziehungen zwischen der (»objektiven«) Klassenstruktur und der Struktur der Lebensstile.

»Nicht nur jede kulturelle Praxis (der Besuch von Museen, Ausstellungen, Konzerten, die Lektüre, usw.), auch die Präferenz für eine bestimmte Literatur, ein bestimmtes Theater, eine bestimmte Musik erweisen ihren engen Zusammenhang primär mit dem Ausbildungsgrad, sekundär mit der sozialen Herkunft ... Der gesellschaftlich anerkannten Hierarchie der Künste und innerhalb derselben der Gattungen, Schulen und Epochen korrespondiert die gesellschaftliche Hierarchie der Konsumenten. Deshalb auch bietet sich Geschmack als bevorzugtes Merkmal von ›Klasse‹ an.« (Feine Unterschiede 1979/1999, 17f.; vgl. Musikliebhaber 1978/1993, 147)

Um diese Beziehungen deutlich zu machen, legt Bourdieu die Verteilung der Lebensstil-Merkmale im sozialen Raum über die Verteilung der Klassenpositionen und kann so Entsprechungen zwischen beiden Dimensionen aufweisen.

Diese Beziehungen zwischen Klassenstruktur und Lebensstilen fasst Bourdieu jedoch nicht als kausale auf (im Sinne von: eine bestimmte Position im absteigenden Kleinbürgertum führt zur Präferenz für diese oder jene Sportart), sondern als »Korrespondenzen«, ein Begriff, der an Max Webers Begriff der Wahlverwandtschaft erinnert. Die symbolische Ordnung gilt nicht als »eine *Widerspiegelung* der sozialen Ordnung«; beide Ordnungen sind relativ unabhängig voneinander (Antworten 1989, 403).

Dennoch liegt auf der Hand, wie jene Korrespondenzen zustande kommen: durch Schemata des Habitus, der ja an Klassenpositionen gebunden ist und der den Individuen und Gruppen einen begrenzten Spielraum von Präferenzen ermöglicht.

»Als inkorporiertes Schema systematischer (obgleich nicht: intentionaler) Lebensführung ist der Habitus mit den in ihm angelegten ästhetischen Beurteilungs- und Wahlschemata dafür verantwortlich, dass auf der symbolischen Ebene kultureller Praktiken ... genau derjenige Lebensstil realisiert wird, der mit den gesellschaftlichen Existenzbedingungen objektiv (im Hinblick auf die zur Verfügung stehenden materiellen und kulturellen Ressourcen) und subjektiv (in Bezug auf die klassenspezifischen Wahrnehmungs- und Bewertungsschemata) vereinbar ist.« (Schwingel 2000, 112)

Die hier einschlägigen Schemata des Habitus nennt Bourdieu »Geschmack« – wobei wir darunter nicht eine spontan wirksame individuelle Präferenzrichtung verstehen sollten, wie es der deutsche Wortgebrauch nahe legt. Zwar handelt es sich um eine »Ausdrucksintention« (Feine Unterschiede 1979/1999, 283), aber nicht um eine aus dem freien Individuum kommende.

Ähnlich wie bei der Gliederung der Klassen nimmt Bourdieu hier eine Vereinfachung vor und identifiziert drei Geschmacksformen: den »legitimen Geschmack« der oberen Klasse, den »prätentiösen Geschmack« der Mittelschicht und den »populären Geschmack« der Unterklasse.

Der legitime Geschmack bevorzugt die tradierten kulturellen und ästhetischen Produkte und Produktionsweisen. Er ist geprägt durch einen selbstverständlichen »Sinn für Distinktion«, durch ein kaum irritierbares Gefühl dafür, das einzig Angemessene und das kulturell-ästhetisch Richtige zu kennen und zu praktizieren. Dazu gehört auch die »charismatische Ideologie, die Geschmack und Vorliebe für legitime Kultur zu einer Naturgabe stilisiert« (Feine Unterschiede 1979/1999, 17). Indem der legitime Geschmack an kleinbürgerlichen Präferenz- und Urteilsweisen das »Gekünstelte«, »Unechte«, »Angelernte«, das »Bemühte« kritisiert, nimmt er für sich selbst Unabhängigkeit von Lernprozessen in Anspruch; Bourdieu bezeichnet dies etwas gehässig als »das neue Mysterium der unbefleckten Empfängnis« (Feine Unterschiede 1979/1999, 124). Der kleinbürgerliche Geschmack eifert den Präferenzen und Praktiken des legitimen Geschmacks beflissen und angestrengt nach und erweist sich gerade darin als nachrangig und innerlich falsch.

»Mittlere Kultur, das ist nichts als die kleinbürgerliche Beziehung zur Kultur: falsche Objektwahl, Missdeutung, fehlinvestierter Glaube, Allodoxia.« (Feine Unterschiede 1979/1999, 513; zum Kleinbürger als einem »nervösen Selbst«: Bude 1990, 430 f.)

Der Geschmack der Unterklasse macht erst gar keinen Versuch, sich die Gegenstände und Praktiken des legitimen Geschmacks anzueignen, sondern beschränkt sich auf illegitime Werke und Praktiken.

Genau besehen stecken in diesem Modell nicht drei, sondern zwei Formen des Geschmacks, nämlich der der Ober- und der der Unterklasse, der »Luxusgeschmack« und der »Notwendigkeitsgeschmack« (Feine Unterschiede 1979/1999, 285). Der Geschmack der Mittelschicht besteht ja hauptsächlich darin, dass er den Geschmack der Oberschicht nachahmen will.

Der Geschmack der Oberschicht wird im Herkunftsmilieu als quasi-natürliche Haltung erworben und tritt selbstsicher als einzig richtiger auf. Zu diesem Geschmack gehört die Abschattung des ökonomischen Bereichs und die Konzentration auf die ästhetische Erfahrung jenseits aller Lebensnöte und -notwendigkeiten. Am deutlichsten zeigt sich dieses Interesse an Form und »vergeistigten« Gehalten beim musikalischen Geschmack, auch weil sich die (hohe) Musik am weitesten von der sozialen Wirklichkeit entfernt (Feine Unterschiede 1979/1999, 41 f.).

Diese »ästhetische Einstellung« zur Kunst demonstriert die Oberschicht als »Stilisierung des Lebens« (als absichtliche und strategisch eingesetzte Lebenshaltung) auch in anderen Lebensbereichen. Sie charakterisiert ihre Grundeinstellung zum sozialen Leben: Souveräne und spielerische Distanz zu den Normen und Notwendigkeiten (ermöglicht durch die ökonomische Sicherheit der Lebensstellung).

> »Nichts hebt stärker ab, klassifiziert nachdrücklicher, ist distinguierter als das Vermögen, beliebige oder gar ›vulgäre‹ ... Objekte zu ästhetisieren, als die Fähigkeit, in den gewöhnlichsten Entscheidungen des Alltags – dort, wo es um Küche, Kleidung oder Inneneinrichtung geht – und in vollkommener Umkehrung der populären Einstellung die Prinzipien einer ›reinen‹ Ästhetik spielen zu lassen.« (Feine Unterschiede 1979/1999, 25)

»Distanz zur Welt« mache »das Fundament der bürgerlichen Welt-Erfahrung« aus (Feine Unterschiede 1979/1999, 101 f.).

So wie sich die herrschende Klasse spaltet in zwei Fraktionen, in denen jeweils das ökonomische oder das kulturelle Kapital überwiegt, ist auch der herrschende Geschmack in zwei Ausprägungen geteilt, die miteinander im Widerstreit liegen: in den Geschmack der »Bourgeoisie« und den der »Intellektuellen«.

> »Anders als die Angehörigen der dominanten Fraktionen, die von der Kunst einen hohen Grad an Verleugnung der sozialen Welt fordern und einer hedonistischen Ästhetik des Behaglichen, Ungezwungenen und Leichten anhängen, als deren Inbegriff Boulevard-Theater und impressionistische Malerei gelten können, sind die Angehörigen der dominierten Fraktionen dem wesentlich asketischen Moment der Ästhetik verhaftet und von daher auch stärker verleitet, allen im Namen der Reinheit und Reinigung, der Verschmähung aller protzigen Zurschaustellung und des bürgerlichen Hangs zum Dekorativen angetretenen künstlerischen Revolutionen ihr Placet zu geben – d. h. aus jenen Dispositionen und Einstellungen zur sozialen Welt heraus, die aus ihrem Status als *arme Verwandte* ableitbar, ihnen auch ein pessimistisches Gesellschaftsbild nahelegen.« (Feine Unterschiede 1979/1999, 287)

Die Intellektuellen ersetzen

> »Antikes durch ›Rustikales‹ ..., persische Teppiche durch rumänische, den Landsitz der Familie durch die restaurierte Scheune, den Besitz von Gemälden durch den von Lithographien (oder Reproduktionen) ...« (Feine Unterschiede 1979/1999, 449)

Auch der Geschmack der Unterklasse stammt aus dem Herkunftsmilieu vor jeder Schulbildung. Er interessiert sich nicht für die Form des Kunstwerks, sondern hauptsächlich für seinen Inhalt, für die in ihm gegebenen Relationen zur Wirklichkeit, für seine moralischen o. ä. Funktionen im sozialen Leben, dafür, welche Gefühle es auslöst.

Der Unterschied zwischen beiden Geschmäckern zeige sich etwa auch beim Essen:

> »Der Gegensatz von Quantität und Qualität, von ausladendem Teller und kleiner Platte, Substanz und Form wie Formen deckt sich mit der – an ungleiche Distanz zum Notwendigen gebundenen – Opposition zweier Varianten von Geschmack: dem aus Not und Zwang geborenen, der zu gleicherweise nahrhaften und kostensparenden Speisen greifen läßt; dem aus Freiheit – oder Luxus – geborenen Geschmack, der, anders als beim Drauflos-Essen der populären Kreise, das Hauptaugenmerk von der Substanz auf die Manier (des Vorzeigens, Auftischens, Essens, usw.) verlagert, und

dies vermittelt über die Intention zur Stilisierung, die der Form und den Formen eine Verleugnung der Funktion abverlangt.« (Feine Unterschiede 1979/1999, 25 f.)

Der Geschmack der unteren Klassen ist durch Not und Mangel charakterisiert (Feine Unterschiede 1979/1999, 585). Aber es wäre falsch, so Bourdieu, sähe man diesen Geschmack als Reflex auf die in jeder Beziehung eingeschränkte Lebenssituation der beherrschten Klassen an (dazu tendiert z. B. Alexander 1995, 178). Ist es doch der Habitus, der objektive Lebenssituation und Geschmack miteinander vermittelt:

»Die Praktiken der unteren Klassen ... haben tatsächlich jedoch ihren Ursprung in der *Entscheidung für das Notwendige* (›das ist nichts für uns‹), d. h. für das, was technisch notwendig, ›praktisch‹ (oder in einer anderen Sprache: funktional) ist (was ›halt sein muß‹), und für das, was aus ökonomischem und sozialem Zwang die ›einfachen‹ und ›bescheidenen‹ Leute zu einem ›einfachen‹ und ›bescheidenen‹ Geschmack verurteilt. Aus den Grundeinstellungen des Habitus geht die Anpassung an die objektiven Möglichkeiten hervor, die zu all den realistischen Entscheidungen führt, die, den *Verzicht auf* ohnehin unzugängliche *symbolische Gewinne* voraussetzend, Verhalten und Objekte auf ihre technische Funktion reduzieren: ›sauberer‹ Haarschnitt, ›nettes einfaches Kleid‹, ›stabile‹ Möbel usw.« (Feine Unterschiede 1979/1999, 594)

So ergibt sich eine »Ökonomie der Praktiken ..., die auf der Suche nach dem ›Praktischen‹ und auf der Ablehnung von ›Firlefanz‹ basiert.« (Feine Unterschiede 1979/1999, 595)

Der Geschmack ist ebenso wie der Lebensstil allgemein dem Bewusstsein der Akteure nicht als ganzer zugänglich. Allerdings nimmt die Intentionalität des Umgangs mit dem eigenen Geschmack mit steigender sozialer Stufenleiter zu, wird der Anteil einer »Stilisierung des Lebens« größer (Feine Unterschiede 1979/1999, 283).

Nebenbei gewinnt Bourdieu mit Hilfe des Begriffs Geschmack eine Möglichkeit, das Verhältnis von Konsumgütern und Konsumenten präziser zu beschreiben als in den Wirtschaftswissenschaften üblich. Letztere erblicken in den nützlichen Eigenschaften des Konsumgutes bzw. in seinen möglichen Gebrauchsweisen seinen Wert und seine soziale Bedeutung. Diese Auffassung geht laut Bourdieu an der Wirklichkeit der durch Habitus und Klassenzugehörigkeit bestimmten Geschmacksformen vorbei: Die technisch möglichen Gebrauchsweisen stimmten mit den wirklich praktizierten kaum überein (Feine Unterschiede 1979/1999, 172 ff.).

Inzwischen sollte deutlich geworden sein, dass Bourdieu soziale Ungleichheit dreidimensional konzipiert: Soziale Klassen sind unterschieden aufgrund von Lebensbedingungen (vor allem Volumen und Struktur des Kapitals), aufgrund von erworbenen Habitusformen und aufgrund von Lebensstilen. Eine solche kulturtheoretisch gesättigte Klassentheorie verabschiedet sich von den Klassentheorien des 19. Jahrhunderts, die in erster Linie auf der Analyse von Merkmalen wie Arbeitsbeziehungen oder Berufspositionen basieren. Die begründende empirische Annahme ist:

> »Das Haben eines Berufs wird zunehmend über kulturelle Ressourcen gesteuert ... Damit wird die Konsequenz daraus gezogen, daß objektive Klassenlagen zunehmend von anderen Institutionen als dem rechtlich definierten Lohnarbeitsvertrag bestimmt werden. Die kulturelle Restrukturierung der berufsförmigen Organisation der Arbeitskraft kennzeichnet das spezifisch Neue moderner Klassenstrukturen.« (Eder 1989, 16)

Wogegen tritt Bourdieu mit seinem Versuch an, den Raum der sozialen Ungleichheit mehrdimensional zu fassen? Gegen die »unreflektierte Spontanvorstellung« von der sozialen »Stufenfolge« wie auch gegen die soziologischen Konzepte von der sozialen »Schichtung«, die beide ein eindimensionales Über- bzw. Untereinander von Schichten unterstellen. Implikation beider Vorstellungen sei die Annahme, nur eine einzige Maßeinheit sei ausreichend zur Identifikation der Konstellation der sozialen Ungleichheit, also typischerweise nur eine einzige Kapitalsorte (Feine Unterschiede 1979/1999, 208 f.).

Manchmal stößt Bourdieu bei seinen empirischen Untersuchungen auf Relationen, die nicht ganz ins Schema passen. Man denke an folgende Bemerkung:

> »Die Kleinunternehmer stehen wie in Fragen der Ernährung, so auch in ihrer Sprache, ihrem Gefallen an Sport, Varietébühnen

usw., ihren Werten (z. B. Männlichkeit) der Arbeiterklasse näher als die Angestellten, die sich wiederum den Arbeitern, zu denen sie unter allen diesen Aspekten in viel krasserem Gegensatz stehen, in ihrem politischen Verhalten annähern.« (Feine Unterschiede 1979/1999, 410, Fußn. 7)

Hier bleibt im Grunde nur die Annahme, dass es Orientierungen und Präferenzen (z. B. Bilder von den Geschlechtern) gibt, die sich keineswegs entsprechend der Struktur der Klassenfraktionen und Klassen verteilen. An verschiedenen Stellen werden also Zusatzannahmen nötig.

Das Volk hat keinen Geschmack: Das ist eine deprimierende Diagnose Bourdieus, wenn man an die Versuche von linken Sozialwissenschaftlern denkt, der Unterschicht bzw. der Arbeiterschaft eine selbstständige Arbeiter- bzw. Volkskultur zuzuschreiben.

»Wer an die Existenz einer ›Kultur der unteren Klassen‹ glaubt – schon diese Wortzusammenstellung bleibt unwillkürlich dem herrschenden Kulturbegriff verhaftet –, der wird bei näherer Betrachtung nichts als lose Fragmente einer mehr oder weniger alten Gelehrtenkultur auffinden (z. B. ein bestimmtes ›medizinisches‹ Wissen), die gewiß in Abhängigkeit von den Prinzipien des Klassenhabitus ausgewählt und reinterpretiert und in dessen unitäre Weltsicht integriert wurden; aber er wird nicht die Gegenkultur antreffen, die er sucht, eine wirklich der herrschenden Kultur opponierende, die bewußt als Symbol einer gesellschaftlichen Stellung oder als Bekenntnis zu einer autonomen Existenz reklamiert wird.« (Feine Unterschiede 1979/1999, 616 f.)

Selbst die Versuche einiger Künstler, eine »Rückkehr zum Volk« zu vollziehen, führen Bourdieu zufolge nicht dazu, dass die wirkliche Welterfahrung der Unterschichten sichtbar wird. Im Grunde müsste eine solche »Rückkehr« unter der Frage untersucht werden, welche Vorteile es hat, im künstlerischen bzw. im politischen Feld als »Sprachrohr der Interessen des Volkes« auftreten zu können (Feine Unterschiede 1979/1999, 107, Fußn. 62). Aber die Lebenserfahrung der unteren Klassen werde durch solchen »Populismus«, durch die Bemühungen der »Narodniki aller Zeiten und aller Länder«, wie Bourdieu höhnt (Feine Unterschiede 1979/1999, 585 ff.), nicht zutreffend artikuliert.

Indem Bourdieu das Verhältnis zu Kunst und Kultur vom Lebensstil und vom Konsumenten her angeht, bleiben jene Praxisbereiche ausgeblendet, in denen Kunst und Kultur produziert werden, also etwa das künstlerische Feld oder das der Schriftsteller. Aber es wäre ungerecht, daraus einen Vorwurf ans Gesamtwerk zu erheben, wie dies Jenkins (1992, 130) tut; denn eigenständige Studien über die Felder, in denen Kunst und Kultur entstehen, hat Bourdieu durchaus vorgelegt.

Wie steht Bourdieus Analyse der sozialen Ungleichheit zum Individualisierungstheorem, das – von Ulrich Beck seit 1983 formuliert – in der sozialwissenschaftlichen Diskussion in Deutschland eine große Rolle spielt? Wir können hier die Debatte über dieses Theorem nur anreißen, nicht aber gründlich nachzeichnen. Dazu ist diese Debatte einerseits inzwischen zu verzweigt, andererseits sind die Thesen immer noch nicht hinreichend durch empirische Forschung überprüft. Beck zufolge sind die Bindungen an die Klasse(nlage) und die damit verbundenen Orientierungssicherheiten im Zuge des gewachsenen Wohlstandes seit den 1950er Jahren (»Fahrstuhl-Effekt«) und im Zuge der Bildungsexpansion seit den 1960er Jahren brüchig geworden. Seinen Überlegungen zufolge werden

> »subkulturelle Klassenidentitäten und -bindungen ausgedünnt oder aufgelöst. Gleichzeitig wird ein Prozess der *Individualisierung* und *Diversifizierung* von Lebenslagen und Lebensstilen in Gang gesetzt, der das Hierarchiemodell sozialer Klassen und Schichten unterläuft und in seinem Wirkungsgehalt in Frage stellt.« (Beck 1986, 122)

Auch die unteren Klassen sind inzwischen aus Not und Notwendigkeit teilweise befreit; auch ihnen haben sich aufgrund gewachsener Ressourcen Möglichkeiten zur Stilisierung des Lebens und zur Teilnahme am (Erlebnis-)Markt eröffnet (vgl. Schulze 1995). Nach relativer Auflösung der Klassenbindungen sind die Individuen einerseits in eine verstärkte Abhängigkeit von Institutionen (Arbeitsmarkt, Einrichtungen des Sozialstaats usw.) geraten. Andererseits haben sie die Möglichkeit und stehen sie zugleich vor der Aufgabe, ihre Lebensführung in eigener Regie zu gestalten, ihren Lebenslauf ohne von Großgruppen vorgegebene Muster durch Entscheidungen selbst zu ordnen.

Bourdieu hat sich kaum mit dem Individualisierungstheorem auseinander gesetzt, vielleicht weil es sich dabei um einen weithin auf die deutsche Soziologie beschränkten Vorschlag handelt.[61] An einer Stelle kritisiert er die Schriften von Beck deshalb, weil sie sich (wie die von Giddens) nicht auf eigene Forschung stützen: »All ihre Arbeiten sind aus zweiter Hand.« (Interview Ich rede nicht 2000)

Bourdieu ist sicher, dass es in allen modernen Gesellschaften systematische Beziehungen zwischen Klassenstruktur und Lebensstilen gibt. Damit widerspricht er der Diagnose, wonach die Lebensstil-Merkmale nicht (mehr) der Struktur der sozialen Ungleichheit zugeordnet werden könnten, weil sie mehr und mehr als frei schwebende Optionen gegeben sind.

> »Ein kurzer Blick ins Fernsehprogramm oder aufs Zeitungs- und Zeitschriftensortiment eines größeren Bahnhofskiosks sollte vom Gegenteil überzeugen ...« (Feine Unterschiede 1979/1999, 12, Fußn. 2)

Auch ist ja denkbar, dass die Klassengesellschaft weiterbesteht, dass jedoch die Individuen oder manche Klassenfraktionen inzwischen eine individualisierte Lebensorientierung haben. In diesem Sinne ist Müller (2002, 166) zu verstehen:

> »Individualisierung ... bringt vielleicht die Klassengesellschaft und die soziale Hierarchie in den Augen der Menschen zum Verschwinden, aber nicht in der sozialen Wirklichkeit. Individualisierung kann also mit erheblicher sozialer Ungleichheit und mit einer konsolidierten Klassenstruktur einhergehen.«

Man kann Bourdieus Soziologie als Versuch lesen, Strukturveränderungen der modernen Gesellschaft, wie sie teilweise auch die Individualisierungstheoretiker beobachten, einzuordnen. Die Klassengesellschaft reproduziert sich nicht (mehr) allein durch einen Kampf um die Verteilung des Besitzes von Produktionsmitteln oder materiellen Ressourcen allgemein, sondern auch durch einen Klassenkampf ums Symbolische (vgl. Beer 2006, 10). Die

---

61 Das wird schon bei Becks Formulierung des Theorems spürbar: Informationen oder Daten über andere westliche Gesellschaften zieht er kaum heran.

kulturellen Angebote und die Lebensstile sind nicht für jedermann zugänglich, sie stehen nicht als Möglichkeiten zu freier Wahl nebeneinander; sondern sie enthalten in sich und in ihrer Konstellation selbst die soziale Ungleichheit und sind permanent umkämpft.

> »Kulturelle Definitionsmacht ist nach dieser Analyse ›symbolische Gewalt‹: Gewalt auf Grund der – relativen Willkür der Setzungen, symbolisch, weil sich diese Gewalt wesentlich auf die kulturellen Lebensformen bezieht.« (Liebau 1987, 86)

In diesem Sinne weist Bourdieus Soziologie auf, dass nicht nur um Macht und Geld gekämpft wird, sondern auch und oft in erster Linie um Kultur. Dadurch will sie den neueren Entwicklungen hin zur sozialen Aufwertung des Symbolischen gerecht werden.

Immerhin erscheint es sinnvoll, die Annahme Bourdieus, die Individuen verfügten durch ihren Habitus nur über einen einzigen und in sich stimmigen Interpretationskern der sozialen Wirklichkeit, zu relativieren. Es gibt durchaus Hinweise darauf, dass auch entgegengesetzte Tendenzen vorhanden sind (so Ebrecht 2002, 236 ff.). Offenbar gehen die Individuen in den modernen Gesellschaften dauernd mit Interpretationsschemata um, die sich nicht zu einem kohärenten Muster fügen, sondern sich widersprechen können.

Eine an empirischen Befunden orientierte Kritik an Bourdieu hat herausgehoben, dass die Mittelschichten im Vergleich zur Oberschicht in seinen Untersuchungen ziemlich vernachlässigt werden und auch anhand überholter Konstellationen betrachtet werden.

> »Bourdieus Beschreibung des Kleinbürgertums scheint manchmal an teilweise überholte Bedingungen der 50er und 60er Jahre gebunden zu sein, während die letzte ›lange Welle‹ der Modernisierung gerade in diesem Bereich starke Differenzierungen und Distanzchancen gebracht hat. Einheitliche Lebens- und Erfahrungswelten, die noch bei aller Differenzierung ein gemeinsames Muster der Erzeugung von Lebensstilen sichern sollen, werden empirisch immer weniger auffindbar.« (Schwingel 1993, 137)

Auch zu Bourdieus Bild von der in Not und Notwendigkeit lebenden Unterklasse wird man skeptische Fragen stellen müssen. Die Verbesserung der Lebenslage der Arbeiterschaft seit Ende der 1950er Jahre deutet darauf hin, dass die Mehrheit der Unterklasse längst nicht mehr in Not und Notwendigkeit lebt (vgl. Hradil 1989, 122).

3.8 Distinktion

Mit *Distinktion* meint Bourdieu mehr als eine absichtlich und explizit gegen andere gerichtete Höherbewertung des Lebensstils der Eigengruppe. Die an die Klassen und Klassenfraktionen gebundenen Lebensstile richten sich strukturell gegeneinander, die Gesamtkonstellation der die soziale Ungleichheit zum Ausdruck bringenden Lebensstile enthält als Grundbeziehung die Distinktion – ohne dass die Individuen und Gruppen eine solche Abhebung von anderen absichtlich suchen müssten.

> »... der ›demonstrative Konsum‹ (Thorstein Veblen) von prestigeträchtigen Gütern und, allgemeiner, die von Max Weber so genannte (intentionale) ›Stilisierung des Lebens‹ bilden Bourdieu zufolge eher die Ausnahme denn die Regel und sind folglich als theoretische Grenzfälle anzusehen, auf deren Grundlage sich keine umfassende Theorie symbolischer Distinktion formulieren lässt.« (Schwingel 2000, 115; auch Schwingel 1993, 138 f.)

Die Absicht, sich von anderen vorteilhaft zu unterscheiden, ist z. B. bei den unteren Schichten nicht wirksam. »Absicht und Wille zur Distinktion, zur Absetzung taucht erst auf mit dem kleinbürgerlichen Ästhetizismus.« (Feine Unterschiede 1979/1999, 108) Die Absicht, sich vorteilhaft abzusetzen, vermag gegebenenfalls die Distinktionsbeziehung zuzuspitzen; aber wirksam ist Distinktion auch ohne jede Intentionalität.

> »Tatsächlich beinhaltet jedes Bekenntnis des Kleinbürgers zu Rigorismus, sein Loblied auf Sauberkeit, Mäßigung und Sorgfalt einen stillschweigenden Bezug aufs Unsaubere, auf Maßlosigkeit und Sorglosigkeit auch dann, wenn dahinter kein bewußtes Streben

nach Absetzung vom laxen Verhalten der unteren Klassen steht.« (Feine Unterschiede 1979/1999, 382)

Die Herrschenden brauchen sich nur ihren Dispositionen zu überlassen,

»um ›ganz natürlich‹ distinguierte Praktiken hervorzubringen; dies, ohne sich Distinktion, Unterscheidung zum Ziel zu setzen, ohne – wie die von Veblen angeführten Emporkömmlinge – methodisch, absichtsvoll, mittels eines rationalen Plans, einer kalkulierten Strategie zwecks Maximierung der symbolischen Distinktionsgewinne nach ihr zu streben.« (Antworten 1989, 398)

Insofern greift Honneths Auffassung (1990, 170) zu kurz, wenn er unter Distinktion »alle Versuche« versteht,

»dem eigenen Lebensstil durch die demonstrative Abgrenzung gegenüber dem Massengeschmack die Aura kultureller Höherwertigkeit zu verleihen.«

In der Konstellation der Lebensstile, in der Architektur der kulturellen und ästhetischen Präferenzen und Praktiken also erkennt Bourdieu – im Unterschied zu anderen kultursoziologischen Ansätzen – Momente der Herrschaft. Der Geschmack der Oberschicht (insbesondere ihr Umgang mit Kunst) eignet sich ausgezeichnet dazu, soziale Unterschiede zu legitimieren (Feine Unterschiede 1979/1999, 27).

»Vermutlich stellt die Aversion gegen andere unterschiedliche Lebensstile eine der stärksten Klassenschranken dar – die Homogamie bezeugt es.« (Feine Unterschiede 1979/1999, 105 f.)

Über diese Funktion der Legitimierung von Ungleichheit hinaus sind die gegeneinander stehenden Lebensstile Ausdruck und Teil von Herrschaftsbeziehungen.

Rückblickend weist er das Missverständnis zurück, er habe durch die Studie »Die feinen Unterschiede« »die Suche nach Distinktion zum Prinzip allen menschlichen Verhaltens … erheben« wollen (Meditationen 1997/2001, 172), und sieht ihre Leistung darin, den sozialen Raum sowie die Beziehungen der Positionen in ihm herausgestellt zu haben.

3.9 Soziale Laufbahn

Bei (sozialer) *Laufbahn* denkt Bourdieu an die Einflüsse und Effekte, die nicht auf Herkunftsfamilie und -milieu zurückgehen, die also im weiteren Lebensweg wirksam sind.[62]

Wann und wie ein Individuum oder eine Gruppe in den Besitz von kulturellem oder ökonomischem Kapital gelangt ist, bildet innerhalb der Oberklasse einen permanenten Punkt der Aufmerksamkeit und der gegenseitigen Beurteilung. Im Hinblick auf das ökonomische Kapital wird unterschieden zwischen den Neureichen, die erst jüngst durch eigene Kraft oder eigenes Glück aufgestiegen sind, und solchen Menschen, die ihr ökonomisches Kapital von ihren Eltern und Vorfahren übernommen haben.

Im Hinblick auf den Erwerb kulturellen Kapitals wird ein ähnlicher Unterschied gemacht. Der Erwerb kulturellen Kapitals in der Herkunftsfamilie hat Vorteile

> »für die Schulung in Kulturtechniken wie Tischmanieren und Kunst der Unterhaltung, musikalischer Bildung und Gespür fürs jeweils Schickliche, Tennisspielen und richtiger Aussprache …« (Feine Unterschiede 1979/1999, 127 ff.)

Geradezu ein typisches Merkmal ererbten kulturellen Kapitals ist die Fähigkeit, Klavier zu spielen. Jemand, der Musik nur aus Konzerten, aus dem Radio oder von der Schallplatte kennt – und sei es noch so gut –, wird immer ein äußerlicheres, ein eher vom Verstand her bestimmtes Verhältnis zu ihr haben. Das ererbte kulturelle Kapital macht sich im Unterschied zu dem in Schule und Universität erworbenen vor allem in solchen Tätigkeitsbereichen bemerkbar, für die die Bildungseinrichtungen keine Kenntnisse und Fähigkeiten vermitteln, also »in den alltäglichen Entscheidungen etwa für ein bestimmtes Mobiliar, eine bestimmte Kleidung oder Essenszubereitung.« (Feine Unterschiede 1979/1999,

62 Staab/Vogel (2009b, 163) meinen, »trajectoire« solle besser mit »Flugbahn« als mit »Laufbahn« übersetzt werden, um die Vorstellung von beruflicher Laufbahn oder von Karriere zu vermeiden.

138) Nicht allein die Bildungsabschlüsse zählen, sondern auch und manchmal in erster Linie die nicht in der Schule erlernbaren

> »distinktiven Merkmale: Status, Haltung, angenehmes Äußeres, Diktion und Aussprache, Umgangsform und Lebensart, ohne die alles Schulwissen … wenig oder gar nichts gilt …« (Feine Unterschiede 1979/1999, 159)

Den »Emporkömmlingen« in Kultur und Bildung bleibt nur, sich den »hereditären Eignern des guten ›Stils‹« anzupassen und deren Benehmen nachzuahmen, oder sich offen zu widersetzen, was »doch nur als Eingeständnis der Unfähigkeit zur Anpassung wirken kann.« (Feine Unterschiede 1979/1999, 167) Trotz allen Bemühens (oder vielleicht gerade deswegen) ergeben sich jedoch immer wieder Situationen, in denen sich die Emporkömmlinge (und auch die sozialen Absteiger) durch Nuancen ihres Benehmens verraten. Bourdieu nennt etwa »mondäne« Situationen, in denen sich eine »schulische Erwerbsweise« des einschlägigen Verhaltens und der passenden Sprache verrät (Feine Unterschiede 1979/1999, 188).

Die Klassen, Klassenfraktionen, Berufsgruppen, Inhaber von Bildungstiteln, Absolventen eines Universitätsfaches usw. haben eine »kollektive Laufbahn«, insofern sie sich durch die Konfliktbeziehungen der Großgruppen und durch die in den sozialen Feldern wirksamen Konkurrenzen hindurch entwickeln – nach oben oder nach unten, an den Rand oder ins Zentrum, zu stärkerer oder schwächerer Lebendigkeit.

> »Die kollektive Laufbahn einer gesellschaftlichen Klasse kann darin zum Ausdruck kommen, daß sie sich ›verweiblicht‹ oder ›vermännlicht‹, daß sie älter oder jünger, ärmer oder reicher wird – dies alles Veränderungen, die gleichzeitig wie alternativ auftreten können …« (Feine Unterschiede 1979/1999, 178)

Hier legen Bourdieus Formulierungen nahe, dass es ihm nicht um eine genaue Darstellung der bisherigen Entwicklung eines Kollektives geht, sondern dass er Trends und Tendenzen nachspürt, die sich in der Vergangenheit und Gegenwart abzeichnen und die erwartbare Zukunft des Kollektivs anzeigen.

Auch die zuversichtliche oder zögernde Einstellung der Menschen gegenüber der Zukunft hängt von der kollektiven Laufbahn ihrer Klasse bzw. Klassenfraktion ab (Feine Unterschiede 1979/1999, 206, Fußn. 29; auch 210). In diesem Sinne kann Bourdieu auch von der »trügerischen Laufbahn« eines Individuums oder einer Gruppe sprechen: Darunter versteht er einen Lebenslaufentwurf, der auf Versprechungen (z. B. über den Wert einer abgeschlossenen Ausbildung) gründet, die noch einem früheren Systemzustand entsprechen, inzwischen aber keine Gültigkeit mehr besitzen (Feine Unterschiede 1979/1999, 149, Fußn. 94; auch 238).

Bourdieu wendet diesen Prozessgedanken auch auf die Individuen an, indem er ihnen in bestimmten gesellschaftlichen Positonen bzw. bei einer bestimmten Ressourcenausstattung einen Möglichkeitsraum von (individuellen) Laufbahnen zuschreibt.

> »Einem bestimmten Umfang ererbten Kapitals entspricht ein *Bündel* ungefähr gleich wahrscheinlicher, zu ungefähr gleichwertigen Positionen führender *Lebensläufe* – das einem bestimmten Individuum objektiv gegebene *Möglichkeitsfeld*; Wechsel in derartigen Entwicklungsverläufen hängen zumeist von kollektiven – Kriege, Krisen, etc. – oder individuellen Ereignissen ab, von Zusammentreffen, emotionalen Bindungen, Beziehungen.« (Feine Unterschiede 1979/1999, 188)

Weil die Variationen innerhalb dieses Möglichkeitsfeldes einschließlich seiner Veränderungen nicht zufällig auftreten, sondern wiederum an klassenstrukturelle Voraussetzungen gebunden sind, ergibt sich, dass Klassen und Klassenfraktionen über einen »typischen Lebenslauf« verfügen. Die »scheinbar ans Wunderbare grenzende Angepaßtheit« der Dispositionen der Positionsinhaber an die Anforderungen einer Position ergibt sich dadurch, dass die Menschen wie von selbst auf jene Positionen zusteuern, die für sie geschaffen sind (dass sie die ihnen klassenstrukturell vorgegebene Bestimmung annehmen), sowie allgemeiner aus »der ein Leben lang währenden Dialektik zwischen Dispositionen und Positionen, Angestrebtem und Erreichtem.« (Feine Unterschiede 1979/1999, 189) Der Lebenslauf ist insofern ein sich kumulierender Vorgang der Anpassung ans Mögliche:

> »*Soziales Altern* stellt nichts anderes dar als diese langwährende Trauerarbeit, oder, wenn man mag, die (gesellschaftlich unterstützte und ermutigte) *Verzichtleistung*, welche die Individuen dazu bringt, ihre Wünsche und Erwartungen den jeweils objektiven Chancen anzugleichen und sich in ihre Lage zu fügen: *zu werden, was sie sind, sich mit dem zu bescheiden*, was sie haben, und wäre es auch nur dadurch, daß sie (in stillem Einverständnis mit dem Kollektiv) hart daran arbeiten müßten, um sich selbst darüber zu täuschen, was sie sind und was sie haben, um all die nach und nach zurückgelassenen sonstigen Möglichkeiten und alle als nicht realisierbar hingenommenen, weil unrealisiert gebliebenen Hoffnungen *zu begraben*.« (Feine Unterschiede 1979/1999, 189 f.)

Der Zusammenhang zwischen Startposition und erreichter Position ist jedoch nicht streng deterministisch. Der »typische Lebenslauf« ist deshalb typisch, weil es daneben auch abweichende Laufbahnen – nach oben wie nach unten – gibt. Für diesen »Laufbahn-Effekt« macht Bourdieu drei Einflussgrößen aus: Die spezielle Prägung der Persönlichkeit in der Herkunftsfamilie; die soziale Mobilitätschance, die am Beispiel des Lebenslaufs des Vaters (und der Mutter) erlebt wird; und eigene Anstrengungen, einem drohenden kollektiven sozialen Abstieg zu entgehen (Feine Unterschiede 1979/1999, 190 f.).

Besonders stark ist die »biographische Streuung« (die Variation der individuellen Lebensläufe) in der Mittelklasse, und hier vor allem in den neuen Fraktionen (Feine Unterschiede 1979/1999, 191 f.). Das mache sich auch in der Konstellation der Ehen bemerkbar: In der Mittelklasse leben häufiger als in anderen Klassen Ehepartner zusammen,

> »bei denen nicht nur hinsichtlich ihrer Herkunft und sozialen Laufbahn, sondern auch ihres beruflichen Status und Ausbildungsgrades größere Diskrepanzen bestehen (was u. a. die gewichtige Rolle dessen zur Folge hat, was mit dem neuen Kultwort ›Beziehungsprobleme‹ heißt, d. h. vor allem die Schwierigkeiten bei der Teilung der Arbeit zwischen den Geschlechtern und ›im Geschlechtsakt‹..).« (Feine Unterschiede 1979/1999, 192)

Individuelle Abweichungen vom kollektiven Lebenslauf werden von den Akteuren bemerkt. Hingegen »bleibt der Effekt der *kollektiven Laufbahn* leicht als solcher unbemerkt.« So kommt es, dass

z. B. politische und religiöse Einstellungen bestimmter Klassen und Klassenfraktionen eher diesen selbst zugeschrieben werden, als dass man sie als Formen der Reaktion auf einen kollektiven Auf- oder Abstieg erkennt (Feine Unterschiede 1979/1999, 192).

Kompliziert wird die analytische Aufgabe dadurch, dass individuelle Laufbahnen eine der kollektiven Laufbahn entgegengesetzte Richtung aufweisen können. Bourdieu vermutet hier übrigens, dass Aufsteiger, die dem kollektiven Abstieg ihrer Klasse bzw. Klassenfraktion zu entkommen suchen, gerade darin vom Schicksal ihrer Großgruppe geprägt sind (Feine Unterschiede 1979/1999, 192).

Das Konzept der sozialen Laufbahn wendet Bourdieu polemisch gegen alle Versuche in den Sozialwissenschaften, die Biografie bzw. die Lebensgeschichte von Individuen als Analysehorizont zu benutzen. Der Begriff Lebensgeschichte sei »eine jener vertrauten Alltagsvorstellungen, die sich in das wissenschaftliche Universum hineingeschmuggelt haben ...« (Biographische Illusion 1986/1990, 75). Diese Vorstellung unterstelle, dass das individuelle Leben wie eine Geschichte einen sinnvollen und kohärenten Zusammenhang bilde, dass diese Geschichte einen Anfang habe, der sinnhaft zu weiteren Stationen, Ereignissen, Handlungen führe bis hin zu einem aus dieser Kette hervorgehenden Ende.

> »Man ist zweifellos berechtigt zu unterstellen, daß die autobiographische Erzählung sich immer, mindestens teilweise, von dem Ziel anregen läßt, Sinn zu machen, zu begründen, eine gleichzeitig retrospektive und prospektive Logik zu entwickeln, Konsistenz und Konstanz darzustellen, indem sie einsehbare Beziehungen wie die der Folgewirkung von einem verursachenden oder letzten Grund zwischen aufeinanderfolgenden Zuständen herstellt, die so zu Etappen einer notwendigen Entwicklung gemacht werden.« (Biographische Illusion 1986/1990, 76; vgl. Liebau 1990, 84)

Dieses Erzähl- und Deutungsmuster werde u. a. durch die literarische Tradition (Roman) sowie durch existenzphilosophische Ideen gestützt, grundlegender aber noch durch Vorgaben der sozialen Welt, die die Einheitlichkeit und Kontinuität des Ichs und seines Identitätsbewusstseins sichern sollen. Zu diesen Vorgaben gehört zunächst der Eigenname jedes Menschen.

»Der Eigenname ist die sichtbare Bestätigung der Identität seines Trägers durch die Zeit und die sozialen Räume, die Grundlage der Einheit seiner aufeinander folgenden Äußerungen und der sozial anerkannten Möglichkeit, seine Äußerungen in den offiziellen Eintragungen zusammenzufassen: als curriculum vitae, cursus honorum, Strafregister, Nekrolog oder Biographie, die das Leben im ganzen konstitutieren, beendet durch das Urteil, das über eine provisorische oder definitive Bilanz gefällt wurde.« (Biographische Illusion 1986/1990, 78)

Durch seine Kritik an der (auto-)biografischen Forschung in den Sozialwissenschaften will Bourdieu sein Konzept der sozialen Laufbahn (*trajectoire*)[63] stark machen:

»Den Versuch zu unternehmen, ein Leben als eine einzigartige und für sich selbst ausreichende Abfolge aufeinander folgender Ereignisse zu begreifen, ohne andere Bindung als die an ein Subjekt, dessen Konstanz zweifellos lediglich in der des Eigennamens besteht, ist beinahe genauso absurd wie zu versuchen, eine Metro-Strecke zu erklären, ohne das Streckennetz in Rechnung zu stellen, also die Matrix der objektiven Beziehungen zwischen den verschiedenen Stationen.« (Biographische Illusion 1986/1990, 80; vgl. Le champ littéraire 1991, 39)

Von der sozialen Laufbahn abzusehen und nur die Lebensgeschichte zu betrachten, das setze die »narzißtische« Alltagsvorstellung von der höchsten Wirklichkeit des Individuums in den Wissenschaften fort (Biographische Illusion 1986/1990, 81). Statt vom Bewusstsein (vom Zusammenhang vergangener Lebensführung und Lebenserfahrung) auszugehen, komme es darauf an, die Praxis der Menschen in ihren sozialen Relationen zu rekonstruieren (Liebau 1990, 88).

Gegen diese Kritik Bourdieus an der Biografieforschung und an der *Oral History* hat sich der Historiker Niethammer zur Wehr gesetzt: Es sei ein grobes Missverständnis, den einschlägigen historischen Forschungsansätzen zu unterstellen, sie seien daran interessiert, die Abrundung des subjektiven Sinns der Lebensgeschichte zu unterstützen.

63 *Trajectoire* mit *life chances* zu übersetzen (Postone/LiPuma/Calhoun 1993, 5), ist irreführend.

»… zu sagen, daß die soziologische und historische Biographieforschung im wesentlichen nur darauf abhebe, den subjektiven Sinn der Quellen zum objektiven Sinn der Gesellschaft zu verdichten, ist eine Illusion über die Biographieforschung.« (Niethammer 1990, 93)

An anderer Stelle wiederum kommt Bourdieu der Bedeutung der lebensgeschichtlichen Erfahrungen, wie sie Biografieforschung und Oral History herausheben, durchaus nahe. Zur Erklärung der Tatsache, dass die Individuen bei aller Teilhabe am Habitus ihrer Klasse einen je besonderen Habitus aufweisen, verweist er auf die Unterschiedlichkeit ihrer sozialen Lebensläufe.

»Das besondere Gewicht der ursprünglichen Erfahrungen ergibt sich … im wesentlichen daraus, daß der Habitus seine eigene Konstantheit und seine eigene Abwehr von Veränderungen über die Auswahl zu gewährleisten sucht, die er unter neuen Informationen trifft, indem er z. B. Informationen, die die akkumulierte Information in Frage stellen können, verwirft, wenn er zufällig auf sie stößt oder ihnen nicht ausweichen kann, und vor allem jedes Konfrontiertwerden mit derlei Informationen hintertreibt …« (Sozialer Sinn 1980/1999, 113 f.)

Als Beispiele nennt Bourdieu die Homogamie und die Neigung, eher mit solchen Menschen über Politik zu diskutieren, die die eigene Meinung teilen: Durch Vermeidung von irritierenden Informationen sucht sich der Habitus konstant zu halten.

»Durch die systematische ›Auswahl‹, die er zwischen Orten, Ereignissen, Personen des *Umgangs* trifft, schützt sich der Habitus vor Krisen und kritischer Befragung, indem er sich ein *Milieu* schafft, an das er so weit wie möglich vorangepaßt ist, also eine relativ konstante Welt von Situationen, die geeignet sind, seine Dispositionen dadurch zu verstärken, daß sie seinen Erzeugnissen den aufnahmebereitesten Markt bieten.«

Diese Auswahl geschehe selten durch bewusste Entscheidung, sondern meistens durch eingeschliffene Vermeidungsstrategien (Sozialer Sinn 1980/1999, 114). Schließlich hat Bourdieu seine Kritik an der Biographieforschung im Buch über das Elend der Welt selbst deutlich korrigiert und hat hier biographisches Datenmaterial zentral behandelt (so Apitzsch 2003, 98).

3.10 Doxa

Eine jede herrschende soziale Ordnung trage, so Bourdieu, die Tendenz in sich, ihre Form als natürlich erscheinen zu lassen (Entwurf einer Theorie 1972/1976, 324). Ihr Willkürcharakter soll verkannt werden, ihre sozialkulturellen Deutungen und Klassifikationen sollen als natürlich gelten, als der Welt und der Wirklichkeit entsprechend. »Doxa, das ist der Glaube, der sich als solcher nicht kennt …« (L' inconscient d' école 2000, 3; ins Deutsche übersetzt von den Autoren).[64]

> »Im Grenzfall, d. h. wenn die Koinzidenz zwischen objektiver Ordnung und den subjektiven Organisationsprinzipien gleichsam vollkommen ist (wie in den archaischen Gesellschaften), erscheint die natürliche und soziale Welt schließlich als selbstverständlich vorgegebene.« (Entwurf einer Theorie 1972/1976, 325)

In solch einem Fall wird verkannt, dass die tiefe Selbstverständlichkeit von Welt und Sozialordnung nur möglich wird durch feste Grenzen, die der Wahrnehmung und dem Wissen gesetzt werden: diese Grenzen darf niemand überschreiten, um nicht das Selbstverständnis der Gruppe in Frage zu stellen. Auch Gruppen (bei den Kabylen die Frauen und die Jugendlichen), deren Lebensinteressen in den geltenden Klassifikationen wenig berücksichtigt werden, können nichts anderes tun, als sich den anerkannten Deutungen von Natur und Sozialwelt zu unterwerfen und sich ihrer eventuell von innen heraus zu bedienen.

> »Es fällt nicht leicht, jene subjektive Erfahrung in Worte zu kleiden, die an eine solche Welt des verwirklichten ›Es muß sein‹ gebunden ist, wo Dinge, die kaum anders sein könnten, doch nur sind, was sie sind, weil sie so zu sein haben; wo man zur gleichen Zeit das Gefühl haben kann, daß nichts anderes zu tun sei als das, was man tut, und man nur tut, was man tun muß.« (Entwurf einer Theorie 1972/1976, 327; vgl. Sozialer Sinn 1980/1999, 126)

Die Menschen in solchen Ordnungen begegnen der Welt nie allein, immer steht die Sozialgruppe strukturierend dazwischen,

64 Während die *illusio* feldspezifisch sei, umfasse die *doxa* allgemeinere Vorstellungen und Überzeugungen (so Koller 2009, 80).

»nicht allein über ihre Warnungen, die dazu angetan sind, die Furcht vor übernatürlichen Gefahren einzuprägen, sondern mittels des ganzen Universums der rituellen Praktiken und Diskurse, der Redewendungen und Sprichwörter, die alle gemäß den Prinzipien des konformen Habitus strukturiert sind.« (Entwurf einer Theorie 1972/1976, 329)

In solchen Ordnungen geschieht alles fraglos. »Die Tradition ist schweigsam – schweigt sich vor allem aus über sich als Tradition …« Die Doxa ist wirksam vor jeder Frage nach der Legitimität, die ja erst aus dem Streit mehrerer Gruppen um Legitimität hervorgeht (Entwurf einer Theorie 1972/1976, 330). Die soziale Ordnung wird als derart selbstverständlich erlebt, dass sie eigene Legitimationen kaum braucht. Für die Kabylen sagt Bourdieu:

»Es ist z. B. bemerkenswert, daß die kabylische Tradition, obschon sie in Gänze der hierarchischen Teilung der Geschlechter gemäß aufgebaut ist, praktisch keine rechtfertigenden Mythen dieses Unterschieds bietet …« (Männliche Herrschaft 1990/1997, 158, Fußn. 7)

Was die Doxa ausmacht, wird erst sichtbar, wenn ihre fraglose Geltung verloren geht. Dann erst zeigt sich im Rückblick – gegenüber den entstehenden Meinungen über die natürliche und die soziale Welt – jener Bereich des ehedem Selbstverständlichen, der seine Macht verloren hat (Entwurf einer Theorie 1972/1976, 331).

Der Übergang zu diskutierenden Sozialformen ist in der Geschichte an die Städte gebunden,

»weil durch die Konzentration von verschiedenen ethnischen und/oder Berufsgruppen auf einen gemeinsamen Raum mit dem daraus sich ergebenden Zusammenbruch besonders der räumlichen und zeitlichen Orientierungsrahmen die Gegenüberstellung divergenter kultureller Traditionen begünstigt wird …; aber auch deshalb, weil jene zugleich die Entwicklung eines Corpus von Spezialisten möglich und notwendig macht, deren Auftrag es sein wird, die bisher in praktischem Zustand beherrschten stillschweigenden Voraussetzungen der traditionellen Weltsicht auf die Ebene des Diskurses zu heben, um sie derart zu systematisieren und zu rationalisieren.« (Entwurf einer Theorie 1972/1976, 482 f., Anm. 18)

Heterodox oder orthodox nennt man eine Ordnung, in der mehrere, gar antagonistische Konstruktionsprinzipien und Deutungen von der Welt und der sozialen Welt als Wissen vorliegen. In solch einer Ordnung können sich Meinungen und Diskurse bilden.

Eine orthodoxe Sozialform erreicht nicht mehr die fraglose Selbstverständlichkeit der Doxa, weil es konkurrierende Erfahrungs- und Deutungsmöglichkeiten gibt, hält aber dennoch absichtlich und auch institutionell überlegt (z. B. durch Zensur) am Hergebrachten fest. Sie bestimmt das (obwohl bereits hinterfragte) Hergebrachte als das Schickliche und einzig Richtige, und verdammt alle Alternativen als ketzerisch (Entwurf einer Theorie 1972/1976, 332).

Orthodox sind insbesondere die neuzeitlichen Gesellschaften, in denen der Staat für den *common sense* sorgt und konkurrierende Sicht- und Bewertungsweisen unterdrückt (Praktische Vernunft 1994/1998, 120). Der Staat erreicht dies in erster Linie durch das Bildungssystem (Männliche Herrschaft 1990/1997, 159). Hier ist eine hauptsächliche Macht des Staates wirksam, nämlich »die Macht, die Denkkategorien zu produzieren und durchzusetzen …, die wir spontan auf jedes Ding der Welt und auch auf den Staat selbst anwenden.« (Praktische Vernunft 1994/1998, 93)[65] In dieser Rolle hat die Bildung gewissermaßen die Religion in den früheren Gesellschaften ersetzt (Unterrichtssysteme 1967/2001, 86).

> »Wenn man gelten lässt, dass die Bildung und insbesondere die gelehrte Bildung als gemeinsamer Kode das ist, was allen Besitzern dieses Kodes gestattet, gleichen Worten, Verhaltensweisen und Werken denselben Sinn zuzuordnen und umgekehrt dieselbe bedeutsame Absicht mit den gleichen Worten, Verhaltensweisen und Werken auszudrücken, dann begreift man, dass die Schule mit ihren Auftrag, diese Bildung zu vermitteln, den fundamentalen Faktor des kulturellen Konsenses als Teilhabe an einem gemeinsamen Sinn, der Voraussetzung der Kommunikation, darstellt.« (Unterrichtssysteme 1967/2001, 87)

65 Zum historischen Zusammenhang von Staatsbildung und nationalem Bildungssystem: Praktische Vernunft 1994/1998, 107

Bourdieu erinnert an die Entrüstung, die etwa eine Reform der Rechtschreibung hervorruft. Diejenigen, die sich an die vom Staat kodifizierten Regeln und Gewohnheiten des Schreibens und Lesens gewöhnt haben, protestieren gegen jede Neuerung und verteidigen die bisherige Rechtschreibung als »natürlich« (Praktische Vernunft 1994/1998, 95 f.).

Wenn der Staat so weit reichend ins Denken und in die Wahrnehmung hineinwirkt, dann ist ihm gegenüber ein radikales Misstrauen angebracht: »Wenn es um den Staat geht, kann man gar nicht genug zweifeln.« (Praktische Vernunft 1994/1998, 93)

Eine Neigung, doxische Beziehungen zur sozialen Welt zu entwickeln, gilt wohl für alle (nicht krisenhaften) Zustände der Gesellschaften – allein schon wegen der mehr oder weniger großen »Übereinstimmung von objektiven und einverleibten Strukturen« (Homo academicus 1984/1998, 286). Insofern muss vor allem geklärt werden, wie überhaupt Brüche und Umbrüche in dieser Übereinstimmung auftreten können. Diese Frage, wie (vor allem grundlegende) Neuerungen überhaupt möglich sind, beleuchtet Bourdieu von der gesellschaftlichen Krise her: Die Kritik an der bestehenden Ordnung und entsprechende grundlegende Veränderungsabsichten finden ihren Rückhalt darin, dass in der sozialen Wirklichkeit selbst die Zeitordnung der Erwartungen brüchig geworden, gar zerbrochen ist. Indem die Krise

> »in der Wirklichkeit selbst oder in der Vorstellung die Struktur der objektiven Chancen (zu Profit, sozialem Erfolg usw.) erschüttert, an der sich das vorgeblich vernünftige Verhalten spontan orientiert, und die die Sozialordnung zu dem macht, worauf man bauen kann (nämlich zu einer vorhersehbaren und berechenbaren Welt), untergräbt sie den Plazierungssinn, das heißt den *Sinn für den eigenen sozialen Standort* und für die richtige (Kapital-)Anlage, der untrennbar damit Sinn für die Realitäten und für die sogenannten vernünftigen Möglichkeiten ist. Die Krise: das ist der *kritische Moment*, in dem – gegen die alltägliche Erfahrung der Zeit als bloßer Weiterführung der Vergangenheit oder einer im Vergangenen angelegten Zukunft – alles möglich wird (oder doch scheint), in dem die Zukunft wirklich kontingent, das Kommende wirklich unbestimmt, der Augenblick wirklich als solcher erscheint – in der

Schwebe, abgehoben, ohne vorgesehene noch vorhersehbare Folge.« (Homo academicus 1984/1998, 286 f.)

Bei seinen Einwänden gegen die Phänomenologie hebt Bourdieu heraus, dass diese die doxische Ordnung (selbstverständliche Glaubensbeziehung zur gegebenen sozialen Ordnung) gut beschrieben, jedoch übersehen habe, dass es sich bei der quasi-natürlichen Gegebenheit der Sozialordnung um eine Beziehung zur Welt handelt, die keinesfalls immer und überall gegeben sei, nämlich um »die Erfahrung des Eingeborenen, des Insiders, des unmittelbar Beteiligten.« (Reflexive Soziologie 1992/1996, 103) Die von der Phänomenologie angenommene Selbstverständlichkeit der sozialen Welt müsse selbst wiederum soziologisch betrachtet werden. Dann stelle sich, man denke etwa an die Situation beherrschter Gruppen, heraus, dass die Doxa »die absoluteste Form des Konformismus überhaupt« ausmacht.

> »Es gibt keine umfassendere und vollständigere Bejahung der bestehenden Ordnung als jenes infrapolitische Verhältnis der doxischen Selbstverständlichkeit, aus der heraus Existenzbedingungen als natürlich angesehen werden, die für jemanden, der in anderen Verhältnissen sozialisiert wurde und sie daher nicht über die aus dieser Welt selbst stammenden Wahrnehmungskategorien erfaßt, empörend wären.« (Reflexive Soziologie 1992/1996, 104 f.)

Als Beispiel nennt Bourdieu die

> »symbolische Gewalt, die über die Frauen ausgeübt wird. Ich denke vor allem an jene Art gesellschaftlich erzeugter Agoraphobie, die dazu führt, daß sich die Frauen selber von der öffentlichen Wirksamkeit und aus den Abläufen ausschließen, aus denen sie (entsprechend der Dichotomie von öffentlich und männlich versus privat und weiblich) auch real ausgeschlossen sind, vor allem im Bereich der offiziellen Politik. Oder daran, daß sie meinen, sich diesen Situationen nur um den Preis äußerster Anspannung stellen zu können, die der Anstrengung entspricht, die nötig ist, um die ihrem Körper in Fleisch und Blut übergegangene Anerkennung ihres Ausgeschlossenseins zu überwinden.« (Reflexive Soziologie 1992/1996, 105; vgl. Männliche Herrschaft 1990/1997, 171; Krais 1993, 168 ff.)

Der Vorwurf gegen die Phänomenologie lautet also, dass die Herrschaftsfunktion der quasi-natürlichen Gegebenheit der sozialen Welt übersehen wird. Übersehen werden auch

> »die geschichtlichen Grundlagen und damit zugleich auch die politische Bedeutung dieses Verhältnisses der unmittelbaren Abstimmung der subjektiven auf die objektiven Strukturen ...« (Reflexive Soziologie 1992/1996, 105).

Und übersehen wird der Anteil des Staates an der Verinnerlichung einer als natürlich angesehenen Welterfahrung und also auch die jeder heutigen Selbstverständlichkeit zugrunde liegende Abweisung anderer Sichtweisen (Praktische Vernunft 1994/1998, 116 ff.).

3.11 Das Unbewusste

Bourdieu verwendet den Begriff des *Unbewussten* in ungewohnter Weise, denn er versteht ihn nicht als Bezeichnung für eine seelische Grund- oder Tiefenschicht (wie die psychoanalytische und tiefenpsychologische Denktradition). Das Unbewusste liegt nicht als Dunkles und Unbekanntes im einzelnen Menschen, sondern das »kulturelle Unbewußte« bildet die Grundlage der *doxa*, ist all das, was unbeachtet und unproblematisiert die Erfahrung der Wirklichkeit strukturiert. Das Unbewusste ist jener Bereich, der in den historischen Quellen keine Spur hinterlässt und der deshalb von den Historikern am leichtesten übersehen wird, weil er für die Menschen der jeweiligen Epoche selbstverständlich war bzw. ist.

Das Unbewusste des Bildungssystems z. B. besteht aus jenen kognitiven Strukturen und Dispositionen, die allen Absolventen eines (nationalen) Bildungssystems gemeinsam sind, aus jenen, die sich »von selbst verstehen«, die festlegen, was einer Diskussion würdig ist oder nicht, was wichtig und interessant ist (L' inconscient d' école 2000, 3; als Problem einer Sozialgeschichte der Philosophie: Les sciences sociales 1983, 50, Fußn. 20). Dieses Unbewusste bildet sich beim Durchlaufen einer Bildungseinrichtung durch die dort gepflegten Formen des Lehrens, Lernens und Prüfens.

In diesem Sinne regt Bourdieu eine vergleichende Genealogie dieser Formen – Disputatio, Antrittsvorlesung, Seminar, Kolloquium, mündliche Prüfung usw. – an, die zu zeigen hätte, wie sich aus diesen Formen die entsprechenden kognitiven Strukturen herausbilden (L' inconscient d' école 2000, 4). Weil das Implizite unseres Denkens das Resultat geschichtlich entstandener Denkkategorien ist, kann es am besten aufgedeckt werden durch die Analyse der sozialen Institutionen und Wirkbereiche, durch die sich diese Kategorien vermitteln.

> »Und so dürfen wir beispielsweise von der (absolut banalen, in der Geschichte philosophischer und anderer Ideen nicht vorkommenden) Sozialgeschichte der Bildungseinrichtungen und von der (vergessenen oder verdrängten) Geschichte unserer eigenen Beziehung zu diesen Institutionen manch wirkliche Enthüllung über die objektiven und subjektiven Strukturen (Klassifizierungen, Hierarchien, Problemstellungen usw.) erwarten, die unser Denken ständig und gegen unseren Willen lenken.« (Meditationen 2001, 18)

3.12 Symbolische Gewalt

Symbolische Gewalt (manchmal auch: symbolische Macht)[66] ist das Potenzial, Bedeutungen durchzusetzen und ihre Anerkennung zu erreichen. Sie wirkt vor allem sprachlich: »Über sprach-

66 »Der Gebrauch der Begriffe *symbolische Macht* und *symbolische Gewalt* ist bei Bourdieu nicht ganz eindeutig. Manchmal werden sie mehr oder weniger synonym verwendet … Manchmal scheint ein differentieller Sprachgebrauch vorzuliegen, demzufolge der Begriff der ›symbolischen Gewalt‹ für eine (staatlich oder durch andere Institutionen) mehr oder weniger monopolisierte *symbolische* Macht verwendet wird.« (Schwingel 1993, 212 f., Anm. 86) Zur Unterscheidung zwischen symbolischer Gewalt, Macht und Herrschaft schlagen Schmidt/Woltersdorff (2008, 8) Folgendes vor: »Während mit dem Begriff ›symbolische Gewalt‹ *konkrete praktische Vollzüge* gewaltloser Gewalt anvisiert werden, bezeichnet ›symbolische Macht‹ die *Möglichkeit* zur Ausübung von symbolischer Gewalt. ›Symbolische Herrschaft‹ steht für verkannte und damit anerkannte Herrschafts*verhältnisse* – Voraussetzung wie Resultat symbolischer Gewalt.«

liche Akte des Benennens, Setzens, Trennens und Zusammenführens können sich performative Machtwirkungen entfalten … Symbolische Gewalt artikuliert sich darüber hinaus in Gesten, Ritualen … und … nicht zuletzt über die stummen, direkt an die Körper gerichteten Aufforderungen und Gebote von Artefakten, Architekturen und Räumen.« (Schmidt/Woltersdorff 2008, 13)

Durch Bedeutungen werden Grenzen (der Berechtigung, des Einflusses, von Lebenschancen usw.) zwischen Individuen und zwischen Gruppen gezogen, deren Anerkennung als »natürliche« Grenze dann durch die symbolische Gewalt erzwungen wird. Man denke an die unterschiedlichen Rechte von Männern und Frauen oder an den Unterschied zwischen dem erbberechtigten ältesten Sohn und seinen Geschwistern.

> »Die symbolische Gewalt ist … jene Form der Gewalt, die über einen sozialen Akteur unter Mittäterschaft dieses Akteurs ausgeübt wird … Die sozialen Akteure sind wissende Akteure, die auch dann, wenn sie Determinismen unterliegen, dazu beitragen, die Wirksamkeit dessen, was sie determiniert, in dem Maße zu produzieren, in dem sie dieses sie Determinierende strukturieren.« (Reflexive Soziologie 1992/1996, 204; ähnlich: Über das Fernsehen 1996/1998, 21)

Der Grundgedanke ist: Die politische Ordnung braucht kaum andere Mittel, um sich Gehorsam zu verschaffen, als die im Habitus bereits vorhandene Bereitschaft der Unterworfenen zu folgen, die diese vor allem durch die Einflüsse des Bildungswesens gewonnen haben (Meditationen 1997/2001, 215). Die Herrschenden setzen ihre Herrschaft deshalb mit »höchst erstaunlicher Leichtigkeit« durch (Praktische Vernunft 1994/1998, 119). Schon vor allem Einverständnis mit einzelnen Aspekten von Herrschaft und Macht finden die Herrschenden in den anderen Menschen bereits die grundsätzliche Disposition, sie praktisch anzuerkennen.

Diese praktische Anerkennung

> »nimmt häufig die Form einer *körperlichen Empfindung* an (Scham, Schüchternheit, Ängstlichkeit, Schuldgefühle), die nicht selten mit dem Gefühl eines *Regredierens* auf archaische Beziehungen, auf Kindheit oder familiäre Umgebung, einhergeht. Sie setzt sich in

> sichtbare Symptome wie Erröten, Sprechhemmung, Ungeschicklichkeit, Zittern um: Weisen, sich dem herrschenden Urteil, sei es auch ungewollt, ja widerwillig, zu unterwerfen, Weisen, das unterirdische Einverständnis – wenngleich manchmal in innerem Konflikt, ›innerlich gespalten‹ – zu erfahren, das einen Körper, der sich den Anweisungen des Bewußtseins und des Willens entzieht, mit der Gewalt der den Gesellschaftsstrukturen inhärenten Zensuren solidarisiert.« (Meditationen 1997/2001, 217; zu sozialer Scham: Neckel 1993)

> »Die politische Unterwerfung ist in die Haltung, die Falten des Körpers und die Automatismen des Gehirns eingegraben. Das Vokabular der Herrschaft ist voll von Körpermetaphern: einen Bückling machen, zu Kreuze kriechen, sich aalglatt zeigen, sich beugen, etc. Und natürlich auch voll von sexuellen Metaphern.« (Interview Verborgene Mechanismen 1982/1992, 82)

Gehorsam gegenüber der Macht ist keine Folge einer Entscheidung aufgrund der Abwägung von Gründen oder bewusster Zustimmung zu einer politischen Ordnung.

> »Die soziale Welt ist von Ordnungsrufen erfüllt, die nur für diejenigen vernehmbar sind, die über die entsprechende Voreinstellung verfügen, und die – wie die rote Ampel das Bremsen – tief eingekerbte, körperliche Dispositionen in Gang setzen, ohne den Weg über Bewußtsein und Berechnung machen zu müssen.« (Meditationen 1997/2001, 225; ähnlich: Praktische Vernunft 1994/1998, 118)

Es handelt sich, so Bourdieu, nicht um eine bewusst angenommene Knechtschaft oder – im Sinne von Max Weber – um eine bewusste Anerkennung der Legitimität. Stattdessen ist die Bereitschaft zur Anerkennung der Überlegenen dem Körper bereits eingeschrieben.

Daraus folgt, dass diese Bereitschaft auf der Ebene des Bewusstseins (durch Ideologiekritik, durch humanistische Appelle, durch Infragestellung der Legitimität der Herrschaft) kaum beeinflusst werden kann. Der Ideologiebegriff des Marxismus setzt demnach an einer ganz falschen Stelle an: Bei der Befolgung der Ordnung handelt es sich nicht um Bewusstseinsvorgänge, die durch Bekehrung o. Ä. verändert werden können, sondern um

Glaubensüberzeugungen, die körperlich verankert sind (Praktische Vernunft 1994/1998, 118). Deshalb kann

> »nur eine wahre Arbeit der Gegendressur, die ähnlich dem athletischen Training wiederholte Übungen einschließt, eine dauerhafte Transformation des Habitus zu erreichen.« (Meditationen 1997/2001, 220)

Übrigens übersieht Bourdieu keineswegs, dass auch diejenigen, die herrschen, einer langwierigen Dressur unterworfen worden sind:

> »im Gegensatz zur Illusion des gesunden Menschenverstands verstehen sich die Dispositionen, die dazu führen, diese oder jene Form von Herrschaft zu beanspruchen oder auszuüben, wie die männliche *libido dominandi* in einer phallozentrischen Gesellschaft, keineswegs von selbst. Sie müssen vielmehr erst in einer langwierigen Sozialisationsarbeit aufgebaut werden, die ebenso unerläßlich ist wie die, die zur Unterwerfung bereitmacht.« (Männliche Herrschaft 1990/1997, 172)

Die vorkapitalistischen Ökonomien sind vom Diktat der symbolischen Gewalt durchdrungen, weil die kollektive Verkennung der ökonomischen Ordnung (s. Gabentausch als ehrenhafte Beziehung, Verhältnis zwischen Grundherrn und Pächter usw.) ein zentrales Strukturprinzip dieser Gesellschaften ausmacht.

> »Die vorkapitalistische Ökonomie ist deswegen der bevorzugte Ort symbolischer Gewalt, weil Herrschaftsverhältnisse nur um den Preis von Strategien errichtet, aufrechterhalten oder wiederhergestellt werden können, die, wenn sie nicht durch offenes Eingeständnis ihrer Wahrheit von selbst zunichte werden wollen, verlarvt, verklärt, mit einem Wort *beschönigt* werden müssen; dies deswegen, weil die *Zensur*, die in dieser Wirtschaftsform gegenüber offener, besonders kraß ökonomischer Gewalt waltet, dafür sorgt, daß Eigennutz nur dann befriedigt werden kann, wenn er in und von den Strategien verhüllt wird, mit denen er befriedigt werden soll.« (Sozialer Sinn 1980/1999, 230 f.)

In den modernen Gesellschaften ist es in erster Linie der Staat (vor allem durch das Bildungssystem), der allen Menschen die gleichen Grundhaltungen beibringt (zur Rolle der Pädagogik vgl. Symbolische Gewalt 1970/1973). Er prägt jedem Bürger Merkmalsunterschiede ein (z. B. erwerbstätig/nicht erwerbstätig, männlich/weiblich, Alter, berufliche Fähigkeiten), mit denen die soziale Welt wahrgenommen und bewertet wird (Meditationen 1997/2001, 224). Der Staat ist

> »die Zentralbank für symbolischen Kredit, die Konsekrationsakte vollzieht, wie die Gewährung eines schulischen Titels, eines Personalausweises oder eines Zertifikats – alles Akte, mit denen die autorisierten Autoritätsträger versichern, daß eine Person das ist, was sie ist, indem sie öffentlich feststellen, was sie ist und was sie sein soll.« (Gespräch Feld der Macht 1991, 99; vgl. Schmidt/Woltersdorff 2008, 11)

Durch den Übergang von vorkapitalistischen Verhältnissen, in denen Macht durch persönliche Autorität gefestigt wird, zur kapitalistischen Gesellschaft kommt es zu einer Institutionalisierung der Herrschaftsbeziehungen, die Macht verlagert sich also von der Person auf die Position, die nun von sich aus bereits Macht besitzt:

> »An die Stelle von Beziehungen zwischen Handelnden, die von den Funktionen unlösbar sind, die sie wahrnehmen und nur durch unablässigen persönlichen Einsatz halten können, setzt die Institutionalisierung streng festgelegte und juristisch abgesicherte Verhältnisse zwischen anerkannten Positionen, die in einem relativ selbständigen Raum von Positionen nach ihrem *Rang* festgelegt sind und durch ihre Eigenleben gesondert und unabhängig von den Personen existieren, die diese Positionen derzeit oder künftig einnehmen und selber durch *Titel* definiert sind, die sie wie Adelstitel, Eigentumstitel oder akademische Titel *autorisieren*, solche Positionen zu besetzen.« (Sozialer Sinn 1980/1999, 241)

Durch diese unpersönlichen Herrschaftsverhältnisse kommt allen Menschen, die entsprechende Titel oder Positionen innehaben, der gleiche Wert zu, was bedeutet, dass sie letztendlich austauschbar sind (Sozialer Sinn 1980/1999, 241 f.). Vor allem durch die vom Bildungssystem vergebenen Titel entsteht ein einheitlicher Markt für kulturelles Kapital.

Gegen die Ethnomethodologen, die etwa die vorgängige soziale Konstruktion von *gender* betonen, wendet Bourdieu ein, dass sie

»vergessen, daß die Familie eine Konstruktion des Staates ist, daß sie durch staatliche Entscheidungen produziert wird, durch die Sozialversicherung, den Personalausweis, das Familienstammbuch usf.« (Gespräch Eine sanfte Gewalt 1994/1997, 221)

Bourdieu gelangt so zu einer Grundunterscheidung zwischen vorkapitalistischen und kapitalistischen Gesellschaften: Erstere werden durch ständige (symbolisch beschönigte und an personale bzw. gruppenhafte Beziehungen gebundene) Leistungen erhalten, sie haben keine (ökonomische) Grundlage in sich selbst. Die Ausbeutung des Pächters durch den Grundherrn geschieht im Rahmen einer gegenseitig vertrauensvollen persönlichen Beziehung. Der Reiche kann seinen Reichtum nur erhalten und vermehren, wenn er auch Pflichten (gegenüber den Pächtern, bei der Erfüllung von Gruppenaufgaben, Festen, Zeremonien usw.) auf sich nimmt. Seine Autorität ist eine persönliche.

»Sozialwelten, in denen die Herrschaftsverhältnisse in der Interaktion der Personen und durch sie hergestellt, aufgelöst und wiederhergestellt werden, stehen im Gegensatz zu Gesellschaftsformationen, in denen sie, vermittelt durch objektivierte und institutionalisierte Mechanismen wie den ›selbstgesteuerten Markt‹ …, das Bildungssystem oder den Justizapparat so undurchsichtig und dauerhaft wie Sachen werden lassen und sich dem Zugriff des Bewußtseins und der Macht des einzelnen entziehen.« (Sozialer Sinn 1980/1999, 238)

Hier ergibt sich ein

»Gegensatz zwischen den Welten sozialer Verhältnisse, die ihre Reproduktionsgrundlage nicht in sich selber haben und nur um den Preis einer ständigen Neuschöpfung bestehen können, und den Sozialwelten, welche, von ihrem eigenen *Fortleben* mitgerissen, die Subjekte von dieser unaufhörlichen und unbegrenzten Arbeit des Erschaffens oder Wiedererschaffens befreit …« (Sozialer Sinn 1980/1999, 238)[67]

67 In diesen Überlegungen erkennt Alexander (1995, 165 f.) ein vom Marxismus inspiriertes Denken. Zur Bedeutung autonomer Felder für die Einsparung von auf Herrschaft über Menschen gerichteten Bemühungen vgl. Sozialer Sinn 1980/1999, 239 f.

Die symbolische Gewalt bzw. die durch sie gefestigte Herrschaft erachtet Bourdieu als eine heute weltweit grundlegende Form der Herrschaft; sie gelte auch für das Verhältnis von Erster und Dritter Welt. »Die Konstruktion einer allgemeinen Theorie der symbolischen Herrschaft ist heute vielleicht das politisch Allerdringlichste.« (Gespräch Eine sanfte Gewalt 1994/1997, 220) Bourdieu selbst betrachtet dieses Thema als zentralen Gegenstand seiner wissenschaftlichen Bemühungen:

> »Ich denke, dass das Zentrum meiner Arbeit darin besteht, die Fundamente der symbolischen Formen von Herrschaft zu analysieren, die symbolische Gewalt der Macht kolonialen Typus, kultureller Herrschaft, der Männlichkeit, so viele Mächte, deren Gemeinsamkeit darin besteht, dass sie sich gewissermaßen von Struktur zu Struktur ausüben.« (Interview Habitus, Herrschaft, Freiheit 2000/2001, 166)

Durch die Betonung der Strukturen symbolischer Gewalt bei Bourdieu, so wird hin und wieder unter Berufung auf die feministische Theoretikerin J. Butler kritisiert, würden die Widerstandskräfte der Akteure vernachlässigt (vgl. Schmidt/Woltersdorff 2008, 15). Bittlingmayer/Bauer (2009, 123) nennen als weitere Kritik an der Herrschaftssoziologie Bourdieus, dass diese das emanzipatorische Potenzial von kulturellen Gütern übersehe und im übrigen unterschiedliche Herrschaftsdimensionen wie Klasse, Geschlecht, ethnische Zugehörigkeit in ihrem Zusammenspiel nicht fassen könne. Das Konzept der symbolischen Gewalt ist nach Mitteilung von Schultheis (2008, 25 f.) bei Bourdieus Forschungen in Algerien über das Verhältnis von Kolonisatoren und Kolonisierten entstanden. Der Begriff ist in sich widersprüchlich, weil er einen gewaltlosen Ausdruck von Gewalt meint (so Schmidt/Woltersdorff 2008, 8). Dadurch passt er gut in die heute in den Sozialwissenschaften spürbare Tendenz, erweiterte Gewaltbegriffe zu verwenden (zur Kritik: Meulemann 2001, 221, Fußn. 4). Dabei fällt auf, dass Bourdieu der nicht-symbolischen Gewalt, die es ja in und zwischen modernen Gesellschaften wahrlich auch gibt, wenig Aufmerksamkeit schenkt (so Fowler 2008, 75). Deshalb wirft ihm auch Lash (1993, 200; vgl. The Friday 1990, 211) ein idealistisches Denken vor.

3.13 Institutionsritus (Einsetzungsritus bzw. Stiftungsritus)

Gegen den in den Sozialwissenschaften gebräuchlichen Begriff der Übergangsriten (Initiationsriten, *rites de passage*) wendet Bourdieu ein, dass es sich dabei um eine Vorstellung des Alltagsverstandes handele, und zwar deshalb, weil er nur eine zeitliche Unterscheidung zwischen Vorher und Nachher mache, aber nicht berücksichtige, dass diese Riten auch eine sozialräumliche Differenz konstituieren, weil sie die männlichen Jugendlichen, für die sie gewöhnlich nur vorgesehen sind, von den weiblichen trennen und diesen gegenüber in eine herausgehobene Position bringen. Der Begriff des *Institutionsritus*[68] soll dagegen die Sakralisierung der einen Gruppe betonen, während die andere nicht für würdig erachtet wird, ihn zu durchlaufen (vgl. Männliche Herrschaft 1990/1997, 174).

In diesem Sinne müsse man fragen, so Bourdieu, ob die Betonung des zeitlichen Übergangs nicht gerade das verschleiere, worum es bei diesen Riten eigentlich gehe (Les rites 1982, 58). Die Beschneidung sei der

> »Institutionsritus der Männlichkeit *par excellence*, der den Unterschied zwischen denen bekräftigt, deren Männlichkeit er mit der symbolischen Vorbereitung auf ihre Ausübung bestätigt, und denen, die sich der Initiation nicht unterziehen können und die gar nicht umhinkönnen zu entdecken, daß ihnen fehlt, was den Anlaß wie die Stütze des Bekräftigungsritus der Männlichkeit bildet.« (Männliche Herrschaft 1990/1997, 183)

Die Leistung von Einsetzungsriten (*rites d' institution*, auch: *rites de consécration* oder *rites de légitimation*) besteht also in erster Linie darin, eine Gruppe von Menschen als solcher Riten würdig zu bestimmen, eine andere als ihrer unwürdig, also eine absolute Grenze zwischen zwei Gruppen von Menschen zu ziehen und diese Grenzziehung natürlich wirken zu lassen (vgl. Audehm 2001, 116).

68 Bei diesem Begriff ist nicht gleich an Institution bzw. Institutionalisierung zu denken, sondern zunächst an Einsetzung, Stiftung, Begründung eines Verfahrens oder Ritus.

Einsetzungsriten sind insofern wirklichkeitsbestimmende Maßnahmen, als sie die Existenzberechtigung und die Wertigkeit von Menschen im Unterschied zu anderen sozial festlegen. Sie geben denjenigen, die sie durchlaufen, die Gewissheit, wer sie sind, und teilen den Übrigen mit, mit wem sie es zu tun haben. Sie grenzen Menschen als von Natur aus verschieden voneinander ab, teilen den einen mit, wie sie ihr Leben zu führen haben (als Mann, als Bundeskanzler usw.), und halten die anderen auf respektvolle Distanz.

Als Beispiele für Einsetzungsriten nennt Bourdieu die Beschneidung der Jungen (die weibliche Beschneidung hat eine andere Funktion), die Heirat, die Verleihung von Titeln und Graden (z. B. aufgrund von Prüfungen), den Ritterschlag, die Ernennung zu Posten, Ämtern und Ehrenämtern (Les rites 1982, 62). Wer als König, als Erstgeborener, als Nachfolger, als Amtsträger, als Mann usw. eingesetzt wird, unterliegt einer »performativen Magie des Sozialen«, einem

> »sozusagen magischen Sozialisationsprozeß, der durch Akte sozialer Behandlung verlängert, verstärkt und bestätigt wird, die den institutionellen Unterschied in eine natürliche Unterscheidung zu verwandeln geeignet sind …« (Sozialer Sinn 1980/1999, 107 f.; vgl. Les rites 1982, 59)[69]

Den tiefsten sozialen Sinn der Einsetzungsriten vermutet Bourdieu darin, dass sie über die Existenzberechtigung von Individuen und Gruppen entscheiden sowie die entsprechenden Gefühle von Unter- oder Überlegenheit ermöglichen.

In früheren Arbeiten allerdings hatte sich Bourdieu noch kritiklos in die Nachfolge von van Gennep, der 1908 als Erster das Konzept der *rites de passage* formuliert hatte, gestellt, so etwa, wenn er das Absolvieren der französischen Eliteschulen als Übergangsritus (im Sinne von Trennung und Neuintegration) betrachtete und untersuchte, der zu einer »geweihten Elite« führe (Épreuve scolaire 1981, 30).

---

69 Zum Inaugurationsritual des amerikanischen Präsidenten vgl. Wulf 2003, 175 ff.

4. Grundansätze

Die wichtigsten Leitlinien von Bourdieus Arbeitsweise sind in seinen frühen Arbeiten eher implizit enthalten, wie er selbst eingesteht:

> »... ich weiß sehr genau, und werde das auch nicht verheimlichen, daß mir, selbst bei meinen Forschungen, tatsächlich erst nach und nach die Grundsätze klargeworden sind, die meine Arbeit bestimmt haben.« (Selbstversuch 2002, 10)

Seine Grundgedanken formuliert er zögernd aus, zu Beginn eng gebunden an die Forschungsarbeit. In Abgrenzung vom philosophischen und insbesondere vom dualistischen Denken (etwa Objektivismus vs. Subjektivismus) reflektiert er dann die wissenschaftstheoretische Basis seiner eigenen Forschungsarbeiten. Soziologische Wissenschaftstheorie ist nach Bourdieu zu verstehen »als ein System von Prinzipien und Regeln, das alle wissenschaftlich fundierten Handlungen und Analysen, und nur diese, bestimmt ...« (Symbolische Formen 1970/1999, 9).

Hier skizzieren wir sechs Grundgedanken, die in seiner Arbeit immer wieder sichtbar werden:

1. eine starke Orientierung an empirischer Forschung, die eine selbstständige Theoriearbeit als unnötig, geradezu als schädlich erscheinen lässt
2. eine Nähe der Soziologie zur Ethnologie, die auf seine Ablehnung der Arbeitsteilung zwischen den Sozialwissenschaften zurückgeht
3. ein relationales Denken, welches eng mit dem Aufbrechen des antagonistischen Denkens verbunden ist
4. eine Ablehnung von Dualismen, wie sie sich im Versuch einer Überwindung des Antagonismus von Subjektivismus und Objektivismus durch das Konzept des Habitus zeigt
5. eine Betonung des Eigensinns der sozialen Praxis
6. eine Forderung nach (Selbst-)Reflexivität, nach einer den Forschungsprozess begleitenden Infragestellung der eigenen Posi-

tion als Erkenntnissubjekt und der Vorannahmen und Erkenntnisinstrumente, die an die Menschen im Feld herangetragen werden.

4.1 Bindung an die empirische Forschung

Bourdieu gehört nicht zu jenen Autoren, die »ihre soziologischen Bücher hauptsächlich über die Bücher anderer Soziologen schreiben« (Neckel 2002, 30; ähnlich: Wacquant 2003, 108). Er will keine soziologische Großtheorie entwickeln, die ohne systematischen Kontakt zur Sozialforschung auskommt (vgl. Schwingel 2000, 17). Theoretische Konzepte alleine gelten Bourdieu wenig, Konzepte sollen wie Werkzeuge in einem Werkzeugkasten vor allem der Anwendung dienen (Religiöses Feld 2000, 120; vgl. Raphael 1991, 237). Theoretische Bemühungen ohne Bezug zu Forschungsaufgaben hält er für unnütz (Wacquant 1996, 55 ff.).

Ebensowenig hält er von einer verselbstständigten Beschäftigung mit speziellen Methoden oder mit der Methodologie, weil sie Gefahr läuft, den Kontakt zum Gegenstandsfeld bzw. zu einer interessanten Forschungsfrage zu verlieren (vgl. Wacquant 1996, 51 ff.). Eine nur im Hinblick auf Methodenprobleme konzipierte Forschung vergleicht er mit dem von Abraham Kaplan beschriebenen Betrunkenen, »der seinen verlorenen Schlüssel hartnäckig unter der Laterne sucht, weil es dort heller ist.« (Soziologie als Beruf 1968/1991, 11). Jede Flucht in einen »Hyperempirismus« (Homo academicus 1984/1998, 38), der eine unpersönliche Sicht und ein unanfechtbares Vorgehen verspricht, kritisiert er streng. Ebenso wie das Festhalten an theoretischen Konzepten birgt die strikte Befolgung von methodischen Regeln die Gefahr, dass die Reflexion unterbunden wird, die für die Gewinnung neuer Erkenntnisse unerlässlich ist. Vor einem Methodenfetischismus warnt er schon in seinen Algerienstudien. Er verachtet die Meinungsforscher, die »Doxosophen«[70], wie er sie nennt, also »Scheinwissenschaftler« oder »Meinungsgelehrte« (Gebrauch der

70 Begriff von Platon.

Wissenschaft 1997/1998, 72), weil sie seiner Ansicht nach die Herkunft ihrer Fragen nicht reflektieren und ihre Erhebungen ohne theoretischen Bezug beginnen. Die so gewonnenen Daten sagen mehr über sie aus als über die Befragten (Elend der Welt 1993/1998, 251–258) und können als Mittel der Demagogie dienen. Statt dem Untersuchungsbereich die eigenen Fragen durch festgelegte Techniken und Methoden überzustülpen, muss sich das empirische Vorgehen auf den Gegenstand einlassen.[71]

Zusammengenommen: Für die Sozialwissenschaften sieht Bourdieu eine große Gefahr in der

> »überall zu beobachtenden und immer schärfer werdenden Trennung von Theorie und empirischer Forschung, von der auch die Parallelentwicklung von methodologischer Perversion und theoretischer Spekulation lebt.« (Reflexive Soziologie 1992/1996, 212)

Den Ursprung des Gegensatzes von forschungsferner Theorie und theorieferner Forschung sieht Bourdieu in der amerikanischen Soziologie der 1930er Jahre: Auf der einen Seite erstellte Parsons eine Architektur soziologischer Begriffe auf der Grundlage einer Sichtung der klassischen Werke (Durkheim, Weber, Pareto, Simmel, Freud); auf der anderen Seite entwickelte Lazarsfeld eine Methodenlehre bzw. Methodologie, die ohne intensiven Kontakt zur Theorie auskommen wollte (Reflexive Anthropologie 1992/1996, 258 f.; vgl. Reflexive Soziologie 1992/1996, 198; Schroer 2008, 312 f.).

Bourdieu schließt sich jedoch nicht der Forderung vieler soziologischer Lehrbücher an, Theorie und Empirie sollten verstärkt zusammenarbeiten. Er geht vielmehr davon aus, dass sozialwissenschaftliche Forschung und analytische Durchdringung ohnehin immer und in allen Phasen zugleich empirisch und theoretisch sind. Es kommt also nicht auf eine bessere Kooperation von Theorie und Empirie an, sondern darauf, ihre unvermeidbare Durchdringung auf allen Stufen des wissenschaftlichen Arbeitens anzuerkennen und mit zu reflektieren.

71 Winkler (1989, 13) weist zu Recht darauf hin, dass die Forderung nach theoriegeleiteter Forschung nicht neu, dass eine theoriefreie Empirie nicht möglich ist.

»Bourdieu ist der Auffassung, daß jeder Forschungsakt empirisch ist (da er es mit der Welt der beobachtbaren Erscheinungen zu tun hat) und zugleich theoretisch (da er notwendig mit Hypothesen über die grundlegende Struktur der Relationen arbeitet, die durch die Beobachtung erfaßt werden sollen). Jede noch so geringfügige empirische Operation – die Wahl einer Meßskala, eine Entscheidung bei der Kodierung, die Konstruktion eines Indikators oder die Aufnahme einer Frage in den Fragebogen – beinhaltet bewußte oder unbewußte theoretische Entscheidungen; jedes noch so abstrakte Begriffs-Puzzle gewinnt Klarheit erst durch die systematische Konfrontation mit der empirischen Realität.« (Wacquant 1996, 61; vgl. Reflexive Anthropologie 1992/1996, 259)

Der Aufbau von Bourdieus Studien zeugt von diesem Ineinander von Theorie und Empirie.[72] Bourdieu durchbricht die vor allem bei quantitativen Studien sonst typische Folge von Forschungsfrage/Datenerhebung/Analyse/theoretischer Einordnung. Stattdessen zeugen seine Studien deutlich von der Selbstreflexivität, die den Forschungsprozess begleitet –

»ein langer dialektischer Prozeß, in dessen Verlauf die sich in einen empirischen Arbeitsvorgang umsetzende Intuition analysiert und kontrolliert wird, wobei sie immer neue und auf breiterer Informationsgrundlage beruhende Hypothesen erzeugt, die dank der durch sie zum Vorschein gebrachten Schwierigkeiten, Mängel und Erwartungen dann stets aufs neue überwunden werden.« (Homo academicus 1984/1998, 40).

Wenn auch der gedruckte Text des Forschungsberichts diesen Prozess ein wenig glättet, so ist doch das Vorgehen an vielen Einzelheiten erkennbar, z. B. daran, dass bestimmte Details wiederholt aus neuer Perspektive betrachtet werden.

In diesen Zusammenhang gehört auch Bourdieus Forderung, die im Projektbetrieb der amerikanischen, inzwischen auch der europäischen Soziologie übliche Arbeitsteilung aufzuheben zwischen denen, die Kontakt mit dem Gegenstandsfeld haben (die Interviewer), und denen, die über diesen Kontakt reflektieren

72 Die Formulierung von Schroer (2008, 311), Bourdieus Arbeiten lebten davon, »empirische Untersuchungen und theoretische Aussagen miteinander zu vermengen«, ist nicht glücklich.

und schreiben (die Verfasser des Forschungsberichts). Er plädiert dafür, alle Phasen des Forschungsprozesses in gleicher Verantwortung zu bearbeiten. Vermutlich haben ihn seine ersten Forschungsarbeiten in Algerien zu diesem Forschungsstil geführt (so Wacquant 1996, 52 f.).

Bourdieu lässt kaum eine Gelegenheit aus zu betonen, dass er kein Positivist ist. So übt er denn auch massive Kritik an der »abstrakten Unwirklichkeit« von Sekundäranalysen bereits erhobener Daten,

> »die in den theorielosen ›Datenbanken‹, jenen positivistischen Einrichtungen, hinter denen die Forschungsbürokratien wie verrückt her sind, mechanisch aufgehäuft werden.« (Feine Unterschiede 1979/1999, 791; grundsätzlich: Symbolische Formen 1970/1994, 7 ff.)

Und früh schon wendet er sich gegen einen »Fetischismus der Statistik«, der nur den quantitativen Methoden Gültigkeit und Zuverlässigkeit zugesteht (Travail et travailleurs 1963, 9 f.).

Bereits seine Kritik an statistisch aufbereiteten Genealogien, mit denen die Heiratspraxis der Kabylen ermittelt werden sollte, zeigt die Verachtung gegenüber bloßen Berechnungen ohne eine theoretische Grundlage (Entwurf einer Theorie 1972/1976, 70 ff.). Noch in seinen Respekt vor der klassischen Studie von Lazarsfeld u. a. über »Die Arbeitslosen von Marienthal« mischt sich Verachtung für das unüberlegte Sammeln von Informationen (Arbeitslosigkeit 1981/1997, 143). Grundsätzlich heißt es:

> »... der positivistische Traum von der perfekten epistemologischen Unschuld verschleiert die Tatsache, daß der wesentliche Unterschied nicht zwischen einer Wissenschaft, die eine Konstruktion vollzieht, und einer, die das nicht tut, besteht, sondern zwischen einer, die es tut, ohne es zu wissen, und einer, die darum weiß und sich deshalb bemüht, ihre unvermeidbaren Konstruktionsakte und die Effekte, die diese ebenso unvermeidbar hervorbringen, möglichst umfassend zu kennen und zu kontrollieren.« (Elend der Welt 1993/1998, 781)

Diese Kritik am Positivismus schließt auch die qualitativen Verfahren ein, sofern diese genau wie die quantitative Sozialforschung am Gegebenen haften und Interaktionen und Gespräche so analysieren, als ob sie ohne Rücksicht auf allgemeine ökonomische Bedingungen, juristische Voraussetzungen oder feldspezifische Kämpfe, also quasi aus sich selbst heraus erklärt werden könnten (Vertrag unter Zwang 1990/2002, 84 f.).

In Ruhe besehen wirken diese Angriffe heute etwas überzogen, denn schon seit längerem arbeitet auch der hartgesottenste quantitative Forscher nicht mehr so einfältig, wie Bourdieu das unterstellt (ähnlich: Winkler 1989, 13).

Die in der Wissenschaft verbreitete Tendenz, nur eine bestimmte Erhebungsmethode zu präferieren und alle anderen zurückzuweisen (um sich dadurch als Mitglied einer »Schule« zu präsentieren), bezeichnet Bourdieu als »Monotheismus« und als eine Gefahr für gute sozialwissenschaftliche Forschung (Reflexive Anthropologie 1992/1996, 260). Spezielle Methodenlehren für das Führen von Interviews hätten in der Regel das Manko der Einseitigkeit.

> »Einige Jahrzehnte der Durchführung von Befragungen in allen ihren Formen, von der Ethnologie bis zur Soziologie, vom sogenannten geschlossenen Fragebogen bis zum offensten Interview, haben mich zu der Überzeugung gebracht, daß diese Praxis weder in den Vorschriften einer häufig eher wissenschaftsgläubigen als wissenschaftlichen Methodologie noch in den antiwissenschaftlichen Warnungen der Mystiker des emotionalen Verschmelzens ihren adäquaten Ausdruck findet.« (Elend der Welt 1993/1998, 779)

Zugespitzt: »Man hüte sich vor methodologischen Wachhunden.« (Reflexive Anthropologie 1992/1996, 261; ähnlich: Soziologie als Beruf 1968/1991, 3 f.)

Schädlich sei es auch, eine Forschungsmethode deshalb nicht zu verwenden, weil sie aus einer anderen sozialwissenschaftlichen Disziplin stammt. Für die Untersuchung der sozialen Leistungen der *Grandes écoles* z. B. sei es notwendig, die Grenzen zwischen Soziologie, Ethnologie, Geschichtswissenschaft und Sozialpsychologie einzureißen, weil sonst viele Sachverhalte nicht in den Blick kämen. Allein die Gegenstandsangemessenheit von Methoden sollte ausschlaggebend sein (Épreuve scolaire 1981, 4; vgl. Domination 1994, 8). Jede Disziplin neige jedoch – aus Gründen der Sicherung des eigenen Territoriums – dazu, den Wirklichkeitsausschnitt, den sie mit ihren Methoden erreichen kann, für die ganze Wirklichkeit zu halten (Travail et travailleurs 1963, 9).

Folglich nutzt Bourdieu nicht nur ein Verfahren, sondern zeigt sich aufgeschlossen für unterschiedliche Ideen, sammelt vielfältige Informationen, führt Interviews, zieht systematische Beobachtungen hinzu, »erfindet« Methoden, verwendet Daten von anderen Instituten. In einer einzigen Studie kombiniert er verschiedene Herangehensweisen. Das Ziel ist dabei immer, sich für neue Erkenntnisse zu öffnen. »Ich erinnere mich«, berichtet er,

> »stundenlang auf einen kabylischen Bauern eingefragt zu haben, der mir eine traditionelle Form des Verleihens von Vieh zu erklären versuchte, weil mir nicht in den Kopf wollte, dass sich der Verleiher gegen alle ›ökonomische‹ Vernunft dem Entleiher gegenüber verpflichtet fühlte – aus dem Grund, dass dieser doch das Tier versorgen werde, das man sonst ohnehin hätte füttern müssen. Ich erinnere mich auch an die Menge von kleinen, anekdotischen Beobachtungen und statistischen Feststellungen, die ich zu sammeln hatte, bis ich allmählich begriff, dass ich wie jedermann eine unausgesprochene Philosophie der Arbeit vertrat, die auf der Äquivalenz von Arbeit und Geld beruhte …« (Einleitung Eigenheim 2000/2002, 22)

Unweigerlich stößt dieses Vorgehen, das sich nicht streng an herrschende wissenschaftliche Standards hält, auch auf Schwierigkeiten bei der Interpretation der Daten und der Ergebnisdarstellung. Eine gewisse Unübersichtlichkeit ist in einigen seiner Studien nicht zu verkennen, z. B. in der Arbeit zum Eigenheim.

Viele Schriften von Bourdieu sind durchzogen von methodischen und methodologischen Reflexionen. Mit dieser geradezu bohrenden Aufmerksamkeit für das eigene Vorgehen dürfte Bourdieu einzigartig sein unter den zeitgenössischen Sozialwissenschaftlern (so Cicourel 1993a, 91). Außerordentliche Sorgfalt verwendet er auf die Kritik vorliegender Begriffe und Operationalisierungen. Mit immer wieder neuen Hinweisen auf die Komplexität der sozialen Wirklichkeit prüft er die Brauchbarkeit der in der Sozialforschung gängigen Variablen wie Berufszugehörigkeit, Bildungsniveau, regionale Herkunft, oder von Indikatoren für sozialen Auf- bzw. Abstieg (z. B. Feine Unterschiede

1979/1999, 176 ff.). Kennzeichnend für solche forschungsbezogenen Reflexionen ist, dass er methodentechnische Fragen immer wieder im Hinblick auf ihre Angemessenheit zur Erforschung der sozialen Wirklichkeit prüft.

Außerordentliche Bedeutung für die Erkenntnismöglichkeiten der Forschung weist Bourdieu der »Objektkonstruktion« zu, der Festlegung des Forschungsgegenstandes also. »Im Bereich der Sozialwissenschaften hängt alles von der Objektkonstruktion ab.« (Agrégation 1987, 3; ins Deutsche übersetzt von den Autoren) Die für ihn wichtigste Regel dabei steht in der Tradition von Durkheim: Alle Vorbegriffe aufgeben, weder den Alltagsvorstellungen vertrauen noch den eventuell elaborierten Deutungsmustern von Institutionen folgen. Erforderlich sei ein

> »Bruch mit den Vorbegriffen und Vorannahmen …., das heißt mit all den Thesen, die als solche nie aufgestellt werden, weil sie als Selbstverständlichkeiten in die Alltagserfahrung eingegangen sind, mit dem ganzen Substrat des Undenkbaren, das den Grundstock noch des wachsamsten Denkens bildet …« (Praktische Vernunft 1994/1998, 94)

Bourdieu zufolge ist die wissenschaftliche Erkenntnisweise keine Verlängerung der alltäglichen, sondern steht zur ihr im Gegensatz (vgl. Liebau 1987, 31). Wer das nicht berücksichtigt, gelange allenfalls zu »Spontantheorien«, die eine eigentlich wissenschaftliche Potenzialität nicht erreichen.

> »Überall ist Vorkonstruiertes. Es stürzt, wie auf alle Leute, auch auf den Soziologen geradezu ein. Er soll ein Objekt erkennen – die soziale Welt –, dessen Produkt er ist, so daß die Probleme, die er zu ihm formuliert, und die Begriffe, insbesondere die klassifizierenden, die er gebraucht, um es zu erkennen …, alle Aussicht haben, ein Produkt eben dieses Objekts zu sein.« (Reflexive Anthropologie 1992/1996, 269 f.; vgl. Symbolische Formen 1970/1994, 26 ff.)

Dieser Grundgedanke wird am Verhältnis von Interviews, Beobachtungen und Erklärungsansätzen im Buch »Elend der Welt« sichtbar: Die Gründe für die Gewalt und die Kriminalität in den Problemvorstädten können durch jede auch noch so intensive Beobachtung der Vorgänge nicht gefunden werden. Wer seine Gegenstandsbestimmung nicht (auf die neoliberale »Abdankung des

Staates«, auf den Einfluss der Schule auf die Zukunftsperspektiven der Jugendlichen) erweitert, wird den Dingen nicht auf den Grund kommen (Elend der Welt 1993/1998, 207). Im Hinblick auf die »sozialen Probleme« im öffentlichen Diskurs heißt es,

> »daß sehr viele der sogenannten gesellschaftlichen Fragen in Wirklichkeit das Ergebnis einer Art Kreisverkehr sind, zwischen Journalisten, die vor allem aus der Politikwissenschaft kommen, Professoren der Politikwissenschaft, die, von der Meinungsforschung besoldet, politikwissenschaftliche Fragen in Meinungsfragen verwandeln, deren Ergebnisse schließlich von Analytikern und Journalisten zergliedert und erläutert werden, die selbst Politikwissenschaft betrieben haben usw. So entstehen dann doxische Problematiken, eine Gesamtheit von Fragen, die kaum irgendetwas Zutreffendes beschreiben, die wir aber alle wohl oder übel im Kopf haben.« (Gebrauch der Wissenschaft 1997/1998, 66 f.; zur politischen Soziologie in diesem Zusammenhang: Raphael 1989, 80 ff.)

Wie kann der Soziologe vermeiden, dass die soziale Welt durch ihn hindurch ihre eigene Interpretation durchsetzt?

> »Der erste Schritt einer wirklich wissenschaftlichen Sozialwissenschaft müßte … sein, jene gesellschaftliche Konstruktion der Forschungsgegenstände selbst zum Gegenstand zu machen, die der Soziologie von staatlichen Stellen nahegelegt werden (heute etwa Straffälligkeit, ›Vorstädte‹, Drogenmißbrauch), deren Analysekategorien unhinterfragt in die Arbeit der großen staatlichen Forschungseinrichtungen … eingehen …« (Gebrauch der Wissenschaft 1997/1998, 49; vgl. Schroer 2008, 317 ff.)

Seiner Meinung nach werde

> »in Dreiviertel aller Untersuchungen nichts anderes gemacht, als soziale Probleme in soziologische Probleme zu verwandeln. Man kann dafür –zig Beispiele anführen: Das Altenproblem, das Frauenproblem, jedenfalls wenn es in einer bestimmten Form gestellt wird, das Jugendproblem … Ein Gutteil der Objektdefinitionen entspricht beispielsweise bürokratischen Einteilungen: Die großen Sparten der Soziologie entsprechen der Aufteilung auf Ministerien: Bildung, Kultur, Familie, Jugend und Sport usw. Und ganz allgemein sind viele Instrumente, mit denen soziale Realität konstruiert wird (etwa sozio-ökonomische Indices, Altersklassen usw.), bürokrati-

sche Kategorien, über die niemand richtig nachdenkt.« (Gespräch Inzwischen 1988/1991, 272)

Als Mittel, um sich von den Kategorien des öffentlichen Diskurses unabhängig zu machen, nennt Bourdieu neben Genauigkeit, vorsichtig-sukzessiver Annäherung (vgl. Agrégation 1987, 3) und »ständiger Alarmbereitschaft« auch die Beschäftigung mit der »Sozialgeschichte der Probleme, Objekte und Denkwerkzeuge«, also die Rekonstruktion der Entstehung und Durchsetzung von Problemen und Gegenstandsfassungen außer- wie innerhalb der Sozialwissenschaft (Reflexive Anthropologie 1992/1996, 271f; vgl. La cause 1991/1995, 3; Eine Klasse 1977/1997, 130 ff.). Beispielhaft zeigt er dies für den Begriff der Region (L' identité 1980). Zu diesen Mitteln gehört auch die kritische Auseinandersetzung mit der Arbeit anderer Soziologen, die heutzutage an der Etablierung von »sozialen Problemen« in der Öffentlichkeit und in den Medien als Experten und Berater aktiv beteiligt sind (Reflexive Anthropologie 1992/1996, 273f), sowie die kritische Prüfung der in der soziologischen Tradition selbst überlieferten Begriffe, Klassifikationen und Sichtweisen. Viele von ihnen entstammen, so Bourdieu, mehr oder weniger direkt wiederum den Kämpfen und Regelungen des sozialen Lebens, sind also Problemsichten des Objekts durch das Objekt selbst.

Als Beispiel nennt Bourdieu (Reflexive Anthropologie 1992/1996, 275 ff.) den Begriff der Profession, der zunächst ein Begriff der sozialen Welt ist und dort strittig insofern, als ausgehandelt werden muss, ob eine bestimmte Berufsgruppe zu den Professionen gehört. Verwendet der Soziologe diesen Begriff, ohne seine Entstehung zu reflektieren, so hat er es leicht sowohl im Hinblick auf die Datenlage als auch auf die Akzeptanz, die seine Forschungsergebnisse finden werden – eben weil er sich außerwissenschaftlicher Kategorien bedient.

»Die empiristische Kapitulation hat scheinbar alles für sich und alle Zustimmung auf ihrer Seite, weil sie, indem sie sich das Konstruieren erspart, die wesentlichen Operationen der wissenschaftlichen Konstruktion, nämlich die Problemwahl und die Bildung der analytischen Begriffe und Kategorien, der sozialen Welt, *wie sie ist*, überläßt, der bestehenden Ordnung, und auf diese Weise, zumindest durch Unterlassung, eine zutiefst konservative Funktion im Sinne einer Ratifizierung der Doxa wahrnimmt.« (Reflexive Anthropologie 1992/1996, 277)

Bei Bourdieu dagegen reicht bis hinein in den Schreibstil und die Wahl der Worte die Anstrengung, nur ja keine Vorbegriffe zu übernehmen:

> »Um mit der in den gebräuchlichen Wörtern steckenden Sozialphilosophie zu brechen und Sachverhalte zu formulieren, die sich mit der Umgangssprache so nicht formulieren lassen (zum Beispiel alles, was mit der Ordnung des Selbstverständlichen zu tun hat), muß der Soziologe auf erfundene Wörter zurückgreifen – die von daher auch, zumindest relativ, gegen die naiven Projektionen des Alltagsverstandes gefeit sind.« (Prüfstand 1993, 37 f.)

Die Güte einer sozialwissenschaftlichen Forschung wird für Bourdieu nicht durch die soziale Bedeutung des Gegenstandes garantiert; hier stellt sich Bourdieu in die Simmel'sche Tradition, ohne das direkt auszusprechen:

> »Der Gipfel der Kunst dürfte dann erreicht sein, wenn man imstande ist, sehr bedeutsame sogenannte ›theoretische‹ Probleme anhand ganz präziser und oft scheinbar völlig belangloser, ja nahezu lächerlicher sogenannter ›empirischer‹ Objekte zu erschließen.« (Reflexive Anthropologie 1992/1996, 254; ähnlich: Haute Couture 1974/1993, 187)

Bourdieus Buch »Die feinen Unterschiede« bietet hierfür Beispiele genug.

In seiner letzten Arbeitsperiode hat Bourdieu mit einigen Traditionen der universitären Ausbildung im Fach Soziologie gebrochen.

> »Anstelle einer Vermittlung abstrakter theoretischer Wissensbestände soll die Ausprägung eines soziologischen Berufshabitus treten, die soziologische Forschung als eine ›Kunst‹ bzw. ein ›Metier‹ versteht, dessen Vermittlung eher einem Trainingsprogramm im Sport als den Gepflogenheiten der akademischen Lehre entsprechen soll ...« (Raphael 1991, 260).

Erreicht werden soll, dass die Soziologie mehr Selbstständigkeit gegenüber ihrem Gegenstandsbereich erlangt, ihren Forschungen nicht unüberlegt die Problemdefinitionen und Lösungsmöglichkeiten aus der Gesellschaft zugrunde legt. Wie der einzelne Soziologe diese Distanz zu seinem Forschungsgegenstand Gesellschaft gewinnen kann, deutet Bourdieu verständlicherweise – schließlich ist eine Art Kunstlehre, die nicht methodisch systematisiert gelehrt werden kann, vorgesehen – nur an: Es gehe um

> »die Konversion des Denkens ..., die Revolution des Blicks, den Bruch mit dem Präkonstruierten und allem, was ihm in der Gesellschaftsordnung – und im akademischen Universum – als Stütze dient ...« (Reflexive Anthropologie 1992/1996, 285)

4.2 Nähe zur Ethnologie

Schon Bourdieus erste Arbeiten über die algerische Gesellschaft überschreiten die Grenzen zwischen Ethnologie und Soziologie. Er bezeichnet die Unterscheidung zwischen beiden als künstlich, sie stelle ein »Produkt der (Kolonial-)Geschichte ohne jegliche logische Begründung« dar (Interview Eine störende Wissenschaft 1980/1993, 29). Mit dieser Position steht er in der Nachfolge Durkheims, der den Unterschied zwischen Soziologie und Ethnologie nicht anerkannt hatte (vgl. Schmeiser 1985, 174). »Leider und wahrscheinlich«, so Bourdieu, sei diese Trennung

> »auf irreversible Weise in den universitären Strukturen angelegt, das heißt in der sozialen Organisation der Universität und in der mentalen Organisation der Universitätsangehörigen.« (Prüfstand 1993, 51)

Diese Trennung beschränke die Formulierung sozialwissenschaftlicher Fragen auf fatale Weise: Die Ethnologie wendet sich typischerweise den Taxonomien und Klassifikationen in gering differenzierten Gesellschaften zu, vernachlässigt aber die ökonomischen Bedingungen. So werden beispielsweise Verwandtschaftsverhältnisse – in Anbindung einerseits an den Strukturalismus, andererseits an die Vorstellung der Eingeborenen – als ein geschlossenes System betrachtet, das relativ autonom gegenüber den ökonomischen Bedingungen wirke. Dabei wird unterschätzt, dass die »usuellen« Verwandtschaftsbeziehungen materielle bzw. symbolische Interessen erfüllen, auch wenn diese verschleiert werden (Sozialer Sinn 1980/1999, 65 f.). Die Soziologie hingegen erforscht in stärker differenzierten Gesellschaften die Klassen und die Klassenstruktur, ohne dabei auf die Klassifikationssysteme der Akteure zu achten.

Deshalb versucht Bourdieu in seinen Studien, »das Problem der sozialen Klassen mit dem der Klassifikations- und Bewertungssysteme in Zusammenhang zu bringen« (Prüfstand 1993, 51).

Auch die Arbeitsteilung zwischen Soziologie und Geschichtswissenschaften erachtet Bourdieu als unfruchtbar; auch sie sucht er in seinen Forschungen aufzuheben, indem er die Genese der Phänomene in den Blick nimmt – sei es die der ökonomischen Dispositionen, des ökonomischen oder des universitären Feldes, eines Unternehmens, der Klassenstruktur oder auch durch die Analyse der historischen Bedingungen seines eigenen Denkens. Der genetische Zugang macht es möglich, die Entwicklung der Kräfteverhältnisse innerhalb eines Feldes aufzuzeigen und damit die aktuellen Strategien (z. B. des absteigenden im Gegensatz zum aufsteigenden Kleinbürgertum) zu verstehen. Schließlich könne so auch dem Eindruck der unmittelbaren Übereinstimmung zwischen Dispositionen und Strukturen entgegengewirkt werden. Bourdieu plädiert also insgesamt für die Überwindung der Trennungen zwischen den Sozialwissenschaften. Offenkundig knüpft er damit an das Programm der »Menschenwissenschaft« von Norbert Elias an – ohne das jedoch zu sagen.

Typisch für den Ethnologen (aber auch dem Soziologen nicht unbekannt) ist, dass er – ebenso wie seine Leserschaft – mit der erforschten Welt nicht vertraut ist und das Spiel, das er beobachtet, nicht unmittelbar beherrscht. Dementsprechend ist der Unterschied zwischen dem Ethnologen und dem Soziologen, dass Ersterer das »Exotische heimisch machen« soll, während Letzterer

> »das Heimische durch den Abbruch der Primärbeziehung der Vertrautheit mit Lebens- und Denkweisen, die ihm, weil zu vertraut, fremd bleiben, sozusagen ›exotisieren‹, dem Gewohnten die Dimension des Exotischen zurückgeben« (Homo academicus 1984/1998, 9) soll.

Bei seiner permanenten Suche nach dem Exotischen läuft der Ethnologe jedoch Gefahr zu vergessen, dass ihm die eigene Praxis als Praxis auch fremd ist, weil die Logik der Praxis, insbesondere der Rituale so schwer zu denken ist (Meditationen 1997/2001, 71). Solange der Ethnologe die Riten seines eigenen wissenschaftlichen Tuns – die er ausführt, weil es sich so gehört –, nicht erkennt (z. B. als eingeübte sprachliche Formulierungen, als Kult der Gründerväter, in beschwichtigenden Einleitungen), wird er nur aus einer ethnozentristischen Perspektive über die Rituale anderer Kulturen reden und schreiben können (Sozialer Sinn 1980/1999, 126, Fußn. 1).

> »Anders gesagt, muß man in die Theorie der Rituale die Theorie des praktischen Verstehens aller rituellen Akte und Diskurse wieder einbeziehen, die wir uns selbst leisten, und zwar nicht nur in der Kirche und auf dem Friedhof.« (Sozialer Sinn 1980/1999, 38 f.)

Bourdieu betrachtet die Riten in Algerien unter den gleichen Voraussetzungen wie die des universitären Feldes im modernen Frankreich. Indem er so das Ritual, den traditionellen Gegenstand der Ethnologie, auch in der ihm und seinen Lesern vertrauten Gesellschaft sichtbar macht, trägt Bourdieu zur Überwindung der Trennung zwischen Soziologie und Ethnologie bei. Schließlich sind die soziologischen Arbeiten zum »Vertrauten« für den Ethnologen ebenso hilfreich wie es ethnologische Studien für den Soziologen sind, wenn er durch diese auf selbstverständliche Vorannahmen aufmerksam gemacht wird. Seine Studien in der vorkapitalistischen Gesellschaft haben Bourdieu sensibilisiert für die vorherrschenden Ideen der modernen Gesellschaft (vgl. die Idee der Arbeit in den Algerienstudien). Die in Algerien gewonnenen Erkenntnisse dienen ihm als Vergleichsfolie für Beobachtungen in Frankreich und anderswo in der westlichen Welt. Ethnologische und soziologische Forschung sind weder in seiner Praxis noch in seinem Denken zu trennen.

Die Ethnologie liefert dem Soziologen aber nicht nur hilfreiche Ergebnisse und wichtige Fragestellungen[73], sie verweist auch auf eine weiterführende wissenschaftstheoretische Überlegung, die beide Disziplinen tangiert:

---

73 So beruht die Studie »Die feinen Unterschiede« auf einem weit gefassten Kulturbegriff, der der Ethnologie entstammt.

Weil der Ethnologe keinen eigenen Platz im beobachteten Raum einer fremden Gesellschaft hat, kommt ihm dort der Status eines Zuschauers zu. Der Soziologe dagegen muss erst mit Hilfe von Objektivierungsinstrumenten eine Distanz schaffen und mit seinen Primärerfahrungen brechen, weil diese andernfalls dazu führen würden, dass ihm viele Dinge als selbstverständlich erscheinen und damit unhinterfragt bleiben würden. Für den Ethnologen, der mit dem zu untersuchenden Kontext nicht vertraut ist, der die Spielregeln nicht selbstverständlich beherrscht, wird sich die Illusion eines unmittelbaren Verstehens kaum einstellen. Kurz: Wo eine Koinzidenz von objektiven und inkorporierten Strukturen nicht gegeben ist, wird man direkter auf die Voraussetzungen und Bedingungen des Verstehens aufmerksam gemacht.

Obwohl der Ethnologie eine objektivistische Sichtweise, wie sie der strukturalistische Ansatz von Lévi-Strauss einnimmt, näher liegt, gibt es auch hier, im anderen Extrem, jene »verhexten oder mythischen« Ethnologen, die »das (Doppel-)Spiel der Teilhabe an den Vorstellungen der Eingeborenen getrieben« haben (Interview Eine störende Wissenschaft 1980/1993, 30). So sei die

> »unzulässige Projektion des Subjekts auf das Objekt … nie augenfälliger als bei der *primitivistischen Teilhabe* des verzauberten oder mystischen Ethnologen, der wie das populistische Eintauchen noch mit der objektiven Distanz zum Objekt spielt, um das Spiel wie ein Spiel zu treiben, bis er ausscheiden kann, um davon zu erzählen. Das bedeutet, daß teilnehmende Beobachtung sozusagen ein Widerspruch in sich ist …« (Sozialer Sinn 1980/1999, 64).[74]

Dass Bourdieu in seinen Arbeiten über Algerien neben einem quantitativen auch einen ethnografischen Zugang wählte, ist gerade nicht als Versuch zu verstehen, die Distanz zu den Algeriern aufzuheben. Es geht ihm dabei nicht um ein bewusstes »Sich-Hi-

74 Als anderes Extrem nennt Bourdieu die Arbeiten von P. Lazarsfeld an der Columbia University, dessen Objektivismus den eines Lévi-Strauss noch übersteige. Die Arbeiten »unter der Fuchtel von Lazarsfeld« zieht Bourdieu mehrfach heran, um die in seinen Augen »inhumanste Soziologie« zu charakterisieren, und als Beispiel für Soziologen, die keinen direkten Kontakt zu den Befragten haben, immer über Mittelspersonen (bezahlte Interviewer) arbeiten und die Distanz durch den Formalismus ihrer Statistik noch vergrößern (Prüfstand 1993,: 30).

neinversetzen in den anderen« (Sozialer Sinn 1980/1999, 40). Solche Bemühungen sind seiner Ansicht nach ohnehin zum Scheitern verurteilt, weil die Distanz nicht »mittels einer falschen primitivistischen Teilhabe per Zaubertrick aufzuheben« sei. Diese Distanz zwischen Forscher und Untersuchungsgegenstand beruht auf der »Kluft zwischen den beiden Verhältnissen zur Welt, dem theoretischen und dem praktischen«, also auf einem unterschiedlichen Verhältnis zu dem, was notwendig ist, und gerade nicht in einer Kluft zwischen »Kulturen« oder »Mentalitäten« (Sozialer Sinn 1980/1999, 32 f.). Wenn die spezifische Haltung des Wissenschaftlers zur Welt nicht berücksichtigt wird, besteht die Gefahr, dass jede Fremdheit auf eine kulturelle Verschiedenheit zurückgeführt wird; dass anstelle des Unterschieds zwischen praktischer und theoretischer Weltsicht einfach die »Exotik« als Erklärungsfaktor herangezogen werde.

Die epistemologische Bedeutung der Nichtteilnahme an der Praxis (dass sich der Forscher z. B. nicht in der Position des Vaters befindet, der seine Tochter verheiraten will) wird also auch in der Ethnologie nicht automatisch erkannt. Ethnologen wie Soziologen stehen somit vor der gleichen, wenn auch für den Soziologen schwerer zu begreifenden Aufgabe, die Position des »Außenstehenden« einzunehmen und zu erkennen, dass sie ein theoretisches Verhältnis zur Praxis der Akteure einnehmen. Die Position des Außenstehenden ist somit kein Privileg der Ethnologen (Sozialer Sinn 1980/1999, 38, Fußn. 2). Auch die Notwendigkeit, die Voraussetzungen der objektivierenden Distanz und die Objektivierungsinstrumente (und damit die eigene Position und Haltung) zu reflektieren, ist nicht nur Aufgabe der Ethnologie (Entwurf einer Theorie 1972/1976, 142). Insofern stehen Ethnologen und Soziologen vor der gleichen Herausforderung, nämlich nicht nur mit den Primärerfahrungen zu brechen, sondern auch den theoretischen Fehler zu vermeiden, »die theoretische *Sicht* der Praxis für das *praktische Verhältnis* zur Praxis auszugeben …« (Sozialer Sinn 1980/1999, 148).

Während seiner Algerien-Studien wandte sich Bourdieu von den damals vorherrschenden ethnologischen Ansätzen zunehmend ab. Dabei kritisiert er vor allem, dass die meisten Ethnologen bei ihrer Arbeit so tun, als beruhten die Handlungen der Akteure alleine auf Regeln und Vorschriften, und seien unabhängig von ökonomischen und symbolischen Interessen und Determinismen (Entwurf einer Theorie 1972/1976, 78; auch 140 ff.). Im Falle der vorkapitalistischen Tradition der Algerier etwa, in der jegliches ökonomisches Kalkül verschleiert wird, schleichen sich ganz automatisch Fehler ein, wenn der Forscher nur die Perspektive der Akteure selbst einnimmt und ihre Handlungen nicht in einem größeren Zusammenhang betrachtet (Entwurf einer Theorie 1972/1976, 142).

> »Die Ethnologen hätten sicherlich weniger naiv von Regel und Vorschrift gesprochen, d. h. in der Sprache, in der die Individuen von ihrer Praxis sprechen, wenn ihnen die Idee gekommen wäre, daß der objektive Sinn der Praxis auf symbolischer Ebene manipuliert werden kann; diese Manipulationen erlauben es, sich ›vorschriftsgemäß‹ zu verhalten, verraten aber auch, daß die Praxis nicht von der Vorschrift bestimmt wird ...«(Entwurf einer Theorie 1972/1976, 89).

Im Grunde richtet sich diese Kritik jedoch nicht nur gegen die Ethnologie; hier spiegeln sich auch Bourdieus Einwände gegen den Strukturalismus und gegen eine ahistorische Herangehensweise wider. Insofern betreffen seine Einwände die Soziologie ebenso wie die Ethnologie.

4.3 Denken in Relationen

Die in der Soziologie weit verbreitete Redeweise in den Dichotomien von Individuum versus Gesellschaft, von Akteur versus Struktur hält Bourdieu für irreführend, weil sie eine dualistische Sicht der sozialen Wirklichkeit nahe legen und zur Entscheidung zwischen methodologischem Individualismus und Holismus herauszufordern scheinen.

> »Die Sozialwissenschaft muß zwischen diesen beiden Polen nicht wählen, denn der Stoff, aus dem die soziale Wirklichkeit gemacht ist – der Habitus wie die Struktur und ihrer beiden Überschneidung als Geschichte –, sind Relationen.« (Wacquant 1996, 35).

Analog zur einem Trend in der neueren Physik, die Vorstellung von Substanzen zu meiden – Bourdieu habe eine »soziale Relativitätstheorie« formuliert, heißt es bei Vester (2002, 63) –, nimmt Bourdieu an, dass die soziale Welt und die sozialen Praktiken nicht als Substanzen, sondern als Relationen zu denken sind.[75] Dieser relationale Ansatz bricht sowohl mit dem Subjektivismus (Primat der Akteure) als auch mit dem Objektivismus (Primat der Strukturen) und wendet sich den unsichtbaren, aber einflussreichen Beziehungen zwischen den Elementen (den betrachteten Phänomenen, sozialen Positionen, Feldern und Individuen) zu. Auch wenn Bourdieu den Strukturalismus insgesamt kritisiert, so schätzt er an ihm doch eine Innovation, nämlich

> »daß mit ihm die strukturelle *Methode* oder einfacher das relationale Denken in die Sozialwissenschaften eingeführt wurde, das mit dem substantialistischen Denken bricht und dazu führt, jedes Element durch die Beziehungen zu charakterisieren, die es zu anderen Elementen innerhalb eines Systems unterhält und aus denen sich sein Sinn und seine Funktion ergeben.« (Sozialer Sinn 1980/1999, 12; vgl. Schwingel 1993, 30 ff.; Wacquant 1996, 36; Engler/Zimmermann 2002, 39; Moebius/Peter 2009, 21).

In Anlehnung an die strukturale Methode betrachtet Bourdieu in der Studie über die Auslesemechanismen im Bildungssystem nicht nur die Gruppe der Studenten, sondern setzt diese zunächst in Relation zu den Nicht-Studenten. In seiner Arbeit zum Thema Eigenheim erfasst er nicht den Markt der Eigenheimbauer und deren Eigenschaften, sondern die objektiven Beziehungen zwischen den Eigenheimproduzenten, deren Strategien an die jeweilige Position im Feld der Eigenheimbauer gebunden sind. Die Positionen (und die daran gebundenen Trümpfe) definieren sich in Abhängigkeit von den Positionen der anderen Beteiligten im Feld. Parteien und Strömungen innerhalb von Parteien bestehen in Relation zueinander und können unabhängig davon nicht bestimmt

75 Erinnert sei an Norbert Elias, dessen relationales Denken im Begriff Figuration Form gewinnt. Wacquant (1996, 36) führt in diesem Zusammenhang auch Karl Marx an, der festgestellt hatte: »›Die Gesellschaft besteht nicht aus Individuen, sondern drückt die Summe der Beziehungen, Verhältnisse aus, worin diese Individuen zueinander stehn.‹«

werden (La représentation politique 1981, 9). In »Die feinen Unterschiede« werden die Relationen zwischen den objektiven Verteilungsstrukturen im Sozialraum und den symbolischen Verhältnissen, der Struktur der Lebensstile und Geschmäcker identifiziert. Unterschiede werden nicht als Wesensverschiedenheiten aufgefasst, sondern als Differenzen zu- und Abstände voneinander, als relationale Merkmale (Praktische Vernunft 1994/1998, 18). Im sozialen Raum werden anhand der Relationen zwischen den verschiedenen Positionen die daran gebundenen Trümpfe und Strategien sichtbar, z. B. auch die Distinktionsbestrebungen der mittleren Klasse, die sich von benachbarten Positionen abzugrenzen sucht und nach »oben« strebt. Es geht also um positionsbedingte und damit relationale Prozesse, nicht um Eigenschaften der Kleinbürger.

Allgemein ist schon das Konzept des sozialen Raumes geeignet, die soziale Welt nicht länger substanzialistisch zu denken: Die relationale Auffassung der sozialen Welt

> »behauptet nämlich, daß die ganze mit ihm bezeichnete ›Realität‹ darauf beruht, daß die Elemente, aus denen sie besteht, einander *wechselseitig äußerlich* sind. Die von außen und direkt sichtbaren Lebewesen, ob Individuen oder Gruppen, leben und überleben nur im und durch den *Unterschied*, das heißt nur insofern, als sie *relative Positionen* in einem Raum von Relationen einnehmen, die, obgleich unsichtbar und empirisch stets schwer nachzuweisen, die realste Realität … und das reale Prinzip des Verhaltens der Individuen und der Gruppen darstellen.« (Praktische Vernunft 1994/1998, 48)

Hier handelt es sich im Grunde um eine Frage nach der Ontologie des Sozialen: Bourdieu behauptet,

> »dass das, was in der sozialen Welt existiert, keine konstituierten Gruppen sind, wie man glauben könnte, sondern diese unsichtbare Realität, die man nicht mit dem Finger berühren kann und die gleichwohl der Ursprung für die Mehrzahl unserer Verhaltensweisen ist, die ich sozialen Raum nenne.« (Interview Habitus, Herrschaft, Freiheit 2000/2001, 162)

Für ebenso verhängnisvoll wie das Denken in Substanzen hält Bourdieu den Ansatz, die Relationen in Interaktionen aufzulösen.

So nennt er in seinen Schriften zur Religion die interaktionistische Sichtweise die

> »tückischste unter den epistemologischen Hindernissen ..., weil sie die Konstruktion der objektiven Beziehungen zwischen den von den Akteuren in einer Interaktion eingenommenen Positionen ... verhindert.« (Religiöses Feld 2000, 14).

Dem Interaktionismus (meist einschließlich Ethnomethodologie) hält Bourdieu vor, dass dieser mit seinem zentralen Begriff der (Interaktions-)Situation einen Vorgang und ein Geflecht punktualisiere und so reduziere:

> »Noch in die zufälligsten Interaktionen bringen die Interagierenden *alle ihre Eigenschaften und Merkmale* ein – und es ist die jeweilige Position innerhalb der sozialen Struktur (oder eines spezifischen Feldes), die die jeweilige Position im Rahmen der Interaktion determiniert ...« (Feine Unterschiede 1979/1999, 379, Fußn. 20)

Das bedeutet,

> »daß die ›interpersonalen‹ Beziehungen niemals, es sei denn zum Schein, Beziehungen eines *Individuums zu* einem anderen *Individuum* sind, und daß die Wahrheit der Interaktion nie gänzlich in dieser selbst gründet ...« (Entwurf einer Theorie 1972/1976, 181)

Vielleicht geht diese Position auf Bourdieus Forschungserfahrungen in Algerien zurück: Damals hatte er den Grundsatz formuliert, dass keine Verhaltensweise, Einstellung oder Ideologie erklärt werden könne, ohne die Berücksichtigung der Tatsache, dass Algerien ein kolonisiertes Land sei (Travail et travailleurs 1963, 158).

Extremer ist der Vorwurf gegen den Interaktionismus, er sei »kleinbürgerlich«. Die Mittelklassen bemühen sich, das zu erreichen, was der oberen Klasse in die Wiege gelegt worden ist, besser: was sie haben, ohne danach zu streben – (körperliche) Selbstsicherheit, ungezwungenes Auftreten, die Gewissheit, zur richtigen Gruppe zu gehören. Gequält von diesem Bemühen versucht sich der Kleinbürger häufig durch die Augen der anderen zu betrachten, um zu überprüfen, ob er die ersehnten Eigenschaften und Fähigkeiten hinreichend überzeugend darstellt. Hierdurch gerät ihm die soziale Welt zu einer Art »(Theater-)Vorstellung«. In der Theorie Goffmans sei diese Welterfahrung der Kleinbürger generalisiert: Die soziale Wirklichkeit ist

> »auf die Summe der (subjektiven) Vorstellungen reduziert …, die sich die Akteure von den Darstellungen der anderen Akteure machen.« (Feine Unterschiede 1979/1999, 395, Fußn. 28; vgl. Entwurf einer Theorie 1972/1976, 150)

Um die Gesamtheit der objektiven Beziehungen zwischen den Positionen, die »den Untergrund für das ›typische‹ Handeln der Beteiligten abgeben« (Religiöses Feld 2000, 118), erfassen zu können, führt Bourdieu den Begriff des Feldes ein. Das Feld lässt »als Raum von objektiven Relationen zwischen Positionen, die durch ihren Rang in der Distribution der Macht oder der Kapitalsorten definiert sind« (Reflexive Soziologie 1992/1996, 145), die Relationen erkennen.

Gibt man das Denken in Substanzen auf, so werden auch die Konkurrenzen, Ergänzungen und Kämpfe erkennbar, die sich in und aus den Beziehungen ergeben. Der beobachtete Stand der Relationen sei nur zu verstehen als eine Momentaufnahme des Kräfteverhältnisses; Forscher übersähen häufig, dass die Merkmale, die sie erfassen, im Feld Objekte des Kampfes sind, dass der Wert eines bestimmten Gutes, einer Eigenschaft oder einer Kapitalart immer in einem bestimmten Feld definiert wird. Erinnert sei an die Entwertung des Musikstücks »Bolero«, seit es in der Werbung verwendet und einem Massenpublikum zugänglich wurde, oder an die Entwertung eines akademischen Abschlusses, wenn der Anteil an weiblichen Absolventen größer wird. Berücksichtigt man nur, dass mehr Kinder aus den unteren Klassen höhere Schulabschlüsse machen, aber nicht, wie sich die relationalen Eigenschaften verschieben (also die Abschlüsse entwertet werden bzw. die Kinder aus der herrschenden Klasse Abschlüsse in prestigereicheren Fachrichtungen erlangen), so wird verkannt, dass trotz Veränderung in der Substanz die Verschiebung der relationalen Eigenschaften den Abstand zwischen den Klassen wahrt und so die Ordnung perpetuiert.

Das Feld kann nur in Verbindung mit dem Habitus analysiert werden, ist also in diesem Sinne auch relational (Wacquant 1996, 40). Der an die Klassenstruktur gebundene Habitus bewirkt auch die Homologie zwischen verschiedenen Feldern, dass z. B. innerhalb der herrschenden Klasse im Feld der Eigenheimbesitzer die Professoren und Künstler den Unternehmern gegenüber stehen – eine Verteilung, die schon in »Die feinen Unterschiede« für die Lebensstile aufgedeckt worden war.

Der relationale Denkansatz kann von den Menschen im Alltag nicht leicht akzeptiert werden: Die Individuen sind es gewohnt, sich als einheitliche Subjekte wahrzunehmen, »so als verfügten sie gegenüber dem Relationssystem, in dem sie ihren Platz einnehmen und dessen Produkte sie sind, über reale Autonomie« (Symbolische Formen 1970/1994, 18). So erschwert der Subjektivismus ein relationales Denken, weil er das Handeln aus der Sicht des Akteurs betrachtet und anhand dessen Eigenschaften und nicht der objektiven Beziehungen nachvollzieht. Für Bourdieu geht es dagegen darum, die Struktur objektiver Beziehungen, die jeder Interaktion und Praxis zugrunde liegt, zu erfassen und die Relationen aufzuzeigen.

Der relationale Ansatz hat für die Forschungspraxis Konsequenzen. So reicht es nicht aus, isolierte »unabhängige Variablen« zu erheben, weil es immer um das Zusammenspiel der Faktoren geht. In der Studie »Homo academicus« wurden die Proteste des Mai '68 nicht auf den oft angenommenen Konflikt zwischen Generationsgruppen reduziert und als eine Frage des biologischen Alters dargestellt, sondern es findet ein Geflecht von Faktoren Berücksichtigung. Eine soziale Klasse kann also nicht anhand eines Merkmals (etwa Beruf) oder der Summe von Merkmalen bestimmt werden, sondern nur anhand der Relationen vielfältiger Merkmale.

Ein methodisches Instrument, um die Relationen und die Totalität der Positionen zu erfassen, ist die Korrespondenzanalyse, die das Feld bzw. den sozialen Raum grafisch darstellt, also die Relationen visualisiert. Bourdieu ziehe diese Methode deshalb vor,

> »weil sie eine relationale Technik der Datenanalyse darstellt, deren Philosophie genau dem entspricht, was in meinen Augen die Realität der sozialen Welt ausmacht. Es ist eine Technik, die in Relationen ›denkt‹, genau wie ich das mit dem Begriff Feld versuche.« (Reflexive Soziologie 1992/1996, 126; ähnlich: Gespräch Inzwischen 1988/1991, 276. Vgl. Bennett u. a. 2009, 31 ff.)

Ein andere Methode verwendet das Buch »Elend der Welt«, das die unterschiedlichen Perspektiven von Personen und Gruppen, die im sozialen Raum nahe beieinander stehen, erfasst und aufeinander bezieht: Die teilweise fremdenfeindlichen Äußerungen einer Französin aus einer Sozialsiedlung werden in Relation zu den Erzählungen einer algerischen Familie gesetzt, aber auch zu makrostrukturellen Verflechtungen, beispielsweise zum Rückzug des Staates aus der Wohnungspolitik. Anhand der komplementären Positionen soll der Möglichkeitsraum, und anhand der makrostrukturellen Einbindungen sollen die sozialen Bedingungen der Akteure erkannt und die Praxis der Akteure verstanden werden. Manchmal werden auch die Relationen zwischen sozialer Herkunft und sozialer Praxis berücksichtigt, die aus dem Prägungseffekt von Seiten der Familie und der ursprünglichen Lebensbedingungen sowie aus dem Effekt der sozialen Laufbahn, also den Erfahrungen von sozialem Aufstieg bzw. Abstieg resultieren (Feine Unterschiede 1979/1999, 190 f.). Die Logik einer relational denkenden Soziologie (vgl. Schultheis 1998, 832) verlangt also einen komplexen Forschungsansatz, der Daten aus verschiedensten Perspektiven benötigt und diese zu verbinden sucht. Damit wird auch klar, warum Bourdieu oft auf Sekundärmaterial zurückgreift und warum die Forschungsarbeit in einem Team fast unerlässlich ist.

4.4 Weder Objektivismus noch Subjektivismus

Seine Überlegungen zur Überwindung des Gegensatzes Objektivismus/Subjektivismus hat Bourdieu zum ersten Mal in der Einleitung zur Studie über die sozialen Gebrauchsweisen der Fotografie formuliert (Photographie 1965/1981, 11 ff.). Dass er einem zentralen Gedanken keinen eigenen Aufsatz widmet, sondern ihn im Kontext einer Studie über ein soziologisch eher randseitiges Thema »verschwinden« lässt, sei, wie er rückblickend schreibt (Selbstversuch 2002, 117), Ausdruck seiner Abgrenzung von der Philosophie, die sich mit solchen Fragen gemeinhin in forschungsfernen theoretischen Abhandlungen auseinander setze. Die Platzierung indiziert also keineswegs eine Randseitigkeit des Gedankens:

> »Von allen Gegensätzen, die die Sozialwissenschaften künstlich spalten, ist der grundlegendste und verderblichste der zwischen Subjektivismus und Objektivismus.« (Sozialer Sinn 1980/1999, 49)

Was versteht Bourdieu genau unter Objektivismus und Subjektivismus als Erkenntnisweisen? Und wie sieht sein Lösungsvorschlag für diesen Dualismus aus?

Eine wichtige Variante des Objektivismus ist der Strukturalismus, wie ihn Bourdieu bei Lévi-Strauss vertreten sieht:

> »Die hier *objektivistisch* genannte Erkenntnisweise ... erstellt die – gewöhnlich ökonomischen oder linguistischen – objektiven Beziehungen, die die verschiedenen Praxisformen und deren Repräsentationen, d. h. im besonderen die praktische und stillschweigende primäre Erfahrung der vertrauten Welt, strukturieren – freilich um den Preis des Bruchs mit dieser primären Erfahrung, folglich mit den stillschweigend übernommenen Voraussetzungen, die der sozialen Welt ihren evidenten und natürlichen Charakter verleihen« (Entwurf einer Theorie 1972/1976, 147).

Grundannahme ist hier, dass die Subjekte

> »nicht über die ganze Bedeutung ihres Verhaltens als unmittelbares Datum des Bewußtseins verfügen, und ... ihr Handeln stets mehr an Sinn umfaßt, als sie wissen und wollen« (Photographie 1965/1981, 12).

Das veranlasst die Soziologie, die objektiven Möglichkeitsbedingungen zu analysieren, also objektive Strukturen wie Chancen, Gesetze, Funktionen, Systeme von Relationen, statistische Regelmäßigkeiten. Dieser Ansatz

> »setzt eine schroffe Diskontinuität zwischen der wissenschaftlichen und der praktischen Erkenntnis, indem er die mehr oder weniger expliziten Vorstellungen, mit denen letztere ausgerüstet ist, als ›Rationalisierungen‹, ›vorwissenschaftliche Begriffe‹ oder ›Ideologien‹ verwirft.« (Sozialer Sinn 1980/1999, 51)

Ziel des Strukturalismus ist es, so Bourdieu, nicht, die Konstruktionen der Akteure zu rekonstruieren, vielmehr will die objektivistische Erkenntnisweise mit ihnen brechen. Diesem Ansatz folgt einen Schritt weit auch Bourdieu (in Anlehnung an seinen Lehrer, den Wissenschaftstheoretiker Bachelard) bei seiner Forderung nach einem epistemologischen Bruch mit dem unmittelbar Vertrauten, mit den Alltagsbegriffen, die das Vertraute transportieren (Soziologie als Beruf 1968/1994, 15 ff.).

In seinen Algerien-Studien hatte Bourdieu herausgefunden, wie unzureichend Regeln für Heiratsverbindungen die usuellen Verwandtschaftsbeziehungen, den Sinn der einschlägigen Praxis erklären können, und wie der strukturalistische Ansatz die Kluft zwischen Realität und Modell ignoriert bzw. das Modell der Realität überzustülpen sucht. Die Akteure handeln nicht regelgeleitet oder gesetzmäßig, sondern auf der Grundlage ihrer Wahrnehmungs- und Beurteilungsschemata und können über einige wirkende Determinanten (wie in »Das Elend der Welt« gezeigt) durchaus selbst berichten. Festzuhalten bleibt:

»... der Versuch, die Sozialwissenschaft auf die bloße Aufdeckung objektiver Strukturen einzuengen, darf mit Recht zurückgewiesen werden, wenn dabei auch nicht aus den Augen verloren wird, daß die Wahrheit der Erfahrungen gleichwohl doch in den Strukturen liegt, die diese determinieren.« (Entwurf einer Theorie 1972/1976, 149)

Der Subjektivismus stellt das Subjekt und seine Vorstellung von der Welt in den Mittelpunkt – die Dispositionen und Wahrnehmungsschemata der Handelnden. Mit Subjektivismus meint Bourdieu gewöhnlich die Denkrichtungen der Phänomenologie, des Interaktionismus und der Ethnomethodologie.

Das Grundverfahren des Subjektivismus sei,

»eine Erfahrung zu reflektieren, die definitionsgemäß nicht reflektiert wird, nämlich das erste Vertrautwerden mit der vertrauten Umwelt, und so die Wahrheit dieser Erfahrung an den Tag zu bringen, welche, so illusorisch sie von einem ›objektiven‹ Standpunkt aus auch scheinen mag, als Erfahrung doch völlig *gewiß* bleibt.« (Sozialer Sinn 1980/1999, 50)

Es geht um die »erlebte« Erfahrung der Akteure in der Sozialwelt, die als solche fraglos gegeben erscheint und die von dieser Erkenntnislogik auch nicht hinterfragt wird.

> »Daß dem so ist, liegt daran, daß diese Erkenntnisweise die Frage nach den Bedingungen der Möglichkeit solcher Erfahrung ausschließt, nämlich nach der Deckungsgleichheit der objektiven Strukturen mit den einverleibten, welche die für das praktische Erfahren der vertrauten Welt typische Illusion unmittelbaren Verstehens verschafft und zugleich jede Frage nach ihren eigenen Bedingungen der Möglichkeit ausschließt.« (Sozialer Sinn 1980/1999, 50)

Diese Deckungsgleichheit lässt den Eindruck entstehen, das Handeln sei Folge individueller Entscheidungen. Der Forscher, der die sozialen Konstruktionen nur rekonstruiert, ohne mit den Primärerfahrungen zu brechen, wird die strukturierenden Mechanismen nicht erfassen können. Bleibt er z. B. an der Oberfläche der Erzählungen von Befragten über ihre Kleidung, wird er nicht den objektiven Sinn ihres Handelns erfassen können, etwa die Bindung an die soziale Klasse (vgl. König 2006). Folgt man der Erzählung der Akteure, die ihre Entscheidung für einen bestimmten Beruf oder ein bestimmtes Kleidungsstück als freie Wahl beschreiben, so verkennt man die objektiven Relationen und auch, wie die Akteure aus der Not eine Tugend gemacht haben. Insoweit wird lediglich die Spontantheorie der Akteure übernommen, die ihr Handeln in persönlichen Entscheidungen begründet sehen – und die Verbindung von sozialem Raum und dem der Lebensstile, wie sie in »Die feinen Unterschiede« aufgedeckt wurde, bleibt verschleiert. Der symbolische Interaktionismus etwa reduziert, so Bourdieu, »die Beziehungen zwischen Positionen innerhalb objektiver Strukturen auf intersubjektive Beziehungen der die Positionen einnehmenden Individuen«, seine Erkenntnisweise steht damit in Kontinuität zur Alltagserfahrung (Entwurf einer Theorie 1965/1976, 150).

Bourdieus Gegenüberstellung von Objektivismus und Subjektivismus – beide werden stellenweise als Pole eines Kontinuums, nicht als Antagonismus oder im Sinne eines Entweder-Oder vorgestellt – wirkt vereinfachend (ähnlich: Schroer 2008, 329. Zur Phänomenologie vgl. Sabeva/Weiß 2009; zum Strukturalismus

Moebius/Peter 2009). So darf etwa der Sinn-Begriff des Interaktionismus (in der Tradition von Mead) nicht einfach auf die Seite des Subjektivismus geschlagen werden. Wagner (1993) merkt an, dass bei Mead der Sinnbegriff eine objektive Struktur bezeichnet, die im *social act* emergiert. Auch ist Bourdieu weder der Erste noch der Einzige, der Objektivismus wie Subjektivismus überwinden will. Man denke nur an den weithin zeitgleich zu Bourdieu schreibenden Giddens (zu Ähnlichkeiten vgl. Berard 2005, 221). Doch dient seine Skizze immerhin einer Veranschaulichung dessen, wogegen er sich abzugrenzen sucht. Und es wird deutlich, wie er durch seine Theorie der Praxis über die Alternative Objektivismus/Subjektivismus hinausgelangen und den je spezifischen Erkenntniswert der beiden Ansätze verbinden will.

> »Gegenstand der Erkenntnisweise ..., die wir *praxeologische* nennen wollen, ist nicht allein das von der objektivistischen Erkenntnisweise entworfene System der objektiven Relationen, sondern des weiteren die *dialektischen* Beziehungen zwischen diesen objektiven Strukturen und den strukturierenden *Dispositionen*, die diese zu aktualisieren und zu reproduzieren trachten; ist mit anderen Worten der doppelte Prozeß der Interiorisierung der Exteriorität und der Exteritorisierung der Interiorität.« (Entwurf einer Theorie 1972/1976, 147)

Bourdieu illustriert die Überwindung des Antagonismus anhand einer Metapher von Pascal:

> »›Durch den Raum erfaßt und verschlingt das Universum mich wie einen Punkt: Durch das Denken erfasse ich es.‹ Die Welt erfaßt mich, schließt mich als Ding unter Dingen ein, aber als Ding, für das es Dinge gibt, ja eine Welt, erfasse ich diese Welt; und dies, wie man hinzufügen muß, gerade *weil* sie mich umfängt und erfaßt: Denn durch dieses – oft übersehene oder verdrängte – materielle Eingeschlossensein und das, was daraus folgt, die Einverleibung sozialer Strukturen in Form von Dispositionsstrukturen, objektiver Möglichkeiten in Form von Erwartungen und Vorwegnahmen, erwerbe ich eine praktische Erkenntnis und Beherrschung des mich umschließenden Raumes ...« (Meditationen 1997/2001, 167)

Hier spricht Bourdieu sein Konzept des Habitus an, das den Dualismus von Individuum und Gesellschaft obsolet macht, weil es zwischen Subjekt- und Objektseite vermittelt. Dies macht den Kern seiner Theorie der Praxis aus, die nicht zwischen den Alternativen von Ding oder Bewusstsein, Materialismus oder Idealismus wählen will, sondern von der strukturierenden und strukturierten Tätigkeit der Akteure ausgeht.

Die Theorie der Praxis gründet erstens auf dem Bruch mit den Primärerfahrungen und zweitens auf der Konstruktion objektiver Relationen und Strukturen, wie sie im Objektivismus vollzogen wird. Verbunden werden die objektiven Strukturen (*opus operatum*) in einem dritten Schritt mit den Vorstellungen und Bewertungen der Akteure. Damit kommt das Erzeugungsprinzip (*modus operandi*) jener statistischen Regelmäßigkeiten, der Habitus, zum Tragen. Mit dem Habitus und dem *sens pratique* wird das wieder eingeführt, was vorher bei der Konstruktion der objektiven Strukturen und Relationen gezielt ausgelassen wurde, nämlich die Wahrnehmungsweisen der sozialen Welt durch die Akteure – wobei jene Konstruktionen wiederum von strukturellen Zwängen bzw. von der Verinnerlichung der Strukturen und damit auch von kollektiven (Klassen-) Schemata abhängig sind (vgl. Rede 1987/1992, 143).

Die Regelmäßigkeit der Praktiken lässt sich nur erklären, wenn man nicht nur die aktuellen Strukturen, unter denen der Habitus wirkt, sondern auch die Bedingungen, unter denen er erzeugt wurde, berücksichtigt und dazu in Beziehung setzt. Diese genetische Perspektive, die in Bourdieus Arbeiten wirksam ist, fließt ein in die folgende Kennzeichnung seines eigenen Werks:

> »Hätte ich meine Arbeit in zwei Worten zu charakterisieren.. würde ich von *strukturalistischem Konstruktivismus* oder von *konstruktivistischem Strukturalismus* sprechen.« (Rede 1987/1992, 135)

Mit Konstruktivismus, als subjektivistischer Erkenntnisweise, ist gemeint,

> »daß es eine soziale Genese gibt einerseits der Wahrnehmungs-, Denk- und Handlungsschemata, die für das konstitutiv sind, was ich Habitus nenne, andererseits der sozialen Strukturen und da nicht zuletzt jener Phänomene, die ich als Felder und als Gruppen

bezeichne, insbesondere die herkömmlicherweise so genannten sozialen Klassen.« (Rede 1987/1992, 135)

So werden objektive Verteilungsstruktur, also die objektiven Relationen der sozialen Positionen, die Klassenlage und -verhältnisse erfasst, und zugleich Sinn- und Wahrnehmungsverhältnisse, das heißt, die symbolischen Verhältnisse, das Wahrgenommensein.

Die Lösung nach Bourdieu besteht also – vereinfacht gesagt – in einer zweistufigen Strategie: In einem ersten Schritt müssen die objektiven Strukturen (Konstellation von Positionen, Verteilung der Ressourcen usw.) rekonstruiert werden, ohne Rücksicht darauf, wie die Menschen und Gruppen diese auffassen und bewerten. In einem zweiten Schritt werden dann die Auffassungen und Bewertungen der Menschen und Gruppen von diesen Strukturen hinzugefügt. Die Schrittfolge privilegiert die Rekonstruktion der objektiven Strukturen deshalb, weil die Auffassungen, Bewertungen usw. der Akteure systematisch mit ihrer Position innerhalb der objektiven Strukturen zusammenhängen (vgl. Wacquant 1996, 30).

Diese Lösung des Problems Objektivismus/Subjektivismus wird von Bourdieu wie auch von manchen Kommentatoren (vgl. Wacquant 1996, 24 ff.) wortreich empfohlen, erscheint aber fast wie eine bloße Addition der beiden Grundperspektiven. Ob es sich dabei überhaupt um eine Lösung handelt, hängt entscheidend davon ab, wie in der Forschungsarbeit eine Verbindung beider Forschungsschritte erreicht wird. Stimmt also Schwingels (2000, 55) Zusammenfassung, dass Bourdieus Ansatz

> »eine wissenschaftstheoretische Alternative jenseits des Dualismus von (subjektive Sinnbeziehungen rekonstruierender) Hermeneutik und (objektive Funktionen analysierendem) Funktionalismus«

ist? Kritiker haben betont, dass – unterhalb der Programmatik – bei Bourdieu fast alles zur Seite des Objektivismus tendiert (so van den Berg 1998, 219; vgl. Celikates 2009, 72): Der Habitus als in den Körper eingeschriebene Schaltzentrale fürs Denken und Handeln, die Betonung der objektiven Strukturen, die den Habitus haben entstehen lassen, die Vernachlässigung der Sozialisation als Werdeprozess des Selbst, die nicht systematisch eingeordnete Funktion des rationalen Handelns. Bei Alexander (1995, 149) findet sich für diese Dominanz der Struktur über das Handeln die ironische Formulierung von einem »deterministic retelling of structure as practice«. Lassen wir die Frage, ob Bourdieus Lösung stimmig ist, hier offen. Sie könnte nur nach einer neuen detaillierten Auseinandersetzung mit seinen Forschungsarbeiten beantwortet werden oder anhand eigener Forschungen, die Bourdieus Lösungsvorschlag folgen.

4.5 Eigensinn der sozialen Praxis

Bourdieu zeigt, dass die soziale Praxis einer anderen Logik folgt als die Praxis wissenschaftlicher Theorie. Letztere arbeitet in einem handlungsentlasteten Raum, kann, ja muss sich Revisionen gestatten. Die Logik der sozialen Praxis dagegen ist handlungsgebunden und kann sich (meist) keine Revisionen erlauben (Entwurf einer Theorie 1972/1976, 217 f.).[76]

Zunächst widerspricht Bourdieu damit der in der Wissenschaft und bei Intellektuellen verbreitete Herangehensweise, die soziale Praxis nach dem Muster der wissenschaftlichen zu beurteilen, was gewöhnlich dazu führt, dass das Denken der sozialen Praxis als unlogisch, inkonsequent, defizitär erscheint (Feine Unterschiede 1979/1999, 742). Solche Annäherungen übersehen, dass sich die Rede- und Denkformen der Wissenschaft einer bestimmten sozialen Situation und einem der sozialen Praxis fremden Regelwerk verdanken.

> »Die Widersprüche und Paradoxa, in die die alltagspraktischen Klassifikationsakte münden, gründen nicht, der Ansicht der Positivisten zum Trotz, in einer wesentlichen Insuffizienz der Alltagssprache, sondern rühren daher, daß diese sozio-logischen Akte nicht auf logische Kohärenz ausgerichtet sind, vielmehr ... der ›Logik‹ der Parteinahme gehorchen ...« (Feine Unterschiede 1979/1999, 742)

76 Diese Gesichtspunkte habe schon Platon, in jedoch die Praxis abwertendem Sinne vorgebracht (Sozialer Sinn 1980/1999, 53 f.).

Gegen den Strukturalismus gewendet lautet der Einwand, dass dieser das Sprechen und die Praxis allgemein nur als eine Ausführung begreife (Entwurf einer Theorie 1972/1976, 157 f.; Reflexive Soziologie 1992/1996, 176; Sozialer Sinn 1980/1999, 17 ff.), als eine Aktualisierung eines vorweg wirksamen Regelwerkes und insofern als einen prinzipiell nachgeordneten Bereich. Das Sprechen werde reduziert auf eine mehr oder weniger gelingende Ausführung einer als Regelwerk stimmigen Vorlage, also etwa der Sprache als abstrakter Wesenheit im Sinne von de Saussure (Sozialer Sinn 1980/1999, 62).[77]

> »... der Objektivismus ist, da er die Praxis nicht anders denn negativ, d. h. als *Ausübung/Ausführung* zu entwerfen vermag, dazu verdammt, entweder die Frage nach dem Erzeugungsprinzip der Regelmäßigkeiten gänzlich fallen zu lassen und sich mit deren Bestandsaufnahme zu begnügen, oder aber verdinglichte Abstraktionen dank eines Fehlschlusses hervorzubringen, der darin besteht, die von der Wissenschaft konstruierten Objekte wie ›Kultur‹, ›Struktur‹, ›soziale Klassen‹, ›Produktionsweisen‹ usw. wie autonome Realitäten zu behandeln, denen gesellschaftliche Wirksamkeit eignet und die in der Lage sind, zu handeln als verantwortliche Subjekte historischer Aktionen oder als Macht, die fähig ist, auf die Praxis Zwang auszuüben.« (Entwurf einer Theorie 1972/1976, 158 f.)

Der Objektivismus erschaffe eine »imaginäre Anthropologie«, indem er »die objektive Bedeutung der Praxisformen und Werke zum subjektiven Zweck des Handelns der Produzenten dieser Praxisformen, Praktiken und Werke erhebt ...« (Entwurf einer Theorie 1972/1976, 164), indem er »das durch und für die Wissenschaft *nur auf dem Papier* Vorhandene in die Wirklichkeit projiziert ...« (Sozialer Sinn 1980/1999, 67) Mit diesem Gedanken erteilt Bourdieu den seit der Aufklärung immer wieder vorgebrachten Ideen eine Abfuhr, die sich eine Besserung der gesellschaftlichen Zustände davon versprechen, dass sich die soziale Praxis den Regeln der wissenschaftlich-theoretischen Arbeit annähert oder gar diesen folgend organisiert wird.

77 Hinweise, dass Bourdieu den Strukturalismus hier teilweise zu Unrecht angreift, bei Alexander (1995, 131 ff.).

Was den Eigensinn der sozialen Praxis ausmacht, ist ihre Zeitlichkeit.

> »Die Praxis rollt in der Zeit ab und weist alle entsprechenden Merkmale auf, wie z. B. die Unumkehrbarkeit, die durch Synchronisierung beseitigt wird; ihre zeitliche Struktur, d. h. ihr Rhythmus, ihr Tempo und vor allem ihre Richtung, ist für sie sinnbildend: wie bei der Musik nimmt jede Manipulierung dieser Struktur, und sei es bloß eine Veränderung der Tempi in Richtung auf Allegro oder Andante, eine Entstrukturierung an ihr vor, die nicht auf den Effekt einer simplen Änderung der Bezugsachse zurückgeführt werden kann.« (Sozialer Sinn 1980/1999, 149; vgl. Schwingel 2000, 53)

Die Denk- und Redeweise der Alltagspraxis sei »in der Logik des *Prozesses* angesiedelt …« (Feine Unterschiede 1979/1999, 742 f.; vgl. Meditationen 1997/2001, 73)

In der wissenschaftlichen Tätigkeit gilt die Zeit wenig, sie ist geradezu »entzeitlicht« (Sozialer Sinn 1980/1999, 149); einerseits weil sie sich den Vorgängen der Wirklichkeit immer erst nachträglich zuwendet, andererseits, weil sie sich grundsätzlich von Zeitdruck und vom Involviertsein in laufende Vorgänge freihalten will. Anders kann die eine Analyse gestattende Distanz nicht erreicht und kein Überblick gewonnen werden, der die Zeitlichkeit der Vorgänge in der Wirklichkeit ignoriert.

Bourdieu verdeutlicht das anhand der Zeitstruktur des Gabentauschs: Der Strukturalismus und die Anthropologie überhaupt haben den Gabentausch als eine interessengeleitete Reziprozität bestimmt und mehr oder weniger behauptet, dieses Modell des Tausches liege den wirklichen Vorgängen von Geben und Nehmen zugrunde. Dabei haben sie jedoch die Verlaufsform des Gabentauschs übersehen, der einen angemessenen Zeitraum zwischen Gabe und Gegengabe erfordert, das heißt, dass Gabe und Gegengabe auf keinen Fall zur gleichen Zeit ausgetauscht werden dürfen. Das garantieren Regeln der Höflichkeit und Schicklichkeit. Sie sollen die Interessengeleitetheit des Vorgangs verdecken (Entwurf einer Theorie 1972/1976, 220 f.; vgl. Sozialer Sinn 1980/1999, 205 f.). Überhaupt handele es sich bei der sozialen Praxis um eine »geregelte Improvisation«, weil es einerseits zur Handlung gehört, dass sie aus dem Ruder laufen kann, andererseits, dass sie mit gehörigem Feingefühl oder cleverer Interessenorientierung eigenständig zeitlich strukturiert werden muss. Keine Regel nämlich, die zur Gegengabe verpflichtet, kann angeben, wann diese zu erfolgen hat; hier haben die Handelnden Spielraum für ihre Lebenskunst. Diese eigene Zeitstrukturierung der Handelnden bestimmt dann insgesamt die Figur einer bestimmten Handlungsabfolge, die so nicht allein sichtbar wird aus der Regel Gabe/Gegengabe heraus, die die Anthropologen formulieren. Die Reziprozitätshandlungen sind also keine »mechanischen Verkettungen zwangsläufiger Handlungen« (Entwurf einer Theorie 1972/1976, 226).

Weil Handlungsabfolgen (relativ) zukunftsoffen sind, also auch misslingen können, wäre es irreführend, sie als Ausführung eines Programms aufzufassen:

> »Auch wenn *ex post facto* und aus der sozialwissenschaftlichen Beobachterperspektive die Handlungssequenz wie das Abspulen eines Handlungsprogrammes wirken mag, so kann man die ›Logik der Praxis‹ nur nachvollziehen, wenn man ... das Moment der relativen Zukunftsungewißheit und damit Handlungskontingenz, das aus der subjektiven Perspektive der Verstehensleistung herrscht, in den Blick nimmt.« (Reckwitz 2000, 336 f.)

Aus diesen Überlegungen ergibt sich umgekehrt für die Soziologie, dass deren Leistungen (etwa das Konzept des sozialen Raumes) »Konstrukte« sind, die keinesfalls den Orientierungen und Wissensformen der Akteure in der sozialen Praxis entsprechen (vgl. Feine Unterschiede 1979/1999, 277). »... die Praxis ›folgt‹ durchaus nicht den Regeln, die die Wissenschaft konstruiert.« (Liebau 1987, 32) Die sozialen Akteure überblicken den sozialen Raum nie in der gleichen Umfänglichkeit wie die Soziologie, aber natürlich auch nicht so »flächig« wie diese, sondern eher wie Kampfschauplätze. Die Kultur, so hatte Bourdieu schon in seinen Arbeiten über die Kabylen gefunden, ist den Mitgliedern einer Gesellschaft nie als ganze bewusst, ist nicht als Weltbild und Regelsystem systematisch bekannt, sondern eher in »Umrissen«, d. h. durch Relationen zwischen Handlungsorientierungen, die eine Situation gestalten, und der zugrunde liegenden (mythischen) Weltauffassung (Entwurf einer Theorie 1972/1976, 397, Anm. 35).

Der Gesichtspunkt des Objektivismus hat selbst einen sozialen Ort: Der Objektivismus

> »verdankt sich höheren Positionen innerhalb der Sozialstruktur, von denen aus die soziale Welt sich wie eine – im Sinne der idealistischen Philosophie, aber auch der Malerei und des Theaters – Vorstellung/Repräsentation darbietet, so daß die Handlungen und Praxisformen allenfalls wie ›Ausübungen‹, wie Theaterrollen, wie Ausführungen einer Partitur oder wie Anwendungen eines Plans in den Blick geraten.« (Entwurf einer Theorie 1972/1976, 228; vgl. Sozialer Sinn 1980/1999, 59 f. sowie 97)

Zusammenfassend: Bourdieu weist alle Theorien zurück, nach denen die soziale Praxis darin besteht, dass die Handelnden »vorgängig aufgestellten Apparaturen« gehorchen und deren Vorschriften mehr oder weniger genau befolgen (Normen, Rollen, Modelle, Sprachcodes o. Ä.), aber auch alle Theorien, nach denen die Handelnden in der Situation das Soziale aus freiem Willen erst konstituieren (Entwurf einer Theorie 1972/1976, 169). Dieses große Plädoyer für den Eigensinn, für die Beweglichkeit und für den Erfindungsreichtum der sozialen Praxis wirkt innerhalb von Bourdieus Überlegungen jedoch ein wenig isoliert: Insgesamt überwiegt ja der Versuch, die determinierenden sozialen Kräfte und die Schwerkraft der kollektiv-historischen Voraussetzungen für das Handeln und die Lebensführung nachzuweisen. Entsprechend wird in der Debatte um einen »practice turn« in der Soziologie eingewandt, »Bourdieu lokalisiere soziale Strukturen nicht konsequent *in den* Praktiken und weise diesen eine im Verhältnis zu den objektiven Strukturen lediglich sekundäre Rolle zu« (Schmidt 2009, 196), er blende die Aushandlungsprozesse in der Situation aus (so Müller 2005, 26 f.).

4.6 Reflexivität der Sozialwissenschaft

Die Tätigkeit der Soziologie ist so schwierig, weil sie selbst dem Gegenstande angehört, von dem sie handelt. Das Grundproblem sozialwissenschaftlicher Erkenntnis und gleichzeitig das einer jeden Wissenssoziologie besteht in der unlösbaren Verwicklung unseres Denkens in die Wissens- und Denkstrukturen der sozialen Welt. Auch der Soziologe ist, und das betont Bourdieu, als Intellektueller in die Gesamtkonstellation der sozialen Ungleichheit eingebunden und wird zudem bei seiner Arbeit durch die Strukturen seines Feldes – die Fachkollegenschaft, die durch Theorietraditionen gegebenen Konflikte und Konkurrenzen usw. – mitbestimmt. Sich aus dieser Verwicklung wenigstens teilweise zu lösen, gehöre jedoch zu den zentralen Aufgaben und Voraussetzungen der Soziologie. Bourdieu ist überzeugt,

> »daß die soziale Welt besser gekannt und der wissenschaftliche Diskurs über sie besser verstanden wäre, wenn sich die Einsicht durchsetzte, daß es nicht viele Gegenstände gibt, die schwerer zu durchschauen sind, und zwar vor allem deswegen, weil die Köpfe, die sich daranmachen, diese Welt zu untersuchen, unter ihrem Bann stehen, und weil sie unter dem Anschein der trivialsten Äußerlichkeiten, der alltäglichen, dem erstbesten Meinungsforscher zugänglichen Zeitungsbanalitäten die größten Überraschungen verbirgt und uns entdecken läßt, was wir über unser Sein gerade am wenigsten wissen wollen.« (Meditationen 1997/2001, 17)

Der Soziologie schreibt Bourdieu insofern eine herausragende Rolle unter den Wissenschaften zu: Sie allein sei in der Lage, dem (Sozial-)Wissenschaftler seine Eingebundenheit in sein Feld und in die Konstellation der sozialen Ungleichheit reflexiv verfügbar zu machen, sein »Unbewußtes« bewusst zu machen, ihn für autonome wissenschaftliche Arbeit vorzubereiten.

Die Forderung nach Selbstreflexivität durchzieht die gesamte Arbeit von Bourdieu.[78]

> »Wie könnte man von sich behaupten, die Wissenschaft der Vorverständnisse zu betreiben, ohne an einer Wissenschaft der eigenen Vorverständnisse zu arbeiten?« (Elend der Welt 1993/1998, 780)

Verlangt wird, das Erkenntnissubjekt sowie »das in die wissenschaftlichen Werkzeuge und Operationen eingegangene *soziale und intellektuelle Unbewußte*« (Wacquant 1996, 63) zum Gegenstand der Reflexion zu erheben.

78 Eickelpasch (2002, 57) spricht von einem »geradezu obsessiven Insistieren auf eine reflexive Soziologie ...«

Zunächst hat solche Selbstreflexivität eine gewissermaßen therapeutische Wirkung: Der Soziologe gewinnt Bewusstsein von dem, was er bislang als Folge von Einflüssen seines Feldes getan hat. Durch die Selbstreflexität gelangt er zu einem freien Denken.

> »Im Gegensatz zu dem, was einen die gewöhnliche Vorstellung von der Selbsterkenntnis als der Erforschung der Tiefen des Individuums glauben machen will, ist die innerste Wahrheit dessen, was wir sind, das undenkbarste Ungedachte, zugleich auch in der Objektivität angelegt, in der Geschichte der sozialen Positionen, die wir in der Vergangenheit eingenommen haben und in der Gegenwart einnehmen.« (Reflexive Soziologie 1992/1996, 247 f.)

Zweitens könne Selbstreflexivität zu bemerkenswerten Fortschritten in der Leistungsfähigkeit der Sozialwissenschaften führen:

> »Die entschiedensten Fortschritte der Sozialwissenschaft sind jedoch gerade dann zu erwarten, wenn diese in ihrem Bemühen nicht locker läßt, die soziologische Vernunft einer soziologischen Kritik zu unterziehen, das heißt die soziale Genese nicht allein der Denkkategorien zu belegen, die sie bewußt oder unbewußt einsetzt …, sondern auch die Herkunft der Konzepte zu untersuchen, die sie benutzt …, sowie schließlich die soziale Genese der Probleme, die sie sich vorgibt …« (Homo academicus 1984/1998, 10)

Verbunden damit ist eine grundlegendere Erwartung, nämlich die, dass die Soziologie durch die Reflexivität ihren Status als Wissenschaft verbessern, womöglich allererst begründen kann. Zur Interpretation seines Buches »Homo academicus« erklärt Bourdieu:

> »Ich wollte beweisen – und zwar als Gegenposition zu all denen, die nur die Wissenschaftlichkeit der Soziologie in Frage stellen wollen, wenn sie davon reden, daß der Soziologe in der sozialen Welt angesiedelt ist und damit notwendig eine sozial bedingte Sicht auf diese Welt hat –, daß der Soziologe diesen historistischen Zirkel bis zu einem gewissen Grade durchbrechen kann: wenn er es nämlich versteht, gestützt auf seine Kenntnis des sozialen Universums, in dem die Sozialwissenschaft produziert wird, die Effekte der Determinismen zu neutralisieren, die in diesem Universum und damit auch beim Soziologen selbst wirksam sind.« (Reflexive Soziologie 1992/1996, 97)

Gelingen kann die Steigerung der Leistungsfähigkeit der Sozialwissenschaft dann, wenn es ihr möglich wird,

> »auf die vertraute Welt jenen distanzierten Blick zu richten, den der Ethnologe ... spontan auf eine Welt richtet, an die ihn kein geheimes Einverständnis bindet ...« (Homo academicus 1984/1998, 10)

Allgemeiner: Soziologische Theorien müssen Theorien über die Diskrepanz zwischen Theorie und Praxis mit sich führen und insofern reflexive Theorien sein (Reflexive Soziologie 1992/1996, 101). Für diese Ziele reicht es nicht aus, wie Bourdieu unter kritischem Hinweis auf G. Lukacs sagt, die geschichtlich-gesellschaftlichen Rahmenbedingungen zu beachten, unter denen ein kultureller Produzent produziert, also seine Klassen- oder Geschlechtszugehörigkeit.

> »Wenn man einen direkten Zusammenhang zwischen sehr weit voneinander entfernten Größen herzustellen versucht, läßt man die wesentliche Vermittlung weg, nämlich das relativ autonome soziale Universum, das das Feld der kulturellen Produktion bildet.« (Reflexive Soziologie 1992/1996, 100)

Derart direkte Schlüsse von einem kulturellen Produkt auf geschichtlich-gesellschaftliche Rahmenbedingungen sind Kurzschlüsse. Bourdieu hält es

> »für irrtümlich, ein Musikstück oder ein symbolistisches Gedicht mit den Streiks von Fourmis und den Kundgebungen von Anzin in Verbindung zu bringen, wie es einige Kunsthistoriker oder Literaturgeschichtler getan haben.« (Gebrauch der Wissenschaft 1997/1998, 18; vgl. Schöpfer 1980/1993, 198; Praktische Vernunft 1994/1998, 60 f.)

Adorno berücksichtigt beispielsweise in seiner Beurteilung von Heideggers Philosophie nicht die Eigentümlichkeiten des philosophischen Feldes, sondern führt Heideggers Denken auf dessen Klassenposition zurück und gelangt deshalb zu vereinfachenden Ergebnissen (Ontologie Heideggers 1975/1976, 75 f.; vgl. Kim 2009, 64).

Im Einzelnen müsse das Erkenntnissubjekt auf drei Ebenen durch Aufdeckung seiner Voraussetzungen objektiviert werden:

»Zunächst einmal, um mit dem Oberflächlichsten anzufangen, gibt es die, die mit der Einnahme einer Position im sozialen Raum und der besonderen Laufbahn zu tun haben, die zu ihr hinführte, sowie mit der Geschlechtszugehörigkeit (die in dem Maße, in dem die Arbeitsteilung zwischen den Geschlechtern in die sozialen und kognitiven Strukturen eingeht, die Beziehung zum Gegenstand in mannigfacher – zum Beispiel thematischer – Hinsicht affizieren kann); ferner diejenigen, die für die jedem einzelnen der unterschiedlichen Felder (dem der Religion, der Kunst, der Philosophie, der Soziologie usw.) eigentümliche *doxa* grundlegend sind, und näher besehen die Voraussetzungen, die jeder einzelne Denker seiner Position innerhalb eines Feldes verdankt; und schließlich jene Voraussetzungen, auf denen die mit der *scholé*, der Muße, dieser Existenzbedingung aller Wissenschaftsfelder, generell einhergehende *doxa* beruht.« (Meditationen 1997/2001, 19)

Die Bedingungen auf der ersten Ebene seien relativ leicht herauszuarbeiten, weil sie in der sozialen Welt offen umkämpft und also nicht schwer zu identifizieren sind (Meditationen 1997/2001, 19).

Schwieriger sei es, die *illusio* des Feldes aufzudecken, dem ein Erkenntnissubjekt zugehört. Sie ist jener Sinnzusammenhang, der die Spieler in einem Feld spielen lässt, ihr Glaube an die Sinnhaftigkeit ihrer Teilnahme am Spiel.

»Die spezifische Logik eines Feldes nimmt als spezifischer Habitus Gestalt an, genauer genommen in einem gewöhnlich als (›philosophischer‹, ›literarischer‹, ›künstlerischer‹ usw.) ›Geist‹ oder ›Sinn‹ bezeichneten Sinn für das Spiel, der praktisch niemals explizit artikuliert oder vorgeschrieben wird. Die für die Zulassung zu dem Spiel und den Erwerb des spezifischen Habitus erforderliche, je nach dem Ausgangspunkt mehr oder weniger radikale Umwandlung des ursprünglichen Habitus vollzieht sich unauffällig, das heißt graduell, allmählich und unmerklich, so daß sie im wesentlichen gar nicht wahrgenommen wird.« (Meditationen 1997/2001, 20)

Am schwierigsten seien die Bedingungen der dritten Ebene aufzudecken, gar außer Kraft zu setzen, die damit zusammenhängen, dass sich das Erkenntnissubjekt aus einer scholastischen, von Handlungszwängen und Problemdruck entlasteten Einstellung heraus dem Objekt zuwendet. Diese Grundbedingung des »reinen Denkens« ist diesem Denken selbst kaum verfügbar (und wird auch in den einschlägigen Feldern, vor allem dem philosophischen, gemeinhin nicht überlegt). Der Sozialwissenschaftler tritt der sozialen Welt von außen entgegen und tendiert deshalb zu einer *scholastic fallacy*:

> »Sobald wir die soziale Welt beobachten, unterliegt unsere Wahrnehmung dieser Welt einem *bias*, der damit zusammenhängt, daß wir, um sie zu untersuchen, zu beschreiben, über sie zu reden, mehr oder weniger vollständig aus ihr heraustreten müssen. *Der theoretizistische oder intellektualistische bias* besteht darin, daß man vergißt, in die von uns konstruierte Theorie der sozialen Welt auch den Tatbestand eingehen zu lassen, daß diese Welt das Produkt eines theoretischen Blicks ist, eines ›schauenden Auges‹ (*theorein*) ... Der Anthropologe, der eine Genealogie konstruiert, hat zur ›Verwandtschaft‹ ein Verhältnis, das nicht das geringste mit dem eines kabylischen Vaters gemein hat, der dringend ein praktisches Problem lösen muß, nämlich eine passende Frau für seinen Sohn zu finden, und genauso hat der Soziologe, der das Schulsystem untersucht, einen ›Umgang‹ mit der Schule, der nichts mit dem eines Vaters zu tun hat, der eine gute Schule für seine Tochter sucht.« (Reflexive Soziologie 1992/1996, 100 f.; vgl. Antworten 1989, 401)

Es gilt die Tendenz zu vermeiden, »den Standpunkt des Schauspielers mit dem des Zuschauers zu verwechseln.« (Sozialer Sinn 1980/1999, 151)

Reflexivität bedeutet für Bourdieu

> »die Einbeziehung einer Theorie der intellektuellen Praxis als integraler Bestandteil und notwendige Voraussetzung einer kritischen Theorie der Gesellschaft ...« (Wacquant 1996, 63)

Weil aber die Lebens- und Arbeitssituation des Sozialwissenschaftlers nichts Individuelles ist, sondern durch die Kräfte und Beziehungen des intellektuellen Feldes bestimmt ist, ist Reflexivität keine Leistung (allein) des Wissenschaftler-Subjekts.

> »Der ›Rückbezug‹, den sie verlangt, geht weit über die gelebte Erfahrung des Subjekts hinaus und umfaßt die organisatorische und kognitive Struktur der ganzen Disziplin. Was hier der ständigen Überprüfung unterzogen und im Akt der Konstruktion des Objekts selbst neutralisiert werden muß, ist das kollektive wissenschaftliche Unbewußte, das in die Theorien, Probleme und (insbesondere nationalen) Kategorien der akademischen Vernunft

eingegangen ist … Daraus folgt, daß das Subjekt der Reflexivität in letzter Instanz das Feld der Sozialwissenschaften selber sein muß.« (Wacquant 1996, 68 f.)

Entschiedene Schritte in Richtung Selbstreflexivität ist Bourdieu mit seiner Analyse des wissenschaftlichen Feldes (»Homo academicus«) gegangen sowie in den »Meditationen«, in denen er sich ausführlich mit der scholastischen Vernunft und dem intellektualistischen Bias auseinander setzt. Diese Werke begründen die Wichtigkeit einer selbstreflexiven Sozialwissenschaft und liefern bereits deren wissenschaftstheoretische Fundierung.

Wie erreicht man im Forschungsprozess eine produktive Reflexivität? Zunächst: Innerhalb des Forschungsprozesses soll nicht nur eine bestimmte Arbeitsphase der Selbstreflexivität gewidmet werden, sondern sie soll den gesamten Forschungsprozess begleiten, also von der Reflexion der Vor-Begriffe über die Datenerhebung bis zur Analyse. Dementsprechend wird die Forschungsarbeit aufgefasst als

»eine Verkettung größerer und kleinerer Schwierigkeiten, die einen in jedem Augenblick zum Nachdenken darüber zwingen, was man tut, und die es ermöglichen, immer besser zu wissen, was man sucht, indem sie ansatzweise Antworten liefern, die wieder neue, grundlegendere und klarere Fragen nach sich ziehen.« (Homo academicus 1984/1998, 40)

Um diese durchgehende Nachdenklichkeit zu erleichtern, wird die Forschungsarbeit beispielsweise zu »Das Elend der Welt« begleitet durch ein Seminar, in dem die Wissenschaftler ihr Vorgehen reflektieren. Die kollektive Arbeit – viele von Bourdieus Studien entstehen in Forschungsgruppen – erleichtert es, mit der Primärintuition zu brechen.

Vorteilhaft für Bourdieu selbst war, dass er sich der Ethnologie bzw. der Soziologie autodidaktisch angenähert hatte. Durch seine philosophische Ausbildung mit einem hohen Reflexionspotenzial ausgerüstet, wandte er sich einem ihm zuvor wenig bekannten Wissenschafts- und Forschungsfeld zu. So forderte ihn die wenig vertraute algerische Realität dazu heraus, wissenschaftliche Modelle und Techniken nicht einfach zu übernehmen. Als Angehöriger der Kolonialmacht drängte sich ihm in diesem Forschungsfeld die Reflexion der eigenen Position von selbst auf, nicht zuletzt in Folge der misstrauischen Reaktionen der Befragten auf seine Erhebungsarbeit. Auch in Frankreich reflektiert er stets die eigene Position, verfolgt auch hier die Frage, wie sich die Interviewsituation für den Befragten darstellt. So betont er in »Das Elend der Welt« die schwierige Aufgabe des Interviewers, nämlich innerhalb des Interviews die Effekte der Strukturen, die auf die Interviewsituation einwirken, zu reflektieren, um noch in der Situation darauf reagieren zu können. Zu fragen sei stets, wie sich die Interviewsituation für den Interviewten darstellt, warum er teilnimmt, wie er den Gegenstand versteht, welche Zensur wirksam wird, welche Fragen ihm wichtig sind. Herrscht eine große Asymmetrie zwischen dem kulturellen Kapital des Interviewers und des Interviewten? Wie kann man deren Effekt in Richtung auf eine »herrschaftsfreie Kommunikation« minimieren?

Um nicht den Fehler zu begehen, die »theoretische *Sicht* der Praxis für das *praktische Verhältnis* zur Praxis auszugeben« (Sozialer Sinn 1980/1999, 148), rät Bourdieu – neben der Arbeit in einem Team – beispielsweise den Ethnologen, sich bei der Untersuchung von Ritualen der eigenen Rituale und Spiele zu entsinnen. Mit seinen Studien hat Bourdieu auf diese aufmerksam gemacht, seien es die im universitären Feld oder die im Raum der Lebensstile. Hinzu kommt die wissenschaftstheoretische Reflexion der scholastischen Vernunft, in der er den Unterschied zwischen der Zeitlichkeit des Wissenschaftlers und der des im sozialen Leben Handelnden herausarbeitet.

Bourdieu geht schließlich in »Ein soziologischer Selbstversuch« einen radikalen Schritt und nimmt sich selbst – seinen Raum der Möglichkeiten – zum Gegenstand soziologischer Objektivierung. Er lässt erkennen, woher sein Wille zum Begreifen kommt und wo er als Erkenntnissubjekt gesellschaftlich verortet ist, genauer: wie seine Flugbahn verläuft.[79] Dabei wird deutlich, wie sich in seiner Forschungspraxis in Algerien die reflexive Hal-

79 Die »teilnehmende Objektivierung«, verstanden als die Objektivierung des Forschers, meint, das erkennende Subjekt zu erforschen, nicht nur seinen Standpunkt, sondern auch die biografische Flugbahn (Schultheis 2002, 137, Fußn. 4).

tung und die kritische Wachsamkeit als wesentliche (Überlebens-)Strategien herausgebildet hatten,

> »jene permanente und praktische Reflexivität, die angesichts der Dringlichkeit einer jeden Entscheidung in ständig drohender Gefahr unerläßlich ist, die verlangt, in jedem Augenblick sofort die Lage abschätzen und mehr oder weniger bewußt all die Kenntnisse und Fertigkeiten abrufen zu können, die man am ehesten in der sozialen Ersterfahrung erwirbt.« (Selbstversuch 2002, 59)

Was hindert andere Soziologen daran, die Sozialwissenschaft reflexiv zu betreiben? Bourdieu hebt hier nicht wissenschaftstheoretische Entscheidungen oder Loyalitäten zu Schulen heraus, sondern nennt soziale Gründe: Die Reflexivität der Soziologie stößt auf Widerstand,

> »weil sie einen Frontalangriff auf das geheiligte Gefühl der uns westlichen Menschen allesamt so am Herzen liegenden Individualität darstellt, und vor allem auch auf das charismatische Selbstverständnis der Intellektuellen, die sich so gerne für un-bedingt, ›freischwebend‹ und gewissermaßen symbolisch begnadet halten.« (Wacquant 1996, 73)

Die Intellektuellen stellen sich anderen wie sich selbst als unabhängige Köpfe vor. Darin sieht Bourdieu einen »professionellen Fehler« (Interview Die Könige sind nackt 1984/1992, 91). »Es gibt viele Intellektuelle, die die Welt in Frage stellen, es gibt wenige, die die intellektuelle Welt in Frage stellen.« (Selbstversuch 2002, 31)

Auch das neopositivistische Ideal der *ethischen Neutralität* drücke

> »die ideologische Orthodoxie einer Spezialistengruppe aus, die durch ihre Position in der intellektuellen Welt veranlaßt ist, die eigene Berufsideologie zur allgemeingültigen Theorie der Objektivität zu erheben.« (Illusion der Chancengleichheit 1964/1971, 14)

Ihr eigenes Vorgehen mache sie durch die Behauptung einer ideologiefreien Wissenschaft unangreifbar.[80]

---

80 Jene Haltung der »ethischen Neutralität« verhindert, dass die Soziologie, wie Bourdieu deren Aufgabe formuliert, die Gesellschaft in Frage stellt: »Die Behauptung, der Soziologe könne seine Einstellung zur Gesellschaft frei wählen, verschweigt, daß die Sozialwissenschaften nur solange in der Illusion der

Die Idee des »totalen Intellektuellen«, die Sartre vorbrachte, sowie den Gedanken von Mannheim, die Intellektuellen seien sozial »freischwebend« (und deshalb zur vernünftigen Gestaltung der Gesellschaft berufen), stellt Bourdieu radikal in Zweifel. In Widerspruch zur verbreiteten Selbstauffassung der Intellektuellen, sie seien im Denken frei und stünden aufgrund ihrer spezifischen Arbeitsweise jenseits der Herrschaftsbeziehungen, betont Bourdieu hartnäckig, dass sie Teil der sozialen Ungleichheitsstruktur sind. Der Gedanke von den bindungslosen und ungebundenen Intellektuellen sei so etwas wie die »Berufsideologie der Intellektuellen« (Gespräch Intellektuelle befreien 1980/1993, 68).

Eine reflexive Soziologie ist »nicht-narzißtisch«; sie meint nicht Selbstbezug des Denkens oder Selbstbezogenheit des Forschers, sondern zielt auf Objektivität. Nur auf sich selbst gerichtet kann sich das Bewusstsein nicht durchschauen. In Anlehnung an Marx meint Bourdieu:

> »Bei dieser onanisierenden Form von Selbstreflexivitaet geht es darum, sich Freude zu machen. Die andere Reflexivitaet ist nach aussen orientiert und sucht danach, sich selbst und die Situation der Gruppe zu ergruenden, zu erforschen, um zu veraendern, um nicht von der Situation manipuliert zu werden, um Subjekt der Situation zu sein.« (Interview Graw, 3).

Solche Selbstreflexivität ist anstrengend, weil sie sich gegen das verbreitete Selbstbild der Soziologie richtet:

> »Der mäßige Reiz, das eher triste Erscheinungsbild der wirklichen soziologischen Reflexivität hängen damit zusammen, daß sie uns Merkmale entdecken läßt, die *generisch* sind, allen gemeinsam, alltäglich, *gewöhnlich*. Es gibt aber in der intellektuellen Wertetafel nichts Schlimmeres als das Gewöhnliche und Durchschnittliche.« (Reflexive Soziologie 1992/1996, 102 f.)

Wie verhält sich die Forderung nach Selbstreflexivität zu Bourdieus politisch-kritischer Haltung und zu seinen politischen Aufklärungsabsichten? Systematische Überlegungen hierzu finden

---

Neutralität leben können, wie sie nicht wahrhaben wollen, daß ihre Enthüllungen oder ihr Verschweigen immer jemandem dienen: entweder den Nutznießern oder den Opfern der Sozialordnung.« (Illusion der Chancengleichheit 1964/1971, 15).

sich nicht. Immerhin bieten die selbstobjektivierenden Texte Hinweise darauf, wie seine politische Grundhaltung entstanden ist.

Die Frage zu beantworten, ob die von Bourdieu vorgeschlagene Selbstreflexivität die von ihm genannten Ziele in seinem eigenen Werk erreicht, würde eine ganz andere Durchsicht seiner Arbeiten verlangen als dies in diesem Rahmen möglich ist. Immerhin wird deutlich: Die Anstrengungen der Selbstobjektivierung bringen – möglicherweise ungewollt – eine autobiografische Grundfarbe ins Werk hinein, besser vielleicht: machen sie offensichtlich, verstärken sie aber auch. Ob sich von hieraus erklärt, wie stark Bourdieu aus seinem eigenen Werk heraus und auf das eigene Werk hin arbeitet?

5. Wurzeln und Quellen, Freunde und Feinde

Bourdieu wird man – anders als etwa Elias – nicht vorwerfen können, er verschweige alle früheren oder zeitgenössischen Philosophen und Sozialwissenschaftler, denen er Anregungen verdankt. Im Gegenteil ist er eher großzügig mit den Angaben von Bezügen. Schmeiser (1985, 178, Anm. 1) nennt das eine

> »üppige Ökologie klassischer Theorietraditionen von Soziologie und Ethnologie, in die sich Bourdieus umfangreiche Arbeiten eingebettet haben ...«

Von sich selbst behauptet Bourdieu, ein gelassenes und an Brauchbarkeit interessiertes Verhältnis zu seinen Quellen zu haben:

> »... ich bin ein ›reflektierter Eklektizist‹. Es gibt für mich nicht notwendig einen Widerspruch, von überall etwas zu ›borgen‹, von Marx zu Durkheim über Weber, wenn das alles zu einer theoretischen Kohärenz führt ...« (Religiöses Feld 2000, 120)

Dennoch bleibt die Frage, ob er auch Quellen verschweigt, aus denen er geschöpft hat, und um wen es sich dabei handelt. Hier kann freilich nur vermutet werden, da es kein Arbeitsjournal seiner wissenschaftlichen Lektüre gibt. Möglicherweise hat er aus interaktionistisch inspirierten Studien manche Anregung übernommen, ohne das zu erwähnen – das gilt vor allem für seinen Feldbegriff und das Konzept der kollektiven Laufbahn (weitere Vermutungen: Jenkins 1992, 167). Bemerkenswert ist, dass er den Habitus-Begriff von Arnold Gehlen nie erwähnt (Bohn/Hahn 2000, 271, Anm. 13; vgl. Ortmann 2004, 23).

Interessant ist dabei vor allem, wo die Ideen anderer Autoren und Schriften sein Werk beeinflusst haben, jedoch implizit bleiben, weil Bourdieu sich diese Gedanken so zu Eigen gemacht hat, dass er nicht mehr in der Lage ist, die genauen Quellen zu nennen. Bourdieu verweist selbst auf diese Form der Rezeption, wenn er Althussers Behauptung zustimmt, Marx habe nicht nur an den Stellen auf Feuerbach Bezug genommen, an denen er ihn ausdrücklich nennt (Symbolische Formen 1970/1994, 120). Allerdings: Solchen Einflüssen nachzugehen erfordert eine äußerst intensive Beschäftigung mit dem Werk und der Lektüre Bourdieus, die in einer Einführung nicht geleistet werden kann.

Manchmal spielt Bourdieu auch mit Bezügen. So ist der Buchtitel »Zur Soziologie der symbolischen Formen« eine Anspielung auf Ernst Cassirers »Philosophie der symbolischen Formen«, ohne dass in dem Werk eine argumentative Auseinandersetzung mit Cassirer geführt würde. Und der Untertitel von »Die feinen Unterschiede«, nämlich »Critique social du jugement« (als »Kritik der gesellschaftlichen Urteilskraft« verzerrt übersetzt) ist, wiewohl sich darin eine Auseinandersetzung mit Kants Ästhetik findet, gewiss eher verschmitzt gemeint. Ähnliches gilt für das Wortspiel mit Max Stirners »Der Einzige und sein Eigentum« in »Der Einzige und sein Eigenheim«.

Bourdieus Haltung gegenüber denen, die ihn angeregt haben oder seinen Widerspruch hervorrufen, schwankt zwischen Respekt und oberflächlich begründeter Zurückweisung. Oft gewinnt man den Eindruck, dass er in der Auseinandersetzung mit anderen Autoren erhebliche Mühe darauf verwendet, selbst als origineller Denker zu wirken (so Jenkins 1992, 166 f.). Kritiker haben vorgebracht, dass er manchmal die Position seiner Gegner vereinfacht darstellt, um leichter seine eigene Lösung legitimieren zu können (z. B. Alexander 1995, 135).

Hier sollen nur einige wenige Autoren berücksichtigt werden, die Bourdieus Werk deutlich geprägt haben und auf die er häufig und auch explizit Bezug nahm. Beim Versuch, Bezüge seines Denkens zu anderen Autoren herauszuarbeiten, wollen wir jene hämische Haltung vermeiden, die den Beziehungen des Denkens nachgeht, um die Originalität des Denkers zu schmälern. Die Freunde und Feinde aus dem literarischen und aus dem kunstgeschichtlichen Felde lassen wir ganz beiseite. Wer Flaubert, Mallarmé, Baudelaire, Proust, E.T.A. Hoffmann, Kafka kennt, wird Bourdieus Hinweisen selbst folgen können. (Zu wichtigen philosophisch-wissenschaftstheoretischen Anregungen vgl. Wacquant 2003, 109 f.; Zenklusen 2010).

Immanuel Kant (1724–1804)

Der Originaltitel von »Die feinen Unterschiede« lautet »Critique social du jugement« – hier wird ganz offensichtlich Kant beschworen, genauer sein Werk »Kritik der Urteilskraft«. Bei diesem Werk Bourdieus, so behauptet P. Champagne (1998, 10), handelt es sich um

> »den in neukantianischer Perspektive unternommenen Versuch der Konstruktion einer soziologischen Theorie der Kategorien, die die Wahrnehmung der sozialen Welt ordnen und so mithelfen, sie erst zu erschaffen.«

Auch zu Beginn der »Meditationen«, die im Titel eigentlich auf die »Meditationen« Blaise Pascals Bezug nehmen, wird zuerst Kant angesprochen:

> »Ich möchte ... die Kritik (im Kantschen Sinne) der gelehrten Vernunft bis zu einem Punkt treiben, der gewöhnlich unberührt bleibt, und die Voraussetzungen der *scholé* ans Licht zu ziehen versuchen, jener freien, von den Zwängen dieser Welt befreiten Zeit, die eine freie, befreite Beziehung zu diesen Zwängen und zur Welt ermöglicht.« (Meditationen 1997/2001, 7)

Im Vorwort zur deutschen Ausgabe von »Die feinen Unterschiede« verrät Bourdieu seinen

> »Ehrgeiz, auf die überlieferten Probleme der Kantischen Kritik der Urteilskraft wissenschaftlich zu antworten und in der Struktur der sozialen Klassen das Fundament der Klassifikationssysteme auszumachen, welche die Wahrnehmung der sozialen Welt strukturieren und die Gegenstände des ästhetischen ›Wohlgefallens‹ bezeichnen.« (Feine Unterschiede 1979/1999, 14)

Immanuel Kant hatte die Theorie aufgestellt, dass ästhetische Urteile nicht nach ethischen Gesichtspunkten und auch nicht aufgrund von alltäglichen Bedürfnissen (nach Vergnügen oder Unterhaltung) getroffen werden, sondern auf der Grundlage eines »interessenlosen Wohlgefallens«, das heißt aus einer distanzierten Position heraus. Dieser Idee folgt Bourdieu zunächst bei seiner Erklärung des Geschmacks: Die auf Kunstwerke bezogenen Urteile von Menschen aus den unteren Sozialschichten erwarten von einem Bild, »daß es eine Funktion erfüllt, sei es nur die eines Zeichens«, bei ihnen melde sich »der häufig noch ausdrückliche Bezug auf die Normen der Moral oder des Vergnügens.« (Feine Unterschiede 1979/1999, 24) Hingegen sei der »reine Geschmack« nicht am Dargestellten, sondern an der Art der Darstellung interessiert. Er löse sich aus den im sozialen Leben gültigen Normen und Notwendigkeiten, um ein spielerisches Verhältnis zur künstlerischen Fiktion zu erreichen – möglich gemacht auch durch ein spielerisches Verhältnis zum sozialen Leben. »Die reine Ästhetik wurzelt in einer Ethik oder besser, in einem Ethos frei gewählter Distanz zu den Zwängen und Nöten der natürlichen wie sozialen Umwelt …« Darin erkennt Bourdieu eine Zuspitzung der »bürgerlichen Verleugnung des Gesellschaftlichen« (Feine Unterschiede 1979/1999, 24). Denn indem sich der »reine« Geschmack als angeborene Fähigkeit der Oberklasse ausgibt, vertuscht er seinen Ursprung aus einer privilegierten Lebensstellung, die jene spielerische Distanzierung erst ermöglicht.

An diesem Punkt trennt sich Bourdieu von Kant: Er will die ästhetischen Gewohnheiten und Präferenzen der Oberschicht einordnen in ein Gesamtbild von den in einer Gesellschaft gegebenen und durch unterschiedliche Lebensstellungen möglichen Gewohnheiten und Präferenzen.

> »Diese ›barbarische‹ Wiedereingliederung des ästhetischen in den Bereich des ordinären Konsums widerruft den die gelehrte Ästhetik seit Kant fundierenden Gegensatz zwischen ›Sinnen-Geschmack‹ und ›Reflexions-Geschmack‹, zwischen leichtem, auf Sinnenlust verkürztem sinnlichen Vergnügen, und reinem, von Lust gereinigtem Vergnügen, das wie geschaffen scheint zur Symbolisierung moralischer Vollkommenheit und zu einem Gradmesser für die Befähigung zur Sublimation, Auszeichnung des wahren Menschen als Menschen.« (Feine Unterschiede 1979/1999, 26; vgl. Müller 1986, 175 ff., Jenkins 1992, 128 f.)

Umgekehrt, so Bourdieu, entspricht der Geschmack der unteren Klassen ziemlich genau dem, was Kant als unentwickelte ästhetische Einstellung abgewiesen hatte.

> »Kurzum, Kant trifft genau den Geschmack dieser Schichten, wenn er schreibt: ›Der Geschmack ist jederzeit noch barbarisch, wo er die Beimischung der Reize und Rührungen zum Wohlgefallen be-

darf, ja wohl gar diese zum Maßstabe seines Beifalls macht.‹« (Feine Unterschiede 1979/1999, 83 f.)

Die Überschrift zu dem einschlägigen Abschnitt in »Die Feinen Unterschiede« lautet denn auch: »Eine anti-kantianische ›Ästhetik‹« (Feine Unterschiede 1979/1999, 81; vgl. Reine Ästhetik 1993, 16 ff.). Dass Bourdieu seinen Ansatz ausgerechnet in die Nähe des philosophischen Giganten Kant rückt, kann allerdings auch als Strategie gesehen werden, um sich mit der eigenen Arbeit im sozialwissenschaftlichen Feld durchzusetzen (so Saalmann 2003, 42ff).

Adam Heinrich Müller (1779 – 1829)

In seinen Vorlesungen in Dresden im Winter 1808/1809 unterscheidet der Nationalökonom Adam Müller zwei Ausprägungsarten von Kapital, das »geistige« und das »physische Kapital«. Das Kapital einer Nation

> »an Erfahrungen, Ideen und Lebensweisheit wird aufbewahrt und bewirtschaftet vermittels der Sprache; ihr Waren- und Sachenkapital wird konserviert und in Bewegung gesetzt vermittels des Geldes … Das Kapital von National w e i s h e i t, welches sich in dem unendlichen Verkehre der zeitlichen Operationen des Ackerbaues und der örtlichen Funktionen der Stadtwirtschaft entwickelt, ist ebenso wichtig, ja wichtiger als das Kapital von physischer Nationalkraft, welches dieser Verkehr zurückläßt.« (Müller 1931, 219)

Auch die Wissenschaft eines Landes (wörtlich: »wissenschaftliches Kapital«) rechnet Müller zu dessen geistigem Kapital (Müller 1931, 220). Aufgrund der geschichtlichen Entwicklungen seit der Reformation und der Renaissance sei das physische Kapital dominierend gegenüber dem geistigen geworden (Müller 1931, 224 f.).

Ob Bourdieu von hier die Anregung erhielt, auch nicht-ökonomische Gegebenheiten ökonomisch aufzufassen? Ausgeschlossen ist es nicht, denn er nennt Müller und dürfte seine Schriften gelesen haben (vgl. Le champ littéraire 1991, 9).[81] Müller hatte 1808/1809 natürlich kein soziologisches Programm im Auge, son-

81 Für den Hinweis auf Adam Müller danken wir Prof. Dr. Golowin, Soziologe an der Staatsuniversität St. Petersburg. Vgl. auch Zimmermann 2004, 218.

dern er wollte einen Gegenentwurf zu Adam Smiths Verständnis vom Reichtum der Nationen vorlegen und führte in dieser Absicht das »geistige Kapital« ein, das künftig mit dem »physischen« versöhnt und zu ausgeglichener Wirkung gebracht werden müsse.

Auguste Comte (1798 – 1857)

Auf Comte stützt sich Bourdieu bei seinem Grundsatz, dass die Forschungsmethoden dem Gegenstand angemessen sein müssen; von hieraus ergibt sich der Rat, das Verhältnis von Methode und Gegenstand während aller Schritte des Forschungsprozesses zu reflektieren (vgl. Wacquant 1996, 54). Ähnlich stützt sich Bourdieu (am Anfang des Buches »Soziologie als Beruf«) auf den Rat Comtes, den dieser in der ersten Vorlesung seines »Cours de philosophie positive« gegeben hatte: Über die Methode darf nicht getrennt von den Forschungen gehandelt werden, bei denen sie angewendet wird (Soziologie als Beruf 1968/1991, 1).

Aus Comtes »Rede über den Geist des Positivismus« zitiert Bourdieu die Idee, dass die Proletarier deshalb für das positive Denken bereit und geeignet sind, weil sie im Kontakt mit der Natur ausführende Arbeiten vollziehen, während die Bourgeois nur eine indirekte Wirklichkeitsbeziehung haben (Entwurf einer Theorie 1972/1976, 139 f.).

Ein Hinweis auf Comtes Lehre vom Gegensatz zwischen weltlicher und geistlicher Macht findet sich bei Bourdieu dort, wo er – bezogen aufs Feld der Macht – die Pole großen ökonomischen und großen kulturellen Kapitalbesitzes auf den geschichtlichen »Gegensatz zwischen den weltlichen und den geistlichen Mächten« zurückführt (Gespräch Feld der Macht 1991, 74). Zwar wird hier Comte nicht genannt, sondern eine Schrift von G. Duby, aber die Herkunft des Gedankens ist bis in die Formulierung hinein eindeutig.

An verschiedenen Stellen verlangt Bourdieu von den Politikern, sie müssten sich der Idee entschlagen, sie seien uneingeschränkt in der Lage, die Gesellschaft zu gestalten. »Der Fundamentalirrtum besteht, wie man weiß, in der Unkenntnis der eigenen Grenze.« (Interview Die Könige sind nackt 1984/1992,

99) Das ist ein Grundgedanke von Comte. Ob ihn Bourdieu von diesem übernommen hat, muss offen bleiben.

Karl Marx (1818–1883)

Wichtig ist zunächst,

> »daß Bourdieu in seinem Verständnis von der Welt des Sozialen an Marx anknüpft, d. h. das Soziale nicht in der Interaktion aufgehen läßt, sondern auf der Verselbständigung von Institutionen und sozialen Strukturen gegen die Intentionen und den Willen der Subjekte insistiert. Doch geht es ihm, anders als Marx, nicht in erster Linie um die Darstellung der Verselbständigungen, der konsolidierten Produkte der sozialen Tätigkeit der Individuen, sondern um jene ›praktischen Operatoren‹, die in der Praxis die von jeder Generation vorgefundenen sozialen Konstruktionen reproduzieren und transformieren.« (Krais 1991, IX; vgl. Krais 1989, 50)

Vermutlich übernimmt Bourdieu von Marx auch die Sichtweise vom Sozialen als durch unaufhörliche Kämpfe charakterisiert, wobei er sie über den Kampf der Großklassen hinaus auf alle Akteure und Akteurgruppen erweitert (Papilloud 2003, 25). Allgemein teilt Bourdieu mit Marx die Vorstellung, dass die Geschichte veränderbar ist, weil sie durch die Praxis der Menschen zustande kommt (vgl. Beer/Bittlingmayer 2009, 46).

Honneth (1990, 157) unterstellt sogar, Bourdieu sei Marxist, weil er das Konzept des Klassenkampfs von Marx übernommen habe. Alexander (1995 passim) versucht, Bourdieu als einen verkappten Marxisten darzustellen, weil er – entgegen seiner eigenen Betonung der Praxis und der Bedeutung von Kultur – materialistisch und deterministisch (s. Habitus-Konzept) denke.

Bourdieus Unterscheidung von Klasse »auf dem Papier« und »mobilisierter Klasse« erinnert natürlich an Marx' Unterscheidung von »Klasse an sich« und »Klasse für sich«. Bourdieus Kritik an Marx tendiert dazu, das zu überspielen:

> »Marx kam als Wissenschaftler und Mann der Tat zu falschen theoretischen Lösungen – wie der Behauptung von der realen Existenz der Klassen – für ein wirkliches praktisches Problem: das Problem der für jede politische Aktion bestehenden Notwendigkeit, die ....

> Fähigkeit für sich in Anspruch zu nehmen, den Interessen einer Gruppe Ausdruck zu verleihen, die Existenz einer Gruppe zu demonstrieren …« (Praktische Vernunft 1994/1998, 48)

Es bleibt also unklar, warum Bourdieu Marx' Lösung als falsch zurückweist und die eigene als richtige dagegenstellt (vgl. Jenkins 1992, 88; Krais/Gebauer 2002, 35 f.).

Seinen Gedanken, dass die Herrschaftsverhältnisse in vorkapitalistischen Gesellschaftsformen instabiler, weil in erster Linie auf persönliche Verhältnisse begründet sind, während der Kapitalismus eine unpersönliche Herrschaft gestattet, führt Bourdieu zu Recht auf Marx zurück (Domination 1994, 9).

Von Marx inspiriert dürfte auch Bourdieus Ideologie-Begriff sein: Ideologien sind für ihn nicht einfach falsche Vorstellungen von der sozialen Wirklichkeit, die sich, hat man sie als falsch entlarvt, ins Nichts auflösen. »Die ideologischen Vorstellungen sind … wohlbegründete Irrtümer«, die in den Gegenständen der Sozialwissenschaften selbst stecken, die sich also durch sozialwissenschaftliche Aufklärung kaum beeinflussen lassen (Symbolische Formen 1970/1994, 24 f.). Stärker noch als der Entfremdungsbegriff bei Marx legt der der doxa bei Bourdieu »das Gewicht darauf, dass die beherrschten Gruppen glauben, dass die Herrschaft der aktuell mächtigen Gruppen vollkommen legitim ist.« (Beer/Bittlingmayer 2009, 49).

Und schließlich hat Bourdieu vermutlich auch seine oft durchklingende Verachtung fürs Kleinbürgertum (von der er sich an einer Stelle jedoch distanziert: Titel und Stelle 1973/1981, 220, Anm. 34) von Marx, zumindest aber vom Marxismus übernommen.

Die direkten und indirekten Verweise auf Marx sind zahlreich. Bourdieu findet offenbar auch Gefallen an Marx' Talent, mit Worten und Begriffen zu jonglieren. Man denke an den Titel seiner Studie über den französischen Episkopat: »La sainte famille« (1982), die auf den Text »Die Heilige Familie«, eine Auseinandersetzung von Marx mit den Brüdern Bauer, anspielt.

Insgesamt aber geht Bourdieu mit Marx etwas oberflächlich um; in eklektizistischer Manier greift er Zitate aus dem »Kapital« heraus, wenn sie gerade zu seinen Überlegungen passen (Feine

Unterschiede 1979/1999, 449). Immerhin setzt sich Bourdieu in einem kurzen Text mit der Marx'schen These von der Gleichgültigkeit des Arbeiters gegenüber seiner Arbeit und den Arbeitsbedingungen auseinander und weist sie als (in den meisten Fällen) unzutreffend zurück (La double vérité 1996, 89). Aber eine systematische Würdigung und gründliche kritische Auseinandersetzung finden sich nicht (so auch Krais 1981, 17).

»Vielfach verwendet Bourdieu … lediglich eine marxistische Terminologie ohne eine klare Bezugnahme auf diese Theorietradition und auf eine irritierende Weise …« (Miller 1989, 198)

Selbst die Unterscheidung des eigenen vom marx'schen Ansatz bleibt merkwürdig unentschieden:

»Eine gesellschaftliche Klasse ist nicht nur durch ihre Stellung in den Produktionsverhältnissen bestimmt, sondern auch durch den Klassenhabitus, der ›normalerweise‹ (d. h. mit hoher statistischer Wahrscheinlichkeit) mit dieser Stellung verbunden ist.« (Feine Unterschiede 1979/1999, 585)

Eindeutig hingegen ist seine Berufung auf Marx' Thesen über Feuerbach, wodurch Bourdieu seinen Versuch abstützen will, weder objektivistisch noch subjektivistisch zu verfahren und doch die tätige Seite der Erkenntnis zu berücksichtigen, also die Herkunft seines Verständnisses von Praxis (vgl. das Motto in: Entwurf einer Theorie 1972/1976, 137; Feine Unterschiede 1979/1999, 728 f.; Gespräch Kampf um die symbolische Ordnung 1986, 152; Reckwitz 2000, 329).

Und dann kann natürlich nicht übersehen werden, dass Bourdieus Kapitalbegriffe indirekt auf Marx zurückgehen. Dabei handelt es sich, so Raphael (1991, 251), um eine »Klassiker-Anleihe und -Deformation«. Bourdieu deutet auf eine politische Chance hin, die sich aus seiner Erweiterung des Kapitalbegriffs ergeben könnte:

»Wenn die europäischen Intellektuellen so lange Zeit auf naive Weise marxistisch gewesen sind, dann ist einer der Gründe dafür, daß der Marxismus die Möglichkeit bot, sehr kritisch zu sein, ohne selber von dieser Kritik betroffen zu sein. Er blieb, da das kulturelle Kapital nicht zur Debatte stand, eine revolutionäre Theorie zu rein externem Gebrauch, die alle Formen der Macht in Frage stellt, außer eben der, die man selbst ausübt.« (Gespräch Feld der Macht 1991, 97 f.)

Aber dass es sich beim Verhältnis von Kapital und Habitus um eine »Reformulierung der Basis-Überbau-Differenz« bei Marx handelt (Reckwitz 2000, 161, Fußn. 119), dürfte falsch sein. Die Kapitalsorten stehen bei Bourdieu für Ressourcen, nicht für Produktionsverhältnisse. Und der Habitus ist zu körperlich gedacht, als dass er als Überbau verstanden werden könnte.

Émile Durkheim (1858 – 1917)

Allgemein ordnet Bourdieu Durkheims Soziologie – manchmal mit dem von Saint-Simon und Comte stammenden Begriff der »sozialen Physik« apostrophiert – dem Objektivismus zu (z. B. Feine Unterschiede 1979/1999, 753).

Den Grundgedanken Durkheims, den er in seinen »Regeln der soziologischen Methode« ausführt, dass nämlich das Soziale unabhängig von uns existiert und durch diese objektive Existenzweise Zwang auf uns ausübt, nimmt Bourdieu in mehrfacher Hinsicht auf. Zuerst beim Feldbegriff: Die objektive Strukturiertheit von Praxisfeldern liegt allen Intentionen und Handlungsrichtungen voraus und erlegt ihnen Zwänge auf. Zugleich, und damit geht Bourdieu über Durkheim hinaus, muss

> »die Sozialwissenschaft bei der Konstruktion von sozialer Welt der Tatsache eingedenk bleiben …, daß die Akteure in ihrer Alltagspraxis selbst Subjekte von soziale Welt konstituierenden Akten sind …« (Feine Unterschiede 1979/1999, 729; vgl. Papilloud 2003, 15 ff.)

Voll und ganz stimmt Bourdieu Durkheims Vorschrift zu, in der soziologischen Arbeit alle »Vorbegriffe« aufzugeben, also alle im Alltagsdenken gegebenen Auffassungen von der sozialen Welt, um so die soziologischen Begriffe aus einem absichtlichen (und anstrengenden) »Bruch« mit dem unmittelbaren Wissen des Soziologen als Teil seiner sozialen Welt entstehen zu lassen (Soziologie als Beruf 1968/1991, 15 ff.).

Auch bei der Darlegung des gleichzeitigen Er- und Verkennens der sozialen Ordnung durch die im Habitus bereit gestellten Wahrnehmungsschemata erinnert Bourdieu an Durkheim:

> »Sichtbar wird hier, welchen entscheidenden Beitrag zur Wahrung der etablierten Sozialordnung der von Durkheim bezeichnete ›logische Konformismus‹ leistet, d. h. die wechselseitige Abstimmung der Kategorien zur Wahrnehmung der sozialen Welt, die, angepaßt den Teilungen und Gliederungen der herrschenden Ordnung (und damit den Interessen der über sie Herrschenden) und gemeinsames Gut aller gleichsinnig strukturierten Bewußtseine, sich mit allem Schein objektiver Notwendigkeit aufzwingen.« (Feine Unterschiede 1979/1999, 735)

Bourdieu greift den Gedanken Durkheims auf, dass die Denkformen und Deutungskategorien in vorindustriellen Gesellschaften mit den Formen der Gesellschaftsorganisation korrespondieren, ja aus diesen abgeleitet sind (ausgeführt in dessen »Elementare Formen des religiösen Lebens« und in Durkheim/Mauss, »Zu einigen primitiven Formen von Klassifikation«), und führt ihn weiter. Er will

> »Durkheims Analyse der gesellschaftlichen Genese der ›Denkformen‹ durch eine Analyse der je nach sozialen Bedingungen und historischen Situationen variierenden kognitiven Einstellungen zur Welt erweitern.« (Meditationen 1997/2001, 27; vgl. Schwingel 1993, 100)

Zunächst nimmt Bourdieu an, dass eine solche Homologie auch für die moderne Gesellschaft gilt und dass sie hier durch das Bildungssystem hergestellt wird. Zweitens legt Bourdieu eine Begründung für die Homologie von kognitivem System und sozialen Strukturen vor: Dadurch, dass der Habitus auf die Inkorporierung der objektiven sozialen Strukturen zurückgeht, sind die Denkformen an die Sozialstrukturen zurückgebunden (Wacquant 1996, 31 ff.). Diese Anknüpfung an Durkheim geschieht jedoch nicht ohne Betonung der eigenen Leistung: Durkheim habe trotz seiner intensiven Auseinandersetzung mit dem Bildungssystem übersehen, dass dieses nicht nur eine moralische Integrationsleistung erbringt:

> »Ist es nicht seltsam, daß der Autor der *Formes primitives de classification* und der *Formes élémentaires de la vie religieuse* in seinen Schriften zur Erziehung nicht darauf gekommen ist, dass die Schulbildung, so wie die Religion in den primitiven Gesellschaften, die Individuen mit einem gemeinsamen Bestand an Denkkategorien ausstattet und damit die Kommunikation ermöglicht?« (Unterrichtssysteme 1967/2001, 86)

Auch sonst zitiert Bourdieu Durkheim häufig und würdigt dessen Leistungen, verweist z. B. auf Durkheims Formulierungen zur scholastischen Weltsicht im 16. Jahrhundert (Meditationen 1997/2001, 32), seine Aussagen zur relativen Autonomie des Bildungswesens (Illusion der Chancengleichheit 1964/1971, 210 ff.), zur Geschichtsverleugnung der humanistisch-philosophischen Bildung in Frankreich (Les sciences sociales 1983, 46, Fußn. 2), oder nimmt Durkheims Anmerkungen zu den sozialen Voraussetzungen angeblich rein ökonomischen Handelns auf (Ökonomisches Feld 1997/2002, 170 f.). An vielen Stellen ist Durkheim auch präsent, ohne dass Bourdieu ihn nennt, etwa wenn er die Möglichkeit von quasi-experimentellen Variationen in der sozialen Wirklichkeit als Annäherung an das in der Soziologie meist nicht mögliche Experiment anführt (Sans nom 1996, 3), eine Überlegung aus Durkheims »Regeln«. Natürlich erinnert der Begriff des Habitus als das Gesellschaftliche im Individuum indirekt an Durkheims Konzept des Kollektivbewusstseins (vgl. Janning 1991, 114), ohne dass doch Bourdieu damit Durkheims Vorstellung von der »dualen Natur« des Menschen (als einem zugleich sozialen und biologischen Wesen) übernähme (so Saalmann 2009b, 35). Jedoch schließt Bourdieu nicht explizit an Durkheims Konzept der Solidarität an (vgl. Papilloud 2003, 10 ff.). Insgesamt: »Den Einfluss Durkheims auf Bourdieu kann man … gar nicht hoch genug einschätzen.« (Schroer 2008, 315, Fußn. 8)

Max Weber (1864 – 1920)

Insbesondere zur Zeit seiner frühen Forschungen über Algerien sei er, so Bourdieu selbst, von Max Weber inspiriert worden: »Was sind die ökonomischen und gesellschaftlichen Bedingungen des Zugangs zur Rationalität?« (Schultheis 2000, 166; vgl. Krais/Gebauer 2002, 22) Nach Algerien lässt er sich Webers Protestantismus-Studie schicken und übersetzt größere Teile davon. Er verweist auf Webers Analyse des Kapitalismus (z. B. Travail et travailleurs 1963, 313) und zieht Webers (und Werner Sombarts) Studien zur Entstehung des Kapitalismus heran, um die Einführung des Kapitalismus durch die Kolonialmacht in Algerien zu verstehen (z. B. Travail et travailleurs 1963, 315; La société traditionelle 1963, 24 f.) bzw. um den generalisierten unternehmerischen Ethos zu erklären, der die Ursache dafür ist, dass Algerier eher in Handelsunternehmen als in industriellen Betrieben tätig sind (Travail et travailleurs 1963, 375 ff.).

Der leitende Gedanke, den er von Weber übernimmt, ist: Welcher soziokultureller Grundhaltungen zur Welt (und zur Zeit) bedarf es, damit sich das Wirtschaftssystem Kapitalismus durchsetzen kann? Für Algerien und andere Entwicklungsländer muss dieser Gesichtspunkt anders formuliert werden: Was geschieht, wenn das Wirtschaftssystem (eingeführt durch die Kolonialmacht) den für sein Funktionieren erforderlichen soziokulturellen Grundhaltungen vorausgeht? (La société traditionelle 1963, 25)

Für seine damalige Loslösung vom Strukturalismus nennt er Webers Ansatz rückblickend als hilfreich. Denn Weber habe

> »Marx nicht etwa, wie gemeinhin geglaubt wird, eine idealistische Geschichtstheorie entgegengestellt, sondern die materialistische Denkweise auf Gebiete angewendet, die der Marxismus faktisch dem Idealismus überließ ...« (Sozialer Sinn 1980/1999, 37; vgl. Antworten 1989, 395 f.)

In diesem Sinne schreibt er Weber eine »heilsame materialistische Brutalität« zu (La représentation politique 1981, 9). Auch bei seiner Arbeit an »Die feinen Unterschiede« habe er Unterstützung in Webers Theorie gefunden: Abweichend von einem eingeschränkten Ökonomieverständnis im Marxismus

> »dehnt Max Weber die ökonomische Analyse (in ihrer allgemeinen Bedeutung) auf Bereiche aus, von denen sich die Ökonomie gemeinhin zurückzieht, wie die Religion. So definiert er mit einer wundervollen Formel die Kirche als Inhaberin des Monopols auf Manipulation der Heilsgüter. Er fordert zu einem radikalen Mate-

rialismus auf, der nach – im weitesten Sinn – ökonomischen Determinanten in den Bereichen sucht, in denen die Ideologie der ›Interesselosigkeit‹, der ›Uneigennützigkeit‹ herrscht, wie der Kunst oder der Religion.« (Interview Eine störende Wissenschaft 1980/1993, 24)

Weber fügt seinem ähnlich wie bei Marx ökonomisch bestimmten Klassenbegriff als zweite Dimension den Begriff des Standes hinzu, um die soziale Ungleichheit differenziert zu beschreiben. Mit Stand ist eine Großgruppe gemeint, die sich durch den Stil ihrer Lebensführung und ihre Wertvorstellungen von anderen abgrenzt und im Inneren durch gegenseitige Anerkennung, durch Zuerkennung von Ansehen und Prestige zusammengehalten wird. Von diesem Gedanken Webers stammt der bei Schichtungstheoretikern bis heute verbreitete Ansatz, soziale Ungleichheit als ungleiche Verteilung der Zuerkennung und Wahrung von Sozialprestige zu untersuchen. Aus diesem Gedanken stammt aber auch das neuerdings erfolgreich gewordene Konzept des Lebensstils. Amerikanische Autoren hatten den Begriff »Lebensführung« bei Max Weber mit »life style« übersetzt, und als »Lebensstil« ist dann das Konzept wieder in die deutsche Soziologie zurückgekommen.

Bourdieu verschweigt nicht, dass er mit seinem Konzept des sozialen Raums als Wechselbeziehung zwischen ökonomisch-sozialen Lebensbedingungen und Lebensstilen an diesen Gedanken Webers anknüpft (Symbolische Formen 1970/1994, 58 ff.; Feine Unterschiede 1979/1999, 12; vgl. Müller 1986, 169 f.; Jenkins 1992, 138; Winkler 1989, 11; Jäger/Meyer 2003, 73; Krais 2005, 91), ebenso wie bei der »Stilisierung des Lebens« als strategischer Lebenshaltung (Feine Unterschiede 1979/1999, 103). Insoweit kann Bourdieus Ansatz als »umfassendster Versuch« bezeichnet werden, »die in *Webers* Unterscheidung eingelagerte Problematik von *Klasse* und *Stand* kultursoziologisch auszuarbeiten.« (Müller 1986, 180) Jedoch muss beachtet werden, dass Bourdieu Webers Vorstellung, der Lebensstil sei Ausdruck und Moment der Gemeinschaftlichkeit und des gemeinschaftlichen Lebens des Standes, nicht fortführt, sondern zugunsten von sozial miteinander kombinierbaren Lebensstil-Elementen aufgibt (so Blasius/Winkler 1989, 74).

Auch der Gedanke, in den Feldern seien je eigene Werte und Spielregeln wirksam, geht auf Überlegungen von Max Weber zur inneren Pluralität moderner Gesellschaften zurück (Religiöses Feld 2000, 112; vgl. Wacquant 1996, 37), ebenso wie die Idee der im Spiel wirksamen *illusio* (La représentation politique 1981, 9), ja sogar der Feld-Begriff generell, den er in einer ersten präzisen Fassung auf eine Lektüre der religionssoziologischen Teile von Webers »Wirtschaft und Gesellschaft« zurückführt und der an Webers »Wertsphären« mehr als deutlich erinnert (Habitus und Feld 1985/1997, 68 f.; vgl. Müller 1986, 165; Janning 1991, 139 f.; Lash 1993, 195; Alexander 1995, 158).

Dem Grundgedanken von Webers Herrschaftssoziologie, dass die Unterworfenen durch ihre Anerkennung zum Bestand der Herrschaft beitragen, steht Bourdieu prinzipiell nahe (vgl. Symbolische Gewalt 1970/1973, 13; Interview Eine störende Wissenschaft 1980/1993, 25). Jedoch betont er im Gegensatz zu Weber, dass eine solche Zustimmung nicht Folge einer Entscheidung ist.

> »Die Anerkennung der Legitimität ist nicht, wie Max Weber meint, ein freier Akt des klaren Bewußtseins. Seine Wurzel liegt in der unmittelbaren Übereinstimmung zwischen den inkorporierten Strukturen, die so unbewußt geworden sind wie etwa die Strukturen, die der Organisation der zeitlichen Rhythmen zugrunde liegen ...« (Praktische Vernunft 1994/1998, 119; vgl. Eickelpasch 2002, 51)

Zudem weist Bourdieu die in Webers Charisma-Konzept wirksame Idee zurück, ein Prophet habe in sich die Kraft zur Überzeugung, die gewissermaßen einen »absoluten Beginn« bilde (Symbolische Gewalt 1970/1973, 37).

> »... die offensichtliche Beziehung zwischen der Prophetie und ihrer Hörerschaft muß umgekehrt werden: der religiöse oder politische Prophet predigt stets zu Bekehrten und folgt seinen Schülern mindestens ebenso wie diese ihm, denn nur diejenigen lauschen seinen Lektionen, die ihn mit allem, was sie sind, objektiv bevollmächtigt haben, ihnen die Lektion zu erteilen.« (Symbolische Gewalt 1970/1973, 38)

Seinen Begriff des symbolischen Kapitals stellt Bourdieu ausdrücklich als Präzision von Webers Begriff des Charisma vor

(Praktische Vernunft 1994/1998, 173; vgl. Kraemer 2002; Brubaker 2004, 31).

Sein Verständnis vom Staat als Zentralinstanz der symbolischen Macht betrachtet Bourdieu als Erweiterung von Webers Überlegungen: Er habe

> »die Formel von Weber abgeändert und verallgemeinert, und behaupte, daß der *Staat der Träger nicht nur des Monopols der physischen Gewalt, sondern auch der legitimen symbolischen Gewalt ist.*« (Gespräch Feld der Macht 1991, 99)

Für seinen Gedanken, dass die Akteure eher selten rational handeln, sieht Bourdieu bei Weber trotz aller Zentralität der Zweckrationalität doch hinreichend Belege, »daß das reine Modell des rationalen Handelns nicht als anthropologische Beschreibung der Praxis betrachtet werden darf.« (Sozialer Sinn 1980/1999, 118; vgl. Schmeiser 1985, 180, Anm. 16) Im Übrigen verwendet Bourdieu einen anderen Sinnbegriff als Weber: Hatte der den Sinn des Handelns im Handelnden gesucht, so gelangt Bourdieu mit seinem Konzept des praktischen bzw. Spiel-Sinns zu einer Fundierung von Sinn in den Konstellationen der Felder bzw. allgemeiner in sozialen Konstellationen (vgl. Papilloud 2003, 20 ff.).

Methodologisch sieht Bourdieu in Webers Vorschlag des Idealtypus eine – bei einigen Vorbehalten – richtige Lösung für die Notwendigkeit, das Objekt der Sozialwissenschaft theoretisch zu konstruieren und gleichzeitig sich dieser Konstruktion bewusst zu bleiben (Soziologie als Beruf 1968/1991, 57 f.).

Vertraut ist Bourdieu mit Max Webers Position zur Wertfreiheit (vgl. Homo academicus 1984/1998, 60). Besonders wenn es darum geht, Kritik an seinen Schriften zurückzuweisen, erinnert Bourdieu an Webers einschlägige Überlegungen. Gegen den Vorwurf, er habe die Kultur der Herrschenden verherrlicht mit der Feststellung, das Volk habe keine Kultur bzw. eine Volkskultur gebe es nicht (in »Die feinen Unterschiede«), wendet er ein, dass er allein die Wertorientierungen der Handelnden herausgearbeitet, keineswegs aber ein Werturteil gefällt habe (Reflexive Soziologie 1992/1996, 112 f.).

Weil Bourdieu jegliche weltgeschichtlich ausgreifende Evolutions- und Fortschrittstheorie ablehnt, folgt er weder Webers düsteren Zukunftsprognosen für die moderne Gesellschaft (»Fellachisierung«, »stahlhartes Gehäuse der Hörigkeit«) noch seiner Großthese von der zur Moderne hin zunehmenden Rationalisierung. Im Gegenteil, er betont geradezu die Bedeutung von magischen Dimensionen in der Herrschaftsordnung der modernen Gesellschaften, so z. B. die wie natürlich wirkende Distinktionskraft des legitimen Geschmacks (Kraemer 2002, 134 f.).

Zu Weber hat Bourdieu eine besondere Nähe, die es ihm erlaubt, auch ohne Nachweis auf dessen Gedanken hinzuweisen: »Max Weber sagt irgendwo …« (Praktische Vernunft 1994/1998, 177) Oder er schließt, ohne das genau zu belegen, von Webers Unterscheidung von Prophet und Priester fürs kulturelle Feld auf den Unterschied zwischen Schaffenden und Lehrenden (Symbolische Formen 1970/1994, 112).

Martin Heidegger (1889 – 1976)

Heideggers »Sein und Zeit« hat Bourdieu früh gelesen, »sogar mit einer gewissen Faszination«, wie er rückblickend sagt (Gespräch Kampf um die symbolische Ordnung 1986, 144).

Diese Philosophie versteht Bourdieu gerade in ihrer Verachtung des »Man« und der »uneigentlichen« Alltagswelt der meisten Menschen als Distanznahme von dieser Welt und insofern als Paradebeispiel für den Hochmut des scholastischen Feldes (Meditationen 1997/2001, 37 ff.). In einem Interview (im Zusammenhang mit der so genannten Heidegger-Kontroverse) sagt er: Das Werk Heideggers

> »ermöglicht mühelos, das ganze Register jener prophetischen Effekte zu entfalten, mit denen bestimmte Philosophielehrer schon immer die philosophische Aktivität gleichgesetzt haben: Denunzierung des gemeinen Verstandes, der ›doxa‹, des ›man‹, Behauptung eines initiierenden Schnitts zwischen dem dieses Namens würdigen Denkens, der Ontologie und dem gewöhnlichen, vulgär anthropologischen Denken des gemeinen Verstandes und der Humanwissenschaften etc.« (Gespräch Zurück zur Geschichte 1988, 156)

Auch sieht Bourdieu bei Heidegger jene philosophische Haltung ausgeprägt, die ihre Hauptaufgabe darin sieht, mit prophetischer

Geste die »heiligen« Texte der Philosophiegeschichte immer wieder neu zu interpretieren, statt aus ihnen Instrumente zur Erkenntnis der Wirklichkeit zu gewinnen (Les sciences sociales 1983, 47).

Dabei dürfte gerade einer von Bourdieus Grundgedanken, nämlich dass sich die Menschen nicht als Geistwesen, als denkende Subjekte auf die Wirklichkeit hin bewegen, sondern als Körper in der Welt sind und auf sie einwirken, von Heideggers Hauptwerk »Sein und Zeit« inspiriert sein (so Reckwitz 2000, 330, auch 358, Fußn. 285). Möglicherweise hat sich Bourdieu auch beim Habitus-Konzept von Heidegger leiten lassen:

> »Ähnlich wie bei Heidegger das ›In-der-Welt-Sein‹, darf man sich das Verhältnis von Habitus und Feld nicht als dualistisches Gegenüber von Subjekt und Welt vorstellen. Vielmehr handelt es sich um eine dem bewußten Handeln und Erkennen vorausliegende Verstrickung.« (Koppetsch 2001, 355)

Schließlich spricht die Tatsache, dass Bourdieu Heidegger in einer eigenen Studie (Ontologie Heideggers 1975/1976) behandelt und darin seinen Werdegang und seinen Habitus (im Sinne von grundlegenden Denkformen, weniger im Sinne einer gründlichen Werkinterpretation: Janning 1991, 2) auf das Feld hin untersucht, in dem er wirksam wurde, dafür, wie wichtig der Philosoph für Bourdieus Arbeit war.

Norbert Elias (1897 – 1990)

Im Vorwort zur deutschen Ausgabe von »Die feinen Unterschiede« stellt Bourdieu seinen hauptsächlichen Gegenstand – die französische und vor allem die Pariser Oberschicht – in die Tradition von Elias und nennt als

> »Partikularität der französischen Tradition … die Epochen und politische Regimewechsel überdauernde und noch immer wirksame Existenz des aristokratischen Modells der ›höfischen Gesellschaft‹, inkarniert in einer Pariser Großbourgeoisie, die alles Prestige und alle – gleichermaßen ökonomischen wie kulturellen – Adelsprädikate in sich vereinigt.« (Feine Unterschiede 1979/1999, 11)

Im Unterschied dazu habe sich die deutsche Intelligenz in Opposition zu den höfischen Lebensformen gebildet, woraus unter anderem die deutsche Entgegensetzung von Zivilisation und Kultur entstanden ist (Feine Unterschiede 1979/1999, 132; Circulation internationale 1990/2002, 8). Auf diese Entgegensetzung, die Elias untersucht hat, greift Bourdieu später (1999, 770, Fußn. 25) noch einmal zurück, wobei sich andeutet, dass er die entsprechenden Gegensatzpaare von oberflächlich/leicht und tief/schwierig (die er in seiner Lebensstilanalyse verwendet) bei Elias gefunden hat.

Der Darlegung von Elias, dass bei der Entstehung des Staates die Bildung des Gewaltmonopols alle inneren Konkurrenten entwaffnet hat, stimmt Bourdieu zu (Praktische Vernunft 1994/1998, 101 f.), auch wenn er dessen Erklärung (Monopolmechanismus) eher für tautologisch erachtet (Champ bureaucratique 1997, 57) und zur Erklärung der Genese des Staates auch die Konzentrationsprozesse des symbolischen Kapitals (Konzentration der Gerichtsbarkeit; Konzentration der Ernennung zu Ämtern und Würden einschließlich der Ernennung von Adligen) heranziehen will.

Insbesondere betont er – Elias ergänzend –, dass die Entstehung des modernen Staates als Instanz des Allgemeininteresses auch auf eine Fiktion der Juristen zurückgeht, auf einen Entwurf des Allgemeininteresses, in dem diese Gruppe ihre eigenen Interessen (als »Staatsadel«) am besten gewährleistet sah (Champ bureaucratique 1997, 65). Das Feld der Juristen hatte (in Frankreich) zunächst wenig Autonomie gegenüber der Macht des Königs.

> »Man versteht so, daß diese Akteure ein Interesse daran hatten, dem Ausdruck ihrer besonderen Interessen eine allgemeine Form zu geben, eine Theorie des öffentlichen Dienstes zu entwickeln, der öffentlichen Ordnung, und damit auf die Verselbständigung der *Staatsräson* von der dynastischen Raison, dem ›Königshaus‹, hinzuarbeiten und erst die ›res publica‹ zu erfinden, dann die Republik – als eine die Akteure, die ihre vorläufige Inkarnation darstellen, und sei es auch den König, transzendierende Instanz …« (Praktische Vernunft 1994/1998, 122)

Im Übrigen dürfe die Entstehung des modernen Staates – das wendet sich weniger gegen Elias als gegen die Modernisierungstheorien – nicht als teleologischer Prozess verstanden werden, sondern als Resultat einer Auseinandersetzung zwischen mehreren Gruppen, die an der Formulierung eines Allgemeininteresses und des Dienstes an der Öffentlichkeit gearbeitet haben (La science de l'État 2000, 8).

Bourdieu übernimmt Elias' Analyse des absolutistischen Hofes (in »Die höfische Gesellschaft«) als ein Feld von Kämpfen, als fragiles Spannungsgleichgewicht, aber nicht – wie die Metaphorik vom Absolutismus nahe legt – als ein vom Herrscher uneingeschränkt nach seinem Willen gesteuertes Ensemble (Der Tote 1980/1997, 30 ff.). Hingegen nimmt Bourdieu Elias' psychogenetischen Ansatz nicht auf, wiewohl er darin eine geschichtliche Bestätigung für seine Annahme von der Distinktion hätte finden können (vgl. Müller-Rolli 1985, 342).

Abgesehen von diesen Berührungen bei den historischen Analysen bestehen zwischen Elias' Zivilisationstheorie und Bourdieus Ansatz »vielfältige Wahlverwandtschaften«. Man denke an die Bindung von Veränderungen im Habitus und im Gefühlshaushalt der einzelnen Menschen und Gruppen an makrosoziale Bedingungskonstellationen (vgl. Steinrücke/Schultheis 2002, 16; Willems 1997a, 92; Willems 1997b, 184 ff. und 215; Fowler 2008, 80 ff.), aber auch an die grundsätzlichen Versuche, die Dichotomien von Individuum und Gesellschaft, von Handeln und Struktur zu überwinden (so Barlösius 2003, 139). Insgesamt dürfte der Figurationsbegriff von Elias allerdings stärker auf Veränderung und Wandel hin entworfen zu sein als der Feldbegriff bei Bourdieu (vgl. Fröhlich 2009a, 39 f.).

Auf die Frage, warum er seine Nähe zu Elias nicht deutlicher gemacht hat, beurteilt Bourdieu dessen Leistung einigermaßen verhalten: Mit Elias stimme er in einigen grundsätzlichen Positionen überein, die jedoch im Grunde von Weber oder von Durkheim stammten oder die »zum soziologischen Allgemeingut gehören« (Praktische Vernunft 1994/1998, 101).

»Elias unterläßt es immer wieder, wie zuvor auch Weber, nach den Nutznießern und den Leidtragenden dieses staatlichen Mono-

> pols auf die legitime Gewalt zu fragen, so wie er auch nie die (von mir in *La noblesse d'Etat* gestellte) Frage nach der Herrschaft stellt, die über *Vermittlung* des Staates ausgeübt wird.« (Reflexive Soziologie 1992/1996, 123)

In einem Interview mit dem Rundfunk drückt Bourdieu hingegen seine Bewunderung für Elias aus und betont die Ähnlichkeit ihres Denkens: »Beim Lesen von Elias bin ich immer wieder frappiert, wie sehr unsere Positionen sich gleichen.« (Fröhlich 2009a, 36).

Neben der offenen Auseinandersetzung mit Elias dürfte es noch eine untergründige Beziehung geben. Bourdieus Unterscheidung z. B. zwischen den Etablierten und den Neuankömmlingen in einem Feld (z. B. Haute Couture 1974/1993, 188 f.) erinnert an Elias' Unterscheidung von Etablierten und Außenseitern.

Claude Lévi-Strauss (1908 – 2009)

Die Leistungen von Lévi-Strauss schätzt Bourdieu hoch ein (»der bedeutendste Vertreter« der jüngeren Sozialwissenschaft: Homo academicus 1984/1998, 21). Er habe (in Frankreich) außerordentlich viel zum Wiederaufstieg der Wissenschaften vom Menschen beigetragen, gegen die Vorherrschaft der Philosophie, er habe der Sozialwissenschaft (im Frankreich der Nachkriegszeit) zu Einfluss verholfen (vgl. Gespräch Kampf um die symbolische Ordnung 1986, 145).[82] Bourdieu hat die Gedanken von Lévi-Strauss etwa 1960 kennen gelernt, nachdem er sich in seinen Forschungen über Algerien zunächst von Max Weber hatte anregen lassen (Saalmann 2003, 48).

Eine von Bourdieus ethnologischen Studien über die Kabylen (»Das Haus oder die verkehrte Welt«) ist zuerst in der Festschrift für Claude Lévi-Strauss »Exchanges et communications« 1969 erschienen.[83] Auch in der Sache ist diese Arbeit dem Strukturalismus verbunden (Domination 1994, 4; vgl. Honneth 1990, 158;

82 Zum persönlichen Verhältnis zu Lévi-Strauss: Selbstversuch 2002, 52 ff.

83 Dies sei seine »letzte Arbeit als unbefangener Strukturalist« gewesen (Sozialer Sinn 1980/1999, 23).

Jenkins 1992, 32; Müller 2002, 161 f.). Bourdieu zeigt hier, dass der Innenraum des kabylischen Hauses samt Anordnung der Gerätschaften, der Feuerstelle, Truhen, Wasserkrüge, Schlafstätten und auch im Hinblick auf die im Raum möglichen Bewegungen seiner Bewohner polare Dimensionen der mythisch-magischen Weltauffassung der Kabylen abbildet, besser: für die Menschen darstellt. Bei diesen polaren Dimensionen handelt es sich um die miteinander verknüpften Gegensätze männlich/weiblich, Osten/Westen, oben/unten, trocken/feucht, Feuer/Wasser, hell/dunkel, öffentlich/intim, befruchtend/zur Befruchtung bereit (Entwurf einer Theorie 1972/1976, 53). Selbstbewusst schreibt Bourdieu, dass frühere Forscher zwar die Details zusammengetragen hätten, dass es ihnen aber nicht gelungen sei, »die Gegenstände und Handlungen … als Teile eines symbolischen Systems« zu erfassen (Entwurf einer Theorie 1972/1976, 398, Anm. 3).

Auch wenn Bourdieu technisch-praktische Gesichtspunkte der Anordnung der Inneneinrichtung und der Einteilung des Innenraumes bedenkt, legt er doch insgesamt nahe, dass der Raum und die Bewegungen der Menschen darin Bedeutungen haben, die eine Symbolik des Hauses weit übersteigen und in die Kosmologie hineinreichen (vgl. die Identifikation des Hauptbalkens mit dem Ehemann, des stützenden Hauptpfeilers mit der Ehefrau). Insoweit damit der den Menschen nicht immer voll bekannte (bewusste) Sinn der Innenarchitektur und der Bewegungen darin aufgeschlossen werden soll (und so ist Bourdieu weithin zu verstehen), enthält der Text eine fast deterministische Annahme: Auch in den alltäglich-praktischen Handhabungen lassen sich die Menschen leiten von (nur halb bewussten) Hypothesen über die positiven und negativen Kräfte in der Welt.

Bourdieus Analyse des Gabentauschs knüpft an Lévi-Strauss' Weiterentwicklung der von Marcel Mauss vorgelegten Überlegungen an: Gegen Mauss hatte Lévi-Strauss vorgebracht, dass nicht die Gabe die Gegengabe einfordert, sondern dass der Tausch selbst der grundlegende Vorgang ist, als Teil einer das Soziale insgesamt charakterisierenden und reproduzierenden Reziprozität. Damit wird das Handeln der Gabentauschenden zur Ausführung einer sozialen Grundregel. Hier setzt Bourdieu an, indem er auch den Tauschhandel als zukunftsoffen, riskant und improvisierbar, kurz: als Praxis aufweist (vgl. Schwingel 1993, 114 f.; Moebius 2009).

An vielen Stellen kritisiert Bourdieu den Ansatz von Lévi-Strauss als Exempel für den Objektivismus (z. B. Entwurf einer Theorie 1972/1976, 443, Anm. 7). Er wirft ihm vor, die Mythen als Lösung kognitiv-logischer Problemen der Gesellschaft zu sehen, sie als zu entziffernde Expressionen gesellschaftlicher Widersprüche zu betrachten, anstatt sie als Handlungszusammenhänge gelten zu lassen, die für sich ihren eigenen Sinn haben (Sozialer Sinn 1980/1999, 70; allgemein: Janning 1991, 13 ff.). Weitere Kritikpunkte sind: fehlende Selbstreflexion, ein Defizit an geschichtlichem Denken, ein Mangel an herrschaftskritischer Analyse (vgl. Moebius/Peter 2009, 25 ff.).

Dem Strukturalismus von Lévi-Strauss bleibt Bourdieu bei aller Ablehnung des in ihm wirksamen Objektivismus in gewisser Weise treu: In erster Linie hält Bourdieu fest an dem strukturalistischen Grundgedanken, dass die Schemata von Wahrnehmung und Erkenntnis der Welt (und Handlungsorientierung) immer in Gegensatzpaaren vorliegen und wirksam sind (vgl. Diaz-Bone 2002, 40), begründet dies jedoch aus der Grundstruktur von herrschender versus beherrschter Klasse:

> »Alle Akteure einer Gesellschaft verfügen in der Tat über einen gemeinsamen Stamm von grundlegenden Wahrnehmungsmustern, deren primäre Objektivierungsebene in allgemein verwendeten Gegensatzpaaren von Adjektiven vorliegt, mit denen Menschen wie Dinge der verschiedenen Bereiche der Praxis klassifiziert und qualifiziert werden. Dem weitläufigen Netz der Gegensatzpaare wie *hoch* (oder erhaben, rein, sublim) und *niedrig* (oder schlicht, platt, vulgär), *spirituell* und *materiell*, *fein* (oder verfeinert, raffiniert, elegant, zierlich) und *grob* (oder dick, derb, roh, brutal, ungeschliffen) … – diesem Netz als einer Matrix aller *Gemeinplätze*, die sich nicht zuletzt so leicht aufdrängen, weil die gesamte soziale Ordnung auf ihrer Seite steht, liegt der primäre Gegensatz zwischen der ›Elite‹ der Herrschenden und der ›Masse‹ der Beherrschten zugrunde, jener kontingenten, amorphen Vielheit einzelner, die austauschbar, schwach und wehrlos, von lediglich statistischem Interesse und Bestand sind.« (Feine Unterschiede 1979/1999, 730 f.)

Auch der strukturalistischen Annahme, diese Gegensatzkategorien seien historisch und sozial von universeller Gültigkeit, stimmt Bourdieu zu, wenn er behauptet, dass wichtige Gegensatzbeziehungen (z. B. oben/unten) in allen Klassengesellschaften wirksam seien (Feine Unterschiede 1979/1999, 733). Und auch mit seinem Habitus-Konzept bleibt Bourdieu dern Theorien von Lévi-Strauss verbunden, weil es den Gedanken des Strukturalismus fortsetzt, dass das Kollektive die Menschen nicht von außen beeinflusst, sondern in ihnen selbst wirkt (vgl. Reckwitz 2000, 325).

Erving Goffman (1922 – 1982)

Goffmans Schriften gelten Bourdieu als Beispiel für den sozialwissenschaftlichen Subjektivismus. In ihnen werde die (falsche oder nur halb wahre) Ansicht vertreten, dass die Wirklichkeit des sozialen Lebens in und durch situationell bestimmte Interaktionen zustande komme. Bourdieu zitiert Goffman an Stellen, an denen er sich grundsätzlich für eine Überwindung von Objektivismus und Subjektivismus in der Soziologie ausspricht (z. B. Feine Unterschiede 1979/1999, 754).

Andererseits lobt er Goffmans Studie über die psychiatrischen Kliniken (»Asylums«). Hier sei es gelungen, die Präkonstruktion, die der Gegenstand von sich aus vorgibt, zu durchbrechen und zu einem sozialwissenschaftlichen Verständnis von Wahn, Wahnsinnigen und einschlägigen Institutionen zu gelangen (Symbolische Formen 1970/1994, 28). Auch habe Goffman durch diese Studie einen wichtigen Beitrag zur Untersuchung von Leistungen der »consécration«, der Weihung bzw. der Stigmatisierung durch Institutionen erbracht (Épreuve scolaire 1981, 70).

Dass Bourdieu zufolge Distinktion nicht (in erster Linie) intentional gegen andere Lebensstile gerichtet, sondern als den objektiven Beziehungen eingeschriebene Kraft von sich aus, auch ohne Distinktionsabsicht wirksam ist, dürfte sich gegen Goffmans dramaturgisches Modell vom sozialen Leben richten (so Neckel 1993, 280).

»... ich denke ... an all jene so prächtig von Goffman analysierten Strategien der Selbstdarstellung, mit denen das Selbstbild und vor

> allem – was Goffman vergaß – das Bild der eigenen Position im sozialen Raum manipuliert werden sollen.« (Rede 1987/1992, 148)

Unterhalb dieser überwiegend kritischen Bezüge finden sich jedoch allerhand Ähnlichkeiten zu Goffman:

> »In beiden Werken spielen z. B. Phänomene des Alltagslebens eine Schlüsselrolle. Ebenso ist die forschungsstrategische Verbindung eines ethnologischen Blicks mit einer verfremdenden theoretischen Perspektive, die das scheinbar Natürliche und Selbstverständliche in ein neues Licht rückt, ein Wesensmerkmal der Goffmanschen wie der Bourdieuschen Soziologie.« (Willems 1997b, 94 f.)

Auch dürfte Goffmans Ansatz Bourdieus Vorstellungen über Spiele und Spielstrategien angeregt haben (so Jenkins 1992, 19). Dafür spricht auch indirekt eine Würdigung Goffmans durch Bourdieu (Erving Goffman 1982/2000). Auch beim »Strategiebegriff berühren sich Bourdieus Analysen mit denen von Goffman.« (Bohn/Hahn 2000, 262; ähnlich Rehbein 2006, 101 f.) Die weiter reichende Frage, ob Goffman implizit eine Habitustheorie verwendet ähnlich der Bourdieus (so Willems 1997b, 191 ff.), kann hier offenbleiben.

Michel Foucault (1926 – 1984)

Foucault und Bourdieu kommen beide, was das Studium betrifft, aus der Philosophie und haben sich beide Problemkreisen zugewandt, die nach traditionellem Verständnis keine philosophischen sind: bei Foucault sind das die Themen Macht, Gewalt, Wahnsinn, Sexualität, bei Bourdieu die Wendung erst zur Ethnologie, dann zur Soziologie.

Zunächst seien einige hämische Bemerkungen Bourdieus zum Erfolg von Foucaults Büchern (z. B. Soziologie und Philosophie 1967/1981, 536 f.) und über Foucaults Begriff »Genealogie« – es handele sich um einen »euphemistischen Ersatz für Sozialgeschichte« (Reine Ästhetik 1993, 15, Fußn. 5) – angeführt. Foucaults Grundansatz der radikalen Kritik an den Institutionen sei im Kern »eine Theoretisierung der Jugendrevolte gegen die Institutionen« (Gespräch Feld der Macht 1991, 89).

Zustimmend zitiert Bourdieu anlässlich seiner Überlegungen über die Medizinprofessoren im Verhältnis zu den Professoren anderer Fakultäten aus Foucaults »Die Geburt der Klinik« (Homo academicus 1984/1998, 122 f.). Foucaults Verständnis von Macht, das keine politische oder ökonomische Zentralmacht denkt, sondern Verzweigungen der Macht in vielfältigste Strukturen hinein, stimmt Bourdieu weithin zu (vgl. Papilloud 2003, 76; Krais 2008, 49 ff.), kritisiert aber die »Vernachlässigung individueller Interessen auf der Akteursebene« (Schäfer 2009, 44). Die Ausdifferenzierung der Felder habe zu einer Art Gewaltenteilung geführt, zu einem auf den ersten Blick unübersichtlichen Geflecht von Machtkonflikten zwischen den Dominierenden und den Dominierten in den einzelnen Feldern und entsprechenden Konfliktparteien innerhalb des Feldes der Macht (Meditationen 1997/2001, 130 f.). Bourdieu teilt nicht die Vorstellung bei Foucault, die Herrschaftsverhältnisse seien ungerichtet, soziale Lagen und Interessen, die durch bestimmte Machtbeziehungen gestützt werden, könnten nicht (mehr) identifiziert werden (vgl. Krais 2008, 46 und 50 f.). Ähnlich sind die Überlegungen beider Autoren, dass die paradigmatischen Denkformen geschichtlich entstanden sind und in ihrer Entstehung rekonstruiert werden müssen. Möglicherweise geht diese Parallele darauf zurück, dass beide bei dem Wissenschaftshistoriker Canguilhem studiert haben (vgl. Reflexive Soziologie 1992/1996, 124, Fußn. 21; Selbstversuch 2002, 90).

In Foucaults Spätwerk werden die Parallelen zu Bourdieu stärker, und zwar das Habitus-Konzept betreffend:

> »Für den späten Foucault stellen sich soziale ›Praktiken‹ wie für Bourdieu als routinisiert hervorgebrachte, letztlich körperlich verankerte Verhaltensmuster dar, die von Wissensordnungen (Habitus oder Wahrheitsspiele) ermöglicht werden, welche die impliziten, sich selbst und ihre Umwelt kontrollierenden Sinnzuschreibungen der Akteure anleiten.« (Reckwitz 2000, 355; ähnlich: Willems 1997b, 184)

Allgemein ist beiden Autoren gemeinsam die Aufmerksamkeit für die körperliche Verankertheit von Herrschaft und von Institutionen (vgl. Gorringe/Rafanell 2007, 98). Was Bourdieu über die

Lebensbedingungen von Institutionen sagt, könnte in anderen Worten auch bei Foucault stehen:

> »Eine Institution, zum Beispiel die Wirtschaftsform, ist nur dann vollständig und richtig lebensfähig, wenn sie dauerhaft nicht nur in Dingen, also in der über den einzelnen Handelnden hinausreichenden Logik eines bestimmten Feldes objektiviert ist, sondern auch in den Leibern, also in den dauerhaften Dispositionen, die diesem Feld zugehörigen Erfordernisse anzuerkennen und zu erfüllen.« (Sozialer Sinn 1980/1999, 108; vgl. Krais/Gebauer 2002, 34 f.)

James S. Coleman (1926 – 1995)

Coleman, der innerhalb des *rational-choice*-Paradigmas arbeitet, verwendet seit Ende der 1980er Jahre den Begriff des *social capital* und führt die Begriffsbildung auf Loury 1977 zurück (Coleman 1991, 389; vgl. Haug 1997, 2). Der habe damit jene Ressourcen bezeichnet, die die Familienbeziehungen und die Organisiertheit der Gemeinschaft *als* soziale Beziehungen für die Entwicklung von Kindern bereitstellen. Nebenbei wird auch Bourdieu kurz erwähnt, der den Begriff ähnlich verwende (Coleman 1991, 389), wenn auch im Verhältnis zum ökonomischen Kapital als abgeleitet (Coleman 1996, S102).

Coleman versteht unter sozialem Kapital jene günstigen Bedingungen fürs Handeln der Menschen, die sich aus der Zugehörigkeit zu Familien und Verwandtschaftsgruppen, zu konfessionellen Gemeinschaften, zu Organisationen, Nachbarschaften und Netzwerken sowie aus Beziehungen zu Vertrauenspersonen ergeben, also aus Beziehungsstrukturen zwischen Individuen, intakten Familienbeziehungen, aus Vertrauenswürdigkeit und sozialer Kreditwürdigkeit, aus Normen, die bestimmte Handlungen nahe legen (Coleman 1996, 99; vgl. Haug 1997, 3 f.).

Das soziale Kapital ist keine Eigenschaft des Akteurs, sondern ergibt sich aus sozialen Beziehungen der Akteure (Coleman 1988, S98). Insofern sieht Coleman in diesem Konzept einen Schritt über einen einseitigen *rational-choice*-Ansatz hinaus, der ja nur atomisierte Akteure annehmen würde (Coleman 1988, S118). Das Konzept erweitere den ökonomischen Kapitalbegriff, über die zuvor bereits geleistete Erweiterung durch den des Humankapitals hinaus, noch einmal (Coleman 1991, 394). Coleman (und nicht Bourdieu) wurde so zum Referenzautor für viele Studien im Arbeitsbereich der Analyse sozialer Netzwerke (Albrecht 2002, 200).

Es ist nicht ganz sicher, ob es sich hier um eine von Bourdieu unabhängige Begriffsprägung handelt, jedenfalls haben sich Hinweise auf einen Einfluss von Bourdieu her, der den Begriff seit 1972 verwendet, nicht finden lassen (vgl. Haug 1997, 10).

Im Unterschied zu Bourdieus Konzept denkt der von Coleman her kommende Ansatz das soziale Kapital als rational kalkulierbar. Gegen diese Vorstellung ließe sich einwenden, dass der Ertrag von Beziehungen ungewiss ist, dass die einschlägigen Investitionen meist langfristig und ohne direkt erkennbaren Zusammenhang zum erhofften Ertrag vorgenommen werden (so Albrecht 2002, 208). Im Unterschied zu Bourdieu geht Coleman von der – nicht genau begründeten – Diagnose aus, das soziale Kapital sei heutzutage in Abnahme begriffen (z. B. weniger Unterstützung der Eltern für die Anforderungen der Schule an ihre Kinder) und fragt demzufolge nach Möglichkeiten, wie es erneut gesichert werden kann (Coleman 1996, 102).

6. Notizen zur Biografie Bourdieus

Nach der Auseinandersetzung mit Bourdieus Überlegungen zur Reflexivität in den Sozialwissenschaften ahnen wir, dass Bourdieu keine autobiografischen Zeugnisse im hergebrachten Sinne vorgelegt hat (vgl. Schultheis 2002, 133). In den »Unpersönlichen Bekenntnissen« (Meditationen 1997/2001, 45 ff.; vgl. Selbstversuch 2002) erzählt er nicht seine persönliche Lebensgeschichte (etwa verbunden mit Bildungs- und Werkgeschichte), sondern versucht sich an einer objektivierenden Darstellung der Gesellschaft zu der Zeit, in der er und andere Philosophie studierten und Philosophen wurden.[84] Der Grund für diese Objektivierung des Autobiografischen ist:

> »Die intimste Wahrheit über das, was wir sind, das Undenkbarste, Ungedachte, ist in die Objektivität der Positionen eingelassen, die wir, in der Gegenwart wie in der Vergangenheit, eingenommen haben, und in die ganze Geschichte dieser Positionen.« (Interview Die Könige sind nackt 1984/1992, 95)

Mehrfach hebt Bourdieu sein Gefühl der Fremdheit in der intellektuellen Welt hervor:

> »Ich mag den Intellektuellen in mir nicht, und was immer in meinen Schriften antiintellektualistisch klingt, ist vor allem gegen das gerichtet, was mir trotz aller Mühe, die ich mir gebe, an Intellektualismus oder Intellektualistischem geblieben ist: etwa die für Intellektuelle so typische Schwierigkeit, wirklich zu akzeptieren, daß meine Freiheit Grenzen hat.« (Meditationen 1997/2001, 15)

Zum gleichen Thema heißt es an anderer Stelle:

> »Die meisten Fragen, die ich stelle – zumal an die Intellektuellen … –, wurzeln sicherlich in dem Gefühl, in der intellektuellen Welt ein *Fremder* zu sein. Ich befrage diese Welt, weil sie mich in Frage stellt, auf eine sehr tiefgreifende Weise, die weit über das Gefühl sozialer Ausschließung hinausgeht: Ich fühle mich nie vollkommen

84 Persönlicher sind der kurze Rückblick auf die Entwicklung des eigenen Denkens in: Concluding Remarks 1993, 268 ff., sowie die Mitteilungen über familiäre Herkunft und Bildungsweg in: Selbstversuch 2002, 95 ff.

legitimiert, ein Intellektueller zu sein, ich fühle mich nicht ›bei mir‹, ich habe das Empfinden, jemandem – wem? ich weiß es nicht – Rechenschaft darüber abzulegen, was mir wie ein nicht zu rechtfertigendes Privileg erscheint.« (Gespräch Intellektuelle befreien 1990/1993, 75; vgl. Gespräch Kampf um die symbolische Ordnung 1986, 155)

Auch in der akademischen Berufswelt im engeren Sinne sieht sich Bourdieu nicht recht verankert:

»Ich bin …. in einer Randposition, weil das Collège de France ein Ort ist, wo man, wie ich es im *Homo academicus* gesagt habe, immer die Ketzer hinverfrachtet hat, es ist ein Weiheort für Ketzer, die im Allgemeinen bekämpft worden sind – seit seiner Gründung war das Collège de France eine Einrichtung gegen die Sorbonne, es gibt da eine alte Struktur, die wiederauflebt.« (Interview Habitus, Herrschaft, Freiheit 2000/2001, 167)

Tröstlich an diesem Fremdheitsgefühl ist:

»Die elementare Soziologie der Soziologie belegt, daß die bedeutendsten Beiträge zur Sozialwissenschaft von Menschen kommen, die sich in der vorliegenden sozialen Welt eben nicht wie Fische im Wasser bewegen.« (Gespräch Intellektuelle befreien 1980/1993, 75; vgl. Neckel 2002, 31)

Zu solchen Äußerungen gehören auch Stellen, an denen Bourdieu sich selbstbewusst als unabhängigen, als durch keine Verlockung korrumpierbaren Beobachter der Gesellschaft sieht, der sich, weil er das intellektuelle Feld objektiviert, den Hass anderer Intellektueller zuzieht. Hier ist ihm Karl Kraus ein Vorbild (Karl Kraus 2000, 125). Allgemein stellt sich Bourdieu als einen Wissenschaftler vor, der dominierenden Strömungen und Moden entgegengearbeitet hat:

»Als alle Intellektuellen Marxisten waren, war ich eher ein Weberianer, weil sie mich nervten und ich sie nerven wollte. Aber auch, um die Autonomie der Forschung gegen die gesellschaftlichen Moden zu verteidigen. Ein enormer Teil dieser früheren Marxisten ist jetzt sehr konservativ geworden und denunziert mich heute als den letzten Marxisten, während ich das nie war und auch nie sein werde.« (Interview Habitus, Herrschaft, Freiheit 2000/2001, 176)

In diese Richtung geht auch die Einschätzung Bourdieus durch Ulrich Beck in seiner Laudatio bei der Überreichung des Ernst-Bloch-Preises (Beck 1997):

»Darf ich Bourdieu dazu gratulieren, daß sein Leben und Wirken eine lebendige Widerlegung der Grundauffassung der Soziologie ist, nach der das Individuum durch die gesellschaftlichen Verhältnisse bestimmt wird? Er hat nie das getan, was ihm durch Herkunft und Ausbildung vorgezeichnet war, sondern immer das, was ihn in offenen Widerspruch zu der verinnerlichten Macht der eigenen Gruppe und der Institutionen in uns setzte, die er selbst als ›Habitus‹ und ›soziales Feld‹ zum Schlüssel seiner Analysen machte.«

Wir werden kaum fehlgehen, wenn wir manche programmatische Äußerung von Bourdieu als Versuch lesen, über die eigenen wissenschaftlichen Bemühungen zu sprechen. Das gilt für die häufig verächtlichen Bemerkungen zur Arbeitsweise der Universitätsphilosophie einerseits, der Demoskopie andererseits, sowie für seinen eigenen Gegenvorschlag, nämlich Theorie einzig als Instrument für neue Forschung zu verwenden. Dies gilt vermutlich auch für Stellen, an denen er die persönliche Haltung des Sozialwissenschaftlers beschreibt:

»Einer der zahlreichen Gründe, warum Sozialwissenschaft besonders schwierig ist, ist der, daß eine große Ambition und extreme Demut zusammenkommen müssen: die Demut, die erforderlich ist, um eine praktische Beherrschung des Gesamtbestandes an verstreuten und *wenig formalisierten* Errungenschaften der Disziplin dadurch zu erlangen, daß man sie in Form eines Habitus inkorporiert …; die Ambition, die unerläßlich ist für den Versuch, das Ganze an Wissen und Know-how, angehäuft in und durch all die Erkenntnisakte der Besten unter den Vorgängern und Zeitgenossen, in einer wirklich kumulativen Praxis zu vereinen.« (Habitus und Feld 1985/1997, 66)

Bourdieu ist einerseits nicht bescheiden bei der Beurteilung seiner eigenen Leistungen: Seine Arbeit habe zum Teil darin bestanden,

»eine ganze Reihe der bei der Untersuchung der sozialen Welt gängigen Denkweisen (angefangen bei den Resten einer marxistischen Vulgata, die weit über die politischen Gruppierungen hinaus die Gehirne mehr als einer Generation umnebelte und verfinsterte) umzuwälzen.« (Meditationen 1997/2001, 16)

Andererseits betont er seine überpersönlichen Absichten:

> »Das wirklich Schwierige und Seltene ist nicht, sogenannte ›eigene Einfälle‹ zu haben, sondern sein Scherflein dazu beizutragen, jene nicht personengebundenen Denkweisen zu entwickeln und durchzusetzen, mit denen die verschiedensten Menschen Gedanken hervorbringen können, die bisher nicht gedacht werden konnten.« (Sozialer Sinn 1980/1999, 12)

In Dengui, einem kleinen abgelegenen Dorf in den Pyrenäen, wird Bourdieu am 1.8.1930 geboren. Als guter Schüler und Beamtensohn (sein Großvater war Halbpächter) nimmt er hier doch eine Außenseiterposition ein; er entwickelte gar Schuldgefühle gegenüber den Bauern, wie er rückblickend konstatiert. In dieser Herkunft und diesem Umfeld gründen auch, wie er selbst schreibt, sein übertriebener Stolz, seine Neigung zur Zurschaustellung von Männlichkeit, ein Habitus, mit dem er später, in der universitären Welt, immer wieder auf Unverständnis stößt (vgl. Selbstversuch 2002, 100). Danach besucht er ein Internat in Pau, in dem er trotz seines Bemühens um Anpassung an jene »totale Institution« immer wieder Probleme bekommt. Diese verhasste Welt bezeichnet er retrospektiv als eine

> »furchtbare Schule des Wirklichkeitssinns, in der angesichts der Not des Überlebenskampfes alles bereits vorhanden ist, Opportunismus, Servilität, Denunziantentum und Verrat, und dem Schulunterricht selbst, wo völlig andere Werte vermittelt wurden ...« (Selbstversuch 2002, 103)

Zum Philosophie-Studium geht Bourdieu nach Paris, wo er bis 1954 an der *Faculté des Lettres* und der *École Normale Supérieure* studiert. Seine Diplomarbeit schreibt er über »Leibniz als Kritiker von Descartes« (vgl. Jurt 1998, 236; Robbins 2008, 62). An der *École Normale Supérieure* (einer Elitehochschule) hatten vor ihm bedeutende Intellektuelle ihr Studium absolviert, so Émile Durkheim, Raymond Aron und Jean-Paul Sartre, die in unterschiedlichem Ausmaß sein Denken berührten. Mit ihm zusammen studiert hier Michel Foucault. Sartre auf der einen und Foucault auf der anderen Seite können als Repräsentanten der Denkansätze genannt werden, in deren Spannungsfeld Bourdieu anzusiedeln ist. Die Subjektphilosophie Sartres greift Bourdieu in seinen Arbeiten auf, indem er dessen Einseitigkeit entlarvt und den subjektiven Freiheitsbegriff Sartres in Abrede stellt. In seiner Kritik an Sartre als Prophet des »totalen Intellektuellen« manifestiert sich sein gespaltenes Verhältnis zu einer Philosophie, die ohne empirische Einbettung auskommt (vgl. Jurt 2008, 20 ff.). Die Epistemologie Foucaults in den 1960er Jahren bildet, gemeinsam mit der Anthropologie von Lévi-Strauss, der Psychoanalyse von Lacan oder der Linguistik von de Saussure, den entgegengesetzten strukturalistischen Pol, zu dem Bourdieu sich in Beziehung setzen muss (vgl. Schwingel 1998, 17 ff.; Meditationen 1997/2001, 45 ff.).

Nachdem Bourdieu an dieser renommierten Institution seine *agrégation* in Philosophie erreicht hat, nimmt er eine Stelle als Philosophielehrer am Lycée de Moulins an, die er schon 1955 wegen seiner Einberufung zum Militär wieder aufgeben muss.

Das Militär schickt ihn nach Algerien, und getrieben durch das Gefühl, etwas gegen die schrecklichen Leiden dort tun zu müssen, beginnt er im Zuge einer Versetzung als Schreibkraft in die Heeresabteilung der Generalverwaltung seine ersten Forschungsarbeiten und seine autodidaktisch betriebene Annäherung an die Ethnologie. Nach Ende seiner Dienstpflicht bleibt er für weitere zwei Jahre im Lande (1958 bis 1960), und zwar als Assistent für Philosophie an der *Faculté des lettres* der Universität Algier (Jurt 2008, 290). In dieser Zeit sieht er sich selbst schon als Soziologen. Er beginnt den Buchbeitrag »Logique interne de la société algérienne originelle« von 1959 mit dem Satz: »Die Aufgabe des Soziologen ist es nicht zu urteilen, sondern zu verstehen.«

Die Forschungsarbeit in Algerien durchkreuzt die an einen *normalien philosophe* geknüpften Erwartungen. Für einen Absolventen seiner Ausbildung ist das empirische Vorgehen ein ungewöhnlicher Schritt, geradezu eine Abkehr von der Philosophie, zu der er ja »berufen« ist. Schon in diesen Jahren tritt der Anspruch Bourdieus hervor, wissenschaftliche Arbeit mit Engagement und Leidenschaft zu verknüpfen, anstatt zwischen der distanzierten Haltung des Wissenschaftlers und dem Engagement wählen zu müssen. Sein wissenschaftlicher Blick ist zu Anfang seiner Studien noch durch den Strukturalismus im Sinne von Claude Lévi-Strauss gelenkt, auch wenn sein Hauptaugenmerk sich zunehmend auf das strategische Handeln der Akteure, auf den strategischen Umgang mit Zeit etc. richtet. Dass Bourdieu über nicht-europäische Gesellschaften und Sozialformen gearbeitet hat, hat nicht nur seine wissenschaftliche Entwicklung geprägt, sondern ihm immer wieder vor Augen geführt, dass Merkmale der modernen europäischen Gesellschaften selbst Ergebnisse eines bestimmten historischen Prozesses sind. Das richtet sich insbesondere gegen die Annahme der Wirtschaftswissenschaft sowie mancher Soziologen, der Mensch sei – gewissermaßen qua Natur – ein ökonomisch rational handelnder Akteur.

Zurück in Paris hält sich Bourdieu zunächst im Kreise von Ethnologen auf, er besucht das Seminar von Claude Lévi-Strauss (Schultheis 2000, 183; Jurt 2008, 33). Seine Aufmerksamkeit für alltägliche Phänomene und seine Neugierde für Menschen behält er bei. Er berichtet später, wie er manchmal Passanten auf der Straße folgte um zu sehen, wie diese wohnten, um also zu überprüfen, ob seine Vorstellungen mit der Realität übereinstimmten, und wie er Fremde in Gespräche verwickelte, um etwas von ihnen zu erfahren. Zwischen 1961 und 1964 unterrichtet er als *Maître de Conférence* an der *Faculté des lettres* in Lille, beginnt anschließend seine Forschungstätigkeit an der *École des Hautes Etudes en Sciences Sociales* [= der *École Pratique des Hautes Etudes* (EPHE)] und wird dann Assistent an dem von Raymond Aron gegründeten *Centre de Sociologie Européenne* (Schultheis 2000, 183).

Raymond Aron hatte während eines Deutschlandaufenthaltes zwischen 1930 und 1933 die deutsche Philosophie und Soziologie – Kant, Marx, Husserl, Weber, Simmel, Mannheim, Schütz – studiert und galt als der Soziologe, der Max Webers Werk nach Frankreich brachte (Stark 1999, 108). Auch wenn Bourdieu sich schon während seiner Wehrdienstzeit in Algerien mit Weber befasst hatte, war dies sicher eine wichtige Anregung für seine Orientierung an der deutschen Soziologie (die besonders in »Die feinen Unterschiede« offensichtlich ist). Aber bald entstehen Spannungen zwischen Bourdieu und dem als konservativ geltenden Aron – »Er war ein ›rechter Denker‹«, so charakterisierte ihn Claude Lévi-Strauss (Gespräch Intellektuelle befreien 1988/1993, 117). Die Spannungen ergeben sich aus zum Teil entgegengesetzten Haltungen zu den Ereignissen vom Mai 1968 (Stark 1999, 113), aber auch aus unterschiedlichen Auffassungen über den Stellenwert der Empirie. Das erschwert schließlich die Zusammenarbeit (Stark 1999, 118).

1964 wird Bourdieu *Directeur d'études à l'École des Hautes Études en Sciences Sociales*, später wird er auch *Directeur du Centre de Sociologie de l'Éducation et de la Culture* (*EHESS-CNRS*).

In seinen Arbeiten stehen in den 1960er Jahren Fragen zum französischen Bildungssystem und dessen Reproduktion der gesellschaftlichen Klassenverhältnisse (»Illusion der Chancengleichheit«) im Vordergrund. Daneben mündet die Zusammenarbeit mit J.-C. Chamboredon und J.-C. Passeron in eine Abhandlung von methodologischen Fragen der Soziologie (»Soziologie als Beruf«, französisch 1968). 1970 wird erstmals ein Werk von Bourdieu in deutscher Sprache publiziert: »Zur Soziologie der symbolischen Formen«.

Für diese Zeit nennt Bourdieu im Rücklick zwei Strömungen, von denen er sich absetzen wollte: Damals hielt Paul Lazarsfeld, der Hauptvertreter der amerikanischen empirischen Methodenlehre, Vorlesungen in Paris. Bourdieu berichtet, dass er diese im Gegensatz zu anderen französischen Soziologen nicht besuchte.

> »Ich fand – symbolisch –, daß ich nicht zu Lazarsfeld in die Schule gehen mußte (es genügte ja, die Bücher zu lesen). Mit den Techniken, die interessant waren und die man natürlich lernen mußte und die ich auch gelernt hatte, vermittelte er ja in Wirklichkeit etwas anderes, nämlich eine implizite positivistische Wissenschaftstheorie, die ich nicht mitmachen wollte.« (Gespräch Inzwischen 1988/1991, 269; vgl. Selbstversuch 2002, 83)

Als zweite Fehlentwicklung der Soziologie in den 1960er Jahren nennt er die Frankfurter Schule,

> »das heißt Leute, die keine empirische Forschung betreiben, aber ständig die positivistische Gefahr anprangern ...« (Gespräch Inzwischen 1988/1991, 270; vgl. Gespräch Kampf um die symbolische Ordnung 1986, 153)[85]

85 Bourdieus Kritik an der Frankfurter Schule übergeht die älteren einflussreichen empirischen Arbeiten aus dieser Gruppe.

Als Herausgeber der Zeitschrift *Actes de la recherche en sciences sociales* (seit 1975) verfolgt Bourdieu seine Idee der Verbindung von wissenschaftlichen Analysen und politischen Zielen; er will mit diesem Medium ein sozialwissenschaftliches Diskussionsforum anbieten, in dem es immer auch um Fragen von Herrschaft und Politik geht. So veröffentlicht er selbst darin ab Mitte der 1970er Jahre Aufsätze im Vorlauf zu »Die feinen Unterschiede«. Begriffliche und begriffsgeschichtliche Erörterungen sowie »pure« Theorie fehlen in dieser Zeitschrift bis heute ganz. Bourdieu sieht eine Ähnlichkeit zwischen den *Actes* und der von Karl Kraus herausgegebenen *Fackel*, weil auch sie durch Abbildung von Fotos und durch bestimmten Personen zurechenbare Dokumente eine kämpferische Haltung einnehme (Karl Kraus 2000, 124).

Eine ähnliche Idee steckt hinter der seit 1989 von ihm herausgegebenen Zeitschrift *liber*, die stärker disziplinenübergreifend angelegt ist: Künstlern wie Wissenschaftlern soll ein von allen nicht-wissenschaftlichen Machtmitteln (Autorität, Kampf um beruflichen Status etc.) befreiter Raum angeboten werden, um eine nach eigenen Normen gestaltete Debatte entwickeln zu können. Entsprechend seiner Vorstellung von der Aufgabe der Intellektuellen soll hier nicht der »engagierte Intellektuelle«, sondern der »kollektive Intellektuelle« entstehen, der möglichst unterschiedlichen Nationen entstammt. Nicht eine eigene politische Bewegung bilden, sondern vorhandene Bewegungen wie die der Arbeitslosen, die der Schüler und Studenten, die der Schwulen und Lesben (vgl. Schwulen- und Lesbenfrage 1997/1998) als eine gemeinsame Kraft unterstützen und den Bewegungen Argumente und Autorität verleihen – das ist die Idee, die durch die Zeitschrift verwirklicht werden soll.

Diese Aktivitäten steigern seine Bekanntheit außerhalb der Universität, was seinen wissenschaftlichen Werdegang keineswegs bremst. Bourdieu erreicht den Gipfel seiner wissenschaftlichen Laufbahn 1982 mit der Berufung an das *Collège de France* (vgl. Schmeiser 1985, 167), an das prestigereichste wissenschaftliche Institut Frankreichs, an dem Maurice Halbwachs einer seiner Vorgänger war. Claude Lévi-Strauss beendet hier im selben Jahr seine 22-jährige Tätigkeit. Bourdieu charakterisiert das *Collège* als eine »dem Zugriff sämtlicher profanen Machtbefugnisse der akademischen Institutionen entzogene Weihestätte von Häretikern« (Selbstversuch 2002, 94). Ob seine Berufung, bei der er sich gegen den *rational-choice*-Theoretiker Raymond Boudon durchsetzt, mit dem Regierungswechsel in Frankreich zu den Sozialisten zusammenhängt, sei dahingestellt. Immerhin wird in den folgenden Jahren eine Zusammenarbeit mit der Regierung Mitterands in bildungspolitischen Fragen sichtbar.[86]

Bourdieu hat Schuldgefühle, an dieser prestigereichen Einrichtung anzutreten, derer er sich nicht ganz würdig fühlt. Schuldgefühle entstehen auch gegenüber seinem verstorbenen Vater, dessen Erbe er auf dem Weg seines Aufstiegs ausgeschlagen hatte. Solche Ambivalenzen drücken sich in seiner Antrittsvorlesung aus, mit der er dem Ritus der Institution folgt, jedoch gleichzeitig Abstand davon nimmt, indem er den Ritus der Antrittsvorlesung selbst zum Thema dieser Vorlesung macht – und damit einen wichtigen Stützpfeiler der symbolischen Ordnung der Institution für einen Moment ins Wanken bringt – »und nicht nur für die Anwesenden, sondern auch für den Redner selbst: ... ich bringe es mehr schlecht als recht zu Ende.« (Selbstversuch 2002, 124)

Zeitgleich mit der Berufung beginnt Bourdieu seine Forschungsarbeiten über die universitäre Welt. Den Eliteschulen wendete er sich nochmals in den 1990er Jahren zu, jener Form von Schule also, die ihm damals als Jugendlichen ein Gefühl des Unbehagens gab und die ihn wegen seiner sozialen Herkunft in eine Außenseiterposition versetzt hatte. Auch hier ist die Verflechtung von Biografie und Wahl des Forschungsgegenstandes offensichtlich, die seinen Lebenslauf durchzieht.

Ergebnis seiner wissenschaftlichen Arbeit sind, wie eine Dokumentation von I. Mörth und G. Fröhlich (2009)[87] aufweist, rund 2300 Veröffentlichungen seit 1958, dem Jahr seiner ersten Mo-

86 Ein Vorschlag zur Überwindung nationaler Partikularismen im Bildungswesen findet sich in Bourdieus »Empfehlungen zur Einrichtung einer europäischen Fernuniversität und der Öffnung von Bildungsinhalten auf andere Kulturen hin« (vgl. Schwingel 1998, Kap. 6).

87 Eine Bibliografie findet sich unter: http://HyperBourdieu.jku.at

nografie. Diese große Zahl beruht nicht auf ebensovielen neuen Gedanken, sondern geht auch zurück auf eine permanente Überarbeitung alter Themen, auf die Neugruppierung von Texten in verschiedenen Herausgeberschaften und Ko-Autorenschaften sowie auf Übersetzungen seiner Bücher und Aufsätze in andere Sprachen. Ähnlich wie er an frühere Orte, z. B. an seinen Heimatort oder nach Algerien, immer wieder (geistig) zurückkehrt und alte Themen wieder aufgreift und neue Facetten entdeckt, verwendet er seine theoretischen Konzepte ständig neu, entwickelt er sie weiter und verändert sie. Auffallend ist ein recht geschlossener Kern seines Denkens. Bereits in den frühen Werken schimmern einige Grundsätze mehr oder weniger klar durch, die in seiner weiteren Arbeit deutliche Konturen gewinnen.

Viele dieser Grundelemente und Gegenstände seines Denkens werden noch besser verständlich, wenn man sich die soziale Laufbahn und Position Bourdieus vergegenwärtigt. Bourdieu selbst hat stets dazu gemahnt, die eigene Position im Forschungsprozess, gestützt durch die Zusammenarbeit in einer Forschergruppe, zu reflektieren, sich nicht als neutralen Beobachter, der außerhalb des Geschehens steht, zu verstecken (was zur Folge hatte, dass seine »Anwesenheit« bei der Lektüre seiner Werke deutlicher zu spüren ist als bei anderen Soziologen). Die grundlegende Forderung nach Selbstreflexivität meint aber nicht, einer öffentlichen Selbstoffenbarung zu huldigen. Trotz seiner Prominenz, trotz des Personen-Kultes um ihn waren (bis vor kurzem) Angaben über seine Person und seine Herkunft spärlich.

Im Jahre 2002 ist sein »Soziologischer Selbstversuch« erschienen. Bourdieu befürchtet nicht zu Unrecht, dass dieses Buch als Autobiografie, als eine Studie über das »individuelle Ich« missverstanden werden könnte. Und in der Tat weist Schultheis (2002, 145 ff.) am Beispiel einer Besprechung im *Nouvel Observateur* auf, dass das Buch als Versuch zu einem besseren Selbstverständnis aufgefasst (und damit missverstanden) wird. Tatsächlich will sich Bourdieu darin vor allem über die eigene Position im Kräfteverhältnis des universitären Feldes und des wissenschaftlichen Habitus klar werden. Erwartet der Leser hier Angaben über das Familien- und Liebesleben von Pierre Bourdieu oder über seine

Kinder, so wird er enttäuscht werden. Deutlich werden hingegen seine Dispositionen und die Strukturen der Felder, in denen er sich (als Soziologe) bewegt, deren Harmonie und Disharmonie. Die Schilderungen von persönlichen Erfahrungen in Algerien etwa, die dem Leser die Motive seines leidenschaftlichen Forscherdranges erschließen, sind von autobiografischen Erzählungen jedoch kaum zu trennen.

Anfang des Jahres 2002 stirbt Pierre Bourdieu in Paris. Die Zeitschrift *Actes de la recherche en sciences sociales* führt seinen Namen seitdem auf dem Titelblatt als »*Fondateur*«.

7. Politische Schriften und Aktivitäten

Die Soziologie kommt um politische Wirkung nicht herum. Was immer die Soziologie herausfindet oder an Konzepten an ihre Leserschaft heranträgt, sie bewirkt damit etwas im Hinblick auf die Verfassung des sozialen Lebens und der politischen Ordnung. Als Wissenschaft von den Verhältnissen, die dem *common sense* verborgen sind, hat die Soziologie eine Naturgabe der Kritik (vgl. Eickelpasch 2002, 54 f.).

> »Selbst wenn der Soziologe sich um eine feststellende Sprache bemüht, selbst wenn er nur aussagt, was ist, selbst dann trägt der Soziologe dazu bei, den Zustand der sozialen Verhältnisse als real erscheinen zu lassen. Selbst dann versteckt auch er unter der Formel einer bloßen Feststellung, was in Wirklichkeit nur ein Wille oder ein Wunsch ist.« (Interview Politik, Bildung, Sprache 1977/1992, 26)

In diesem Sinne sind natürlich die Schriften von Bourdieu auch politische Arbeiten.

Das gilt etwa für die ethnologischen Studien zu Kultur und Gesellschaft der Kabylen, die zur Zeit des französischen Kolonialregimes in Algerien entstanden und so immer auch eine Bedeutung für dieses Regime hatten. Bourdieu berichtet davon, dass sich Männer weigern, den Namen ihrer Frau anzugeben, wenn sie auf dem Standesamt die Geburt eines Kindes anzeigen, oder dass Schulkinder dem Lehrer nur widerwillig den Namen ihrer Mutter nennen (Entwurf einer Theorie 1972/1976, 39). Er legt dar, dass und weshalb die Handlungsorientierungen der Kabylen unverträglich sind mit der Vorstellung einer universalen Moral, die jedem Menschen gleiche Rechte zugesteht und also ein Mindestmaß an Pflichten anderen Menschen gegenüber verlangt (Entwurf einer Theorie 1972/1976, 44 f.) – und legt damit den französischen Kolonialbeamten implizit nahe, ihre Orientierungen und Regelsysteme zu überdenken.

Bourdieus Studien über die Arbeiter und deren Zukunftserwartungen (»Travail et travailleurs«) versuchen, die Potenziale eines gesellschaftsverändernden Bewusstseins beim Proletariat und beim Subproletariat zu identifizieren,

> »den magischen Chiliasmus des Subproletariats wie die realistischere revolutionäre Tendenz derer, die paradoxerweise gerade nicht in absoluter Ungewissheit und Unstabilität leben, vielmehr über jenes Maß an ökonomischer und sozialer Sicherheit verfügen, das für eine geordnete Vorstellung von der Zukunft erforderlich ist.« (Gespräch Kampf um die symbolische Ordnung 1986, 148)

Bourdieus Forschungen über Algerien sind allein schon deshalb eine politische Stellungnahme, weil sie durch ihre Suche nach sozialen Ursachen für den Unabhängigkeitskrieg mitten im Krieg die offizielle Position unterlaufen, es handele sich allein um ein Problem der legitimen Staatsgewalt gegen Rebellen (Révolution 1961, 29; vgl. Robbins 2007, 81).

Von seinen kultursoziologischen Arbeiten weiß Bourdieu, dass er »ein elementares Verbot des intellektuellen Milieus übertritt«, indem er »die Produkte wie Produzenten von Kultur auf ihre gesellschaftlichen Produktionsbedingungen zurückbezieht« (Feine Unterschiede 1979/1999, 13). Handelt es sich dabei doch nicht nur um ein Verbot im intellektuellen Milieu, sondern auch um eines im sozialen Leben selbst. Wer sich für gebildet, kultiviert und kunstinteressiert hält, will nicht wissen, dass das mit seiner Position in Raum der sozialen Ungleichheit zusammenhängt; gewöhnlich rechnet er das seinen persönlichen Fähigkeiten zu und sieht es als »Naturgabe« (Feine Unterschiede 1979/1999, 17) an. Insofern steckt schon in Gegenstandswahl und Fragestellung von Bourdieus Kultursoziologie ein ihm selbst bekanntes Potenzial, in das soziale und politische Leben hineinzuwirken. Er hinterfragt Ideologien, die natürliche Unterschiede zwischen den Menschen behaupten und als selbstverständlich gelten, sei es das rationale Denken (in den Algerienstudien), die Intelligenz (in »Illusion der Chancengleichheit«) oder die Idee vom reinen Geschmack (in »Die feinen Unterschiede«). Denn:

> »Ungleichheit unter Menschen in einer gegebenen gesellschaftlichen Situation darf … niemals mit Gewißheit auf natürliche Gegebenheiten zurückgeführt werden; solange nicht alle Formen, in denen gesellschaftliche Ungleichheitsfaktoren wirksam sind, er-

forscht, nicht alle pädagogischen Mittel zu ihrer Abschaffung erschöpft sind, bleibt Zweifel immer angebracht.« (Hochschuldidaktik 1971/2001, 144, Fußn. 1).

Hier wird der Anspruch politischer Aufklärung erkennbar. Ziel der Forschungsarbeiten ist es immer wieder, den Menschen »Waffen« gegen die Herrschaftsstrukturen anzubieten, ihnen ihre Komplizenschaft mit der Herrschaft aufzuweisen. Bourdieu resümiert:

»Ich denke, dass das Zentrum meiner Arbeit darin besteht, die Fundamente der symbolischen Formen von Herrschaft zu analysieren, die symbolische Gewalt der Macht kolonialen Typs, kultureller Herrschaft, der Männlichkeit, so viele Mächte, deren Gemeinsamkeit darin besteht, dass sie sich gewissermaßen von Struktur zu Struktur ausüben ... Diese Strukturen können nur dank der Komplizenschaft der Akteure funktionieren, die die Strukturen verinnerlicht haben, nach denen die Welt organisiert ist. Alle symbolischen Kämpfe beginnen immer mit einer Aufkündigung, die ich objektivistisch nenne, der Aufkündigung objektivierter Formen der Herrschaft, weil man sie sehen, weil man sie berühren kann. Man sagt ›Nieder mit dem Staat‹. Aber der Staat agiert nur mit dem, was er von sich selbst in unser Hirn verpflanzt hat ...« (Interview Habitus, Herrschaft, Freiheit 2000/2001, 166)

Nachdrücklich tritt Bourdieu für die Autonomie der Sozialwissenschaften ein. Das Ziel sei,

»die kollektive Widerstandskraft der Forscher über alle Konkurrenzen und Konflikte hinweg zu stärken, weil nur dies sie in die Lage versetzt, sich den mehr oder weniger tyrannischen Eingriffen der Wissenschaftsbürokraten und ihrer Verbündeten in der Welt der Forschung entgegenzustellen ...« (Gebrauch der Wissenschaft 1997/1998, 54; für die Künstler: Gespräch Unabhängigkeit der Phantasie 1994/1995)

Solchen Eingriffen von außen kommt die Willfährigkeit mancher Sozialwissenschaftler entgegen, die die Handlungs- und Interpretationsprobleme des Staates zu ihren machen und sie als sozialwissenschaftliche ausgeben. Wenn auch nach Land und Zeit verschieden, der Anteil der sozialwissenschaftlichen Forschungsarbeiten sei beachtlich groß, »die sich mit solchen mehr oder weniger wissenschaftlich eingekleideten Staatsproblemen befassen.« (Praktische Vernunft 1994/1998, 96) Allgemeiner:

> »Ein Gutteil derjenigen, die sich als Soziologen oder Ökonomisten bezeichnen, sind *Sozialingenieure*, deren Funktion darin besteht, den Leitern von Privatunternehmen und Verwaltungen Rezepte zu liefern. Sie bieten eine Rationalisierung des praktischen oder halbwissenschaftlichen Wissens, das die Mitglieder der herrschenden Klasse von der sozialen Welt besitzen.« (Interview Eine störende Wissenschaft 1980/1993, 26)

Sie lösen sich nicht hinreichend von den Problemdefinitionen und Wahrnehmungsformen der Journalisten und politischen Kommentatoren (La science 1986).

Die Verteidigung der Autonomie des wissenschaftlichen Feldes kann weit reichende Folgen im Feld der Politik haben,

> »vor allem in einer Zeit und in Gesellschaften, da die Politiker und Wirtschaftsführer sich dauernd mit den Wissenschaften, vor allem der ökonomischen wappnen, um ein politisches Handeln zu legitimieren, das von Gründen angetrieben wird, die alles andere als wissenschaftlich sind.« (Gebrauch der Wissenschaft 1997/1998, 60)

Mehrfach hat er hierzu im Gespräch mit Forschergruppen und Forschungsinstituten Vorschläge für eine Reform (interne Dehierarchisierung, Stärkung der besten Forscher auf Kosten der Forschungsverwalter usw.) gemacht (z. B. Gebrauch der Wissenschaft 1997/1998, 47 ff.). Hauptsächlich schlägt er vor, Gesprächskreise von Wissenschaftlern zu institutionalisieren, in denen diese nach eigenen Kriterien ihre beruflichen und politischen Probleme beraten könnten.

In diesem Zusammenhang ist der Vorschlag einer »Realpolitik der Vernunft« wichtig. Er zielt darauf ab, die Strukturen z. B. des wissenschaftlichen Feldes so zu verändern, dass vernunftgeleitete Kommunikation möglich wird und an Boden gewinnen kann (La cause 1991/1995, 10; Gebrauch der Wissenschaft 1997/1998, 58 f.). Sie besteht darin,

> »möglichst viel spezifische Autorität [im wissenschaftlichen Feld] anzuhäufen, um daraus gegebenenfalls eine politische Kraft zu machen, wohlgemerkt ohne dabei zum Politiker zu werden. Der Ge-

lehrte oder Schriftsteller, der das Feld verläßt, um seine Autorität in die Waagschale zu werfen, kehrt anschließend wieder zu seinen geliebten Studien zurück. Ich wünschte mir sehr, daß die sogenannte Wissenschaftsgemeinschaft (die keineswegs eine Gemeinschaft ist, sondern ein Feld des Wettstreits), daß die Wissenschaftler, Künstler und Schriftsteller sich allmählich eine kollektive Instanz schaffen, die als politische Kraft eingriffe, ihre Ansichten über Fragen darlegte, die in ihren Bereich fallen.« (Gebrauch der Wissenschaft 1997/1998, 64 f.)

Allgemein:

»Im Gegensatz zu einer abstrakten Pflichtmoral und -politik bestünde eine ›Realpolitik der Vernunft und der Moral‹ darin, an der Ausbreitung von Institutionen zu wirken, in denen die Akteure ein handfestes Interesse an moralischem Handeln haben können und in denen Mechanismen der Sanktionierung und Sublimierung am Werke sind, die eine Verankerung ziviler Tugenden in den Habitus der Beteiligten zur Folge haben.« (Steinrücke 1997, 14)

Auch müsse die Realpolitik der Vernunft die Funktionsweisen der verschiedenen nationalen Ideenfelder klären und die Strukturen des jeweiligen nationalen kulturellen Unbewussten untersuchen (Circulation internationale 1990/2002, 7).

Die wichtigste Aufgabe in diesem Zusammenhang sieht Bourdieu darin, die in der öffentlichen Debatte nicht gestellten Fragen zu stellen und die hier dominierenden Sichtweisen von den gesellschaftlichen Problemen zurechtzurücken, gegebenenfalls auch kritisch zurückzuweisen. Das Fernsehen sei heute

»eine der Produktionsstätten gesellschaftlicher Fragestellungen geworden ..., eine Werkstube der Philosophie, der Wissenschaft oder besser: der Vorstellungen von Wissenschaft. Dem Fernsehen gegenüber braucht es eine Art Bewegung zivilen Ungehorsams (Sie werden denken, daß ich übertreibe, doch ich bin weit entfernt davon) gegen den *verallgemeinerten Zwang von Problematiken*, die nicht einmal immer gezielt aufgebracht werden, sondern einfach oft das Ergebnis von Denkgewohnheiten, eingeschliffenen Verhaltensweisen, Geschäftsessen, Kumpaneien, nur dumm und deshalb furchtbar gefährlich sind.« (Gebrauch der Wissenschaft 1997/1998, 73)

Aus seinen Analysen der symbolischen Gewalt ergeben sich Bourdieus Ratschläge zu einer gezielten Sprachpolitik. Wenn die Worte dazu beitragen, die soziale Welt zu erzeugen, dieses sichtbar und jenes unsichtbar zu machen, dann kommt es sehr darauf an, welche Worte für welche Sachverhalte verwendet werden. »Ein Wort an die Stelle eines anderen setzen heißt, die Sicht der sozialen Welt zu verändern und dadurch zu deren Veränderung beizutragen.« (Interview Verborgene Mechanismen 1982/1992, 84)

> »Von Arbeiterklasse sprechen, die Arbeiterklasse zum Sprechen bringen (indem man für sie spricht), sie repäsentieren, bedeutet, dieser Gruppe, die von den Euphemismen des gewöhnlichen Unbewußten (die ›kleinen Leute‹, die ›einfachen Menschen‹, der ›Mann auf der Straße‹, der ›Durchschnittsfranzose‹ oder bei bestimmten Soziologen ›die einfachen Schichten‹) zum Verschwinden gebracht wird, zu einer anderen Existenz für sich selbst und für die anderen zu verhelfen.« (Interview Verborgene Mechanismen 1982/1992, 84; vgl. Interview Quand les canaques 1985, 82)

Brubaker (1993, 217 f.) versteht gar die gesamte Fachbegrifflichkeit Bourdieus als Versuch, durch neue Wörter neue Sichtweisen auf die Sozialwelt zu ermöglichen und dadurch eine Veränderung herbeizuführen. Diese sprachpolitischen Vorschläge Bourdieus treffen sich mit ähnlichen, vom Konstruktivismus angeregten, wie sie vor allem die Frauenbewegung sowie unterschiedliche Bewegungen gegen Diskriminierung und Rassismus befolgen, bis hin zur *political correctness.*

Das, was die Soziologie für die Soziologen leistet – eine reflexive Lösung aus der eigenen sozialen Bestimmtheit –, das soll sie auch für den Leser von Bourdieus Schriften leisten. So heißt es im Vorwort zur deutschen Ausgabe von »Die feinen Unterschiede«:

> »Weil sie einen epistemologischen und zugleich damit gesellschaftlichen Bruch voraussetzt, ein *Fremdwerden* der vertrauten, familialen und angestammten Welt, ruft die im Kantischen Sinn verstandene Kritik der Kultur mittels des von ihr provozierten Effekts der ›*Verfremdung*‹ jeden Leser auf, den kritischen Bruch, aus dem sie selbst hervorgegangen ist, neuerlich selbst zu vollziehen. Deshalb stellt sie gewiß das einzig rationale Fundament einer universellen Kultur dar.« (Feine Unterschiede 1979/1999, 15)

Der Leser wird sich, wenn er den kritischen Bruch nachvollzieht, aus seiner partikularen (Klassen-)Kultur lösen können hin zu einer »universellen« Kultur, also einer Kultur, die nicht mehr an die Klassenstruktur gebunden ist. Wenn das kein politisches Programm ist!

Lassen wir offen, ob es eine Kultur geben kann, die nicht in den Traditionen sozialer Großgruppen wurzelt. Lassen wir dahingestellt, ob sich die Distanzierungen vieler einzelner Leser von ihrer jeweiligen angestammten Klassenkultur zu etwas Neuem addieren können. Bedenklich ist hier der Gestus: Der kritische Bruch, aus dem die Kritik der Kultur (womit kaum etwas anderes gemeint sein kann als die Untersuchung »Die feinen Unterschiede«) entstanden ist, tritt als anonymer Prozess auf. Dabei müsste es doch heißen: Wenn *du*, lieber Leser, den kritischen Bruch, den *ich* vollzogen habe (und der mir die Kritik der Kultur ermöglicht hat), nachvollziehst, wirst auch du dich aus deiner klassenkulturellen Herkunft lösen und zur Bildung einer universellen Kultur beitragen. Insgeheim fordert Bourdieu hier zur Nachfolge auf, insgeheim hält er sich für den ersten, dem der entscheidende Schritt gelungen ist. Bescheiden wird man das nicht nennen können. Das kritisiert auch Krais (1983, 219) an dem Umstand, dass Bourdieu den Adressaten seiner Aufklärungsbemühungen nicht genau nennt:

> »Sein Bemühen um Aufklärung, um Entschleierung der gesellschaftlichen Praxis hat keinen Adressaten, kein Subjekt außer dem Individuum, das mehr oder weniger zufällig *Bourdieus* Bücher liest.«

Bourdieus explizite politische Interventionen und Initiativen sind zahlreich (und sind in den letzten Jahren seines Lebens immer zahlreicher geworden). Da in dieser Einführung vor allem von dem Soziologen Bourdieu die Rede ist, kann dieses Thema hier nicht erschöpfend behandelt werden. Es mögen Skizzen genügen, die deutlich machen, wie Bourdieu das Verhältnis zwischen seinen politischen Aktivitäten und seiner Arbeit als Sozialwissenschaftler begründet.

1985 leitet Bourdieu die Abfassung der »Vorschläge für das Bildungswesen der Zukunft«, die die Mitglieder des *Collège de France* im Auftrage von Präsident Mitterand erarbeiten (Vorschläge 1985/1992; vgl. Gespräch Vernunft 1985, 388 ff.).

1988/89 leitet er im Auftrag des Ministeriums für Erziehung eine Kommission zur Neubestimmung der Unterrichtsinhalte (Unterrichtsinhalte 1989/2001).

Einige Jahre später gründete Bourdieu die europäische Kulturzeitschrift *Liber. Revue européenne des livres*, die ab Herbst 1989 als Beilage zu fünf europäischen Zeitungen jeweils in der Landessprache (u. a. Le Monde und Frankfurter Allgemeine Zeitung) erscheint. Aufgrund äußerer Umstände war dieses Projekt nicht erfolgreich; es belegt aber den europäischen Horizont von Bourdieus Engagement. Ziel war die Schaffung eines internationalen Kreises von einflussreichen Intellektuellen, die sich z. B. gegenseitig informieren, wenn einzelne oder Gruppen von Intellektuellen verfolgt werden, um dann ihren öffentlichen Einfluss zu nutzen (Gespräch Ich bin dazu da 1991, 28 f.; Und dennoch 1998, 99). Das intellektuelle Leben sei keineswegs von sich aus international, sondern es sei im Gegenteil – ebenso wie die anderen sozialen Räume – »nationalistisch« geprägt. Der Internationalismus der Ideen und der Wissenschaft müsse gezielt hergestellt werden (Circulation internationale 1990/2002, 3).

1993 ruft Bourdieu zusammen mit Derrida und anderen in Straßburg ein Parlament der Schriftsteller ins Leben (das allerdings nicht lange arbeitet).

Im Dezember 1995 solidarisiert sich Bourdieu mit dem Streik der Arbeiter des Öffentlichen Dienstes gegen Einschnitte in der Sozialversicherung und gründet danach eine Gruppe von Intellektuellen (*Raisons d' agir*), »die Analysen und Alternativen zur herrschenden ökonomischen Lehre und Praxis entwickeln soll.« (Steinrücke 1997, 13)

Immer wieder meldet sich Bourdieu in der Öffentlichkeit, um die Rechte der Einwanderer einzuklagen, um fremdenfeindliche politische Maßnahmen zu kritisieren. Die Argumente mancher Politiker in Frankreich, man könne größere Wahlerfolge des *Front National* durch die Eindämmung weiterer Einwanderung, die Überwachung der im Lande lebenden Ausländer verhindern, hält er für verlogen. Auf diese Weise, so meint er, werde im Gegenteil der »Rassismus« noch staatlich angeheizt (Gegenfeuer 1998, 26 f., auch 94 f.).

Bourdieu sieht im Rückzug des Staates aus vielen seiner früheren Aufgabenbereiche (Wohnungsbau vor allem: Eigentumssinn 1990/2002, 157 f.) und in seinem Verzicht auf eine am Allgemeinwohl ausgerichtete Moral (stattdessen: Lob des Unternehmergeistes), und dies gerade unter einer sozialistischen Regierung, den Grund für die Verbitterung und die Verzweiflung sowohl der ausländischen Gruppen als auch vieler armer Franzosen (Interview Wirkungsvolle Demokratie 1992/1994, 84 ff.).

Seit Mitte der 1990er Jahre tritt er gegen die »neoliberale Invasion« (so im Untertitel von: Gegenfeuer 1998) auf, also gegen jene politische Orientierung, die das Funktionieren der (internationalen) Finanzmärkte als Grundbedingung für die Verbesserung der Arbeitsverhältnisse, der sozialstaatlichen Garantien, der Kultur- und die Bildungspolitik, kurz des ganzen gesellschaftlichen Aufbaus sieht. Beim Neoliberalismus handele es sich trotz seiner modernistischen Sprache um eine »konservative Revolution« (Gegenfeuer 1998, 44), die die Machtverhältnisse zugunsten der *shareholders* verändern wolle, und die sich zur Rechtfertigung ihrer Politik der Wirtschaftswissenschaft bediene.

> »Sie macht alle Praktiken zur Norm, zur idealen Regel, die die tatsächlichen Regelmäßigkeiten der ökonomischen Welt ihrer ureigenen Logik überlassen, dem sogenannten Gesetz des Marktes, das heißt: dem Recht des Stärkeren. Sie ratifiziert und glorifiziert die Herrschaft dessen, was man heute Finanzmärkte nennt, also die Rückkehr zu einer Art Raubkapitalismus, der kein anderes Gesetz kennt als den maximalen Profit …« (Gegenfeuer 1998, 44)

Der Staat ziehe sich aus den Aufgabenfeldern zurück, mit denen er bisher für das Allgemeinwohl sorgt und die von den Unterschichten in früheren Kämpfe erstritten wurden: öffentlicher Wohnungsbau, öffentlicher Verkehr, öffentliches Radio und Fernsehen, öffentliche Krankenhäuser, staatliches Bildungswesen usw. (Gegenfeuer 1998, 13; vgl. Elend der Welt 1993/1998, 147 ff.).

Auch die Vereinigung Europas als Währungsunion und nicht als staatlicher Neubau werde zur »Zerstörung der sozialen Errungenschaften« beitragen (Gegenfeuer 1998, 8 f., auch 70), wenn nicht die Nationalstaaten oder aber ein zu gründender europäischer Staat versuchen, die Finanzmärkte zu regulieren und zu besteuern sowie die zivilisatorischen Traditionen (Recht auf Arbeit, Recht auf Wohnung, Tarifrecht, soziale Absicherungen) zu bewahren.

Den Rückzug des Staates als Garant einigermaßen ausgeglichener Sozialverhältnisse sieht Bourdieu als Ursache der Verzweiflung und Abwendung von den öffentlichen Belangen bei denen, die die Folgen zu tragen haben (den Arbeitslosen und den von Arbeitslosigkeit bedrohten Arbeitern und Angestellten, den Bewohnern der »Problemvorstädte«). Wenn sich die Bürger vom Staat zurückgestoßen fühlen, weil dieser die Gemeinaufgaben nicht mehr wahrnimmt und in den öffentlichen Aufgabenfeldern keine Einsatzbereitschaft mehr erwartet, müsse man sich über Entpolitisierung und auch über die Neigung zu radikalen Lösungsvorschlägen (*Front National*) nicht wundern (Gegenfeuer 1998, 16; vgl. Interview Wut eines Soziologen 1992, 169 ff.). Die Gefahr für die Gesellschaft besteht gewissermaßen darin, dass sich der Code des Teilsystems Wirtschaft zunehmend auch in allen anderen Teilsystemen durchsetzt und diese dabei überfordert, ja zerstört (vgl. Schimank 2002, 20 f.).

Theoretisch neu an diesen Stellungnahmen ist der Gedanke, dass es sich beim Neoliberalismus um eine Utopie handelt, die auf ihre Verwirklichung drängt, um einen Gesellschaftsentwurf also, der dabei ist, die Welt umzubauen. Dies gelte schon für die Idee von der »Wiederkehr des Individualismus« (Gegenfeuer 1998, 18; vgl. Interview Wirkungsvolle Demokratie 1992/1994, 87). Begründungen der Nowendigkeit, vordringlich die internationalen Märkte zu beachten, aus der Globalisierung der Wirtschaftsbeziehungen heraus, hält Bourdieu deshalb für irreführend, weil Globalisierung ja das gewollte Ergebnis eben dieser neoliberalen Politik sei (Soziale Bewegungen 2001, 13).

> »Man benutzt den Verweis auf ›Globalisierung‹, um Handlungszwänge zu postulieren, unter denen man dann die politischen Möglichkeitsbedingungen für die Durchsetzung von Globalisierung schafft.« (Soziale Bewegungen 2001, 22)

Die »neoliberale Utopie des reinen und vollkommenen Marktes«, die nur Individuen als Elemente des Sozialen vorsieht, ist dabei, sich selbst durch Politik zu verwirklichen, indem sie alle »kollektiven Strukturen« relativiert:

> »... den *Nationalstaat*, dessen Handlungsspielraum unaufhörlich schwindet; die *Lohngruppen*, ihre Einheitsentgelte und Beförderungsverfahren, deren Auflösung die Arbeiter immer stärker vereinzelt; *Verteidigungsgemeinschaften* der Arbeiterrechte, Gewerkschaften, Berufsverbände, Genossenschaften; selbst die *Familien*, denen mit der Ausbildung von altersabhängigen Märkten ein Teil ihrer Handhabe als Verbrauchergemeinschaft entgleitet.« (Gegenfeuer 1998, 111)

Dieser bei Bourdieu recht neue Gedanke wirft die Frage auf, weshalb er dem strategisch-geplanten Handeln der Neoliberalen eine derart weit reichende Durchsetzungschance zugesteht, wo er doch sonst die Relevanz des kalkulierend-rationalen Handelns gering veranschlagt (so Barlösius 2003, 154 f.). Eine Antwort darauf findet sich bei Bourdieu nicht. Nicht ganz zu Unrecht nennt Lange (2002, 131) deshalb Bourdieus Argumentation hierzu eine »umfassende politische Verschwörungsdiagnose«.

Im Neoliberalismus erblickt Bourdieu eine fundamentale Gefahr:

> »Die wirkliche Veränderung ist, dass ich seit etwa zehn Jahren denke, dass die modernen Gesellschaften, und besonders die fortgeschrittenen europäischen Gesellschaften mit sehr großem sozialen und historischem Kapital, in Gefahr sind.« (Interview Habitus, Herrschaft, Freiheit 2000/2001, 179)

Die Länder Europas könnten »in der Barbarbei versinken.« (Fortschrittliche Kräfte 1997, 11; vgl. Schimank 2000, 196 f.)

Hilfe gegen die drohende Zerstörung der sozialen Errungenschaften erwartet Bourdieu von einer stärkeren Zusammenarbeit der Gewerkschaften in Europa, von Initiativen der Arbeitslosen, von allen Initiativen für einen europäischen Sozialstaat, von »einer Bewegung der Sozialkritik« in Europa (Soziale Bewegungen 2001, 13), aber auch von der Sozialwissenschaft. Weil der Gegner sich mit Theorien wappne (Wirtschaftstheorie), sei der Kampf gegen ihn ebenfalls wissenschaftlich zu führen. Angesichts der Internationalität des Neoliberalismus müsse die Abwehrbewegung gleichfalls international sein. Allgemein wäre es hilfreich,

»würde die Logik des intellektuellen Lebens, die Logik von Argumentation und Widerlegung, ihren Einzug in die Öffentlichkeit halten. Heute herrscht dort die Logik der Politik, die der Denunzierung und Diffamierung, der ›Sloganisierung‹ und Verfälschung des Denkens der Widersacher ...« (Gegenfeuer 1998, 20 f.; vgl. Interview Wirkungsvolle Demokratie 1992/1994, 88)

Im Einzelnen können die Sozialwissenschaftler beim Kampf gegen den Neoliberalismus mithelfen, wenn sie mit ihren Methoden die Entstehung und Durchsetzung des neoliberalen Diskurses untersuchen und die einschlägigen Institutionen, Gruppen und Personen (vom Internationalen Wärungsfond bis zu willfährigen Journalisten) identifizieren. Dadurch könnte auch der »Schein der Unausweichlichkeit« (Gegenfeuer 1998, 40; vgl. Soziale Bewegungen 2001, 19 f.) der neoliberalen Lösungen zerstört, könnte dem Fatalismus begegnet werden, der die Vorstellung von den bestimmenden Finanzmärkten begleite (vgl. Volkmann 2002b, 241).

Auch die Analyse früherer Entscheidungen, die Jahrzehnte später zum Problem der segregierten Vorstädte geführt haben (Wohnungsbaupolitik in den 1970er Jahren), könne hilfreich sein, um aufzuzeigen, welche (Spät-)Folgen und Kosten neoliberale Entscheidungen haben können (Gegenfeuer 1998, 41), und um ein Gefühl dafür zu verbreiten, dass der Neoliberalismus auf Entscheidungen zurückgeht und nicht auf eine unausweichliche Globalisierungswelle. Hier ist Bourdieus Buch »Das Elend der Welt« einzuordnen, das solchen Folgen für die Menschen und ihre Lebensführung nachgeht.

Schließlich sei auch eine Kritik des Neoliberalismus als ökonomischer Theorie nötig, und Bourdieu schlägt vor, eine neue Kostenrechnung aufzumachen, also die menschlichen, sozialen und kulturellen Folgelasten zu veranschlagen, die die Orientierung an den Finanzmärkten gemeinhin unterschlägt (Gegenfeuer 1998, 48 f.; vgl. Interview Wut eines Soziologen 1992, 171 f.). Insgesamt: Die Soziologie gilt Bourdieu ab den 1990er Jahren als eine »Kampfsportart« (»La sociologie est un sport de combat«) zur Selbstverteidigung in der öffentlichen Sphäre, gegen Marketingstrategien und politische Propaganda (Laberge 2006, 492).

Bourdieus Angriffe auf den Neoliberalismus treten oft wie Manifeste auf.

> »Stil und Wortwahl der Attacken und Appelle Bourdieus legen die Vermutung nahe, dass er sich zunehmend in der Rolle eines Vordenkers und Inspirators einer wiedergeborenen absoluten Linken, eines Sartre der Jahrtausendwende sozusagen, sieht.« (Eickelpasch 2002, 49; ähnlich Burchardt 2003, 517)

In Frankreich stieß er mit diesen Schriften bei Journalisten auf heftigen Widerstand und wurde als »Bour-DIEU« lächerlich gemacht. Diese Reaktion könnte auch darauf zurückgehen, dass er in diesen politischen Schriften plötzlich einen Gegner attackiert, der bisher in seinen Arbeiten nicht vorgekommen war (eine »verspätete Aufmerksamkeit« nennt das Groh 2002, 198). Auch sind diese direkt politischen Schriften nicht sehr systematisch angelegt (vgl. als Systematisierungsversuch: Kaiser 2008). »An vielen Stellen argumentiert Bourdieu ungenau, wendet seine eigenen Theorien nur defizitär an, personalisiert soziale Verhältnisse, popularisiert …« (Stoll 2009, 324). Es gibt auch Akzentverschiebungen zwischen seinen politischen und den wissenschaftlichen Schriften. So gewinnt der Staat, der in den wissenschaftlichen Arbeiten als Zentralmacht symbolischer Gewalt gilt, in den Texten gegen den Neoliberalismus geradezu sympathische Züge. Zumindest sind die politischen Stellungnahmen nicht systematisch in entsprechenden soziologischen Forschungen begründet (so Schwingel 2000, 8 f.; Neckel 2002, 33; Groh 2002, 201 ff.; anders: Rehbein 2006, 231), wenn man von Hinweisen auf einige Forschungsergebnisse (zur Wohnungspolitik, zu den Auswirkungen von Arbeitslosigkeit auf die Lebensführung, zum Buch »Elend der Welt«) absieht.[88] Und Costa (2006) kann zeigen, dass Bourdieu in seinen politischen Stellungnahmen andere Begriffe und Konzepte verwendet als in seinen sozialwissenschaftlichen Analysen (z. B. Solidarität, Konversion, Authentizität, Wille zu universellen Werten).

88 Darin liegt eine Ähnlichkeit zu Habermas, dessen politische Stellungnahmen gleichfalls ohne systematischen Zusammenhang zu seinen gesellschaftstheoretischen Bemühungen stehen (hierzu: Müller-Dohm 1991, 62 f.).

Bourdieu weiß von dieser lockeren Verbindung seiner politischen Stellungnahmen zu seiner wissenschaftlichen Arbeit: Er wolle nicht länger am

> »Ideal weltanschaulicher Neutralität festhalten ..., das mir ... heute als Weltflucht im Namen der *Wertfreiheit* erscheint, als Versuchung, politischen Fragen ganz gezielt aus dem Weg zu gehen ...« (Gegenfeuer 1998, 7)

Vielleicht habe diese Wendung auch mit seiner Entwicklung zu tun:

> »... das Alter kann manchmal eine gewisse Freiheit mit sich bringen, gerade im Hinblick auf die Sorge um akademische Anerkennung.« (Gegenfeuer 1998, 7; vgl. Interview Habitus, Herrschaft, Freiheit 2000/2001, 181; Groh 2002, 198)

Aber einen Schluss wird man auf jeden Fall nicht ziehen können: Dass sich Bourdieu nicht mit der Frage befasst habe, wie die gesellschaftlich-politischen Verhältnisse zu verbessern seien und wer über das dafür nötige Potenzial verfüge.[89]

Im Zusammenhang mit seinen Versuchen, Organisations- und mediale Formen für die Artikulation der Intellektuellen in der Öffentlichkeit zu entwickeln, hat Bourdieu immer wieder behauptet, die Intellektuellen verträten »die Vernunft« als geschichtliches Projekt, sie seien dazu berufen, »die allgemeinen Angelegenheiten« öffentlich und politisch zu vertreten. Doch führen solche Ansprüche nicht den Größenwahn der Aufklärer fort, die sich durch ihr Denken als zuständig für die Einrichtung der Gesellschaft angesehen haben? Wichtiger noch: Solche Ansprüche stehen schief zu Bourdieus eigenen Analysen der Position und der Interessen der Intellektuellen in der Konstellation der Klassen und Klassenfraktionen (vgl. Burchardt 2003, 515) und auch zu seiner Betonung der Eigenlogik und der insgesamt passablen Funktionstüchtigkeit der sozialen Praxis (zur Reflexionsfähigkeit

89 Alexander (1995, 186 ff.) erhebt den Vorwurf, Bourdieu habe nichts anderes getan, als eine durch Kampf und Ungleichheit charakterisierte Gesellschaft zu beschreiben, ohne zu überlegen, wie Demokratie, Gemeinschaft und Zivilgesellschaft dennoch möglich sind. Auch habe er sich (als Sozialwissenschaftler) nie entschieden gegen das sowjetische Regime ausgesprochen und den Zusammenbruch des Ostblocks kaum beachtet.

der Akteure im Alltag: Celikates 2009, 39 f. und 75). Diesen Widerspruch zu erklären, kann allenfalls der Hinweis von Schwingel (2000, 141 ff.) weiterhelfen, dass Bourdieu die Fähigkeit der Intellektuellen zur Gesellschaftskritik und -veränderung aus ihrer Selbstreflexivität heraus begründet, also aus der Anstrengung, die eigene Eingebundenheit in die soziale Ungleichheit zu erkennen und reflexiv zu überwinden.

8. Zur Wirkung von Bourdieu in der sozialwissenschaftlichen Forschung

Bourdieu hat sehr viele Forschungen angeregt, nicht nur in der Soziologie, auch in der Erziehungswissenschaft, der Politikwissenschaft, den Literatur- und Kulturwissenschaften, der Geschichtswissenschaft. Auf dem 16. Weltkongress der Soziologie in Durban 2006 gehörte Bourdieu sicherlich zu den am häufigsten zitierten Autoren, breit über die verschiedenen Sektionen verteilt. Über die internationale Verbreitung informieren Sociologica (2005; 2008) sowie Fröhlich (2009d). Die »Fondation Bourdieu« bietet eine Internet-Plattform für die internationale und interdisziplinäre Vernetzung von Arbeiten zu Bourdieu.

Wir können hier nur Beispiele zu wichtigen Themen anführen und einige Anmerkungen zur Rezeption in der Sozialforschung machen; bevorzugt werden dabei Beiträge, in denen eine kritische Auseinandersetzung mit den Konzepten von Bourdieu erkennbar ist.

Die PISA-Studien seit 2001 haben im internationalen Vergleich für Deutschland einen engen Zusammenhang zwischen der sozialen Herkunft der Schüler und ihren Schulleistungen aufgewiesen. Die Schule verstärkt die herkunftsspezifischen Unterschiede dadurch, dass sie weniger privilegierte Schüler benachteiligt. Das hat Bourdieus bildungssoziologischen Arbeiten aus den 1960er Jahren, durch die er in Deutschland bekannt geworden war (Krais 2005, 79 f.)[90], eine neue Aktualität gegeben. Vester (2004) diskutiert »Die Illusion der Bildungsexpansion«, Geißler (2004) sieht »Die Illusion der Chancengleichheit im Bildungswesen – von PISA gestört«, Kuhlmann (2008) erörtert »Bildungsarmut« als Resultat sozialer Vererbung. Die vertiefenden Analysen

90 Zur Rezeption in Frankreich vgl. Baudelot (2005), der darlegt, dass durch diese Arbeiten Bildung, zuvor Thema vor allem von Pädagogen und Psychologen, zu einem legitimen Gegenstand der Soziologie wurde.

der PISA-Resultate von Baumert/Stanat/Watermann (2006, 79) greifen Bourdieus Konzept des kulturellen Kapitals auf, das sich »auch in flächendeckenden Schulleistungsuntersuchungen sparsam operationalisieren und reliabel erfassen [lässt]. Informationen über die kulturelle Praxis einer Familie tragen substanziell zur Vorhersage des Kompetenzerwerbs der jüngeren Generation bei.«

Zu wenig bekannt sei aber über die sozialen Prozesse, die diesen Zusammenhang festigen (Vester 2004, 23); nach Geißler (2006, 40) mangelt es noch an einer umfassenden, theoretisch schlüssigen Erklärung. Viele knüpfen an Bourdieu an, um die Ungleichheit im Bildungswesen erklären zu können (einige auch an den Rational-Choice-Ansatz, der sich gleichfalls der Illusion der Chancengleichheit verweigert hat, vgl. Vester 2006).

Jünger (2008) untersucht in einer Bourdieu'schen Theorieperspektive Ungleichheitsphänomene in der Kindheit und wendet sich damit einer Altersphase zu, die Bourdieu ignorierte. Datenbasis sind Gruppendiskussionen mit 10–12jährigen Kindern aus privilegierten und aus nicht-privilegierten Wohnvierteln. Der Gruppenvergleich zeigt: Für die privilegierten Kinder ist die Schule eine Welt, die Spaß machen soll, in der gute Lehrer einen interessanten Stoff vermitteln. Für die Gegengruppe ist die Schule vor allem eine Stätte der Vorbereitung auf den Beruf, der später die Existenz sichern soll; das meritokratische Ideal haben sie verinnerlicht, ihre inferiore Position anerkannt (Jünger 2008, 378 und 569 f.). »Ist man beispielsweise gut in Mathematik, scheint das Ziel, Mathematiker zu werden, grundsätzlich doch vermessen... Jedoch könnte man in der Migros als Kassiererin arbeiten, am Zugschalter oder als Zahnarztgehilfe wirken.« (Jünger 2008, 239) Schon früh wird die Selbst-Eliminierung deutlich, die Angst vor dem sozialen Abstieg, die nur bescheidene Träume zulässt (Jünger 2008, 239) und einer Notwendigkeitslogik verpflichtet ist. Allerdings, »die Gegenwartsbezogenheit und die Tendenz zur sofortigen Bedürfnisbefriedigung als Teil der Not(wendigkeits-)Logik konnten nicht vollständig wiedergefunden werden.« (Jünger 2008, 569 f.)

Einer Studie von Bittlingmayer/Bauer (2007) über die Bildungsaspirationen der Eltern von 10–12jährigen Kindern zufolge sind diese nicht schichtspezifisch verteilt und können also nicht die ungleichen Bildungschancen erklären. Allerdings erkennen gerade bildungsferne Eltern die Neutralität der Schule an und akzeptieren so (wie die von Jünger 2008 befragten Kinder) die Mechanismen der Auslese. Die bildungsfernen Eltern unterscheiden sich von den bildungsnahen durch das Ausmaß an Wissen über das Funktionieren der Schule sowie durch den Grad der Passung an die Institution: »Die milieuspezifischen Sozialisationsprozesse unterscheiden sich … vor allem danach, inwieweit zwischen den nahräumlichen Wissensbeständen und Handlungskompetenzen und den institutionellen Handlungsräumen Passungs- oder aber Distanzverhältnisse bestehen.« (Bittlingmayer/Bauer 2007, 170) Hier wird symbolische Herrschaft wirksam: »Erst wenn die schulbildungsfernen lebensweltlichen Alltagspraktiken von den bildungsfernen Gruppen selbst symbolisch abgewertet werden und ihre eigenen milieuspezifischen Wissensformen aus der Perspektive der Schule als sinnlos oder wenig wertvoll betrachtet werden, aber ausgerechnet die Schule den symbolischen Referenzrahmen darstellt, ist die symbolische Beherrschung der bildungsfernen Schichten komplett.« (Bittlingmayer/Bauer 2007, 176; vgl. Alkemeyer/Rieger-Ladich 2008) So bleiben die Bildungsaspirationen ohne Konsequenzen.

In der Hochschulforschung schließen verschiedene Arbeiten über den Zugang zum Studium und über die Fachwahl an Bourdieu an. Engler (1993) hat die Herausbildung des fachbezogenen Habitus im Laufe des Studiums in geschlechtsspezifischer Perspektive untersucht. Bülow-Schramm/Gerlof (2004) fragen anhand von narrativen Interviews und Zeittagebüchern, ob sich die Strukturen des Habitus mit Studienbeginn ändern. Lehmann (2009) und Reay/Crozier/Clayton (2009) erforschen, wie Studierende aus der Arbeiterschaft ihren Bildungsweg und ihre Persönlichkeitsentwicklung deuten und modellieren. Lenger (2008, 112) zeigt: »Die Wahrscheinlichkeit einen Doktortitel zu ›erwerben‹, beruht nicht auf der individuellen Leistungsfähigkeit oder persönlichen Qualifikation, sondern wird maßgeblich durch die ökonomischen, sozialen und kulturellen Bedingungen des Elternhauses beeinflusst.« Engler (2001) untersucht die »Konstruktion der wissenschaftlichen Persönlichkeit auf dem Weg zur Professur« anhand des sozialen Gefüges, der Logik und Struktur des wissenschaftlichen Feldes, wie es sich aus den Narrationen von Professoren und Professorinnen ergibt.

Dem Risiko der Reproduktion der sozialen Position einer Familie mittels Bildung wendet sich Schmeiser (2003) zu, indem er Verlaufstypen des sozialen Abstiegs von Kindern aus Akademikerfamilien untersucht. Bei keinem dieser Typen lassen sich »Anhaltspunkte für … sozial und mental ›entwurzelte‹ oder ›im Freien stehende‹ Individuen finden, von einer Verflüssigung und Auflösung milieutypisch vorgespurter Lebensläufe und entsprechender Verhaltenserwartungen wird man selbst im Falle eines Abstiegs schwerlich ausgehen können.« (Schmeiser 2003, 234)

Die Forschung knüpft so hauptsächlich an Bourdieus These von der Reproduktion sozialer Ungleichheit durch Bildung an. Immerhin betonen einige Autoren, dass Bildung auch ein Prozess ist, der »von der Überschreitung des jeweils Gewordenen ausgeht, oder … von der der charakteristischen ›Trägkeit‹ des Habitus entgegenstehenden Emergenz des Neuen in der Zeit, also vom Wandel der Person« (Müller 2007, 147). Am Beispiel von Mehrgenerationenfamilien arbeiten Büchner/Brake (2007, 209) heraus, dass beim familialen Transmissionsgeschehen »immer von einer Gleichzeitigkeit der Reproduktion von Bestehendem und der Emergenz von Neuem auszugehen ist.«

Bourdieus Studie »Die Feinen Unterschiede« gilt heute als »the single most important monograph of post-war sociology published anywhere in the world.« (Bennett u. a. 2009, 9)

Die Forschungen über Lebensstile in der deutschsprachigen Soziologie greifen Bourdieu meist nicht direkt auf, sondern bewahren eine kritische Distanz. Das rührt aus der hier dominierenden, von U. Beck vorgebrachten Individualisierungsthese her, sowie aus dem großen Einfluss der in dieser Richtung arbeitenden Studie von G. Schulze (1999) über die »Erlebnisgesellschaft« (vgl. Otte 2008, 19). Trotz vieler Gemeinsamkeiten zwischen Bourdieu und Schulze (ähnlicher Ansatz: kultureller Konsum als Stilisierung von Sozialgruppen gegeneinander, ähnliche Methodik, ähnliche Ergebnisse) dominiert bei Schulze doch der Lebensstil als autonome Ebene der Sozialintegration. Anders als Bourdieu geht Schulze nicht von einer Fortwirkung der Klassengesellschaft aus, sondern (in der Nachfolge von Beck) von einer Öffnung der Möglichkeiten für alle und also einem Rückgang hierarchischer Beziehungen zwischen Großgruppen. Konsequent nimmt er an, dass die Individuen ihren Lebensstil frei wählen, ihre alltagsästhetischen Entscheidungen frei treffen (können). Entsprechend schließen sich die durch ästhetische Präferenzen gebildeten Milieus (Hochkultur, Trivial- und Spannungsschema) gegenseitig nicht aus. Auch wenn Distinktion eine Rolle spielen mag, diene der kulturelle Konsum in erster Linie inzwischen einer Erlebnis- oder Subjektorientierung, einer Vermehrung der positiven Befindlichkeit.

Allgemein dominiert so in der deutschsprachigen Lebensstil-Forschung die Annahme, dass Lebensstile und objektivere Merkmale der sozialen Ungleichheit voneinander entkoppelt seien (vgl. Otte 2008, 19 ff.) – eine Annahme, die Bourdieus Überlegungen widerspricht. Angesichts der mangelnden empirischen Belege für diese und andere Annahmen und angesichts der theoretischen Vorläufigkeit der Untersuchungen kann aber Bourdieus Vorschlag nach wie vor als »das klarste theoretische Erklärungsmodell« gelten (so Otte 2008, 87).

In einem Bereich aber ist Bourdieus Lebensstil-Konzept in der deutschen Forschung früh aufgenommen worden, in den Untersuchungen über Jugendstile und Jugendkulturen. Diese Rezeption ist vor allem mit den Schriften von J. Zinnecker verbunden (z. B. Zinnecker 1981; Zinnecker 1983). Allerdings war und ist diese Aufnahme eigenständig: Sie ist angeregt durch Bourdieus Betonung der Körpernähe von Geschmack und Lebensstil sowie durch die von ihm herausgearbeitete distinktive Leistung, verzichtet jedoch im Grunde darauf, die bei Bourdieu wichtige Bindung des Lebensstils an die Klassenstruktur zu übernehmen. Sie beschränkt sich entweder auf eine intensive Deskription des Gegeneinanders der Jugendstile und auf die alltagsästhetische Praxis von Jugendlichen, oder hält Merkmale der familiären und der Schulsozialisation für wichtiger als die der Klassenstruktur (z. B.

»Jugendzentrismus« vs. »Erwachsenenzentrismus«). Zu dieser Variante gehört auch die Konzeption eines »subcultural capital« in modischen Jugendstilen, die ähnlich an Bourdieu anschließt und zugleich nicht anschließt (Thornton 1995). Dagegen melden sich Positionen, die eine konsequentere Rezeption Bourdieus verlangen, insbesondere eine Einordnung der Subkultur in die übergreifende gesellschaftliche Klassenstruktur (Jensen 2006, 263 ff.).

Später hat sich Zinnecker (2000) kritisch von Bourdieus Sichtweise entfernt: Unter Rückgriff auf Luhmann und Tenbruck (vgl. Abels/König 2010, 230 ff.) verficht er nunmehr die Idee der »Selbstsozialisation«, das heißt dass Kinder und Jugendliche sich weithin selbst zu erwachsenen Mitgliedern der Gesellschaft machen (und nicht oder nicht nur von Eltern und Lehrern dazu gemacht werden). Damit werden Bourdieus Überlegungen zur Herkunft von Lebensstil und Habitus als für die empirische Forschung nur begrenzt tauglich beurteilt (vgl. Zinnecker 2002, 154).

Bis heute gibt es nur wenige Versuche, die Grundidee von Bourdieus Studie »Die feinen Unterschiede« auf die Konstellation in einem anderen Land anzuwenden und die Frage zu beantworten, ob sie hier ebenso wirksam ist.

Blasius/Winkler (1989a) haben fast 30 Jahre nach Bourdieus Studie in Köln eine Vergleichsstudie mit einem verkürzten und auf deutsche Kulturgüter und -praktiken übertragenen Fragebogen durchgeführt.[91] Ein zentrales Ergebnis ist, dass sich die Lebensstile der Arbeiterschaft und der Oberschicht klar unterscheiden, dass jedoch in der mittleren Schicht ein typischer Lebensstil nicht identifizierbar ist. Das widerspricht den Ergebnissen bei Bourdieu nicht unbedingt, der ja gerade für diese Klasse die stärksten Bewegungen konstatiert hatte.

In einer neuen Studie wenden sich Blasius/Friedrichs (2008) der Volksklasse zu, die bei Bourdieu undifferenziert geblieben war, und prüfen die Hypothese vom Notwendigkeitsgeschmack in einem armen Kölner Wohngebiet. Mittels der multiplen Kor-

91 Zur Kritik an dieser Studie vgl. Höher 1989 und die darauf folgende Antwort von Blasius/Winkler (1989b) sowie Blasius (2001, 319 ff.).

respondenzanalyse bestätigen sie Bourdieus These: »The members of the lower classes are – due to their economic and educational restrictions – unable to cultivate their own taste since they are unable to use their income to increase their cultural capital and they are unable to use their educational attainment for increasing their economical capital.« (Blasius/Friedrichs 2008, 41 f.)

Lamont, die selbst kurze Zeit bei Bourdieu gearbeitet hatte, beobachtet an den Studierenden der Universität Stanford: »These students were not as concerned with demonstrating familiarity with high culture as Bourdieu would have predicted and they were proud of being able to repair their bicycles (the French dominant class looked down at practical tasks, Bourdieu told us).« (Lamont 2010, 131) In den USA werde die legitime Kultur kaum als Statussignal genutzt, stellt sie auf der Grundlage von halboffenen Interviews fest (Lamont 2010, 133).

Eine umfangreiche und zugleich getreue Replikation der »Feinen Unterschiede« ist die Untersuchung von Bennett u. a. (2009) in Großbritannien. Sie beruht auf einer repräsentativen Umfrage, auf einem Zusatzsample zu Erfassung der aus Indien, Pakistan und der Karibik Zugewanderten sowie aus rund 200 qualitativen Interviews und verwendet u. a. die multiple Korrespondenzanalyse als Auswertungsverfahren. Die wichtigsten Ergebnisse sind:

Eine legitime Kultur im Sinne Bourdieus hat die britische Oberschicht nicht (besser: nicht mehr). Sie interessiert sich gleichermaßen für die traditionelle hohe Kultur wie für ausgewählte Elemente der Populärkultur; sie ist zum »Allesfresser«[92] geworden. Distinktion gegenüber den anderen Sozialschichten ist kaum spürbar, Offenheit gegenüber allen möglichen Kulturelementen ist ein Wert (Bennett u. a. 2009, 254 f.). Umgekehrt finden sich in der Unterschicht keine Hinweise auf ein Gefühl, von hochkulturellen Bereichen ausgeschlossen zu sein, wiewohl sie

92 Bennet u. a. 2009 nehmen hier den Begriff »omnivorous« von Peterson (1992) auf. Die Frage, ob der neue grenzüberschreitende Geschmack eventuell selbst eine neue Distinktionsstrategie im Sinne Bourdieus ist, ist offen (vgl. Berli 2010).

die Präferenzen des legitimen Geschmacks (Kunstgalerien, Museen, Konzerte) nicht teilt. Gewiss kommen einige Präferenzen und Aktivitäten hauptsächlich in der Oberschicht vor: Theater-, Museums- und Konzertbesuch, aber ohne Momente eines exklusiven Stils zu sein (Bennett u. a. 2009, 253).

Die verschiedenen Felder des kulturellen Konsums (Lesen, Musik, Körperkultur, Kunst usw.) werden nicht durch ein und denselben Code (legitimer vs. populärer Geschmack) bestimmt. In den Feldern der Musik und der Kunst finden sich zwar deutliche Hinweise für die von Bourdieu konstatierte Struktur, kaum aber in anderen (Lesen, Körperkultur, Medien). Geschlecht, Alter und ethnische Herkunft haben Einfluss auf die Präferenzen und die Aktivitäten im kulturellen Konsum. In manchen Bereichen sind sie wichtiger als die Klassenzugehörigkeit. Der Musikgeschmack wird vor allem durch das Alter bestimmt, die Präferenzen bei Fernseh-Programmen und in der Körperkultur hauptsächlich durch das Geschlecht (Bennett u. a. 2009, 251).

Diese Ergebnisse führen Bennett u. a. (2009, 257 ff.) dazu, einige Behauptungen von Bourdieu zu Habitus und kulturellem Kapital in Frage zu stellen: Die Annahme, dass ein einheitlicher Habitus sowohl die soziale wie die kulturelle Ungleichheit reguliert, ist nicht plausibel. Die von Bourdieu der legitimen Kultur zugeschriebene Interessenlosigkeit wurde nicht aufgefunden. Eventuell sollten weitere Kapitalformen (neben dem kulturellen) berücksichtigt werden: ein technisches (Kompetenzen und Können), ein affektives (auf lokalen oder privaten Interaktionen basierend), ein nationales (in Abgrenzung zu den Einwanderergruppen) und ein subkulturelles Kapital (in einzelnen Szenen und Gruppierungen entstehend).

Eine direkte Nachfolgestudie zu »Das Elend der Welt« haben Schultheis/Schulz 2005 für Deutschland vorgelegt. Offenbar ist die Anregung dazu noch von Bourdieu selbst ausgegangen (Schultheis/Schulz 2005, 10). Der Ansatz orientiert sich am Vorbild: »Gefragt wird nach den Ausdrucksformen von Krisenerfahrung und -stimmung, von Unbehagen und Desorientierung in einer Alltagswelt, deren Plausibilitätsstrukturen angesichts grundlegender Erschütterungen hergebrachter Muster biographischer Entwürfe brüchig oder gar hinfällig werden.« (Schultheis/Schulze 2005, 12) Auch im Aufbau folgt dieses Buch dem Vorbild: Interviewprotokolle bzw. Auszüge daraus wechseln sich ab mit Informationen und Überlegungen zum Themenbereich aus der Hand der Sozialforscher. Die Interviews sind großen Themenbereichen (z. B. »Brüchige Arbeitswelt«, »Jenseits der Mitte«) zugeordnet und behandeln öfter Positionen bzw. Personen, die in sozialer Relation zueinander stehen. Allenfalls Ausflüge in die allgemeine soziologische Theorie fehlen, die Verfasser beschränken sich auf eine Gegenwartsdiagnose. Auch in anderen Ländern sind Parallelprojekte zum »Elend der Welt« durchgeführt worden, so z. B. in Österreich für die Stadt Graz (Katschnig-Fasch 2003) und in der Schweiz (Honegger/Rychner 1998).

Gemeinsam ist diesen Nachfolgestudien zu Bourdieus »Elend der Welt« das verstehende Herangehen, die Arbeit in einem Forscherteam und der Versuch, das alltägliche Leiden »im Schatten des Neoliberalismus« (Katschnig-Fasch 2003) zu deuten. Gemeinsam mit der Vorbildstudie ist ihnen auch, dass sie nicht genau über die Auswahl der Interviewten informieren und nicht recht mitteilen, ob die Interviewer auch nach anderen Erfahrungen als nach leidvollen gefragt haben.

Während hier »Prekarisierung« vor allem im Sinne Bourdieus als Herrschaftsform aufgefasst wird, plädiert Pieper (2008, 236; ähnlich Trinkaus/Völker 2009, 215) für ein offeneres Verständnis. Narrative Interviews mit 1-Euro-Jobbern, Kunstproduzenten, Freiberuflern und anderen machten nicht nur auf Leiden aufmerksam, sondern auch auf Möglichkeiten der Beeinflussung der eigenen sozialen Position und auf Widerstandspotenziale. Offener ist die Fragestellung auch bei Bremer/Lange-Vester (2006, 11): Werden die gegenwärtigen gesellschaftlichen Veränderungen von den Menschen eher als Herausforderungen angenommen, oder sind sie Zumutungen?

Insgesamt sind Bourdieus Ideen in Forschungen über den Wandel in der Arbeiterschaft und über die Bewältigung prekärer Lebenssituationen breit rezipiert worden. Die Grundidee, die dabei übernommen wird, ist: Die Bewältigungsversuche der neuen

Erfordernisse des Arbeitsmarktes (Umstellung auf nicht-industrielle Tätigkeiten, entsprechende Umqualifizierung, Hinnahme von befristeten oder sonstwie »untypischen« Beschäftigungsverhältnissen usw.) durch die verschiedenen Fraktionen der Arbeiterschaft geschieht nach Milieus und jeweiligem Habitus unterschiedlich, und keineswegs, wie die sozialpolitische Debatte und manche soziologische Studien unterstellen, einheitlich als hoffnungsloses Absinken in prekäre Lebensverhältnisse.

Vor allem M. Vester u. a. (2002) haben die unterschiedlichen Ressourcen der Teilgruppen der Arbeiterschaft und ihrer Umstellungsfähigkeit herausgearbeitet. Um Vester hat sich an der Universität Hannover inzwischen eine eigene Schule der Sozialstrukturanalyse entwickelt, der Fröhlich/Rehbein (2009, 384) »eine Vorreiterrolle bei der empirischen Arbeit mit Bourdieu« attestieren. Die Arbeiten aus dieser Gruppe verwenden innovative Formen der Habitus- bzw. Mentalitätsanalyse – Bourdieu hatte sich hier methodisch und methodologisch nicht viel Mühe gegeben (vgl. Bremer 2004, 12). Grundgedanke ist, dass der Habitus nicht einfach aus Kapitalsorten und Kapitalzusammensetzung errechnet werden kann, sondern aus dem Verhaltensrepertoire der Personen und aus ihren Klassifizierungen herausgearbeitet werden muss: »Die wissenschaftliche Klassifizierung der alltäglichen Klassifizierungen der Akteure ist das Grundprinzip der Habitus-Hermeneutik.« (Bremer 2004, 64)

Auf der Grundlage von Studien, die an »Die feinen Unterschiede« anknüpfen, stellen Bremer/Lange-Vester/Vester (2009, 311) fest, »dass sich die sozialen Klassen mit ihren Habitus-Identitäten durch die neueren Entwicklungen des Erwerbssystems, der Soziallage, des Warenkonsums und der Alltagskultur nicht aufgelöst haben.« Der Wandel bestehe vor allem aus »horizontalen Veränderungen in den jeweiligen Segmenten der Klassenstruktur« und weniger in Auf- oder Abstieg. Ein Hauptergebnis der Forschungsgruppe um Vester ist, dass vor allem eine auf Pflicht und Leistung eingeschworene Kerngruppe (und nicht oder nicht nur Milieus am unteren Rande der Arbeiterschaft) wegen ihres Habitus Umstellungsprobleme hat (vgl. Rademacher/Lobato 2008, 139 und 144).

Eine Studie über den Protest von »Unberührbaren« in Indien gegen das Kastensystem (Gorringe/Rafanell 2007) stellt fest, dass Bourdieus Habitus-Konzept auf den ersten Blick zwar geeignet sei, um die Körpernähe der Kastenzugehörigkeit und ihre Erkennbarkeit an körperlichen Ausdrucksformen zu beschreiben, aber, weil hauptsächlich von Strukturen her denkend, wenig geeignet, um den Protest dagegen zu fassen. Hierfür seien Überlegungen von Foucault fruchtbarer, weil durch sie die Interaktion zwischen den Akteuren in den Vordergrund komme, durch die individuelle und kollektive körperbezogene Identitäten hergestellt, aufrechterhalten und gegebenenfalls verändert werden.

Anregungen durch Bourdieus nicht systematisch ausgeführte Thesen zur Mehrdimensionalität von sozialer Ungleichheit klingen durch bei den seit den 1990er Jahren begonnenen Bemühungen, die verschiedenen Merkmalsdimensionen von Ungleichheit (vor allem Klasse, Geschlecht und ethnische Zugehörigkeit) in ihrem Wirkungszusammenhang zu konzeptualisieren und zu untersuchen (z. B. Schwinn 2008).

Bourdieus Text über die männliche Herrschaft wurde von den Feministinnen in Frankreich (besonders bei den Historikerinnen und Ethnologinnen, vgl. Thébaud 2005, 232) zunächst scharf abgelehnt, weil er nicht auf die Frauenforschung verwiesen und keine Vordenkerinnen genannt hatte. In Deutschland halten sich Zustimmung und Kritik die Waage, es gibt viele Bemühungen um eine kritische Auseinandersetzung und empirische Fundierung (zum Überblick: Dölling 2009).

Bourdieus Feld-Konzept wird (locker) hinzugezogen, um die Unterrepräsentation von Frauen in den oberen Rängen der britischen Polizei zu erklären und um die Reaktionen von Polizistinnen auf die organisatorische Diskriminierung fassen zu können (Dick 2008). Nach Holt (2008, 236 ff.) kann Bourdieus Begriff des sozialen Kapitals mit Thesen der feministischen Theoretikerin J. Butler verknüpft werden, um ungleiche Lebenschancen konzeptualisieren zu können, die an körperliche Merkmale gebunden sind (Rasse, Geschlecht, Behinderung usw.) und die direkt wenig mit der von Bourdieu betonten Klassenstruktur zu tun haben. Die Lösung: »embodied social capital« überzeugt nicht ganz, weil das soziale Kapital nach Bourdieu zunächst aus (aktualisierbaren) Relationen besteht und gerade nicht inkorporiert ist.

Bourdieu hatte den frühen Prozess der Einverleibung nicht näher untersucht. Dies haben Kindheitsforscher inzwischen nachgeholt.

In einer Ethnografie von Familien hat Lareau (2003, 276) den »time use for children's leisure activities, language use in the home, and interventions of adults in children's institutional lives« untersucht. Während die Eltern der Mittelschichten dem Modell einer »concerted cultivation« folgen, wonach das Kind individuell gefördert und gelenkt wird (und beispielsweise lernt, Augenkontakt zu halten und sich mit Erwachsenen zu unterhalten), orientieren sich die Eltern der Arbeiterschaft an einem »natural growth«-Modell, dem zufolge die außerschulischen Aktivitäten der Kinder weniger gesteuert und kontrolliert werden. So entstehen »ungleiche Kindheiten« (Lareau 2003), die zu ungleichen Bildungschancen führen. Eine Studie von Leonard (2005) richtet sich stärker auf die Aktivitäten der Kinder als auf die Erziehungspraktiken der Eltern und hebt heraus, dass Kinder nicht nur soziales Kapital in sich aufnehmen, sondern sich auch aktiv damit auseinander setzen.

Leena Alanen (2005) plädiert für eine relationale Soziologie der Kindheit und knüpft in ihrer methodologischen Begründung an Bourdieu an. Ziel sei es, »to develop a relational sociology of childhood, grounded in empirical work on children's childhood.« (Alanen 2005, 286 f.) Durch ein relationales Denken sollen Substanzialisierungen (Kinder vs. Erwachsene) vermieden werden.

In dem Wissen, dass die bei Bourdieu vorherrschende Dreiteilung der sozialen Klassen so eindeutig und so einfach heute nicht mehr wirksam ist (»Zerfall« der Arbeiterschaft, Rückgang der ängstlichen Orientierung der Kleinbürger an der herrschenden Klasse usw.), wird die Frage nach sozial bestimmten Körperkonzeptionen für die Kindheit und also nach sozial ungleicher Körpersozialisation neu gestellt. Hier ergeben sich Hinweise, dass das Schulniveau und auch das Geschlecht und die ethnische Herkunft einflussreich sind (Bittlingmayer 2008).

Allgemein stellt Lahire die Kohärenz des Habitus und also auch den eindeutigen Verlauf des Inkorporationsprozesses in Frage. »If sociology is to be the study of dispositions ... it must move beyond making ritual appeals to the embodied past; it should examine how this past can become socially constituted and how it can be actualized.« (Lahire 2009, 335) Das Individuum muss als »pluraler Akteur« aufgefasst werden, der je nach Konstellation von inkorporierten Dispositionen und Handlungskontexten handelt.

Bourdieu hatte sich bei aller Betonung der Körperlichkeit des Habitus für die körperliche Praxis selbst wenig interessiert (vgl. Saalmann 2009a, 278). Wacquant (2003) hingegen nimmt Bourdieus Grundgedanken ernst, dass wir mit dem Körper lernen. Für seine Studie übers Boxen hat er sich selbst Boxhandschuhe übergestreift, um die Verinnerlichung des einschlägigen Habitus zu erfahren und dann in analytischer Distanz zu dessen Logik Zugang zu finden. Seine Untersuchung über Box-Clubs von Schwarzen in Chicago ist ein Plädoyer für eine Soziologie, »die sich nicht allein auf den Körper im Sinne eines Objekts bezieht, sondern vom Körper als Untersuchungsinstrument und Vektor der Erkenntnis ausgeht.« (Wacquant 2003, 270). Bourdieu, so Wacquant, hatte dieses Vorgehen unterstützt.

Eine der gründlichsten Feld-Analysen, die Bourdieu vorgelegt hat, ist die des literarischen bzw. künstlerischen Feldes. Laut Wuggenig (2009, 11) ist Bourdieu der einzige bedeutende Soziologe unserer Zeit, der die bildende Kunst untersucht hat. Die Rezeption im Fach ist allerdings gering. Das wird mit der Randständigkeit des Themas Kunst in der Soziologie zusammenhängen und damit, dass Bourdieu mit der *illusio* des Feldes bricht, mit dem Glauben an die individuelle Schaffenskraft des Künstlers, und die künstlerische Produktion an die soziale Position zurückbindet.

Bourdieu hatte selbst immer wieder das Gespräch mit Künstlern gesucht (etwa mit Hans Haacke). Seine Konzepte finden auch in künstlerische Arbeiten Eingang, so etwa bei Andrea Fraser, die in ihrer Performance *May I help you?* Bourdieu ausdrücklich zitiert (vgl. Fraser 2008; von Bismarck/Kaufmann/Wuggenig 2008).

Dass das Museum vor allem den oberen Schichten vorbehalten ist, hatten Bourdieu/Darbel 1966 in »Die Liebe zur Kunst» festgestellt; das gilt laut Kastner (2009, 105) noch heute. Aber treffen seine Analysen des künstlerischen Feldes im engeren Sinne heute noch zu?

Bourdieu hatte die Herausbildung eines relativ autonomen Feldes der Kunst im Frankreich des 19. Jahrhunderts beobachtet, vor allem am Beispiel von Manet und dem Impressionismus. Ausgehend vom Werk Andy Warhols geht Zahner (2005) dem Umbau des Kunstbetriebes in den 1960er Jahren nach und sieht in der Pop Art ein neues Subfeld zwischen dem Pol der »reinen Produktion« und dem der »Massenproduktion«, das Subfeld der »erweiterten Produktion«. Hatte Bourdieu vor dem Überhandnehmen ökonomischer Zwänge im Feld der Kunst gewarnt, so zeigt Zahner (2005, 285), dass die Kunst »seit den 1960er Jahren deutlich näher an das Subfeld der Massenproduktion herangerückt« ist, gestützt auf massenmediale Inszenierungen, den Einzug von Konsumgütern in die Kunst und die Expansion vertriebsorientierter Galerien. Auch wenn seither der Markterfolg nicht länger verpönt sei, gehe die Kunst doch nicht in Massenproduktion auf, denn sie funktioniert »mit der Betonung der Innovation, des einzigartigen Werkes, der Individualität und Originalität des Künstlers nach anderen Regeln … als die kulturindustrielle Produktion.« (Zahner 2005, 285) Die Pop Art habe den Möglichkeitsspielraum von Kunst erweitert und zu einem Pluralismus der Geschmäcker geführt, den Bourdieu nicht sah.

Graw (2008) bezweifelt die Polarität von künstlerischem und ökonomischem Pol für das heutige Kunstgeschehen. Bourdieu denke idealistisch, wenn er das Anwachsen ökonomischer Zwänge als Zeichen für das Ende der künstlerischen Produktion ansieht (Graw 2008, 314). Das Feld sei zwar weiterhin durch Kämpfe strukturiert. Aber: »Zur Zeit haben wir es mit einer in unterschiedliche Segmente zerfallenden Kunstwelt zu tun … Anstelle der klar umrissenen gegnerischen Lager oder leicht zu erkennenden FeindInnen begegnen wir nun einer Vielfalt gesellschaftlicher Segmente. Sie leben in friedlicher Koexistenz und ohne sich zu stören nebeneinander, und gelegentlich überlagern sie sich, um miteinander zu kooperieren.« (Graw 2008, 310) Ferner plädiert Graw (2008, 312) für die Ersetzung des Begriffs der relativen Autonomie durch den der »relativen Heteronomie«, um damit von außen wirkende Beschränkungen (vor allem ökonomischer Art) fassen zu können; hier lehnt sie sich an das ältere Konzept der »Kulturindustrie« nach Adorno/Horkheimer an. Erst so sei es möglich, die Besonderheit des Kunstmarkts zu berücksichtigen (z. B. spektakuläre Ungerechtigkeiten und Überraschungen bei der Durchsetzung, vgl. Menger 2006) und zu untersuchen, wie Künstler mit der wachsenden Definitionsmacht des Marktes umgehen (Graw 2008, 315).

Zu einer angemessenen Untersuchung des Feldes einer Richtung der modernen experimentellen Musik (Glitch) hält Prior (2008) Bourdieus Feld-Konzept für sehr geeignet, kritisiert aber die Vernachlässigung von Technik und Technologie in Bourdieus Gesamtwerk. Auf diese Weise könne die Rolle von technischen Geräten bei der Produktion und Verbreitung dieser Musikrichtung nicht zureichend erfasst werden. Deshalb schlägt er vor, Gesichtspunkte aus der Aktor-Netzwerk-Theorie (nach Latour und Callon) aufzunehmen und sieht trotz aller theoretischen Differenzen hierfür gute Chancen (Prior 2008, 313 ff.).

Eine Beobachtungsstudie über die alljährliche Londoner »Fashion Week« (Entwistle/Rocamora 2006), die, weil zu ihrem Termin die Geschäftsabschlüsse in Bereich der Hohen Mode meist längst abgeschlossen sind, vor allem eine Selbstaktualisierung des Feldes der (hohen) Mode ist, nutzt Bourdieus Thesen zu Feld, Kapital und zur Bedeutung des körperlich verankerten und wirksamen Habitus. Wie sich das Feld der Mode während dieser Veranstaltung durch Grenzziehungen, Zugangsregelungen, Hierarchisierung (der Sitzordnung vor dem Laufsteg), pretiöse Kleidung und eingespielte körperliche Darstellung selbst aktualisiert und reproduziert, wird überzeugend aufgewiesen. Gegen Bourdieu wenden die Autorinnen ein, dass er die wirkliche Herstellung und theatralische Darstellung eines Feldes durch »fieldwork« der Beteiligten zugunsten von systematisch-struktureller

Denkweise vernachlässigt habe (Entwistle/Rocamaro 2006, 736 und 749).

Ähnlich argumentiert die qualitative Studie von König (2007) über die Selbst-Präsentation von Jugendlichen durch Kleidung: Wie sich die Klassenstruktur in einen individuellen Kleidungsstil bei einem Mädchen oder einem Jungen transformiert, das sei mit Bourdieu nicht recht erfassbar, so anregend seine Schriften dafür auch seien. Deshalb zieht sie Konzepte und Interpretationsmöglichkeiten von Goffman hinzu, um die Aushandlung der Selbst-Präsentation mit Eltern, Gleichaltrigen, Lehrern untersuchen zu können (König 2007, 25 ff.; 267 ff.).

Zum wissenschaftlichen Feld dominieren Einwände gegen Bourdieu. Es gebe Widersprüche zwischen seinen Analyen und seinen Reformvorschlägen. »Einerseits schreibt das Feld (und Bourdieu als Methodologe) den Agenten bzw. Akteuren Konkurrenz, Kritik, Distinktionsstreben vor als Strategien (als dem unvermeidlichen Weg zu wahrheitsfördernden Bedingungen), andererseits präsentiert Bourdieu fast idyllisch-träumerische Vorschläge, wie dem nach ›Selbsterfahrungsgruppen in der Wissenschaft‹.« (Fröhlich 2009c, 332) Daneben bemängelt Fröhlich (2009c, 332 ff.) Bourdieus Vernachlässigung der Wissenschaftsforschung, die längst das »reine Wissenschaftskapital« als Ideologie entlarvt habe; Messungen anhand eines Zitationsindexes erfassten eher ökonomische oder institutionelle Macht als wissenschaftliche Reputation. Gerade das Beispiel Bourdieu zeige, dass die Zitierhäufigkeit eines Autors nicht eindeutig interpretiert werden kann: Bourdieu hat oft in Teams gearbeitet, manche Ergebnisse wurden aber allein unter seinem Namen publiziert. Werden Ko-Autoren genannt, so profitiert Bourdieu von seinem Namen am Anfang des Alphabets, Ko-Autoren werden durch ein »u. a.« unsichtbar (Fröhlich/Mörth 2009, 373; Fröhlich 2009d, 376 ff.).

Für die Religionssoziologie sind Bourdieus Grundgedanken und Ideen offenbar nicht anregend gewesen (zum religiösen Feld Schäfer 2009). Bourdieus Ansatz habe bis in die 1980er Jahre hinein die Entwicklung dieser Teildisziplin (in Frankreich) behindert. In seiner Sichtweise stelle »... die Religion einen Bereich dar, der durch einen fortwährenden symbolischen Kampf, bei dem es sich allerdings lediglich um einen Wettbewerb zur Gewinnung sozialer Positionen handelt, vorstrukturiert ist.« (de Galembert 2004, XVIII; vgl. Dianteill 2004, 80 f.). Auf diese Weise sei der Kern der Religion (Glaubensüberzeugung, Ergriffenheit, Partizipation an Ritualen usw.) ausgeblendet worden.

Kaum ein Text über das Sozialkapital vergisst zu erwähnen, dass Bourdieu (nach einigen Vorläufern; vgl. Franzen/Freitag 2007, 9 f.) diesen Begriff 1983 (in: Kreckel) vorgeschlagen hat (und Coleman 1988). Dabei wird manchmal übersehen, dass Bourdieu schon drei Jahre vor diesem deutschen Text den einschlägigen Vorschlag gemacht hatte, nämlich 1980 (Bourdieu 1980), so z. B. von Franzen/Freitag (2007, 9).

Oft vereinnahmt die Erörterung den Begriff dann rasch in eine allgemeine Debatte über soziale Netzwerke und andere Phänomene, die die soziale Verbundenheit der Individuen durch Gruppen, Bekanntschaften, Beziehungen und Netzwerke bilden (so z. B. Franzen/Freitag 2007, 9). Überhaupt wird der Begriff mit unterschiedlichen Bedeutungen verwendet: Nach Bourdieu als Ressource von Individuen und als zwischen den Klassen und anderen sozialen Gruppen ungleich verteilte Handlungschance; aber auch als nützliche Folge von Netzwerk-Kontakten; als gemeinsame Normen und Wertvorstellungen, die einer Gruppe Kooperation gestatten; als altruistisches und eventuell auch als interessiert-zielbewusstes Engagement in informellen Gruppen wie in freiwilligen Vereinigungen; als Grad des Vertrauens und der eingespielten Reziprozität zwischen kooperierenden Individuen (vgl. Franzen/Freitag 2007, 10 ff.); als generalisiertes Vertrauen zu Institutionen (vgl. Franzen/Pointer 2007, 69 ff.); auch als einverständige soziale Kontrolle etwa des Verhaltens von Kindern und Jugendlichen (so Kriesi 2007, 25 f.).

Rasch geraten die Themen Engagement und Vertrauen in eine allgemeinere Debatte über die kohäsiven Kräfte in den modernen Gesellschaften und über deren Bedeutung für eine lebendige Demokratie, oft in der Nähe der kommunitaristischen Thesen (vgl.

Kriesi 2007, 27 ff.); aber auch darüber, ob eher Vertrauen und Reziprozität oder aber institutionelle Kontrollen und Regelungen die Kooperation und konformes Verhalten sicherstellen können (so Diekmann 2007, 53 ff.). Auch Projekte, die eigentlich dem »empowerment« dienen wollen, etwa das Angebot von Sportprogrammen und die Ausbildung von einschlägigen Trainern in einer von Armut, Arbeitslosigkeit und sozialem Zerfall betroffenen Region in Südafrika (Burnett 2006), rechnen sich dann zur Thematik des sozialen Kapitals.

Auf diese Weise ist ein Arbeitsfeld entstanden, das sich häufig, aber nicht immer auf Bourdieus Idee bezieht (nicht z. B. Meier 1996), aber sachlich kaum daran anschließt und ganz anderen, im Verhältnis zu Bourdieu eher »braven« gesellschaftspolitischen Perspektiven folgt (Stärkung der Zivilgesellschaft, »community development«, Absinken der solidarischen Kräfte, Probleme der sozialen Integration). Von Klassenstrukturen und von sozialer Ungleichheit ist dann nicht mehr die Rede.

Diese Verflachung des Begriffsgebrauchs geht wohl auf Putnam (1993) und auf die nachfolgende Vereinnahmung des Gedankens durch Politiker und politische Programme zurück. Holt (2008, 229) spricht geradezu von einer »capture of social capital by dominant policy perspectives« und will dagegen wieder deutlich machen, dass Bourdieu das soziale Kapital »as a mechanism for reproducing privilege« konzipiert habe (Holt 2008, 231 ff.). Auch vermutet sie, dass die von Putnam ausgehende Diskussion im Grunde eine neoliberale These verficht, insofern die Ursachen für Ungleichheit, Armut und Exklusion nicht in der Wirtschaft, sondern im bürgerschaftlichen Engagement der Individuen gesucht werden (Holt 2008, 230).

Empirische Hinweise (aus einer Sekundäranalyse einer Schweizer Studie von 2003, vgl. Franzen/Pointner 2007, 86 f.) legen nahe, bescheidenere Bedeutungen von Sozialkapital zu verwenden. Nach dieser Studie korrelieren drei gebräuchliche Dimensionen von Sozialkapital – die durch Netzwerkzugehörigkeit erreichbaren Ressourcen, das generalisierte Vertrauen zu anderen Menschen und zu Institutionen, die Normen Fairness und Reziprozität – kaum miteinander. Franzen/Pointner legen deshalb nahe, nur die Ressourcen, die durch Netzwerkbeziehungen erreichbar sind, als Sozialkapital zu bezeichnen, übrigens auch deshalb, weil nur in sie investiert werden kann, nicht aber in generalisiertes Vertrauen und in generelle Reziprozitätsnormen. Das würde eine Rückkehr zu Bourdieus Vorschlag bedeuten.

Insgesamt ist der Eindruck nicht abzuweisen, dass ein Teil der von Bourdieu angeregten Forschung ziemlich »locker« mit seinen Thesen umgeht. Oft wird ein »passender« Teil seines Vokabulars herangezogen, um eine empirische Konstellation beschreibbar zu machen. Rasch gibt man sich eventuell mit der Feststellung zufrieden, dass Bourdieus Denkmodelle angemessen sind. So heißt es bei Prior (2008) mehrfach »As Bourdieu notes…«. Eine Studie über Mädchen in Australien, die in der Schule auffällig werden, bemüht zunächst Bourdieus »Elend der Position«, um dann ein »subcultural capital« anzunehmen (Bullen/Kenway 2005, 52 ff.), das zur Erklärung des problematischen Verhaltens dieser Mädchen dienen könnte. Eine Studie über die lebensgeschichtliche Identitätsbildung anhand der von den Befragten aufbewahrten Schallplatten und CDs behauptet, dass sie sich theoretisch auf Bourdieu beziehe, verwendet aber dann ein eher aus der Biographieforschung kommendes Verständnis von Identitätsentwicklung (Shankar/Elliott/Fitchett 2009, 80).

Dies könnte daran liegen, dass es schick geworden ist, in Publikationen auf den berühmten Bourdieu zu sprechen zu kommen. Es könnte auch daran liegen, dass er trotz zahlreicher eigener Untersuchungen keine eigene Forschungsmethode entworfen und auch keine präferiert hat, und dass er (anders als etwa die Ethnomethodologie) sozialontologisch nicht auf ein Feld von sozialen Phänomenen hingewiesen hat, das zuvor kaum beachtet worden ist (so Berard 2005, 216).

In den Zusammenhang dieser »lockeren« Anknüpfung an Bourdieu gehört, dass mehrfach Versuche unternommen werden, seinen theoretischen Ansatz mit dem anderer Autoren und Forschungsrichtungen zu kombinieren: mit Foucault (Gorringe/Rafanell 2007), mit Butler (Holt 2008), mit den Jugendstudien aus der Birminghamer Schule (Jensen 2006, 260), mit Milieustudien (Rademacher/Lobato 2008), mit Elias (Schroeter 2004, 49), mit

Goffman (König 2007), mit der Aktor-Netzwerk-Theorie (Prior 2008).

Die bei Bourdieu gegebene doppelte Konzeptualisierung der modernen Gesellschaft unter differenzierungstheoretischen (Felder) und ungleichheitstheoretischen Gesichtspunkten (Klassen) wird in der Rezeption selten beachtet. Die einen schließen an die eine Seite, die andere an die andere an (so Kieserling 2008, 5). Manchmal geht auch die gesellschaftskritische Perspektive von Bourdieu ganz verloren. Habitus und Kapitalsorten werden dann ohne Bezug auf die Klassengesellschaft als Konzepte einer »ganz normalen« Sozialpsychologie verwendet. Dann ist es nicht mehr weit zu dem Versuch, aus durch Bourdieus Konzepte angeregten Untersuchungen Ratschläge für eine bessere Konsumentenforschung und ein besseres Marketing zu entwickeln (z. B. Shankar/Elliott/Fitchett 2009).

Diese insgesamt breite und undogmatische Rezeption kann natürlich auch als Vorzug gesehen werden: Bourdieus »Werke lähmen nicht und haben bislang keine übermäßige Scholastik hervorgebracht.« (Rehbein 2006, 239) Die Anregungskraft seiner Schriften ist in der Tat immens. Und viele Studien binden sich ja sehr klar an eine Überprüfung und Weiterentwicklung seiner Thesen, man denke z. B. an die Arbeiten aus der Gruppe um Vester oder an die britische Studie von Bennett u. a. Ob man aber aus der großen Zahl seiner Koautoren, Mitarbeiter und sympathisierenden Kollegen schließen kann, dass er »a veritable school of sociology, the most important in France since Emile Durkheim« begründet hat (so Swartz 2004, 17), mag offen bleiben.

9. Schluss

Bourdieus Schriften lassen sich keinen bestimmten soziologischen Arbeitsbereichen zuordnen. Entsprechend seiner Abneigung gegen die Bindestrich-Soziologien, die aus der Komplexität und Fülle der menschlichen Praktiken nur einzelne Bereiche herausgreifen (Feine Unterschiede 1979/1999, 14), hat jede einzelne seiner Studien ein umfassendes Erkenntnisinteresse. So ist z. B. »Illusion der Chancengleichheit« gewiss ein Beitrag zur Bildungssoziologie, aber Bourdieu enthüllt anhand des Bildungswesens auch Ideologien und Mechanismen, die zur Perpetuierung der Sozialstruktur beitragen. Allgemein besteht für Bourdieu die

> »wissenschaftliche Funktion des Soziologen ... darin, die Gesellschaft in Frage zu stellen und sie dadurch zu zwingen, sich selbst zu verraten.« (Illusion der Chancengleichheit 1964/1971, 15)

Immer geht es auch darum, wie die Sozialordnung legitimiert und perpetuiert wird, welche Mechanismen wirken können, ohne auf spürbaren Widerstand zu stoßen. Immer geht es um die Herrschaftsverhältnisse, insbesondere symbolischer Art, die nicht nur von den Herrschenden, sondern auch von den Beherrschten (ungewollt) gestützt, weil nicht erkannt werden.

Ja, Bourdieus Anspruch greift auch über die Grenzen der Soziologie hinaus. Pfeffer (1985, 279) stellt fest, dass er

> »mit fast imperialistischem Anspruch die Soziologie auf die Hoheitsgebiete anderer Disziplinen ausdehnt, von der Ethnologie über die Politologie bis zur Sprachwissenschaft und zur Ökonomie, zu schweigen von Streifzügen in das Gebiet der Philosophie und von dem Anspruch, die Psychoanalyse in einer ›Sozioanalyse‹ aufgehen zu lassen – allenfalls die Grenzen zur Geschichtsphilosophie, auf deren Gebiet ihm Ausflüge kaum nachzuweisen sind, respektiert er in einer für Kultur- und Sozialwissenschaften sogar ungewöhnlich sorgsamen Weise.«

Das ist vermutlich eine Ursache für seine Wirkung über die Soziologie hinaus und auch für seine Wirkung innerhalb der Soziologie, die ja den Anspruch A. Comtes, sie werde die alle Disziplinen krönende Wissenschaft sein, nie ganz aufgegeben hat.

Bourdieu hat wenig unternommen, um seine Theoreme und Konzepte systematisch miteinander zu verbinden und eine Allgemeine Soziologie zu entwickeln (so auch: Wacquant 1993, 241). »Labyrinthisch und unabgeschlossen« nennt Müller (2002, 157) das Werk. An wenigen Stellen finden sich Systematisierungsversuche für Teilbereiche, so die mit Formalisierungen arbeitende Theorie der symbolischen Gewalt, die durch Erziehung und Bildungssystem ausgeübt wird (Symbolische Gewalt 1970/1973).

> »Was der Theorie in der systematischen Ausarbeitung im Sinne einer Kodifizierung abgeht,… das leistet sie umso mehr in der exemplarischen Analyse.« (Müller 2002, 169)

Man kann es auch weniger wohlwollend sagen: Bourdieus Werk fehlen »systematicity« und »cohesiveness« (The Friday 1990, 220).

Vermutlich geht das auf sein grundlegendes Verständnis von Theorie zurück: Pure Theorie hat wenig Wert, Theoreme und Konzepte mögen nur als Werkzeuge zur Erforschung der sozialen Wirklichkeit taugen (so Schwingel 2000, 18). Von seiner Arbeitsweise sagt er:

> »In meiner Praxis habe ich die theoretischen Ideen, die ich für meine wichtigsten halte, immer dann gefunden, wenn ich ein Interview geführt oder einen Fragebogen kodiert habe.« (Reflexive Soziologie 1992/1996, 197)

Dieser Selbstinterpretation folgen viele Kommentatoren. So sind nach Bohn/Hahn (2000, 265):

> »… alle seine theoretischen Reflexionen ursprünglich Nebenprodukte von großen Studien, die sich auf zentrale Lebensbereiche und institutionelle Felder beziehen …«

Andererseits zeigt seine Werkgeschichte, dass die Theoreme nicht nur in der Auseinandersetzung mit Forschungsfragen erarbeitet worden sind, sondern dass sie durchaus eine Eigenentwicklung haben.

> »Bourdieus Konzeption von Wissenschaft und seine wissenschaftliche Praxis beruhen seit Jahrzehnten auf einem stabilen begrifflich-

theoretischen Fundament. Demgemäß besteht die Weiterentwicklung und Fortschreibung seiner Soziologie ... vornehmlich in der differenzierenden Anwendung der vorhandenen wissenschaftlichen Werkzeuge auf neue Forschungsfelder.« (Schwingel 2000, 10)

Ähnlich äußert sich Schultheis (2000, 165): Bei Bourdieus Studien über Algerien handele es sich

> »um eine Art ›Kristallisationskern‹ seiner komplexen Theorie der sozialen Welt, um den herum sich in den nachfolgenden Jahren und Jahrzehnten Schicht um Schicht neue Variationen der hier schon vorhandenen, wenn auch noch nicht voll entfalteten sozialwissenschaftlichen Themata ablagern.«

Bourdieu drückt es selbst so aus:

> »... ich habe immer eine Art ›theoretische Linie‹ verfolgt, auch wenn ich manchmal mehr gestoßen worden als selber gegangen bin ...« (Gespräch Vernunft 1985, 377)

Auch die polemische Feststellung von Alexander (1995, 201 f.), dass sich Bourdieus Theorien weniger aus seinen empirischen Arbeiten heraus verstehen lassen als aus den wechselnden politisch-ideologischen Strömungen der französischen Intellektuellen, gehört hierher. Insofern ist das von Bourdieu selbst gezeichnete Bild, Theorie und Empirie seien in seinem Werk zu einer einzigen Tätigkeit verschmolzen, auch eine Idealisierung (ähnlich: Jenkins 1992, 67). Unübersehbar gibt es neben der Kette der Forschungsarbeiten auch eine selbstständige Reflexionslinie, die zwar die Forschung berücksichtigt, aber eher im Hinblick auf ihre theoretische Anregungskraft.

Unter diesem Blickwinkel betrachtet lässt sich durchaus behaupten, dass Bourdieus Werk auch Lücken enthält, die er zum Teil selbst als solche bezeichnet:

In erster Linie ist hier an sein heute dreißig Jahre altes Versprechen (Feine Unterschiede 1979/1999, 196, Fußn. 23) zu denken, »die Theorie der Kapitalsorten, ihrer spezifischen Merkmale und der den Umtausch der unterschiedlichen Aggregatzustände von sozialer Energie regierenden Gesetzmäßigkeiten« in einem künftigen Werk nachzuliefern. Dieses Versprechen ist nicht eingelöst worden.

Zweitens: Bourdieu hat sich kaum mit dem Bereich von Arbeit und industrieller Produktion in den modernen Gesellschaften befasst (vgl. Hradil 1989, 119; Alexander 1995, 167) und keine nennenswerten Beiträge zur Arbeits- und Industriesoziologie (aber zu Prekarität, vgl. Kapitel 8) erbracht,[93] auch nicht zur Betriebs- oder Organisationssoziologie. Die moderne Informationstechnologie, die Erweiterung des Erfahrungsraumes durch die modernen Medien, die weltweiten Märkte und die neuen komplexen Großorganisationen haben seine Aufmerksamkeit kaum gefunden (so Calhoun 1993, 83 f.; ähnlich Hillebrandt 2002, 27; Schulz-Schaeffer 2002, 47; Couldry 2005, 357; Prior 2008, 312 f.).

Drittens: Bourdieu hat sich wenig darum bemüht, die Grenzen zwischen dem vom Habitus geleitetem Handeln und dem kalkulierend-rationalen Handeln darzulegen. Er kommt nicht über die Behauptung hinaus, dass kalkulierend-rationales Handeln entweder abgeleiteter Natur ist oder dass es nur ausnahmsweise in Krisensituationen auftritt. Hier fehlt jede Auseinandersetzung mit den vielen anderen Soziologen, die die moderne Gesellschaft durch eine rapide Ausweitung rationalen Handelns auf Kosten des habituellen bzw. traditionsgeleiteten Handelns charakterisiert sehen (vgl. Barlösius 2003, 147).

Viertens: Bourdieu hat keine Sozialisationstheorie vorgelegt, das heißt, er hat nicht gezeigt, wie genau der Mensch eigentlich seinen Habitus erwirbt. Entsprechende Pläne hat er, wie er selbst angibt, nicht verwirklichen können (Gespräch Vernunft 1985, 377).

Fünftens: Bourdieu hat sich nicht gründlich mit der vor allem von U. Beck vorgetragenen Individualisierungsthese auseinander gesetzt. Seine Klassentheorie verzichtet auf mögliche Einwände und Differenzierungen aus den Zeitdiagnosen anderer Soziologen. Bourdieu übersieht so auch, dass die Individualisierungsthese ein epistemologisches Problem verschärft hat: Die Individuen, die Beck zufolge auf eine selbständige Führung ihres Lebens

93 Sehr wohl hat er sich mit Arbeit, Arbeitseinstellungen und Arbeitsorganisation in der traditionellen Kultur Algeriens und im Übergang zum durch die Kolonialherren eingeführten Kapitalismus befasst (vgl. schon Logique interne 1959).

und eine selbständige Sinnfindung ihrer Entscheidungen verwiesen sind, müssen dazu ein bisher unbekanntes Ausmaß an Reflexivität entwickeln und anwenden. Die schon ältere Frage, welchen Erkenntniswert das soziale Wissen und Denken der Individuen im Verhältnis zur soziologischen Erkenntnis hat, stellt sich somit ganz neu, macht den »epistemologischen Bruch« zwischen beiden deutlicher denn je (vgl. Hamel 2007, 478 ff.).

Zur Frage der Systematik gehört auch, dass Bourdieu offenbar absichtlich Bedeutungsvarianten seiner Begriffe aus der philosophischen und sozialwissenschaftlichen Denktradition mitschwingen lässt bzw. angeregt durch diese Denktraditionen variierende Begriffsbestimmungen vornimmt. Dadurch entsteht bei der Auseinandersetzung mit seinen Werken immer wieder das Problem der Mehrdeutigkeit.

> »Die Spannweite ist besonders groß bei den Konzepten des ›Spielsinns‹, des ›Spiels‹, des ›Interesses‹ und der ›Strategie‹, die – theoriegeschichtlich vor allem auf Husserl, Schütz, Wittgenstein und Weber zurückweisend – in ihrer konkreten Anwendung höchst unterschiedliche Modelle evozieren bzw. allein per Analogie beschreiben und von Bourdieu situationsabhängig immer wieder ad hoc erläutert werden.« (Raphael 1991, 249)

Auf Vorwürfe, seine Begriffe seien unklar, antwortet Bourdieu mit dem Hinweis auf den unklaren und verschwommenen Charakter des Gegenstandsbereichs: Die soziale Praxis ist zum Teil Improvisation, folgt jedenfalls nicht einer konsequenten Logik. In den Worten von Wacquant:

> »Die besondere Schwierigkeit der Soziologie besteht also darin, daß sie eine exakte Wissenschaft von einer nicht exakten, einer unscharfen, einer verschwommenen Realität hervorbringen soll. Hierfür ist es besser, wenn ihre Begriffe polymorph, flexibel und in der Anwendung anpassungsfähig sind statt bestimmt, meßgenau und in der Anwendung rigide.« (Wacquant 1996, 45; ähnlich: Brubaker 1993, 213 und 217)

Wenn dem Werk, von außen betrachtet, Systematik fehlt, hat es dann vielleicht eine innere, eine nur ihm eigene, eine »Entwicklungssystematik«? Dafür spricht vieles: Bourdieu stellt seine Arbeiten oft in einen werkbiografischen Zusammenhang, denkt sie nicht als Sammlung von Arbeitsmitteln für sich und für andere oder als Gemeinschaftsprodukt seiner Ideen und der seiner Mitarbeiter bzw. derjenigen Autoren, von denen er Ideen, Konzepte und Anregungen übernommen hat. Das steht allerdings in Widerspruch zu seinem »handwerklich« getönten Wissenschaftsverständnis.

Schon die vielen Selbstzitate (und Hinweise auf Arbeiten seiner Mitarbeiter und Schüler) weisen in diese Richtung. In Interviews bilanziert er manchmal den Stand des Ausbaus seines Werkes: »Die grundlegenden Dinge meines Werkes sind noch nicht geschrieben, ich habe bisher erst ein Jugendwerk vorgelegt.« (Gespräch Ich bin dazu da 1991, 26) Immer wieder werden Verbindungslinien zu früheren Studien gezogen, werden diese ›neu‹ gelesen, werden Homologien unterschiedlicher Felder entdeckt, so dass nach und nach ein größer werdendes Netz gesponnen wird.

Besonders stark ist dieser Gestus, aus dem eigenen Werk heraus zu denken bzw. die Gedanken als persönliche vorzustellen, natürlich an solchen Stellen, die dazu herausfordern: in der Antwort auf Fragen nach der Bedeutung bestimmter Begriffe und Gedanken in seinem Werk. So beginnt Bourdieu die Antwort auf eine Frage von Wacquant:

> »Ich habe mich schon so oft zu Bedeutung und Funktion des Habitusbegriffs geäußert, daß ich jetzt zögere, noch einmal auf ihn einzugehen, denn mir ist bewußt, daß ich mich beim Vereinfachen eigentlich nur wiederholen kann, ohne damit unbedingt verständlicher zu werden …« (Reflexive Soziologie 1992/1996, 133)

Ähnliches gilt für die Hinweise, die er in den »Meditationen« gibt, um zu zeigen, dass seine Argumente durch empirische Forschung begründet sind: Nur das eigene Werk – und nicht eine ganze empirische Forschungslinie, an der viele andere Sozialwissenschaftler teilhätten – nimmt Bourdieu dabei in den Blick:

> »In fast jeder Zeile dieses Textes könnte ich auf empirische Arbeiten verweisen, die heute zum Teil über dreißig Jahre zurückliegen und die mir das Gefühl geben, die allgemeinen Feststellungen, die ihnen zugrunde lagen oder sich aus ihnen ergaben, mit Recht zu treffen, ohne jedes Mal alle Belegstücke anführen zu müssen …« (Meditationen 1997/2001, 12)

Aber warum sollte Bourdieu nicht das Recht haben, sich den eigenen Arbeiten immer wieder neu zuzuwenden, um sie besser zu verstehen und dadurch seiner theoretischen Reflexion neue Anstöße zu verschaffen? In diesem Sinne heißt es in den Meditationen:

»... ich wollte den Punkt herausfinden, von dem aus die Gesamtheit ›meines Werkes‹ auf einen Blick und ohne die Trübungen und Unklarheiten erfaßt werden könnte, die mir unterliefen, ›während ich es schuf‹, und an denen das Auge haften bleibt, das nicht den erforderlichen Abstand hält.« (Meditationen 1997/2001, 16)

Doch auch wenn ihm dieses Recht und das der Richtigstellung gegenüber der bisherigen Rezeption ohne weiteres zugestanden wird, bleibt doch eine demonstrative Betonung der Bedeutung des »eigenen Werkes«, also des als systematisch verknüpft vorgestellten Bündels von Schriften eines soziologischen Autors. Man kann das Gefühl nicht abweisen, dass es einem Autor nicht zusteht, solche Bilanzierungen des eigenen Werkes vorzunehmen. Das ist die Aufgabe anderer Autoren, die dann ja freier darin sind, die innere Begründetheit eines Werkes auszusprechen. Jedoch muss daran erinnert werden, dass Bourdieu damit in der Soziologie nicht allein ist – nahezu alle Thesen, Konzepte und bedeutenden empirischen Ergebnisse sind mit dem Namen eines Soziologen verknüpft. Die meisten bedeutenden Soziologen achten auf den Ausbau und die Bekanntheit ihres Werkes *als* Werk (auch die weniger bedeutenden versuchen das) – und nicht so sehr auf die Brauchbarkeit einzelner Vorschläge im Zusammenhang mit denen anderer oder auf die produktive Einfügung der eigenen Ideen in den Handwerkskasten soziologischen Wissens und Könnens. Die Leser nutzen den Namen häufig zur Einordnung eines Textes, zur Beurteilung seines Wertes. Insoweit ist die Soziologie (wie die Philosophie, aber auch die Kunst) von einer Personalisierung der Leistungen geprägt, die in den Naturwissenschaften schwächer wirkt. Handelt es sich dabei vielleicht um ein Zeichen für ihre relative Rückständigkeit als Wissenschaft? Immerhin geht Bourdieu hier einen eigenwilligen Weg, indem er die Bezüglichkeit seines Denkens auf das eigene Werk nicht verhehlt und deutlich die Hoffnung äußert, ein bedeutendes Werk vorlegen zu können. Er taktiert nicht mit autobiografischen Anregungen, Ideenquellen und Bezügen, sondern legt all dieses offen dar, ja macht es geradezu zum Konzept (als Selbstreflexivität).

Dass die Soziologie oft mit Eifer daran arbeitet, soziale Wertvorstellungen und gesellschaftliche Verhältnisse zu demaskieren, gegen das gesellschaftlich Gültige anzudenken, ist wohl bekannt. Meist versteht man diese Neigung als Ausweis ihrer kritischen Grundhaltung. Doch könnte darin auch ein Hass auf das Hohe stecken, den man als Ressentiment beschreiben müsste. Wird Bourdieus Demaskierung der hohen Kultur, der bürgerlichen Werte und Lebenshaltungen, der kultivierten Souveränität der Herrschenden, jenseits aller präzisen Untersuchung von Ressentiments getragen?

Seine Schreibweise offenbart eine Ambivalenz: Oft schreibt Bourdieu in langen, verschachtelten Sätzen, nutzt er das Repertoire einer in der traditionellen Rhetorik geübten Sprache, baut er Verweise und Bezüge kunstvoll ineinander. Er wechselt oft abrupt von grundsätzlichen Erwägungen zu Beispielen aus der Empirie oder zu methodischen Detailproblemen. Die Schriften sind teilweise unübersichtlich gegliedert; sie entsprechen deutschen Erwartungen an sozialwissenschaftliche Untersuchungen wenig, geschweige denn dass sie amerikanischen Lesegewohnheiten entgegenkommen. Während er also das Kulturverständnis der französischen Oberschicht kritisiert, benutzt er eine Schreibweise, wie sie eben dieser Oberschicht vertraut ist. Anders gesagt: Während er die Oberschicht kritisiert, schreibt er so, als ob er von ihr akzeptiert werden möchte, benutzt er eben jenen gehobenen Jargon, den er seit den ersten Jahren seiner wissenschaftlichen Publikationstätigkeit (vgl. Rapport pédagogique 1965/1968 und insbesondere Homo academicus 1984/1998) als Ausdruck von universitärer Hierarchie und feldspezifischen Durchsetzungstaktiken identifiziert (vgl. Jenkins 1992, 164).

Bourdieu kennt diesen Vorwurf und setzt sich mit ihm an vielen Stellen auseinander. Im Zusammenhang mit seiner Kritik der Philosophie heißt es:

»Ich weiß, daß ich es mit der tugendhaften Empörung all derer zu tun haben werde, die die Bemühung um Objektivierung prinzipiell ablehnen: Sei es, daß sie jeden Versuch, das ›Subjekt‹ zum Objekt der Wissenschaft zu machen, unter Berufung auf dessen Unreduzierbarkeit und Eingebundenheit in seine Zeit, auf seine unaufhörliche Wandelbarkeit und Einzigartigkeit, für die Usurpierung einer *göttlichen* Eigenschaft halten …; sei es, daß sie, von ihrer eigenen Außerordentlichkeit überzeugt, nur eine Form von ›Denunzierung‹ darin sehen, die von ›Haß‹ auf den Gegenstand – Philosophie, Kunst, Literatur usw. – beseelt ist, auf den sie sich bezieht.« (Meditationen 1997/2001, 13)[94]

Mehrdeutiger ist folgender Satz zur schwierigen Situation des Soziologen:

»Ständig muß man sich zwischen zwei Polen orientieren: dem des Spaßverderbers einerseits, dem des Mitstreiters für die Utopie andererseits.« (Was sprechen heißt 1978/1993, 91)

Aber im Grunde geht diese Überlegung zu weit ins Psychologische, und dafür sind wir ja nicht zuständig. Anders angesetzt: Indem Bourdieu nachweisen will, dass Gebildetheit, Kunstverständnis, zweckfreie Beschäftigungen und souveräne Haltung Ausdrucksformen von Klassenpositionen sind, folgt er einer Strategie der Entwertung des Hohen und der hohen Kultur. Er verschweigt keineswegs, dass es sich dabei um einen »barbarischen« Akt handelt. Aber auch noch dagegen kann er sich (im Zusammenhang mit der Kritik der reinen Ästhetik) verteidigen:

»Entgegen der herrschenden Vorstellung, derzufolge die soziologische Analyse, wenn sie jede Geschmacksform auf ihre sozialen Produktionsbedingungen bezieht, die entsprechenden Praktiken und Vorstellungen reduziert und relativiert, läßt sich durchaus behaupten, daß sie diese dem Willkürlichen entreißt und sie verabsolutiert, indem sie sie zu ineins notwendigen und unvergleichlichen macht, zu solchen also, die zu Recht so bestehen, wie sie bestehen.« (Reine Ästhetik 1993, 28 f., Fußn. 14)

Wer von seinen Untersuchungen und Schriften eine aufklärerische Wirkung erwartet, gerät in Versuchung, die eigene Sicht von der Wirklichkeit als die einzig richtige anzusehen, die der anderen

94 Ähnliche Verteidigungen gegen die Unterstellung, die Soziologie – und er selbst – arbeite aus Ressentiment, an verschiedenen Stellen in: Meditationen 1997/2001. Vgl. Interview Habitus, Herrschaft, Freiheit 2000/2001, 163

aber (insbesondere der »normalen« Menschen) als eine verzerrte. Es ist hier nicht der Ort, den Herrschaftsanspruch, der strukturell in dieser Konstellation steckt, zu diskutieren. Es ist auch nicht notwendig, weil Bourdieu diese Problematik selbst kennt und am Beispiel von Marx, Lenin und dem Mythos vom Philosophen als König klar ausspricht (Gespräch Vernunft 1985, 393 f.). Beschränken wir uns hier auf die Frage, ob Bourdieu mithilfe seines Aufklärungsanspruchs eine Immunisierung seines Denkens und seiner Forschungsergebnisse betreibt.

An manchen Stellen unterstellt Bourdieu, seine Leser würden die Ergebnisse seiner Arbeiten nicht verstehen; nicht weil sie intellektuell nicht dazu in der Lage seien, sondern weil sie es gar nicht wollten (z. B. Homo academicus 1984/1998, 81). An anderer Stelle charakterisiert er die Tätigkeit der Soziologie nach wie vor dadurch, dass sie Tabus brechen und Vorstellungen, die das Soziale leugneten, grundlegend kritisieren müsse.

> »Die besondere Schwierigkeit der Soziologie liegt ja gerade darin, daß sie Dinge lehrt, die jeder irgendwie weiß, aber nicht wissen will oder nicht wissen kann, weil es das Gesetz des Systems ist, sie zu kaschieren.« (Haute Couture 1974/1993, 189)

So begreiflich diese Unterstellung im Hinblick auf sozialstrukturell begründete Befangenheiten ist, sie enthält doch auch den Versuch, sich selbst gegen mögliche Kritik zu immunisieren. Sie erinnert an das Totschlag-Argument der frühen Psychoanalytiker, dass jeder, der ihren Erkenntnissen nicht folge, die Einsicht nur »verdränge«, weil sie ihm zu unangenehm und schmerzhaft sei. Genau diese Unterstellung richtet Bourdieu auch gegen Sozialwissenschaftler, die zu anderen Forschungsergebnissen gelangt sind oder die mit anderen Forschungsansätzen arbeiten als er (man vergleiche seine Polemiken gegen Lazarsfeld oder Boudon).

Bourdieu hat seit den späten 1970er Jahren eine große internationale Resonanz gefunden. Viele seiner Aufsätze und Werke sind seitdem in andere Sprachen übersetzt worden. Viele Konferenzen, Sammel- und Sonderbände, Bücher und Aufsätze befassen sich mit seinen Thesen und Forschungen. In der internationalen sozialwissenschaftlichen Debatte gilt er unbestritten als bedeutender zeitgenössischer Autor. Selbst wenn man in Rechnung stellt, dass zu dieser Bekanntheit auch staatliche bzw. halbstaatliche französische Einrichtungen (z. B. durch Druckkostenhilfe) beigetragen haben, die die Verbreitung französischer Sprache und Kultur zur Aufgabe haben; auch wenn man bedenkt, dass Bourdieus politische Initiativen zu seiner Bekanntheit beigetragen haben (so Bittlingmayer/Eickelpasch 2002, 13), ist doch eine weltweite wissenschaftliche Anerkennung unbestreitbar. »Es gibt kaum einen soziologischen Autor, der derzeit so erfolgreich ist wie Pierre Bourdieu«, stellte Hradil schon Ende der 1980er Jahre fest (1989, 111; ähnlich Brubaker 2004, 28; Barlösius 2006, 26).

Was sind die Ursachen für diesen Erfolg? In diesem Zusammenhang sind Bemerkungen von Lash (1993, 210) von Interesse:

> »Today's situation can be described in terms of the newly perceived importance of consumption in relation to production, the increasing concern with our social formation as a symbol-wieldung information society, the increasing cognizance of the massification of the previous elite cultural fields, and the enhanced recognition of the symbolic constitution of individual and collective identity. That is, Bourdieu' s work is so central now because the real world has changed to a point at which it has come to agree with Bourdieu's world.«

Dazu kam gewiss auch die von Bourdieu genährte Hoffnung, die in der Soziologie seit langem schwelende Grundfrage lösen zu können, ob objektiv oder subjektiv ausgerichtete, ob an Strukturen oder an den Handelnden orientierte Theorien angemessener seien (vgl. Hradil 1989, 111 f.).

Bourdieu weiß, dass seine Schriften »französisch« wirken – nicht nur aufgrund ihrer Inhalte, sondern auch wegen ihrer Schreibweise. Darüber macht er sich immer wieder Gedanken (z. B. im Vorwort zur deutschen Ausgabe von »Die feinen Unterschiede«), auch, um gegen die darin mitschwingende Einschränkung von Thesen und Ergebnissen auf französische Verhältnisse anzugehen.

> »... wenn ich in den Vereinigten Staaten bin, gibt es immer irgend jemanden, der zu mir sagt: ›In Amerikas Massenkultur ist der Geschmack nicht nach Klassenpositionen differenziert.‹« (Reflexive Soziologie 1992/1996, 108)

Das ist natürlich noch kein tragfähiges Argument gegen den Vorwurf, einige seiner empirisch erforschten Zusammenhänge gälten nur für Frankreich und z. B. nicht für die Vereinigten Staaten (vgl. Alexander 1995, 179). Deshalb bemüht sich Bourdieu um Zusatzargumente für eine über Frankreich hinausreichende Relevanz seiner Arbeiten: Zu Beginn einer Vortragssammlung bekennt er sich zu dem Ziel,

> »die Allgemeingültigkeit der Modelle, die am besonderen Beispiel Frankreich konstruiert worden waren, einem ausländischen Auditorium zu demonstrieren« (Praktische Vernunft 1994/1998, 7).

Und:

> »Diejenigen, die kritisieren, daß meine Forschungsergebnisse ›zu französisch‹ sind, haben nicht begriffen, daß das Wichtige nicht die Ergebnisse sind, sondern der Prozeß, in dem sie erarbeitet werden.« (Gespräch Inzwischen 1988/1991, 278)

Bourdieus Schriften wirken jedoch zunächst einmal ganz einfach deshalb französisch, weil der Autor in französischer Sprache denkt und schreibt – in einer Sprache, die viele deutsche, englische und amerikanische Soziologen nicht lesen können. Das hat die Aufnahme in den deutschen Sozialwissenschaften nicht erleichtert. Dazu kommt, dass manche deutsche Soziologen, die sich aufs Englische als internationale Wissenschaftssprache eingestellt haben, glauben, Französisch erst gar nicht lesen können zu brauchen. Bourdieu kennt diesen angelsächsischen (und auch deutschen) Ethnozentrismus, der sein Werk als in einer gewissermaßen unpassenden Sprache geschrieben betrachtet (Reflexive Soziologie 1992/1996, 206). Zu seiner Verteidigung bringt er vor, dass seine stilistischen Eigenheiten eher deutsch als französisch seien (Reflexive Soziologie 1992/1996, 206).[95] Tatsächlich lehnt er sich häufiger an die Schreibweise Marx' an, insbesondere an dessen Kunst, mit Begriffen und Gegensätzen zu spielen. Auch steht fest, dass Bourdieu der deutschen Sprache hinreichend

95 An anderer Stelle erklärt er seinen komplizierten Schreibstil als absichtlich eingesetzt, damit möglichst viel Distanz zum Alltagsverstand erreicht wird und die eigene Perspektivik der Soziologie von den Lesern überhaupt wahrgenommen werden kann (Prüfstand 1993, 36 ff.).

mächtig war; sonst hätte er sich kaum Webers Protestantismusstudie erschließen können oder einen Aufsatz von Wolf Lepenies (1983) ins Französische übertragen können (vgl. Rehbein 2006, 20).

Wacquant (1993, 247) legt jedoch den Gedanken nahe, dass sich hinter den häufigen Klagen (in der angelsächsischen Welt) über Bourdieus komplizierte Schreibweise viel eher die Weigerung verbirgt, Bourdieus Analyseperspektive anzunehmen, insbesondere das Vorhaben, die Intellektuellen und Wissenschaftler als Träger kulturellen Kapitals und also als Angehörige einer dominierten Gruppe innerhalb der dominierenden zu untersuchen. Aber das klingt schon wieder ein wenig nach einem Immunisierungsversuch. Schließlich ist Bourdieus Schreibstil in der Tat oft anstrengend und angestrengt, überladen durch Nebensätze und Einschübe, wirkt weder sachlich noch elegant (so auch: Krais/Gebauer 2002, 7). »He does not have to write in this fashion to say what he wants to say.« (Jenkins 1992, 10; ähnlich: The Friday 1990, 219)

Die Rezeption von Bourdieus Schriften in Westdeutschland[96] und später in Gesamtdeutschland war zunächst durch eine große Verbreitung einzelner Schriften (insbesondere des Buches »Die Feinen Unterschiede«) und durch eine »unverkennbare Theorielastigkeit« (so Höher 1989, 729; vgl. Blasius/Winkler 1989a, 72; Engler 2003, 231 f.), also durch erhebliche Verständnisprobleme und eine verzögerte Wahrnehmung der Arbeiten Bourdieus als *Forschungs*arbeiten charakterisiert. Hierzulande wurde er hauptsächlich als Philosoph – oder in den Medien als politischer Redner – wahrgenommen; und wenn er als Soziologe betrachtet wurde, dann reihte man ihn gleich als Klassiker unter Klassikern ein (so bei Bohn/Hahn 2000; Wagner 2003, 227). Seine Gedanken hielten als theoretische Konzepte Einzug in die wissenschaftliche Debatte und in die akademische Lehre, ohne dass sie – wie von Bourdieu selbst intendiert – als »Werkzeuge« verstanden und für eigene empirische Forschungen genutzt worden wären. Eine sol-

96 Zu den Gründen für eine teilweise verzerrte Rezeption in den Vereinigten Staaten von Amerika und auch in Großbritannien vgl. Wacquant 1993.

che Rezeption läuft jedoch dem Denken und Arbeiten von Bourdieu zuwider. Vermutlich haben auch politische Bedingungen die Rezeption verzögert: Solange in Westdeutschland viele an eine grundlegende Reform der Gesellschaft via Bildungsreform glaubten, hatte der (bildungssoziologische) Realismus von Bourdieu keine Chance (so Liebau/Müller-Rolli 1985, 273).

Erst Ende der 1980er Jahre kamen Bourdieus Schriften als Forschungsarbeiten stärker in den Blick deutscher Sozialwissenschaftler (so Raphael 1991, 236 f.). Dass es sich um einen Entwurf einer Allgemeinen Soziologie handelt, wurde gleichfalls lange kaum bemerkt.

> »In der Rezeption ist Bourdieus Theorie ... vorrangig eine Kultursoziologie sozialer Ungleichheit geblieben, die sich, so die verbreitete Meinung, nur sehr bedingt auf andere Phänomenbereiche der Sozialität anwenden lässt.« (Ebrecht/Hillebrandt 2002, 7)

Zu dieser problematischen Rezeption haben möglicherweise auch einige schiefe Übersetzungen beigetragen. Wir führen nur eine an: Der Titel *Le sens pratique* wurde im Deutschen publiziert unter dem Namen *Sozialer Sinn* (vgl. Krais/Gebauer 2002, 84, Anm. 1; Engler 2003, 234).

Trotz oder vielleicht gerade wegen der damit verbundenen geringeren Sprengkraft seines Werkes stieß Bourdieu in der deutschen Leserschaft im Vergleich zur französischen Öffentlichkeit auf großes Wohlwollen. Vielleicht wollte er deshalb seinen »Soziologischen Selbstversuch« zuerst in deutscher Sprache und erst danach in Frankreich veröffentlichen (Schultheis 2002, 135).

Vermutlich aus dem Bedürfnis heraus, Bourdieu aus seiner selbst gewählten Einzelposition im Feld der sozialwissenschaftlichen Denkschulen zu erlösen, haben verschiedene Autoren den Versuch unternommen, seine Konzepte mit denen anderer zusammenzuführen. Eine »diskurstheoretische Erweiterung« von Bourdieus Theorie (in Richtung auf Foucault und andere) hat Diaz-Bone (2002) versucht, eine Interpretation in differenztheoretischer Perspektive Papilloud (2003). Schatzki (1996, 11 f.) behandelt Bourdieu, Giddens, Lyotard und Ch. Taylor gemeinsam unter der Überschrift »practice theory«, weil sie Praktiken – und nicht etwa Gesellschaftssysteme, soziale Strukturen, Institutionen, soziale Situationen, soziales Handeln – theoretisch zentral setzen und als fundamentale soziale Phänomene ansehen. Intensiver und gründlicher haben Reckwitz (2000) und Moebius (2008) diesen Versuch fortgesetzt. Es ist damit zu rechnen, dass weitere Versuche einer Integration folgen werden, die Bourdieu selbst nicht unternehmen wollte.

10. Literaturverzeichnis

10.1 Schriften von Bourdieu*

[Sociologie de l'Algérie 1958/1985] Sociologie de l'Algérie. 7. Aufl., Paris: Presses Universitaires de France 1985 (erstmals 1958; 2. vollst. korr. Auflage 1961).

[Logique interne 1959] »Logique interne de la société algérienne originelle«, in: Le sous-dévéloppement en Algérie. Alger: Secrétariat social 1959, 40 – 51.

[Le choc 1959] »Le choc des civilisations«, in: Le sous-développement en Algérie. Alger: Secrétariat social 1959, 52 – 64.

[Révolution_1961] »Révolution dans la révolution«, in: Esprit 1 (1961), 27 – 40.

[Célibat 1962] »Célibat et condition paysanne«, Études rurales (1962, 4/5), 32 – 136.

[Les relations 1962] »Les relations entre les sexes dans la société paysanne«, in: Les temps modernes 18 (1962, 195), 307 – 331.

[Junggesellenball 1962/2008] Junggesellenball. Studie zum Niedergang der bäuerlichen Gesellschaft. Konstanz: UVK 2008 (orig. 1962 ff.)

[La société_traditionelle 1963] »La société traditionelle. Attitude à l'égard du temps et conduite économique«, in: Sociologie du travail 5 (1963, 1), 24 – 44.

[Ehre 1965/1976] »Ehre und Ehrgefühl«, in: ders., Entwurf einer Theorie der Praxis auf Grundlage der kabylischen Gesellschaft. Frankfurt am Main 1976 (orig. 1965), 11 – 47.

[Konservative Schule 1966/2001] »Die konservative Schule. Die soziale Chancenungleichheit gegenüber Schule und Kultur«, in: ders., Wie die Kultur zum Bauern kommt. Über Bildung, Schule und Politik. Schriften zu Politik und Kultur 4. Hamburg: VSA 2001, 25 – 52 (orig. 1966).

[Unterrichtssysteme 1967/2001] »Unterrichtssysteme und Denksysteme«, in: ders., Wie die Kultur zum Bauern kommt. Über Bildung, Schule und Politik. Schriften zu Politik und Kultur 4. Hamburg: VSA 2001, 84 – 110 (orig. 1967).

* Bei diesem Verzeichnis der Schriften Bourdieus handelt es sich nicht um eine vollständige Bibliografie. Es verzeichnet die in diesem Buch zitierten Werke in chronologischer Reihenfolge.

[Das Haus 1970/1976] »Das Haus oder die verkehrte Welt«, in: ders., Entwurf einer Theorie der Praxis auf Grundlage der kabylischen Gesellschaft. Frankfurt am Main: Suhrkamp 1976 (orig. 1970), 48–65.

[Symbolische Formen 1970/1994] Zur Soziologie der symbolischen Formen. 5. Aufl., Frankfurt am Main: Suhrkamp 1994 (orig. 1970).

[Verwandtschaft 1972/1976] »Die Verwandtschaft als Vorstellung und Wille«, in: ders., Entwurf einer Theorie der Praxis auf Grundlage der kabylischen Gesellschaft. Frankfurt am Main: Suhrkamp 1976 (orig. 1972), 66–136.

[Kulturelle Reproduktion 1972/1973] »Kulturelle Reproduktion und soziale Reproduktion«, in: ders. und Jean-Claude Passeron, Grundlagen einer Theorie der symbolischen Gewalt. Frankfurt am Main: Suhrkamp 1973, 89–137 (orig. 1972).

[Entwurf einer Theorie 1972/1976] Entwurf einer Theorie der Praxis auf der ethnologischen Grundlage der kabylischen Gesellschaft. Frankfurt am Main: Suhrkamp 1976 (orig. 1972).

[Haute couture 1974/1993] »Haute couture und Haute culture«, in: ders., Soziologische Fragen. Frankfurt am Main: Suhrkamp 1993, 187–196 (orig. 1974).

[Ontologie Heideggers 1975/1976] Die politische Ontologie Martin Heideggers. Frankfurt am Main: Syndikat 1976 (orig. 1975).

[Eine Klasse 1977/1997] »Eine Klasse für andere«, in: ders., Der Tote packt den Lebenden. Schriften zu Politik und Kultur 2. Hamburg: VSA 1997, 130–141 (orig. 1977).

[Zwei Gesichter der Arbeit 1977/2000] Die zwei Gesichter der Arbeit. Interdependenzen von Zeit- und Wirtschaftsstrukturen am Beispiel einer Ethnologie der algerischen Übergangsgesellschaft. Konstanz: UVK 2000 (orig. 1977).

[Musikliebhaber 1978/1993] »Über Ursprung und Entwicklung der Arten der Musikliebhaber«, in: ders., Soziologische Fragen. Frankfurt am Main: Suhrkamp 1993, 147–152 (orig. 1978).

[Was sprechen heißt 1978/1993] »Was sprechen heißt«, in: ders., Soziologische Fragen. Frankfurt am Main: Suhrkamp 1993, 91–106 (orig. 1978).

[Feine Unterschiede 1979/1999] Die feinen Unterschiede. Kritik der gesellschaftlichen Urteilskraft. 11. Aufl., Frankfurt am Main: Suhrkamp 1999 (1. Aufl. 1982, orig. 1979).

[Drei Formen 1979/2001] »Die drei Formen des kulturellen Kapitals«, in: ders., Wie die Kultur zum Bauern kommt. Über Bildung, Schule

und Politik. Schriften zu Politik und Kultur 4. Hamburg: VSA 2001, 111 – 120 (orig. 1979).
[Schöpfer 1980/1993] »Aber wer hat denn die ›Schöpfer‹ geschaffen?«, in: ders., Soziologische Fragen. Frankfurt am Main: Suhrkamp 1993, 197 – 211 (orig. 1980).
[Le capital social 1980] »Le capital social. Notes provisoires«, in: Actes de la recherche en sciences sociales (1980, 31), 2 – 3.
[L'identité 1980] »L'identité et la représentation. Éléments pour une réflexion critique sur l'idée de région«, in: Actes de la recherche en sciences sociales (1980, 35), 63 – 72.
[Sozialer Sinn 1980/1999] Sozialer Sinn. Kritik der theoretischen Vernunft. 3. Aufl., Frankfurt am Main: Suhrkamp 1999 (zuerst 1993; orig. 1980).
[Dämon der Analogie 1980/1999] »Der Dämon der Analogie«, in: ders., Sozialer Sinn. 3. Aufl., Frankfurt am Main: Suhrkamp 1999 (orig. 1980), 352 – 467.
[Der Tote 1980/1997] »Der Tote packt den Lebenden«, in: ders., Der Tote packt den Lebenden. Schriften zu Politik und Kultur 2. Hamburg: VSA 1997, 18 – 58 (orig. 1980).
[La représentation politique 1981] »La représentation politique. Éléments pour une théorie du champs politique«, in: Actes de la recherche en sciences sociales (1981, 36/37), 3 – 24.
[Décrire 1981] »Décrire et prescrire. Notes sur les conditions de possibilité et les limites de l'efficacité politique«, in: Actes de la recherche en sciences sociales (1981, 38), 69 – 73.
[Arbeitslosigkeit 1981/1997] »Arbeitslosigkeit als Tragödie des Alltags«, in: ders., Der Tote packt den Lebenden. Schriften zu Politik und Kultur 2. Hamburg: VSA 1997, 142 – 146 (orig. 1981).
[Épreuve scolaire 1981] »Épreuve scolaire et consécration sociale. Les classes préparatoires aux Grandes écoles«, in: Actes de la recherche en sciences sociales (1981, 39), 3 – 70.
[Les rites 1982] »Les rites comme actes d'institution«, in: Actes de la recherche en sciences sociales (1982, 43), 58 – 63.
[Erving Goffman 1982/2000] »Erving Goffman: Discoverer of the Infinitely Small«, in: Gary Alan Fine und Gregory W.H.Smith (Hrsg.), Erving Goffman. Band 1. London: Thousand Oaks und Neu-Delhi: Sage 2000, 3 – 4 (orig. 1982).
[Vous avez dit 1983] »Vous avez dit ›populaire‹?«, in: Actes de la recherche en sciences sociales (1983, 46), 98 – 105 (deutsch in: Gunter Gebauer und Christoph Wulf (Hrsg.), Praxis und Ästhetik. Neue Per-

spektiven im Denken Pierre Bourdieus. Frankfurt am Main: Suhrkamp 1993, 72–92)
[Les sciences sociales 1983] »Les sciences sociales et la philosophie«, in: Actes de la recherche en sciences sociales (1983, 47/48), 45–52.
[Ökonomisches Kapital 1983] »Ökonomisches Kapital, kulturelles Kapital, soziales Kapital«, in: Reinhard Kreckel (Hrsg.), Soziale Ungleichheiten. Sonderband 2 der Sozialen Welt. Göttingen: Otto Schwartz 1983, 183–198.
[Begriff von Ökonomie 1983/1997] »Für einen anderen Begriff von Ökonomie«, in: ders., Der Tote packt den Lebenden. Schriften zu Politik und Kultur 2. Hamburg: VSA 1997, 79–100 (orig. 1983).
[Homo academicus 1984/1998] Homo academicus. 2. Aufl., Frankfurt am Main: Suhrkamp 1998 (zuerst 1988; orig. 1984).
[Effet de champ 1985] »Effet de champ et effet de corps«, in: Actes de la recherche en sciences sociales (1985, 59), 73.
[Moderner Sport 1985] »Historische und soziale Voraussetzungen modernen Sports«, in: Merkur 39 (1985, 7), 575–590.
[Habitus und Feld 1985/1997] »Zur Genese der Begriffe Habitus und Feld«, in: ders., Der Tote packt den Lebenden. Schriften zu Politik und Kultur 2. Hamburg: VSA 1997, 59–78 (orig. 1985).
[La science 1986] »La science et l'actualité«, in: Actes de la recherche en sciences sociales (1986, 61), 2–3.
[La force du droit 1986] »La force du droit. Éléments pour une sociologie du champ juridique«, in: Actes de la recherche en sciences sociales (1986, 64), 3–19.
[Biographische Illusion 1986/1990] »Die biographische Illusion«, BIOS. Zeitschrift für Biographieforschung und Oral History (1990, 1), 75–81 (orig. 1986).
[Grandes écoles 1987] »Variations et invariants. Éléments pour une histoire structurale du champs des grandes écoles«, in: Actes de la recherche en sciences sociales (1987, 70), 3–30.
[Rede 1987/1992] Rede und Antwort. Frankfurt am Main: Suhrkamp 1992 (orig. 1987).
[Soziale Klasse 1987/1997] »Wie eine soziale Klasse entsteht«, in: ders., Der Tote packt den Lebenden. Schriften zu Politik und Kultur 2. Hamburg: VSA 1997, 102–129 (orig. 1987).
[Penser la politique 1988]»Penser la politique«, in: Actes de la recherche an sciences sociales (1988, 71/72), 2–3.
[Antworten 1989] »Antworten auf einige Einwände«, in: Klaus Eder (Hrsg.), Klassenlage, Lebensstil und kulturelle Praxis. Beiträge zur

Auseinandersetzung mit Pierre Bourdieus Klassentheorie. Frankfurt am Main: Suhrkamp 1989, 395–410
[Männliche Herrschaft 1990/1997] »Die männliche Herrschaft«, in: Irene Dölling und Beate Krais (Hrsg.), Ein alltägliches Spiel. Geschlechterkonstruktion in der sozialen Praxis. Frankfurt am Main: Suhrkamp 1997, 153–217 (orig. 1990).
[Zeichen der Zeit 1990/2002] »Ein Zeichen der Zeit«, in: ders. et al., Der Einzige und sein Eigenheim. Schriften zu Politik und Kultur 3. Erw. Neuausgabe. Hamburg: VSA 2002, 40–48 (orig. 1990).
[Circulation internationale 1990/2002] »Les conditions sociales de la circulation internationale des idées«, in: Actes de la recherche en sciences sociales (2002, 145), 3–8 (orig. 1990).
[Le champ littéraire 1991] »Le champ littéraire«, in: Actes de la recherche en sciences sociales (1991, 89), 3–46.
[Raum 1991] »Physischer, sozialer und angeeigneter physischer Raum«, in: Martin Wentz (Hrsg.), Stadt-Räume. Frankfurt am Main und New York: Campus 1991, 25–34.
[La cause 1991/1995] »La cause de la science. Comment l'histoire sociale des sciences sociales peut servir le progrès de ces sciences«, in: Actes de la recherche en sciences sociales (1995, 106/107), 3–10 (orig. 1991).
[Reflexive Anthropologie 1992/1996] »Die Praxis der reflexiven Anthropologie. Einleitung zum Seminar an der École des hautes études en sciences sociales, Paris, Oktober 1987«, in: ders. und Loïc J.D.Wacquant, Reflexive Anthropologie. Frankfurt am Main: Suhrkamp 1996, 251–294 (orig. 1992).
[Prüfstand 1993] »Der Soziologe auf dem Prüfstand«, in: ders., Soziologische Fragen. Frankfurt am Main: Suhrkamp 1993, 36–60.
[Concluding Remarks 1993] »Concluding Remarks: For a Sociogenetic Understanding of Intellectual Works«, in: Craig Calhoun, Edward LiPuma und Moishe Postone (Hrsg.), Bourdieu. Critical Perspectives. Cambridge: Polity Press 1993, 263–275.
[Reine Ästhetik 1993] »Die historische Genese einer reinen Ästhetik«, in: Gunter Gebauer und Christoph Wulf (Hrsg.), Praxis und Ästhetik. Neue Perspektiven im Denken Pierre Bourdieus. Frankfurt am Main: Suhrkamp 1993, 14–32.
[Domination 1994] »Stratégies de reproduction et modes de domination«, in: Actes de la recherche en sciences sociales (1994, 105), 3–12.
[Praktische Vernunft 1994/1998] Praktische Vernunft. Zur Theorie des Handelns. Frankfurt am Main: Suhrkamp 1998 (orig. 1994).

[Sans nom 1996] »Des familles sans nom«, in: Actes de la recherche en sciences sociales (1996, 113), 3–5.
[La double vérité 1996] »La double vérité du travail«, in: Actes de la recherche en sciences sociales (1996, 114), 89–90.
[Über das Fernsehen 1996/1998] Über das Fernsehen. Frankfurt am Main: Suhrkamp 1998 (orig. 1996).
[Quelques questions 1997] »Quelques questions sur la question gay et lesbienne«, in: Liber. Revue internationale des livres (1997, 33), 7–8.
[Fortschrittliche Kräfte 1997] »Die fortschrittlichen Kräfte«, in: ders. u. a., Perspektiven des Protests. Initiativen für einen europäischen Wohlfahrtsstaat. Hamburg: VSA 1997, 11–25.
[Champ bureaucratique 1997] »De la maison du roi à la raison d'État. Un modèle de la genèse du champ bureaucratique«, in: Actes de la recherche en sciences sociales (1997, 118), 55–68.
[Gebrauch der Wissenschaft 1997/1998] Vom Gebrauch der Wissenschaft. Für eine klinische Soziologie des wissenschaftlichen Feldes. Konstanz: UVK 1998 (orig. 1997).
[Ökonomisches Feld 1997/2002] »Das ökonomische Feld«, in: ders. et al., Der Einzige und sein Eigenheim. Schriften zu Politik und Kultur 3. Hamburg: VSA 2002, 185–222 (orig. 1997).
[Schwulen- und Lesbenfrage 1997/1998] »Einige Fragen zur Schwulen- und Lesbenfrage«, in: ders. (Hrsg.), Liber – Internationales Jahrbuch für Literatur und Kultur, Bd. 2. Eingrenzungen, Ausgrenzungen, Entgrenzungen, Konstanz: UVK-Universitätsverlag 1998: 205–210 (orig. 1997).
[Meditationen 1997/2001] Meditationen. Zur Kritik der scholastischen Vernunft. Frankfurt am Main: Suhrkamp 2001 (orig. 1997).
[Und dennoch 1998] »Und dennoch...«, in: ders. (Hrsg.), Intellektuelle, Markt und Zensur. Liber Jahrbuch Bd. 1, 1997. Konstanz: UVK 1998, 99–103.
[Gegenfeuer 1998] Gegenfeuer. Wortmeldungen im Dienste des Widerstands gegen die neoliberale Invasion. Konstanz: UVK 1998.
[Karl Kraus 2000] »À propos de Karl Kraus et du journalisme«, in: Actes de la recherche an sciences sociales (2000, 131/132), 123–126.
[L'inconscient d'école 2000] »L'inconscient d'école«, in: Actes de la recherche en sciences sociales (2000, 135), 3–5.
[Einleitung Eigenheim 2000/2002] »Einleitung« zu: ders., Der Einzige und sein Eigenheim. Schriften zu Politik und Kultur 3. Hamburg: VSA 2002 (orig. 2000).

[Religiöses Feld 2000] Das religiöse Feld. Texte zur Ökonomie des Heilsgeschehens. Konstanz: UVK 2000.
[Soziale Bewegungen 2001] »Die sozialen Bewegungen zusammenführen, ohne zu vereinheitlichen«, in: ders. et al., Neue Wege der Regulierung. Vom Terror der Ökonomie zum Primat der Politik. Hamburg: VSA 2001, 12–25.
[Politique et sciences sociales 2002] »Science, politique et sciences sociales«, in: Actes de la recherche en sciences sociales (2002, 141/142), 9–10.
[Selbstversuch 2002] Ein soziologischer Selbstversuch. Frankfurt am Main: Suhrkamp 2002.

10.2 Veröffentlichungen von Bourdieu zusammen mit anderen

[Vorschläge 1985/1992] et al., »Vorschläge des Collège de France für das Bildungswesen der Zukunft«, in: Pierre Bourdieu, Die verborgenen Mechanismen der Macht. Schriften zu Politik und Kultur 1. Hamburg: VSA 1992, 111–122 (orig. 1985).
[Unterrichtsinhalte 1989/2001] et al., »Grundsätze für eine Reflexion der Unterrichtsinhalte«, in: Pierre Bourdieu, Wie die Kultur zum Bauern kommt. Über Bildung, Schule und Politik. Schriften zu Politik und Kultur 4. Hamburg: VSA 2001, 153–162 (orig. 1989).
[Elend der Welt 1993/1998] et al., Das Elend der Welt. Zeugnisse und Diagnosen alltäglichen Leidens an der Gesellschaft. 2. Aufl., Konstanz: UVK 1998 (1. Aufl. 1997, orig. 1993).
[Photographie 1965/1981] mit Luc Boltanski, Robert Castel, Jean-Claude Chamboredon, Gerard Lagneu, Dominique Schnapper, Eine illegitime Kunst. Die sozialen Gebrauchsweisen der Photographie. Frankfurt am Main: Europäische Verlagsanstalt 1981 (orig. 1965).
[Titel und Stelle 1973/1981] mit Luc Boltanski, Monique de Saint Martin und Pascale Maldidier, Titel und Stelle. Über die Reproduktion sozialer Macht. Frankfurt am Main: Europäische Verlagsanstalt 1981 (orig. 1973ff).
[Soziologie als Beruf 1968/1991] mit Jean-Claude Chamboredon und Jean-Claude Passeron, Soziologie als Beruf. Wissenschaftstheoretische Voraussetzungen soziologischer Erkenntnis. Berlin und New York: de Gruyter 1991 (orig. 1968).

[La science de l'État 2000] mit Olivier Christin und Pierre-Étienne Will, »Sur la science de l'État«, in: Actes de la recherche en sciences sociales (2000, 133), 3–9.

[Travail et travailleurs 1963] mit Alain Darbel, Jean-Paul Rivet und Claude Seibel, Travail et travailleurs en Algérie. Paris und La Haye: Mouton 1963.

[Liebe zur Kunst 1966/2006] mit Alain Darbel, Die Liebe zur Kunst. Europäische Kunstmuseen und ihre Besucher. Konstanz: UVK 2006 (orig. 1966).

[Perception 1981] mit Yvette Delsaut, »Pour une sociologie de la perception«, in: Actes de la recherche en sciences sociales (1981, 40), 3–9.

[Les étudiants 1964] mit Jean-Claude Passeron (unter Mitarbeit von Michel Eliard), Les étudiants et leurs études. Cahiers du Centre de Sociologie Européenne. Paris und Den Haag: Mouton 1964.

[Illusion der Chancengleichheit 1964/1971] mit Jean-Claude Passeron, Die Illlusion der Chancengleichheit. Untersuchungen zur Soziologie des Bildungswesens am Beispiel Frankreichs. Stuttgart: Klett 1971 (orig. 1964 ff.).

[Die Erben] mit Jean-Claude Passeron, Die Erben. Studenten, Bildung und Kultur. Konstanz: UVK 2007 (orig. 1964).

[Soziologie und Philosophie 1967/1981] mit Jean-Claude Passeron, »Soziologie und Philosophie in Frankreich seit 1945: Tod und Wiederauferstehung einer Philosophie ohne Subjekt«, in: Wolf Lepenies (Hrsg.), Geschichte der Soziologie. Studien zur kognitiven, sozialen und historischen Identität einer Disziplin, Band 3. Frankfurt am Main: Suhrkamp 1981, 496–551 (orig. 1967).

[Symbolische Gewalt 1970/1973] mit Jean-Claude Passeron, »Grundlagen einer Theorie der symbolischen Gewalt«, in: dies., Grundlagen einer Theorie der symbolischen Gewalt. Frankfurt am Main: Suhrkamp 1973, 7–88 (orig. 1970).

[Hochschuldidaktik 1971/2001] mit Jean-Claude Passeron, »Plädoyer für eine rationale Hochschuldidaktik«, in: Pierre Bourdieu, Wie die Kultur zum Bauern kommt. Über Bildung, Schule und Politik. Schriften zu Politik und Kultur 4. Hamburg: VSA 2001, 144–152 (orig. 1971).

[Rapport pédagogique 1965/1968] mit Jean-Claude Passeron und Monique de Saint Martin, Rapport pédagogique et communication. Cahiers du centre de sociologie européenne. 2. Aufl., Paris und Den Haag: Mouton 1968 (zuerst 1965).

[La sainte famille 1982] mit Monique de Saint Martin, »La sainte famille. L'épiscopat français dans le champ du pouvoir«, in: Actes de la recherche an sciences sociales (1982, 44/45), 2–53.

[Agrégation 1987] mit Monique de Saint Martin, »Agrégation et ségrégation. Le champ des grandes écoles et la champ du pouvoir«, in: Actes de la recherche en sciences sociales (1987, 69), 2–50.

[Eigentumssinn 1990/2002] mit Monique de Saint Martin, »Der Eigentumssinn. Die soziale Genese von Präferenzsystemen«, in: Pierre Bourdieu et al., Der Einzige und sein Eigenheim. Schriften zu Politik und Kultur 3. Erw. Neuausg. Hamburg: VSA 2002, 130–161 (orig. 1990).

[Le déracinement 1964] mit Abdelmalek Sayad, Le déracinement. La crise de l'agriculture traditionelle en Algérie. Paris: Les Éditions de Minuit 1964.

[Reflexive Soziologie 1992/1996] mit Loïc J.D. Wacquant, »Die Ziele der reflexiven Soziologie. Chicago-Seminar, Winter 1987«, in: dies., Reflexive Anthropologie. Frankfurt am Main: Suhrkamp 1996, 95–249 (orig. 1992).

[Einfamilienhaus 1990/2002] unter Mitarbeit von Salah Bouhedja, Rosine Christin und Claire Givry, »Eine sichere Geldanlage für die Familie. Das Einfamilienhaus: Produktspezifik und Logik des Produktionsfeldes«, in: Pierre Bourdieu et al., Der Einzige und sein Eigenheim. Schriften zu Politik und Kultur 3. Erw. Neuausgabe, Hamburg: VSA 2002, 26–83 (orig. 1990).

[Vertrag unter Zwang 1990/2002] unter Mitarbeit von Salah Bouhedja und Claire Givry, »Ein Vertrag unter Zwang«, in: Pierre Bourdieu et al., Der Einzige und sein Eigenheim. Schriften zu Politik und Kultur 3. Erw. Neuausgabe, Hamburg: VSA 2002, 107–152 (orig. 1990).

10.3 Interviews und Gespräche mit Bourdieu

[Interview Wie die Kultur 1966/2001] »Wie die Kultur zum Bauern kommt«. Interview mit Pierre Bourdieu, in: Pierre Bourdieu, Wie die Kultur zum Bauern kommt. Über Bildung, Schule und Politik. Schriften zu Politik und Kultur 4. Hamburg: VSA 2001 (orig. 1966).

[Interview Eine störende Wissenschaft 1980/1993] »Eine störende und verstörende Wissenschaft«. Interview von Pierre Thuiller, in: Pierre Bourdieu, Soziologische Fragen. Frankfurt am Main: Suhrkamp 1993, 19–35 (orig. 1980).

[Gespräch Intellektuelle befreien 1980/1993] »Wie die freien Intellektuellen befreien?« Gespräch mit Didier Eribon, in: Pierre Bourdieu, Soziologische Fragen. Frankfurt am Main 1993, 66–67 (orig. 1980).
[Gespräch Vernunft 1985] »›Vernunft ist eine historische Errungenschaft, wie die Sozialversicherung.‹ Bernd Schwibs im Gespräch mit Pierre Bourdieu«, in: Eckart Liebau und Sebastian Müller-Rolli (Hrsg.), Lebensstil und Lernform. Zur Kultursoziologie Pierre Bourdieus. Themenheft der Neuen Sammlung (1985, 3), 376–394.
[Interview Quand les canaques 1985] »›Quand les canaques prennent la parole.‹ Entretien avec Alban Bensa«, in: Actes de la recherche en sciences sociales (1985, 56), 69–83.
[Gespräch Kampf um die symbolische Ordnung 1986] »Der Kampf um die symbolische Ordnung. Pierre Bourdieu im Gespräch mit Axel Honneth, Hermann Kocyba und Bernd Schwibs«, in: Ästhetik und Kommunikation (1986, 61/62), 142–165.
[Gespräch Zurück zur Geschichte 1988] »Zurück zur Geschichte. Ein Gespräch von Robert Maggiori mit Pierre Bourdieu«, in: Jürg Altwegg (Hrsg.), Die Heidegger Kontroverse. Frankfurt am Main: Athenäum 1988, 155–162 (orig. 1988).
[Gespräch Inzwischen 1988/1991] »›Inzwischen kenne ich alle Krankheiten der soziologischen Vernunft‹.« Pierre Bourdieu im Gespräch mit Beate Krais, in: Pierre Bourdieu, Jean-Claude Chamboredon und Jean-Claude Passeron, Soziologie als Beruf. Berlin und New York: de Gruyter 1991, 269–283 (orig. 1988).
[Gespräch Ich bin dazu da 1991] »Ich bin dazu da, die Intellektuellen nicht in Ruhe zu lassen.« Jeanne Pachnicke im Gespräch mit Pierre Bourdieu, in: Pierre Bourdieu, Die Intellektuellen und die Macht. Hamburg: VSA 1991, 13–31.
[Gespräch Feld der Macht 1991] »Das Feld der Macht und die technokratische Herrschaft.« Loïc J.D.Wacquant im Gespräch mit Pierre Bourdieu anlässlich des Erscheinens von ›La Noblesse d'État‹, in: Pierre Bourdieu, Die Intellektuellen und die Macht. Hamburg: VSA 1991, 67–100.
[Interview Politik, Bildung, Sprache 1977/1992] »Politik, Bildung und Sprache.« Interview mit Pierre Vianson-Ponté, in: Pierre Bourdieu, Die verborgenen Mechanismen der Macht. Schriften zu Politik und Kultur 1. Hamburg: VSA 1992, 13–29 (orig. 1977).
[Interview Verborgene Mechanismen 1982/1992] »Die verborgenen Mechanismen der Macht enthüllen.« Interview mit D.Eribon, in: Pierre

Bourdieu, Die verborgenen Mechanismen der Macht. Schriften zu Politik und Kultur 1. Hamburg: VSA 1992, 81 – 86 (orig. 1982).
[Interview Die Könige sind nackt 1984/1992] »Die Könige sind nackt.« Interview mit D.Eribon, in: Pierre Bourdieu, Die verborgenen Mechanismen der Macht. Schriften zu Politik und Kultur 1. Hamburg: VSA 1992, 87 – 102 (orig. 1984).
[Interview Wut eines Soziologen 1992] »Die gesunde Wut eines Soziologen.« Interview mit Louis Roméro, in: Pierre Bourdieu, Die verborgenen Mechanismen der Macht. Schriften zu Politik und Kultur 1. Hamburg: VSA 1992, 165 – 174 (orig. 1992).
[Interview Wirkungsvolle Demokratie 1992/1994] »Wirkungsvolle Demokratie und kritische Gegengewalt. Ein Interview«, in: Pierre Bourdieu u. a., Rassismus und Nationalismus heute. Band 1: Die Diskussion in Frankreich. Frankfurt am Main: Materialis 1994, 84 – 89 (orig. 1992).
[Gespräch Unabhängigkeit der Phantasie 1994/1995] »Für die Unabhängigkeit der Phantasie und des Denkens. Ein Gespräch zwischen Pierre Bourdieu und Hans Haacke«, in: dies., Freier Austausch. Für die Unabhängigkeit der Phantasie und des Denkens. Frankfurt am Main: S.Fischer 1995, 9 – 116 (orig. 1994).
[Gespräch Eine sanfte Gewalt 1994/1997] »Eine sanfte Gewalt.« Pierre Bourdieu im Gespräch mit Irene Dölling und Margareta Steinrücke, in: Irene Dölling und Beate Krais (Hrsg.), Ein alltägliches Spiel. Geschlechterkonstruktion in der sozialen Praxis. Frankfurt am Main: Suhrkamp 1997, 218 – 230 (orig. 1994).
[Interview Ich rede nicht 2000] »Ich rede nicht von Revolution«. Interview mit Pierre Bourdieu von Matthias Greffrath und Christian Semler, in: Taz vom 27.6.2000.
[Interview Habitus, Herrschaft, Freiheit 2000/2001] »Habitus, Herrschaft und Freiheit. Interview mit Antoine Spire, Pascale Casanova und Miguel Banassayag«, in: Pierre Bourdieu, Wie die Kultur zum Bauern kommt. Über Bildung, Schule und Politik. Schriften zu Politik und Kultur 4. Hamburg: VSA 2001, 162 – 173 (orig. 2000).
[Interview Politik zum Intellektuellen 1999/2001] »Wie die Politik zum Intellektuellen kommt. Interview mit Maria Andrea Loyola«, in: Pierre Bourdieu, Wie die Kultur zum Bauern kommt. Über Bildung, Schule und Politik. Schriften zu Politik und Kultur 4. Hamburg: VSA 2001, 174 – 204 (orig. 1999).
[Interview Graw] Interview mit Pierre Bourdieu von Isabelle Graw, http://thing.at/texte/01. html (Stand: 18.6.2003).

10.4 Weitere Literatur

Abels, Heinz und Alexandra König, Sozialisation. Soziologische Antworten auf die Frage, wie wir werden, was wir sind, wie gesellschaftliche Ordnung möglich ist und wie Theorien der Gesellschaft und der Identität ineinanderspielen. Wiesbaden: VS Verlag 2010.

Alanen, Leena, »Childhood as generational condition. Towards a relational sociology of childhood«, in: Chris Jenks (Hrsg.), Childhood: critical concepts in sociology. London: Routledge 2005, 286 – 304.

Alexander, Jeffrey C., »The Reality of Reduction: The Failed Synthesis of Pierre Bourdieu«, in: ders., Fin de Siècle Social Theory. Relativism, Reduction, and the Problem of Reason. New York und London: Verso 1995, 128 – 217.

Albrecht, Steffen, »Netzwerke als Kapital. Zur unterschätzten Bedeutung des sozialen Kapitals für die gesellschaftliche Reproduktion«, in: Jörg Ebrecht und Frank Hillebrandt (Hrsg.), Bourdieus Theorie der Praxis. Erklärungskraft – Anwendung – Perspektiven. Wiesbaden: Westdeutscher Verlag 2002, 199 – 224.

Alkemeyer, Thomas und Markus Rieger-Ladich, »Symbolische Gewalt im pädagogischen Feld. Überlegungen zu einer Forschungsheuristik«, in: Robert Schmidt und Volker Woltersdorff (Hrsg.), Symbolische Gewalt. Herrschaftsanalyse nach Pierre Bourdieu. Konstanz: UVK 2008, 103 – 124.

Apitzsch, Ursula, »Biographieforschung«, in: Barbara Orth, Thomas Schwietring und Johannes Weiß (Hrsg.), Soziologische Forschung: Stand und Perspektiven. Ein Handbuch. Opladen: Leske und Budrich 2003, 85 – 110.

Audehm, Kathrin, »Die Macht der Sprache. Performative Magie bei Pierre Bourdieu«, in: Christoph Wulf, Michael Göhlich und Jörg Zirfas (Hrsg.), Grundlagen des Performativen. Eine Einführung in die Zusammenhänge von Sprache, Macht und Handeln. Weinheim und München: Juventa 2001, 101 – 128.

Barlösius, Eva, »›Das Elend der Welt‹. Bourdieus Modell für die ›Pluralität der Perspektiven‹ und seine Gegenwartsdiagnose über die ›neoliberale Invasion‹«, in: BIOS. Zeitschrift für Biographieforschung und Oral History 12 (1999, 1), 3 – 27.

Barlösius, Eva, »Weitgehend ungeplant und doch erwünscht: Figurationen und Habitus. Über den Stellenwert von nicht-intendiertem Handeln bei Norbert Elias und Pierre Bourdieu«, in: Rainer Greshoff, Georg Kneer und Uwe Schimank (Hrsg.), Die Transintentionalität des

Sozialen. Eine vergleichende Betrachtung klassischer und moderner Sozialtheorien. Wiesbaden: Westdeutscher Verlag 2003, 138 – 157.

Barlösius, Eva, Pierre Bourdieu. Frankfurt am Main und New York: Campus 2006.

Baudelot, Christian, »Das Bildungswesen, ein neues wissenschaftliches Objekt, ein Feld neuer Kämpfe«, in: Catherine Colliot-Thélène, Etienne François und Gunter Gebauer (Hrsg.), Pierre Bourdieu: Deutsch-französische Perspektiven. Frankfurt am Main: Suhrkamp 2005, 165 – 178.

Bauer, Ulrich, »Sozialisation und die Reproduktion sozialer Ungleichheit. Bourdieus politische Soziologie und die Sozialisationsforschung«, in: Uwe H. Bittlingmayer, Rolf Eickelpasch, Jens Kastner und Claudia Rademacher (Hrsg.), Theorie als Kampf? Zur politischen Soziologie Pierre Bourdieus. Opladen: Leske und Budrich 2002, 415 – 445.

Baumert, Jürgen, Petra Stanat und Rainer Watermann (Hrsg.), Herkunftsbedingte Disparitäten im Bildungswesen. Differenzielle Bildungsprozesse und Probleme der Verteilungsgerechtigkeit. Vertiefende Analysen im Rahmen von PISA 2000. Wiesbaden: VS 2006.

Beck, Ulrich, Risikogesellschaft. Auf dem Weg in eine andere Moderne. Frankfurt am Main: Suhrkamp 1986.

Beck, Ulrich, Mißverstehen als Fortschritt. Europäische Intellektuelle im Zeitalter der Globalisierung. Laudatio zur Verleihung des Ernst-Bloch-Preises an Pierre Bourdieu (November 1997) http://www.suhrkamp.de/autoren/bourdieu/beck.htm (Stand: 18.6.2003).

Becker, Howard S., Art Worlds. Berkely, Los Angeles, London 1982.

Beer, Raphael, »Der Beobachter im Milieu. Anmerkungen zum Verhältnis zwischen Bourdieu und Luhmann«, in: Österreichische Zeitschrift für Soziologie 31 (2006, 1), 3 – 23.

Beer, Raphael und Uwe Bittlingmayer, »Karl Marx«, in: Gerhard Fröhlich und Boike Rehbein (Hrsg.), Bourdieu-Handbuch. Leben – Werk – Wirkung. Stuttgart: Metzler 2009, 46 – 52.

Bennett, Tony, Mike Savage, Elizabeth Silva, Alan Warde, Modesto Gayo-Cal und David Wright, Culture, Class, Distinction. London und New York: Routledge 2009.

Berard, T. J., »Rethinking Practices and Structures«, in: Philosophy of the Social Sciences 35 (2005, 2), 196 – 230.

Berli, Oliver, »Musikgeschmack jenseits von Hoch- und Populärkultur. Grenzüberschreitender Musikgeschmack als Distinktionsstrategie«,

in: Anja Brunner, Lisa Leitich und Michael Parzer (Hrsg.), pop: ästhetiken. Innsbruck: Studienverlag 2010.
Bernhard, Stefan, »Netzwerkanalyse und Feldtheorie. Grundriss einer Integration im Rahmen von Bourdieus Sozialtheorie« in: Christian Stegbauer (Hrsg.), Netzwerkanalyse und Netzwerktheorie. Ein neues Paradigma in den Sozialwissenschaften. Wiesbaden: VS Verlag 2008, 121 – 130.
Bittlingmayer, Uwe H., »Ungleich sozialisierte Körper. Soziale Determinanten der Körperlichkeit 10 – 11-jähriger Kinder«, in: Zeitschrift für Soziologie der Erziehung und Sozialisation 28 (2008, 2), 155 – 173.
Bittlingmayer, Uwe H. und Ullrich Bauer, »Aspirationen ohne Konsequenzen«, in: Zeitschrift für Soziologie der Erziehung und Sozialisation 27 (2007, 2), 160 – 180.
Bittlingmayer, Uwe H. und Ullrich Bauer, »Herrschaft und Macht«, in: Gerhard Fröhlich und Boike Rehbein (Hrsg.), Bourdieu-Handbuch. Leben – Werk – Wirkung. Stuttgart: Metzler 2009, 119 – 124.
Bittlingmayer, Uwe H. und Rolf Eickelpasch, »Pierre Bourdieu: Das Politische seiner Soziologie. Zur Einführung«, in: dies., Jens Kastner und Claudia Rademacher (Hrsg.), Theorie als Kampf? Zur politischen Soziologie Pierre Bourdieus. Opladen: Leske und Budrich 2002, 13 – 26.
Blasius, Jörg, »Korrespondenzanalyse – Ein multivariates Verfahren zur Analyse qualitativer Daten«, in: Historical Social Research: Quantum-Information (1987, 42/43), 172 – 189.
Blasius, Jörg, »Die Analyse von Lebensstilen mit Hilfe der Korrespondenzanalyse«, in: Österreichische Zeitschrift für Soziologie 25 (2000, 4), 85 – 114.
Blasius, Jörg, Korrespondenzanalyse. München und Wien: Oldenbourg 2001.
Blasius, Jörg und Jürgen Friedrichs, »Lifestyles in distressed neighborhoods. A Test of Bourdieu's ›taste of necessity‹ hypotheses«, in: Poetics 36 (2008, 1), 24 – 44.
Blasius, Jörg und Werner Georg, »Clusteranalyse und Korrespondenzanalyse in der Lebensstilforschung – ein Vergleich am Beispiel der Wohnungseinrichtung«, in: ZA-Informationen (1992, 30), 112 – 133.
Blasius, Jörg und Erwin Lautsch, »Die komplementäre Anwendung zweier Verfahren: Korrespondenzanalyse und Konfigurationsfrequenzanalyse«, in: ZA-Informationen 27 (1990, 11), 110 – 133.

Blasius, Jörg und Joachim Winkler, »Gibt es die ›feinen Unterschiede‹? Eine empirische Überprüfung der Bourdieuschen Theorie«, in: Kölner Zeitschrift für Soziologie und Sozialpsychologie 41 (1989a), 72–94.

Blasius, Jörg und Joachim Winkler, »Feine Unterschiede – Antwort auf Armin Höher«, in: Kölner Zeitschrift für Soziologie und Sozialpsychologie 41 (1989b), 736–740.

Bloch, Maurice, Ritual, History, and Power: Selected Papers in Anthropology. London und Atlantic Highlands, NJ.: Athlone Press 2. Aufl. 1997 (zuerst 1989).

Bohn, Cornelia und Alois Hahn, »Pierre Bourdieu«, in: Dirk Kaesler (Hrsg.), Klassiker der Soziologie. Band II. 2. Aufl., München: Beck 2000, 252–271.

Bremer, Helmut, Von der Gruppendiskussion zur Gruppenwerkstatt. Ein Beitrag zur Methodenentwicklung in der typenbildenden Mentalitäts-, Habitus- und Milieuanalyse. Münster: LIT 2004.

Bremer, Helmut und Andrea Lange-Vester, Soziale Milieus und Wandel der Sozialstruktur. Die gesellschaftlichen Herausforderungen und die Strategien der sozialen Gruppen. Wiesbaden: VS 2006.

Bremer, Helmut, Andrea Lange-Vester und Michael Vester, »Die feinen Unterschiede«, in: Gerhard Fröhlich und Boike Rehbein (Hrsg.), Bourdieu-Handbuch. Leben – Werk – Wirkung. Stuttgart: Metzler 2009, 289–312.

Bröskamp, Bernd, »Ethnische Grenzen des Geschmacks. Perspektiven einer praxeologischen Migrationsforschung«, in: Gunter Gebauer und Christoph Wulf (Hrsg.), Praxis und Ästhetik. Neue Perspektiven im Denken Pierre Bourdieus. Frankfurt am Main: Suhrkamp 1993, 174–207.

Brubaker, Rogers, »Social Theory as Habitus«, in: Craig Calhoun, Edward LiPuma und Moishe Postone (Hrsg.), Bourdieu: Critical Perspectives. Cambridge: Polity Press 1993, 212–234.

Brubaker, Rogers, »Rethinking classical theory. The Sociological Vision of Pierre Bourdieu«, in: David L.Swartz und Vera L.Zolberg (Hrsg.), After Bourdieu. Influence, Critique, Elaboration. Dordrecht, Boston und London: Kluwer Academic Publishers 2004, 25–64.

Bude, Heinz, »Das nervöse Selbst in der geschlossenen Welt des Sinns. Niklas Luhmann und Pierre Bourdieu im Vergleich«, in: Merkur 44 (1990), 429–433.

Büchner, Peter und Anna Brake, »Die Familie als Bildungsort: Strategien der Weitergabe von Aneignung von Bildung und Kultur im Alltag von Mehrgenerationenfamilien«, in: Zeitschrift für Soziologie der Erziehung und Sozialisation 27 (2007, 2), 197 – 213.

Bülow-Schramm, Margret und Karsten Gerlof, »Lebensweltliche Konstruktion von Studierenden – Brücken zum Habitus?«, in: Steffanie Engler und Beate Krais (Hrsg.), Das kulturelle Kapital und die Macht der Klassenstrukturen. Sozialstrukturelle Verschiebungen und Wandlungsprozesse des Habitus. Weinheim und München: Juventa 2004, 141 – 158.

Bullen, Elizabeth, und Jane Kenway, »Bourdieu, subcultural capital and risky girlhood«, in: Theory and Research in Education 3 (2005, 1), 47 – 61

Burchardt, Hans-Jürgen, »Pierre Bourdieu und das Elend der Globalisierung. Kein Nachruf«, in: Leviathan 31 (2003, 4), 505 – 518.

Burkart, Günter, »Das Distinguierte und das Degoutante«, in: Soziologische Revue 7 (1984), 9 – 14.

Burnett, Cora, »Building Social Capital Through an ›Active Community Club‹«, in: International Review for the Sociology of Sport 41 (2006, 3 – 4), 283 – 294.

Burzan, Nicole, Soziale Ungleichheit. Eine Einführung in die zentralen Theorien. Wiesbaden: Verlag für Sozialwissenschaften 2004.

Calhoun, Craig, »Habitus, Field, and Capital: The Question of Historical Specificity«, in: ders., Edward LiPuma und Moishe Postone (Hrsg.), Bourdieu: Critical Perspectives. Cambridge: Polity Press 1993, 61 – 88.

Celikates, Robin, Kritik als soziale Praxis. Gesellschaftliche Selbstverständigung und kritische Theorie. Frankfurt am Main und New York: Campus 2009.

Champagne, Patrick, »Vorwort« zu: Pierre Bourdieu, Vom Gebrauch der Wissenschaft. Für eine klinische Soziologie des wissenschaftlichen Feldes. Konstanz: UVK 1998a, 7 – 14.

Champagne, Patrick, »Die Sicht der Medien«, in: Pierre Bourdieu et al., Das Elend der Welt. 2. Aufl., Konstanz: UVK 1998b, 75 – 86.

Cicourel, Aaron V., »Aspects of Structural and Processual Theories of Knowledge«, in: Craig Calhoun, Edward LiPuma und Moishe Postone (Hrsg.), Bourdieu: Critical Perspectives. Cambridge: Polity Press 1993, 89 – 115.

Cicourel, Aaron V., »Habitusaspekte im Entwicklungs- und Erwachsenenalter«, in: Gunter Gebauer und Christoph Wulf (Hrsg.), Praxis und Ästhetik. Neue Perspektiven im Denken Pierre Bourdieus. Frankfurt am Main: Suhrkamp 1993, 148 – 173.

Coleman, James S., »Social Capital in the Creation of Human Capital«, in: American Journal of Sociology 94 (1988, Supplement), 95 – 120.
Coleman, James S., Grundlagen der Sozialtheorie. Band 1: Handlungen und Handlungssysteme. München: Oldenbourg 1991 (orig. 1990).
Coleman, James S., »Der Verlust sozialen Kapitals und seine Auswirkungen auf die Schule«, in: Achim Leschinsky (Hrsg.), Die Institutionalisierung von Lehren und Lernen. Beiträge zu einer Theorie der Schule. 34. Beiheft der Zeitschrift für Pädagogik. Weinheim und Basel: Beltz 1996, 99 – 105.
Collins, Randall, »On the Microfoundations of Macrosociology«, in: American Journal of Sociology 86 (1981, 5), 984 – 1014.
Costa, Ricardo L., »The Logic of Practices in Pierre Bourdieu«, in: Current Sociology 54 (2006, 6), 873 – 895.
Couldry, Nick, »The Individual Point of View: Learning From Bourdieu's The Weight of the World«, in: Cultural Studies ? Critical Methodologies 5 (2005, 3), 354 – 372.
De Galembert, Claire, »Die Religionssoziologie ›à la française‹. Vom positivistischen Erbe zur Erforschung der religiösen Moderne«, in: Danièle Hervieu-Léger, Pilger und Konvertiten. Religion in Bewegung. Würzburg: Ergon 2004, IX-L.
Dépelteau, François, »Relational Thinking: A Critique of Co-Deterministic Theories of Structure and Agency«, in: Sociological Theory 26 (2008, 1), 51 – 73.
Dianteill, Erwan, »Pierre Bourdieu and the sociology of religion: A central and peripheral concern«, in: David L. Swartz und Vera L. Zolberg (Hrsg.), After Bourdieu. Influence, Critique, Elaboration. Dordrecht, Boston und London: Kluwer Academic Publishers 2004, 65 – 85.
Diaz-Bone, Rainer, Kulturwelt, Diskurs und Lebensstil. Eine diskurstheoretische Erweiterung der bourdieuschen Distinktionstheorie. Opladen: Leske und Budrich 2002.
Dick, Penny, »Resistance, Gender, and Bourdieu's Notion of Field«, in: Management Communication Quarterly 21 (2008, 3), 327 – 343.
Diekmann, Andreas, »Dimensionen des Sozialkapitals«, in: Axel Franzen und Markus Freitag (Hrsg.), Sozialkapital. Grundlagen und Anwendungen. Sonderheft 47 der Kölner Zeitschrift für Soziologie und Sozialpsychologie. Wiesbaden: VS-Verlag 2007, 47 – 65.
Dölling, Irene, »Männliche Herrschaft«, in: Gerhard Fröhlich und Boike Rehbein (Hrsg.), Bourdieu-Handbuch. Leben – Werk – Wirkung. Stuttgart: Metzler 2009, 172 – 178.

Durkheim, Émile, Die elementaren Formen des religiösen Lebens. 3. Aufl., Frankfurt am Main: Suhrkamp 1984 (orig. 1912).
Ebrecht, Jörg, »Die Kreativität der Praxis. Überlegungen zum Wandel von Habitusformationen«, in: ders. und Frank Hillebrandt (Hrsg.), Bourdieus Theorie der Praxis. Erklärungskraft – Anwendung – Perspektiven. Wiesbaden: Westdeutscher Verlag 2002, 225 – 241.
Ebrecht, Jörg und Frank Hillebrandt, »Einleitung. Konturen einer soziologischen Theorie der Praxis« in: dies. (Hrsg.), Bourdieus Theorie der Praxis. Erklärungskraft – Anwendung – Perspektiven. Wiesbaden: Westdeutscher Verlag 2002, 7 – 16.
Eder, Klaus, »Einleitung« zu: ders. (Hrsg.), Klassenlage, Lebensstil und kulturelle Praxis. Beiträge zur Auseinandersetzung mit Pierre Bourdieus Klassentheorie. Frankfurt am Main: Suhrkamp 1989, 7 – 11.
Eder, Klaus, »Klassentheorie als Gesellschaftstheorie. Bourdieus dreifache kulturtheoretische Brechung der traditionellen Klassentheorie«, in: ders. (Hrsg.), Klassenlage, Lebensstil und kulturelle Praxis. Beiträge zur Auseinandersetzung mit Pierre Bourdieus Klassentheorie. Frankfurt am Main: Suhrkamp 1989, 15 – 43.
Eickelpasch, Rolf, »Parteiliche Unparteilichkeit. Paradoxien in der Begründung einer kritischen Soziologie bei Pierre Bourdieu«, in: Uwe H.Bittlingmayer, Rolf Eickelpasch, Jens Kastner und Claudia Rademacher (Hrsg.), Theorie als Kampf? Zur politischen Soziologie Pierre Bourdieus. Opladen: Leske und Budrich 2002, 49 – 60.
Emirbayer, Mustafa und Jeff Goodwin, »Network Analysis, Culture, and the Problem of Agency«, in: American Journal of Sociology 99 (1994, 6), 1411 – 1454.
Engler, Steffanie, Fachkultur, Geschlecht und soziale Reproduktion. Weinheim: Deutscher Studien-Verlag 1993.
Engler, Steffanie, In Einsamkeit und Freiheit? Zur Konstruktion der wissenschaftlichen Persönlichkeit auf dem Weg zur Professur. Konstanz: UVK 2001.
Engler, Steffani, »Habitus, Feld und sozialer Raum. Zur Nutzung der Konzepte Pierre Bourdieus in der Frauen- und Geschlechterforschung«, in: Boike Rehbein, Gernot Saalmann und Hermann Schwengel (Hrsg.), Pierre Bourdieus Theorie des Sozialen. Probleme und Perspektiven. Konstanz: UVK 2003, 231 – 250.
Engler, Steffani, und Karin Zimmermann, »Das soziologische Denken Bourdieus – Reflexivität in kritischer Absicht«, in: Uwe H. Bittlingmayer, Rolf Eickelpasch, Jens Kastner und Claudia Rademacher

(Hrsg.), Theorie als Kampf? Zur politischen Soziologie Pierre Bourdieus. Opladen: Leske und Budrich 2002, 35 – 47.
Entwistle, Joanne und Agnès Rocamaro, »The Field of Fashion Materialized: A Study of London Fashion Week«, in: Sociology 40 (2006, 4), 735 – 751.
Fondation Bourdieu: www.fondation-bourdieu.org
Fowler, Bridget, »Pierre Bourdieu und Norbert Elias über symbolische und physische Gewalt. Ein Vergleich«, in: Robert Schmidt und Volker Woltersdorff (Hrsg.), Symbolische Gewalt. Herrschaftsanalyse nach Pierre Bourdieu. Konstanz: UVK 2008, 75 – 99.
Fowler, Bridget, »The Recognition/Redistribution Debate and Bourdieu's Theory of Practice: Problems of Interpretation«, in: Theory, Culture & Society 26 (2009, 1), 144 – 156.
Franzen, Axel und Markus Freitag, »Aktuelle Themen und Diskussionen der Sozialkapitalforschung«, in: diess. (Hrsg.), Sozialkapital. Grundlagen und Anwendungen. Sonderheft 47 der Kölner Zeitschrift für Soziologie und Sozialpsychologie. Wiesbaden: VS-Verlag 2007, 7 – 22
Franzen, Axel und Sonja Pointner, »Sozialkapital: Konzeptualisierungen und Messungen«, in: Axel Franzen und Markus Freitag (Hrsg.), Sozialkapital. Grundlagen und Anwendungen. Sonderheft 47 der Kölner Zeitschrift für Soziologie und Sozialpsychologie. Wiesbaden: VS-Verlag 2007, 66 – 90
Fraser, Andrea, »Es geht um Kultur«, in: Beatrice von Bismarck, Therese Kaufmann und Ulf Wuggenig (Hrsg.), Nach Bourdieu: Visualität, Kunst, Politik. Wien: Turia und Kant 2008, 289 – 302.
Fraser, Nancy und Axel Honneth, Redistribution or Recognition: A Politico-philosophical Exchange. London: Verso 2003.
Fricke, Dirk, Einführung in die Korrespondenzanalyse. Frankfurt am Main: R. G. Fischer 1990.
Fröhlich, Gerhard, »Kapital, Habitus, Feld, Symbol. Grundbegriffe der Kulturtheorie bei Pierre Bourdieu«, in: Ingo Mörth und Gerhard Fröhlich (Hrsg.), Das symbolische Kapital der Lebensstile. Zur Kultursoziologie der Moderne nach Pierre Bourdieu. Frankfurt am Main und New York: Campus 1994, 31 – 54.
Fröhlich, Gerhard, »Kontrolle durch Konkurrenz und Kritik? Das ›wissenschaftliche Feld‹ bei Pierre Bourdieu«, in: Boike Rehbein, Gernot Saalmann und Hermann Schwengel (Hrsg.), Pierre Bourdieus Theorie des Sozialen. Probleme und Perspektiven. Konstanz: UVK 2003, 117 – 129.

Fröhlich, Gerhard, »Norbert Elias«, in: ders. und Boike Rehbein (Hrsg.), Bourdieu-Handbuch. Leben – Werk – Wirkung. Stuttgart: Metzler 2009a, 36 – 43.

Fröhlich, Gerhard, »Einverleibung«, in: ders. und Boike Rehbein (Hrsg.), Bourdieu-Handbuch. Leben – Werk – Wirkung. Stuttgart: Metzler 2009b, 81 – 90.

Fröhlich, Gerhard, »Wissenschaft«, in: ders. und Boike Rehbein (Hrsg.), Bourdieu-Handbuch. Leben – Werk – Wirkung. Stuttgart: Metzler 2009c, 327 – 337.

Fröhlich, Gerhard, »Die globale Diffusion Bourdieus«, in: ders. und Boike Rehbein (Hrsg.), Bourdieu-Handbuch. Leben – Werk – Wirkung. Stuttgart: Metzler 2009d, 376 – 381.

Fröhlich, Gerhard und Ingo Mörth, »Eine Art Groupunternehmen – Bourdieus Werk und Produktionsweise im Spiegel von ›HyperBourdieu‹«, in: Gerhard Fröhlich und Boike Rehbein (Hrsg.), Bourdieu-Handbuch. Leben – Werk – Wirkung. Stuttgart: Metzler 2009, 373 – 375.

Fröhlich, Gerhard und Boike Rehbein, »Distinktion«, in: dies. (Hrsg.), Bourdieu-Handbuch. Leben – Werk – Wirkung. Stuttgart: Metzler 2009, 381 – 386.

Fuchs-Heinritz, Werner, »Bourdieu, Pierre«, in: Thomas Bedorf und Kurt Röttgers (Hrsg.), Die französische Philosophie im 20. Jahrhundert. Ein Autorenhandbuch. Darmstadt: Wissenschaftliche Buchgesellschaft 2009, 70 – 75.

Geißler, Rainer, »Die Illusion der Chancengleichheit im Bildungssystem – von PISA gestört«, in: Zeitschrift für Soziologie der Erziehung und Sozialisation 4 (2004, 24), 362 – 380.

Geißler, Rainer, »Bildungschancen und soziale Herkunft«, in: Archiv für Wissenschaft und Praxis der sozialen Arbeit (2006, 4), 34 – 46.

Gorringe, Hugo und Irene Rafanell, »The Embodiment of Caste: Oppression, Protest and Change«, in: Sociology 4 (2007, 1), 97 – 114.

Graw, Isabelle, »Learning from Bourdieu«, in: Beatrice von Bismarck, Therese Kaufmann und Ulf Wuggenig (Hrsg.), Nach Bourdieu: Visualität, Kunst, Politik. Wien: Turia und Kant 2008, 303 – 317.

Groh, Olaf, »Neoliberalismus als hegemoniales Projekt. Zur Erklärungskraft der politischen Soziologie Pierre Bourdieus«, in: Uwe H. Bittlingmayer, Rolf Eickelpasch, Jens Kastner und Claudia Rademacher (Hrsg.), Theorie als Kampf? Zur politischen Soziologie Pierre Bourdieus. Opladen: Leske und Budrich 2002, 197 – 223.

Hamel, Jacques, »Réflexions sur la réflexivité en sociologie«, in: Social Science Information 46 (2007, 3), 471–485.

Haug, Sonja, Soziales Kapital. Ein kritischer Überblick über den aktuellen Forschungsstand. Arbeitspapier des Mannheimer Zentrums für Europäische Sozialforschung. Mannheim 1997.

Hillebrandt, Frank, »Die verborgenen Mechanismen der Materialität. Überlegungen zu einer Praxistheorie der Technik«, in: Jörg Ebrecht und Frank Hillebrandt (Hrsg.), Bourdieus Theorie der Praxis. Erklärungskraft – Anwendung – Perspektiven. Wiesbaden: Westdeutscher Verlag 2002, 19–45.

Hillebrandt, Frank, »Kaufen, Verkaufen, Schenken: Die Simultanität von Tauschpraktiken«, in: Jens Beckert, Rainer Diaz-Bone und Heiner Ganßmann, Hrsg., Märkte als soziale Strukturen. Frankfurt am Main und New York 2007, 281–295.

Hillebrandt, Frank, »Ökonomie«, in: Gerhard Fröhlich und Boike Rehbein (Hrsg.), Bourdieu-Handbuch. Leben – Werk – Wirkung. Stuttgart: Metzler 2009, 186–193.

Höher, Armin, »Auf dem Wege zu einer Rezeption der Soziologie Pierre Bourdieus? Replik zu dem Artikel von Jörg Blasius und Joachim Winkler ›Gibt es die feinen Unterschiede?‹«, in: Kölner Zeitschrift für Soziologie und Sozialpsychologie 41 (1989), 729–735.

Holder, Patricia, »Hexis«, in: Gerhard Fröhlich und Boike Rehbein (Hrsg.), Bourdieu-Handbuch. Leben – Werk – Wirkung. Stuttgart: Metzler 2009, 125–127.

Honegger, Claudia und Marianne Rychner (Hrsg.), Das Ende der Gemütlichkeit. Strukturelles Unglück und mentales Leid in der Schweiz. Zürich: Limmat 1998.

Honneth, Axel, »Die zerrissene Welt der symbolischen Formen. Zum kultursoziologischen Werk Pierre Bourdieus«, in: ders., Die zerrissene Welt des Sozialen. Sozialphilosophische Aufsätze. Frankfurt am Main: Suhrkamp 1990, 156–181 (zuerst 1984).

Holt, Louise, »Embodied social capital and geographic perspectives: performing the habitus«, in: Progress in Human Geography 32 (2008, 2), 227–246.

Hradil, Stefan, »System und Akteur. Eine empirische Kritik der soziologischen Kulturtheorie Pierre Bourdieus«, in: Klaus Eder, Klassenlage, Lebensstil und kulturelle Praxis. Beiträge zur Auseinandersetzung mit Pierre Bourdieus Klassentheorie. Frankfurt am Main: Suhrkamp 1989, 111–141.

Jäger, Wieland und Hanns-Joachim Meyer, Sozialer Wandel in soziologischen Theorien der Gegenwart. Wiesbaden: Westdeutscher Verlag 2003.

Jambu, Michel, Explorative Datenanalyse. Stuttgart, Jena, New York: Gustav Fischer 1992.

Janning, Frank, Pierre Bourdieus Theorie der Praxis. Analyse und Kritik der konzeptionellen Grundlegung einer praxeologischen Soziologie. Opladen: Westdeutscher Verlag 1991.

Jenkins, Richard, Pierre Bourdieu. London und New York: Routledge 1992.

Jensen, Sune Qvotrup, »Rethinking subcultural capital«, in: Young. Nordic Journal of Youth Research 14 (2006, 3), 257–276.

Jobson, J. D., Applied Multivariate Data Analysis. Vol. II: Categorical and Multivariate Methods. New York, Berlin, Heidelberg usw.: Springer 1992.

Jünger, Rahel, Bildung für alle? Die schulischen Logiken von ressourcenprivilegierten und -nichtprivilegierten Kindern als Ursache der bestehenden Bildungsungleichheit. Wiesbaden: VS 2008.

Jurt, Joseph, »Jenseits von Subjektphilosophie und Strukturalismus: Pierre Bourdieu«, in: ders. (Hrsg.), Zeitgenössische französische Denker: eine Bilanz. Freiburg im Breisgau: Rombach 1998, 251–269.

Jurt, Joseph, »Autonomie der Literatur und sozialgeschichtliche Perspektive«, in: Boike Rehbein, Gernot Saalmann und Hermann Schwengel (Hrsg.), Pierre Bourdieus Theorie des Sozialen. Probleme und Perspektiven. Konstanz: UVK 2003, 97–115.

Jurt, Joseph, Bourdieu. Stuttgart: Reclam 2008.

Kaiser, Petra, »Bourdieus Gegenfeuer. Soziologische Gegenwartsdiagnose im Gewand einer politischen Kampfansage«, in: UTOPIE kreativ 19 (2008, 211), 408–423.

Kastner, Jens, Die ästhetische Disposition. Eine Einführung in die Kunsttheorie Pierre Bourdieus. Wien: Turia und Kant 2009.

Katschnig-Fasch, Elisabeth (Hrsg.), Das ganz alltägliche Elend. Begegnungen im Schatten des Neoliberalismus. Wien: Erhard Löcker 2003.

Kieserling, André, »Felder und Klassen: Pierre Bourdieus Theorie der modernen Gesellschaft«, in: Zeitschrift für Soziologie 37 (2008, 1), 3–24.

Kim, Kyung-Man, »What would a Bourdieuan sociology of scientific truth look like?«, in: Social Science Information 48 (2009, 1), 57–79.

Knoblauch, Hubert, »Habitus und Habitualisierung. Zur Komplementarität von Bourdieu mit dem Sozialkonstruktivismus«, in: Boike Rehbein, Gernot Saalmann und Hermann Schwengel (Hrsg.), Pierre Bourdieus Theorie des Sozialen. Probleme und Perspektiven. Konstanz: UVK 2003, 187 – 201.

König, Alexandra, Kleider schaffen Ordnung. Regeln und Mythen jugendlicher Selbst-Repräsentation. Konstanz: UVK 2007.

Koller, Andreas, »Doxa«, in: Gerhard Fröhlich und Boike Rehbein (Hrsg.), Bourdieu-Handbuch. Leben – Werk – Wirkung. Stuttgart: Metzler 2009, 79 – 80.

Koppetsch, Cornelia, »Heidegger und die Theorie der Praxis«, in: Johannes Weiß (Hrsg.), Die Jemeinigkeit des Mitseins. Die Daseinsanalytik Martin Heideggers und die Kritik der soziologischen Vernunft. Konstanz: UVK 2001, 345 – 370.

Kraemer, Klaus, »Charismatischer Habitus. Zur sozialen Konstruktion symbolischer Macht«, in: Uwe H. Bittlingmayer, Rolf Eickelpasch, Jens Kastner und Claudia Rademacher (Hrsg.), Theorie als Kampf? Zur politischen Soziologie Pierre Bourdieus. Opladen: Leske und Budrich 2002, 123 – 141.

Krais, Beate, »Einleitung« zu: Pierre Bourdieu, Luc Boltanski, Monique de Saint Martin und Pascale Maldidier, Titel und Stelle. Über die Reproduktion sozialer Macht. Frankfurt am Main: Europäische Verlagsanstalt 1981, 7 – 21.

Krais, Beate, »Bildung als Kapital – Neue Perspektiven für die Analyse der Sozialstruktur?«, in: Reinhard Kreckel (Hrsg.), Soziale Ungleichheiten. Sonderband 2 der Sozialen Welt. Göttingen: Otto Schwartz 1983, 199 – 220.

Krais, Beate, »Soziales Feld, Macht und kulturelle Praxis. Die Untersuchungen Bourdieus über die verschiedenen Fraktionen der ›herrschenden Klasse‹ in Frankreich«, in: Klaus Eder (Hrsg.), Klassenlage, Lebensstil und kulturelle Praxis. Beiträge zur Auseinandersetzung mit Pierre Bourdieus Klassenheorie. Frankfurt am Main: Suhrkamp 1989, 47 – 70.

Krais, Beate, »Vorwort zur deutschen Ausgabe« von: Pierre Bourdieu, Jean-Claude Chamboredon und Jean-Claude Passeron, Soziologie als Beruf. Wissenschaftstheoretische Voraussetzungen soziologischer Erkenntnis. Berlin und New York 1991, V-XII.

Krais, Beate, »Gender and Symbolic Violence: Female Oppression in the Light of Pierre Bourdieu's Theory of Social Practice«, in: Craig Cal-

houn, Edward LiPuma und Moishe Postone (Hrsg.), Bourdieu: Critical Perspectives. Cambridge: Polity Press 1993, 156 – 177.
Krais, Beate, »*La misère du monde* und die moderne Gesellschaft, oder: Können Armut, Elend und Not Gegenstände der Soziologie sein?«, in: Lendemains (1994, 75/76), 7 – 13.
Krais, Beate und Günter Gebauer, Habitus. Bielefeld: transcript 2002.
Krais, Beate, »Die moderne Gesellschaft und ihre Klassen: Bourdieus Konstrukt des sozialen Raums«, in: Catherine Colliot-Thélène, Etienne François und Günter Gebauer (Hrsg.), Pierre Bourdieu: Deutsch-französische Perspektiven. Frankfurt am Main: Suhrkamp 2005, 79 – 105.
Krais, Beate, »Zur Funktionsweise von Herrschaft in der Moderne. Soziale Ordnungen, symbolische Gewalt, gesellschaftliche Kontrolle«, in: Robert Schmidt und Volker Woltersdorff (Hrsg.), Symbolische Gewalt. Herrschaftsanalyse nach Pierre Bourdieu. Konstanz: UVK 2008, 45 – 58.
Kriesi, Hanspeter, »Sozialkapital. Eine Einführung«, in: Axel Franzen und Markus Freitag (Hrsg.), Sozialkapital. Grundlagen und Anwendungen. Sonderheft 47 der Kölner Zeitschrift für Soziologie und Sozialpsychologie. Wiesbaden: VS-Verlag 2007, 23 – 46.
Kuhlmann, Carola, »Bildungsarmut und die soziale ›Vererbung‹ von Ungleichheiten«, in: Ernst-Ulrich Huster, Jürgen Boeckh und Hildegard Mögge-Grotjahn (Hrsg.), Handbuch Armut und Soziale Ausgrenzung. Wiesbaden: VS Verlag 2008, 301 – 319.
Kumoll, Karsten, »Strategie«, in: Gerhard Fröhlich und Boike Rehbein (Hrsg.), Bourdieu-Handbuch. Leben – Werk – Wirkung. Stuttgart: Metzler 2009, 225 – 227.
Laberge, Yves, »Pierre Bourdieu (1930 – 2002): A Tribute and a Portrait«, International Sociology 21 (2006, 3), 491 – 495.
Lamont, Michèle, »Looking back at Bourdieu«, in: Elizabeth Silva und Alan Warde (Hrsg.), Cultural Analysis and Bourdieu's Legacy: Setting Accounts and Developing Alternatives. London: Routledge 2010, 128 – 141.
Lange, Stefan, »Nationalstaat und Demokratie im Sog der Globalisierung: Politische Gegenwartsdiagnosen«, in: Ute Volkmann und Uwe Schimank (Hrsg.), Soziologische Gegenwartsdiagnosen II. Vergleichende Sekundäranalysen. Opladen: Leske und Budrich 2002, 115 – 154.
Lash, Scott, »Pierre Bourdieu: Cultural Economy and Social Change«, in: Craig Calhoun, Edward LiPuma und Moishe Postone (Hrsg.),

Bourdieu: Critical Perspectives. Cambridge: Polity Press 1993, 193–211.
Lareau, Annette, Unequal childhoods. Class, race, and family life. Berkeley: University of California Press 2003.
Lehmann, Wolfgang, »Becoming Middle-Class: How Working-Class University Students Draw and Transgress Moral Class Boundaries«, in: Sociology 43 (2009), 631–647.
Lenger, Alexander, Die Promotion. Ein Reproduktionsmechanismus sozialer Ungleichheit. Konstanz: UVK 2008.
Leonard, Madeleine, »Children, Childhood and Social Capital: Exploring the Links«, in: Sociology 39 (2005, 4), 605–622.
Lepenies, Wolf, »Contribution à une histoire des rapports entre la sociologie et la philosophie«, in: Actes de la recherche en sciences sociales (1983, 47/48), 37–44.
Liebau, Eckard, Gesellschaftliches Subjekt und Erziehung. Zur pädagogischen Bedeutung der Sozialisationstheorien von Pierre Bourdieu und Ulrich Oevermann. Weinheim und München: Juventa 1987.
Liebau, Eckart, »Klasse, Haut, Kultur oder: Bourdieu für Pädagogen«, in: Sozialwissenschaftliche Literatur Rundschau 10 (1987, 15), 79–89.
Liebau, Eckart, »Laufbahn oder Biographie? Eine Bourdieu-Lektüre«, in: BIOS. Zeitschrift für Biographieforschung und Oral History (1990, 1), 83–89.
Liebau, Eckart, »Vermittlung und Vermitteltheit. Überlegungen zu einer praxeologischen Pädagogik«, in: Gunter Gebauer und Christoph Wulf (Hrsg.), Praxis und Ästhetik. Neue Perspektiven im Denken Pierre Bourdieus. Frankfurt am Main: Suhrkamp 1993, 251–269.
Liebau, Eckart und Sebastian Müller-Rolli, »Lebenstil und Lernform. Eine Einleitung zu diesem Heft«, in: dies. (Hrsg.), Lebenstil und Lernform. Zur Kultursoziologie Pierre Bourdieus. Themenheft der Neuen Sammlung (1985), 272–278.
Lovell, Terry (Hrsg.), (Mis)recognition, Social Inequality and Social Justice: Nancy Fraser and Pierre Bourdieu. London: Routledge 2007.
Lüdtke, Hartmut, Expressive Ungleichheit. Zur Soziologie der Lebensstile. Opladen: Leske und Budrich 1989.
Mahar, Cheleen, Richard Harker und Chris Wilkes, »The Basic Theoretical Position«, in: dies. (Hrsg.), An Introduction to the Work of Pierre Bourdieu. The Practice of Theory. Houndsmills, Basingstoke, Hampshire und London: Macmillan 1990, 1–25.

Meier, Bernd, Sozialkapital in Deutschland. Eine empirische Skizze. Köln: Deutscher Instituts-Verlag 1996.

Menger, Pierre-Michel, Kunst und Brot. Die Metamorphosen des Arbeitnehmers. Konstanz: UVK 2006 (orig. 2002).

Meulemann, Heiner, Soziologie von Anfang an. Eine Einführung in Themen, Ergebnisse und Literatur. Wiesbaden: Westdeutscher Verlag 2001.

Meuser, Michael, »Subjektive Perspektiven, habituelle Dispositionen und konjunktive Erfahrungen. Wissenssoziologie zwischen Schütz, Bourdieu und Mannheim«, in: Ronald Hitzler, Jo Reichertz und Norbert Schröer (Hrsg.), Hermeneutische Wissenssoziologie. Standpunkte zur Theorie der Interpretation. Konstanz: UVK 1999, 121 – 146.

Miller, Max, »Systematisch verzerrte Legitimationsdiskurse. Einige kritische Überlegungen zu Bourdieus Habitustheorie«, in: Klaus Eder (Hrsg.), Klassenlage, Lebensstil und kulturelle Praxis. Beiträge zur Auseinandersetzung mit Pierre Bourdieus Klassentheorie. Frankfurt am Main: Suhrkamp 1989, 191 – 219.

Moebius, Stephan, »Handlung und Praxis. Konturen einer poststrukturalistischen Praxistheorie« in: ders. und Andreas Reckwitz (Hrsg.), Poststrukturalistische Sozialwissenschaften. Frankfurt am Main: Suhrkamp 2008, 58 – 74.

Moebius, Stephan, »Marcel Mauss«, in: Gerhard Fröhlich und Boike Rehbein (Hrsg.), Bourdieu-Handbuch. Leben – Werk – Wirkung. Stuttgart: Metzler 2009a, 53 – 57.

Moebius, Stephan, und Lothar Peter, »Strukturalismus«, in: Gerhard Fröhlich und Boike Rehbein (Hrsg.), Bourdieu-Handbuch. Leben – Werk – Wirkung. Stuttgart: Metzler 2009b, 20 – 28.

Mörth, Ingo und Gerhard Fröhling, Bourdieu-Bibliographie. http./www.iwp.uni-linz.ac.at/lxe/sektktf/bb/Hyper-Bourdieu.html (September 2004).

Mouzelis, Nicos, Sociological Theory: What went wrong? Diagnosis and Remedies. London und New York: Routledge 1995.

Müller, Adam, Die Elemente der Staatskunst, in: ders., Vom Geiste der Gemeinschaft. Leipzig: Kröner 1931, 1 – 238 (zuerst 1809).

Müller, Hans-Peter, »Kultur, Geschmack und Distinktion. Grundzüge der Kultursoziologie Pierre Bourdieus«, in: Friedhelm Neidhardt u. a. (Hrsg.), Kultur und Gesellschaft. Sonderheft 27 der Kölner Zeitschrift für Soziologie und Sozialpsychologie, Opladen: Westdeutscher Verlag 1986, 162 – 190.

Müller, Hans-Peter, »Die Einbettung des Handelns. Pierre Bourdieus Praxeologie«, in: Berliner Journal für Soziologie 12 (2002), 157–171.

Müller, Hans-Peter, »Handeln und Struktur. Pierre Bourdieus Praxeologie«, in: Catherine Colliot-Thélène, Etienne François und Günter Gebauer (Hrsg.), Pierre Bourdieu: Deutsch-französische Perspektiven. Frankfurt am Main: Suhrkamp 2005, 21–42.

Müller, Hans-Rüdiger, »Differenz und Differenzbearbeitung in Familialen Erziehungsmilieus. Eine pädagogische Problemskizze«, in: Zeitschrift für Soziologie der Erziehung und Sozialisation 27 (2007, 2), 143–159.

Müller-Dohm, Stefan, »Soziologie ohne Gesellschaft? Notizen zum Gegenstandsverlust einer Disziplin«, in: ders. (Hrsg.), Jenseits der Utopie. Theoriekritik der Gegenwart. Frankfurt am Main: Suhrkamp 1991, 48–99.

Müller-Rolli, Sebastian, »Familie und Schule im historischen Prozeß der sozialen und kulturellen Reproduktion«, in: Eckart Liebau und ders. (Hrsg.), Lebenstil und Lernform. Zur Kultursoziologie Pierre Bourdieus. Themenheft der Neuen Sammlung (1985), 340–358.

Neckel, Sighard, »Soziale Scham: Unterlegenheitsgefühle in der Konkurrenz von Lebensstilen«, in: Gunter Gebauer und Christoph Wulf (Hrsg.), Praxis und Ästhetik. Neue Perspektiven im Denken Pierre Bourdieus. Frankfurt am Main: Suhrkamp 1993, 270–291.

Neckel, Sighard, »Die Mechanismen symbolischer Macht. Kabylen und Kapitalismus: Einführendes zur Soziologie Pierre Bourdieus«, in: Uwe H. Bittlingmayer, Rolf Eickelpasch, Jens Kastner und Claudia Rademacher (Hrsg.), Theorie als Kampf? Zur politischen Soziologie Pierre Bourdieus. Opladen: Leske und Budrich 2002, 29–34 (zuerst 2000).

Niethammer, Lutz, »Kommentar zu Pierre Bourdieu: Die biographische Illusion«, in: BIOS. Zeitschrift für Biographieforschung und Oral History (1990, 1), 91–93.

Ortmann, Günther, Als Ob. Fiktionen und Organisationen. Wiesbaden: VS Verlag 2004.

Otte, Gunnar, Sozialstrukturanalysen mit Lebensstilen. Eine Studie zur theoretischen und methodischen Neuorientierung der Lebensstilforschung. 2. Aufl. Wiesbaden: VS 2008.

Papilloud, Christian, Bourdieu lesen. Einführung in eine Soziologie des Unterschieds. Bielefeld: transcript 2003.

Peterson, Richard A., Understanding audience segmentation: from elite and mass to omnivore and univore, in: Poetics 21 (1992), 243 – 258.
Pfeffer, Gottfried, »Das fehlende Positive. Sozialdeterministische Aspekte bei Bourdieu und ihr möglicher ›Aufklärungswert‹«, in: Neue Sammlung 25 (1985), 279 – 297.
Pieper, Marianne, »Preakisierung, symbolische Gewalt und produktive Subjektivierung im Feld immaterieller Arbeit«, in: Robert Schmidt und Volker Woltersdorff (Hrsg.), Symbolische Gewalt. Herrschaftsanalyse nach Pierre Bourdieu. Konstanz: UVK 2008, 219 – 241.
Pollak, Michael, Gesellschaft und Soziologie in Frankreich. Tradition und Wandel in der neueren französischen Soziologie. Königstein im Taunus: Hain 1978.
Postone, Moishe, Edward LiPuma und Craig Calhoun, »Introduction: Bourdieu and Social Theory«, in: dies. (Hrsg.), Bourdieu: Critical Perspectives. Cambridge: Polity Press 1993, 1 – 13.
Prior, Nick, »Putting a Glitch in the Field: Bourdieu, Actor Network Theory and Contemporary Music«, in: Cultural Sociology 2 (2008, 3), 301 – 319.
Putnam, Robert D., Making Democracy Work. Civic Traditions in Modern Italy. Princeton, N. J.: Princeton University Press 1993.
Rademacher, Claudia, »Jenseits männlicher Herrschaft. Pierre Bourdieus Konzept einer Geschlechterpolitik«, in: Uwe H. Bittlingmayer, Rolf Eickelpasch, Jens Kastner und Claudia Rademacher (Hrsg.), Theorie als Kampf? Zur politischen Soziologie Pierre Bourdieus. Opladen: Leske und Budrich 2002, 145 – 157.
Rademacher, Claudia und Philipp Ramos Lobato, »›Teufelskreis oder Glücksspirale?‹ Ungleiche Bewältigung unsicherer Beschäftigung“ in: Rolf Eickelpasch, Claudia Rademacher und Philipp Ramos Lobato (Hrsg.), Metamorphosen des Kapitalismus – und seiner Kritik. Wiesbaden: VS Verlag 2008, 118 – 147.
Raphael, Lutz, »Klassenkämpfe und politisches Feld. Plädoyer für eine Weiterführung Bourdieuscher Fragestellungen in der Politischen Soziologie«, in: Klaus Eder (Hrsg.), Klassenlage, Lebensstil und kulturelle Praxis. Beiträge zur Auseinandersetzung mit Pierre Bourdieus Klassentheorie. Frankfurt am Main: Suhrkamp 1989, 71 – 107.
Raphael, Lutz, »Forschungskonzepte für eine ›reflexive Soziologie‹ – Anmerkungen zum Denk- und Arbeitsstil Pierre Boudieus«, in: Stefan Müller-Doohm (Hrsg.), Jenseits der Utopie. Theoriekritik der Gegenwart. Frankfurt am Main: Suhrkamp 1991, 236 – 266.

Reay, Diane, Gill Crozier und John Clayton, »Strangers in Paradise? Working-Class Students in Elite Universities«, in: Sociology 43 (2009, 6), 1103 – 1121.
Reckwitz, Andreas, Die Transformation der Kulturtheorien. Zur Entwicklung eines Theorieprogramms. Weilerswist: Velbrück 2000.
Rehbein, Boike, »›Sozialer Raum‹ und Felder«, in: ders., Gernot Saalmann und Hermann Schwengel (Hrsg.), Pierre Boudieus Theorie des Sozialen. Probleme und Perspektiven. Konstanz: UVK 2003, 77 – 95.
Rehbein, Boike, Die Soziologie Pierre Bourdieus. Konstanz: UVK 2006.
Rehbein, Boike, und Gernot Saalmann, »Habitus«, in: Gerhard Fröhlich und Boike Rehbein (Hrsg.), Bourdieu-Handbuch. Leben – Werk – Wirkung. Stuttgart: Metzler 2009a, 110 – 118.
Rehbein, Boike, und Gernot Saalmann, »Feld«, in: Gerhard Fröhlich und Boike Rehbein (Hrsg.), Bourdieu-Handbuch. Leben – Werk – Wirkung. Stuttgart: Metzler 2009b, 99 – 103.
Rehbein, Boike, und Gernot Saalmann, »Kapital«, in: Gerhard Fröhlich und Boike Rehbein (Hrsg.), Bourdieu-Handbuch. Leben – Werk – Wirkung. Stuttgart: Metzler 2009c, 134 – 140.
Rehbein, Boike, Gernot Saalmann und Hermann Schwengel, »Einleitung« zu: dies. (Hrsg.), Pierre Bourdieus Theorie des Sozialen. Probleme und Perspektiven. Konstanz: UVK 2003, 7 – 15.
Robbins, Derek, The Work of Bourdieu: Recognizing Society. Open Universitiy Press 1991.
Robbins, Derek, »Sociology as Reflexive Science: On Bourdieu's Project«, in: Theory, Culture & Society 24 (2007, 5), 77 – 98.
Robbins, Derek, »Indigene Kultur und symbolische Gewalt« in: Robert Schmidt und Volker Woltersdorff (Hrsg.), Symbolische Gewalt. Herrschaftsanalyse nach Pierre Bourdieu. Konstanz: UVK 2008, 59 – 74.
Saalmann, Gernot, »Die Positionierung von Bourdieu im soziologischen Feld«, in: Boike Rehbein, Gernot Saalmann und Hermann Schwengel (Hrsg.), Pierre Bourdieus Theorie des Sozialen. Probleme und Perspektiven. Konstanz: UVK 2003, 41 – 57.
Saalmann, Gernot, »Entwurf einer Theorie der Praxis«, in: Gerhard Fröhlich und Boike Rehbein (Hrsg.), Bourdieu-Handbuch. Leben – Werk – Wirkung. Stuttgart: Metzler 2009a, 272 – 279.
Saalmann, Gernot, »Émile Durkheim«, in: Gerhard Fröhlich und Boike Rehbein (Hrsg.), Bourdieu-Handbuch. Leben – Werk – Wirkung. Stuttgart: Metzler 2009b, 32 – 36.

Sabeva, Svetlana und Johannes Weiß, »Phänomenologie«, in: Gerhard Fröhlich und Boike Rehbein (Hrsg.), Bourdieu-Handbuch. Leben – Werk – Wirken. Stuttgart: Metzler 2009, 16 – 20.
Schäfer, Heinrich Wilhelm, »Latin America – dynamics of the religious field«, in: Bertelsmann Stiftung (Hrsg.), What the World Believes: Analysis and Commentary on the Religion Monitor 2009. Gütersloh: Verlag Bertelsmann Stiftung 2009, 463 – 485.
Schäfer, Hilmar, »Michel Foucault«, in: Gerhard Fröhlich und Boike Rehbein (Hrsg.), Bourdieu-Handbuch. Leben – Werk – Wirkung. Stuttgart: Metzler 2009, 53 – 57.
Schatzki, Theodore, Social Practices. A Wittgensteinian Approach to Human Activity and the Social. Cambridge: Cambridge University Press 1996.
Schimank, Uwe, »Die ›neoliberale Heimsuchung‹ des Wohlfahrtsstaats – Pierre Bourdieus Analyse gesellschaftlicher Exklusionstendenzen«, in: Uwe Schimank und Ute Volkmann (Hrsg.), Soziologische Gegenwartsdiagnosen I. Eine Bestandsaufnahme. Opladen: Leske und Budrich 2000, 183 – 198.
Schimank, Uwe, »Gesellschaftliche Teilsysteme und Strukturdynamiken«, in: Ute Volkmann und ders. (Hrsg.), Soziologische Gegenwartsdiagnosen II. Vergleichende Sekundäranalysen. Opladen: Leske und Budrich 2002, 15 – 49.
Schmeiser, Martin, »Pierre Bourdieu – Von der Sozio-Ethnologie Algeriens zur Ethno-Soziologie der französischen Gegenwartsgesellschaft. Eine bio-bibliographische Einführung«, in: Ästhetik und Kommunikation 16 (1985, 61/62), 167 – 183.
Schmeiser, Martin, »Missratene« Söhne und Töchter. Verlaufsformen des sozialen Abstiegs in Akademikerfamilien. Konstanz: UVK 2003.
Schmidt, Robert, »Stumme Weitergabe. Zur Praxeologie sozialisatorischer Vermittlungsprozesse«, in: Zeitschrift für Soziologie der Erziehung und Sozialisation 28 (2008, 2), 121 – 136.
Schmidt, Robert, »Praktischer Sinn«, in: Gerhard Fröhlich und Boike Rehbein (Hrsg.), Bourdieu-Handbuch. Leben – Werk – Wirkung. Stuttgart: Metzler 2009, 193 – 196.
Schmidt, Robert und Volker Woltersdorff, »Einleitung« zu: Dies. (Hrsg.), Symbolische Gewalt. Herrschaftsanalyse nach Pierre Bourdieu. Konstanz: UVK 2008, 7 – 21.
Schnell, Rainer, Graphisch gestützte Datenanalyse. München und Wien: Oldenbourg 1994.

Schroer, Markus, »Verstehen und Erklären bei Pierre Bourdieu«, in: Rainer Greshoff, Georg Kneer und Wolfgang Ludwig Schneider (Hrsg.), Verstehen und Erklären. Sozial- und kulturwissenschaftliche Perspektiven. München: Fink 2008, 311 – 332.

Schroeter, Klaus R., Figurative Felder. Ein gesellschaftstheoretischer Entwurf zur Pflege im Alter. Wiesbaden: Deutscher Universitäts-Verlag 2004.

Schultheis, Frank, »Deutsche Zustände im Spiegel französischer Verhältnisse. Nachwort zur deutschsprachigen Ausgabe«, in: Pierre Bourdieu et al., Das Elend der Welt. Zeugnisse und Diagnosen alltäglichen Leidens an der Gesellschaft. 2. Aufl., Konstanz: UVK 1998, 827 – 838.

Schultheis, Frank, »Initiation und Initiative. Entstehungskontext und Entstehungsmotive der Bourdieuschen Theorie der sozialen Welt«, in: Pierre Bourdieu, Die zwei Gesichter der Arbeit. Konstanz: UVK 2000, 165 – 184.

Schultheis, Frank, »Nachwort« zu: Pierre Bourdieu, ein soziologischer Selbstversuch. Frankfurt am Main: Suhrkamp 2002, 133 – 151.

Schultheis, Franz, »Algerien 1960 – ein soziologisches Laboratorium«, in: Boike Rehbein, Gernot Saalmann und Hermann Schwengel (Hrsg.), Pierre Bourdieus Theorie des Sozialen. Probleme und Perspektiven. Konstanz: UVK 2003, 25 – 39.

Schultheis, Franz und Kristina Schulz (Hrsg.), Gesellschaft mit begrenzter Haftung. Zumutungen und Leiden im deutschen Alltag. Konstanz: UVK 2005.

Schultheis, Franz, »Symbolische Gewalt. Zur Genese eines Schlüsselkonzepts der bourdieuschen Soziologie«, in: Robert Schmidt und Volker Woltersdorff (Hrsg.), Symbolische Gewalt. Herrschaftsanalyse nach Pierre Bourdieu. Konstanz: UVK 2008, 25 – 44.

Schultheis, Franz und Christine Frisinghelli (Hrsg.), Pierre Bourdieu in Algerien. Zeugnisse der Entwurzelung. Graz: Camera Austria 2003.

Schultheis, Franz und Kristina Schulz, »Zur Einführung – ein Gespräch«, in: dies. (Hrsg.), Gesellschaft mit begrenzter Haftung. Zumutungen und Leiden im deutschen Alltag. Konstanz: UVK 2005, 9 – 19.

Schulz, Kristina, »›Das Elend der Welt‹. Gesellschaftliches Leiden in der Bundesrepublik Deutschland«, in: Boike Rehbein, Gernot Saalmann und Hermann Schwengel (Hrsg.), Pierre Bourdieus Theorie des Sozialen. Probleme und Perspektiven. Konstanz: UVK 2003, 271 – 285.

Schulz-Schaeffer, Ingo, »Technik als altes Haus und als geschichtsloses Appartment. Vom Nutzen und Nachteil der Praxistheorie Bourdieus für die Techniksoziologie«, in: Jörg Ebrecht und Frank Hillebrandt (Hrsg.), Bourdieus Theorie der Praxis. Erklärungskraft – Anwendung – Perspektiven. Wiesbaden: Westdeutscher Verlag 2002, 47 – 65.

Schulze, Gerhard, Die Erlebnis-Gesellschaft. Kultursoziologie der Gegenwart. 5. Aufl., Frankfurt am Main und New York: Campus 1999.

Schwingel, Markus, Analytik der Kämpfe. Macht und Herrschaft in der Soziologie Bourdieus. Hamburg: Argument 1993.

Schwingel, Markus, Pierre Bourdieu zur Einführung. 3. Aufl., Hamburg: Junius 2000 (zuerst 1995).

Schwinn, Thomas, »Zur Analyse multidimensionaler Ungleichheitsverhältnisse«, in: Österreichische Zeitschrift für Soziologie 33 (2008), 20 – 42.

Shankar, Avi, Richard Elliott und James A.Fitchett, »Identity, consumption and narratives of socialization«, in: Marketing Theory 9 (2009, 1), 75 – 94.

Silbermann, Alphons, Wovon lebt die Musik? Die Prinzipien der Musiksoziologie. Regensburg: Bosse 1957.

Simmel, Georg, Psychologische und ethnologische Studien über Musik. Abgelehnte und unveröff. Diss. 1882.

Staab, Philipp und Berthold Vogel, »Kampf, Konflikt«, in: Gerhard Fröhlich und Boike Rehbein (Hrsg.), Bourdieu-Handbuch. Leben – Werk – Wirkung. Stuttgart: Metzler 2009a, 131 – 133.

Staab, Philipp und Berthold Vogel, »Laufbahn«, in: Gerhard Fröhlich und Boike Rehbein (Hrsg.), Bourdieu-Handbuch. Leben – Werk – Wirkung. Stuttgart: Metzler 2009b, 163 – 165.

Stark, Joachim, »Raymond Aron (1905 – 1983)«, in: Dirk Kaesler (Hrsg.), Klassiker der Soziologie. Bd. 2: Von Talcott Parsons bis Pierre Bourdieu. München: Beck 1999, 105 – 129.

Steinrücke, Margareta, »Vorwort« zu: Pierre Bourdieu, Der Tote packt den Lebenden. Schriften zu Politik und Kultur 2. Hamburg: VSA 1997, 7 – 15.

Steinrücke, Margareta und Frank Schultheis, »Vorwort zur ersten Auflage« zu: Pierre Bourdieu et al., Der Einzige und sein Eigenheim. Schriften zu Politik und Kultur 3. Hamburg: VSA 2002 (zuerst 1998), 7 – 16.

Stirner, Max, Der Einzige und sein Eigentum. Leipzig: Otto Wiegand 1845.

Stoll, Florian, »Gegen den Neoliberalismus«, in: Gerhard Fröhlich und Boike Rehbein (Hrsg.), Bourdieu-Handbuch. Leben – Werk – Wirkung. Stuttgart: Metzler 2009, 319 – 326.

Strauss, Anselm L., Continual Permutations of Action. New York: Aldine de Gruyter 1993.

Suderland, Maja, »Libido«, in: Gerhard Fröhlich und Boike Rehbein (Hrsg.), Bourdieu-Handbuch. Leben – Werk – Wirkung. Stuttgart: Metzler 2009, 169 – 170.

Swartz, David L., »In memoriam: Pierre Bourdieu 1930 – 2002», in: ders. und Vera L.Zolberg (Hrsg.), After Bourdieu. Influence, Critique, Elaboration. Dordrecht, Boston und London: Kluwer Academic Publishers 2004, 17 – 23.

The Friday Morning Group, »Conclusion: Critique«, in: Richard Harker, Cheleen Mahar und Chris Wilkes (Hrsg.), An Introduction to the Work of Pierre Bourdieu. The Practice of Theory. Houndsmills, Basingstoke, Hampshire und London: MacMillan 1990, 195 – 225.

Thébaut, Françoise, »Pierre Bourdieus ›Die männliche Herrschaft‹. Ansichten einer Historikerin«, in: Catherine Colliot-Thélène, Etienne François und Gunter Gebauer (Hrsg.), Pierre Bourdieu: Deutsch-französische Perspektiven. Frankfurt am Main: Suhrkamp 2005, 231 – 254.

Thornton, Sarah, Club Cultures. Cambridge: Polity Press 1995.

Trinkaus, Stephan, und Susanne Völker, »Reproduktion und Wandel«, in: Gerhard Fröhlich und Boike Rehbein Hrsg.), Bourdieu-Handbuch. Leben – Werk – Wirkung. Stuttgart: Metzler 2009, 210 – 215.

Van den Berg, Axel, »Is sociological theory too grand for social mechanisms?«, in: Peter Hedström und Richard Swedberg (Hrsg.), Social mechanisms. An Analytical Approach to Social Theory. Cambridge: Cambridge University Press 1998, 204 – 237.

Vester, Michael, »Das relationale Paradigma und die politische Soziologie sozialer Klassen«, in: Uwe H. Bittlingmayer, Rolf Eickelpasch, Jens Kastner und Claudia Rademacher (Hrsg.), Theorie als Kampf? Zur politischen Soziologie Pierre Bourdieus. Opladen: Leske und Budrich 2002, 61 – 121.

Vester, Michael, »Die Illusion der Bildungsexpansion. Bildungsöffnungen und soziale Segregation in der Bundesrepublik Deutschland«, in: Steffanie Engler und Beate Krais (Hrsg.), Das kulturelle Kapital und die Macht der Klassenstrukturen. Sozialstrukturelle Verschiebungen und Wandlungsprozesse des Habitus. Weinheim und München: Juventa 2004, 13 – 54.

Vester, Michael, »Die ständische Kanalisierung der Bildungschancen. Bildung und soziale Ungleichheit zwischen Boudon und Bourdieu«, in: Werner Georg (Hrsg.), Soziale Ungleichheit im Bildungssystem. Eine empirisch-theoretische Bestandsaufnahme. Konstanz: UVK 2006, 13–54.

Vester, Michael, Peter von Oertzen, Heiko Geiling, Thomas Hermann und Dagmar Müller, Soziale Milieus im gesellschaftlichen Strukturwandel. Zwischen Integration und Ausgrenzung. Frankfurt am Main: Suhrkamp 2002.

Volkmann, Ute, »Massenmedien und ihre Wirklichkeitsbilder«, in: dies. und Uwe Schimank (Hrsg.), Soziologische Gegenwartsdiagnosen II. Vergleichende Sekundäranalysen. Opladen: Leske und Budrich 2002a, 87–113.

Volkmann, Ute, »Soziale Ungleichheit: Die ›Wieder-Entdeckung‹ gesellschaftlicher Ungerechtigkeiten«, in: dies. und Uwe Schimank (Hrsg.), Soziologische Gegenwartsdiagnosen II. Vergleichende Sekundäranalysen. Opladen: Leske und Budrich 2002b, 227–256.

Von Bismarck, Beatrice, Therese Kaufmann und Ulf Wuggenig, »Nach Bourdieu«, in: dies. (Hrsg.), Nach Bourdieu: Visualität, Kunst, Politik. Wien: Turia und Kant 2008, 7–29.

Wacquant, Loïc J. D., »Bourdieu in America: Notes on the Transatlantic Importation of Social Theory«, in: Craig Calhoun, Edward LiPuma und Moishe Postone (Hrsg.), Bourdieu: Critical Perspectives. Cambridge: Polity Press 1993, 235–262.

Wacquant, Loïc J. D., »Auf dem Wege zu einer Sozialpraxeologie. Struktur und Logik der Soziologie Pierre Bourdieus«, in: Pierre Bourdieu und ders., Reflexive Anthropologie. Frankfurt am Main: Suhrkamp 1996, 17–93.

Wacquant, Loïc, Elend hinter Gittern. Konstanz: UVK 2000 (orig. 1999).

Wacquant, Loïc, Leben für den Ring. Boxen im amerikanischen Getto. Konstanz: UVK 2003 (orig. 2001).

Wacquant, Loïc, »Eine Grammatik der Praxis im Handeln«, Nachwort zu: Christian Papilloud, Bourdieu lesen. Einführung in eine Soziologie des Unterschieds. Bielefeld: transcript 2003, 107–111.

Wacquant, Loïc, Urban Outcasts. A Comparative Sociology of Advanced Marginality. Cambridge: Polity Press 2008

Wagner, Hans-Josef, »Sinn als Grundbegriff in den Konzeptionen von George Herbert Mead und Pierre Bourdieu. Ein kritischer Vergleich«, in: Gunter Gebauer und Christoph Wulf (Hrsg.), Praxis und Ästhe-

tik. Neue Perspektiven im Denken Pierre Bourdieus. Frankfurt am Main: Suhrkamp 1993, 317 – 340.
Wagner, Hans-Josef, Objektive Hermeneutik und Bildung des Subjekts. Mit einem Text von Ulrich Oevermann: »Die Philosophie von Charles Sanders Peirce als Philosophie der Krise«. Weilerswist: Velbrück 2001.
Wagner, Hans-Josef, »Kultur – Sozialität – Subjektivität. Konstitutionstheoretische Defizite im Werk Pierre Bourdieus«, in: Boike Rehbein, Gernot Saalmann und Hermann Schwengel (Hrsg.), Pierre Bourdieus Theorie des Sozialen. Probleme und Perspektiven. Konstanz: UVK 2003, 203 – 230.
Weber, Max, Gesammelte Aufsätze zur Religionssoziologie. Tübingen: Mohr 1988 (orig. 1920).
Weiß, Johannes, »Einleitung« zu ders. (Hrsg.), Die Jemeinigkeit des Mitseins. Die Daseinsanalytik Martin Heideggers und die Kritik der soziologischen Vernunft. Konstanz: UVK 2001, 11 – 56.
Willems, Herbert, Rahmen und Habitus. Zum theoretischen und methodischen Ansatz Erving Goffmans: Vergleiche, Anschlüsse und Anwendungen. Mit einem Vorwort von Alois Hahn. Frankfurt am Main: Suhrkamp 1997.
Willems, Herbert, »Rahmen, Habitus und Diskurse: Zum Vergleich soziologischer Konzeptionen von Praxis und Sinn«, in: Berliner Journal für Soziologie 7 (1997a), 87 – 107.
Winkler, Joachim, »Monsieur le professeur! Anmerkungen zur Soziologie Pierre Bourdieus«, in: Sociologia Internationalis 27 (1989), 5 – 17.
Wuggenig, Ulf, »Vorwort« zu: Jens Kastner, Die ästhetische Disposition. Eine Einführung in die Kunsttheorie Pierre Bourdieus. Wien: Turia und Kant 2009, 9 – 18.
Wulf, Christoph, »Performative Macht und praktisches Wissen im rituellen Handeln. Bourdieus Beitrag zur Ritualtheorie«, in: Boike Rehbein, Gernot Saalmann und Hermann Schwengel (Hrsg.), Pierre Bourdieus Theorie des Sozialen. Probleme und Perspektiven. Konstanz: UVK 2003, 173 – 185.
Zahner, Nina Tessa, Die neuen Regeln der Kunst. Andy Warhol und der Umbau des Kunstbetriebs im 20. Jahrhundert. Frankfurt am Main und New York: Campus 2005.
Zenklusen, Stefan, Philosophische Bezüge bei Pierre Bourdieu. Konstanz: UVK 2010.
Zimmermann, Harm-Peer, »Ordinäres und extraordinäres Kapital – Differenzierungsgewinne im Hinblick auf Pierre Bourdieu und im Rück-

blick auf Adam Müller«, in: Klaus R.Schroeter und Monika Setzwein (Hrsg.), Zwischenspiel. Festschrift für Hans-Werner Prahl zum sechzigsten Geburtstag. Kiel und Köln: Peter Götzelmann 2004, 215–232.

Zinnecker, Jürgen, »Die Gesellschaft der Altersgleichen«, in: Jugendwerk der Deutschen Shell (Hrsg.), Jugend '81. Lebensentwürfe, Alltagskulturen, Zukunftsbilder. Band 1. Hamburg: Deutsche Shell 1981, 422–673.

Zinnecker, Jürgen, »Accessoires. Ästhetische Praxis und Jugendkultur«, in: Jugendwerk der Deutschen Shell (Hrsg.), Näherungsversuche. Jugend '81. Eine Studie. Eine Tagung. Reaktionen. Opladen: Leske und Budrich 1983, 15–312.

Zinnecker, Jürgen, »Selbstsozialisation. Essay über ein aktuelles Konzept«, in: Zeitschrift für Soziologie der Erziehung und Sozialisation 20 (2000, 3), 272–290.

Zinnecker, Jürgen, »Wohin mit dem ›strukturlosen Subjektzentrismus‹? Eine Gegenrede zur Entgegnung von Ullrich Bauer«, in: Zeitschrift für Soziologie der Erziehung und Sozialisation 22 (2002, 2), 143–154.

Register